# Stressmanagement – Stabil trotz Gegenwind

Maritta Mainka-Riedel

# Stressmanagement – Stabil trotz Gegenwind

## Wie Sie Ihren eigenen Weg zu gesunder Leistungsfähigkeit finden

Springer Gabler

Maritta Mainka-Riedel, M.A.
MM Training & Coaching
München
Deutschland

ISBN 978-3-658-00930-4 ISBN 978-3-658-00931-1 (eBook)
DOI 10.1007/978-3-658-00931-1

Die Deutsche Nationalbibliothek verzeichnet diese Publikation in der Deutschen Nationalbibliografie; detaillierte bibliografische Daten sind im Internet über http://dnb.d-nb.de abrufbar.

Springer Gabler


*Lektorat:* Irene Buttkus

Illustrationen unter Verwendung von Bildmaterial von 123rf.com (Gehirn: Oguz Aral; Geschäftsmann: Helen Cingisiz; Körper: Ganna Rassadnikova) Grafische Arbeiten: Judith Erb, München

Springer Gabler ist eine Marke von Springer DE. Springer DE ist Teil der Fachverlagsgruppe Springer Science+Business Media
www.springer-gabler.de

# Vorwort

Liebe Leserinnen und Leser,

„Stabil trotz Gegenwind" zu bleiben, ist dieser Anspruch überhaupt realistisch? Oder ein nahezu unmögliches Unterfangen in der modernen Arbeitswelt? Sind Menschen Wind und Wetter im Unternehmen nicht ein Stück weit ausgeliefert? In nahezu allen Medien gewinnen Themen wie Stress und Burnout fast inflationär an Bedeutung und Raum. Noch vor 10 Jahren fanden diese öffentlich kaum Beachtung.

Als Trainerin und Coach beschäftige ich mich seit vielen Jahren mit den Themen Führung, Team, Kommunikation und Persönlichkeitsentwicklung und begleite Teilnehmer in unterschiedlichen Positionen und Branchen. Von Beruf aus Pädagogin – mit dem Fokus auf Betriebe – sehe ich in den letzten Jahren einen auffälligen Trend: Immer mehr Menschen in meinen Seminaren und Coachings berichten offen oder in vertrauensvoller Atmosphäre von Überlastungen und Stress im betrieblichen und/oder auch im privaten Alltag. Druck, Ängste und Sorgen lassen sie auch nachts nicht mehr los.

Intelligente und leistungsorientierte Menschen haben äußerlich das erreicht, wovon viele Menschen träumen: Besitz, Familie, Status und Erfolg. Dennoch fühlen sich viele innerlich leer, sind unzufrieden oder gesundheitlich angeschlagen, weil beim hektischen Rennen zum persönlichen Gipfel oft etwas Wesentliches auf der Strecke bleibt: ein gesundes Gefühl für sich selbst und die eigenen Grenzen – aber auch für die Mitmenschen. Sie vergessen innezuhalten, Pausen zu machen und zu reflektieren. Für diese Achtlosigkeit erhalten sie irgendwann die Quittung in Form von körperlichen oder seelischen Symptomen – oder sie werden von vertrauten Menschen verlassen. So steht das, was sie bereits gewonnen haben, wieder auf dem Spiel. Es gibt einiges zu verlieren. Dies schürt Ängste und bildet den idealen Nährboden für stressbedingte Erkrankungen. Deren Zunahme in den letzten Jahren spricht Bände. Sind diese Menschen also wirklich zu beneiden?

Oder möchte man in Wirklichkeit viel lieber mit denjenigen tauschen, die es schaffen, die Gipfelwanderung so zu planen und gestalten, dass sie dort gesund ankommen und den Ausblick wirklich genießen können? Auch das gelingt einigen Menschen – sie befinden sich mitten unter uns. Nach welchen Spielregeln leben diese Menschen? Welche Kriterien waren bei der Wahl des Gipfels ausschlaggebend? Wie schaffen sie es, ihr Ziel mit Gelassenheit und innerer Ruhe zu erreichen – und nicht auf Kosten anderer? Vielleicht mag die Antwort überraschen oder sogar ernüchtern: Sie liegt jenseits fachlicher Qualifikationen, Titel,

Reichtum und Besitz. Was all diese wirklich erfolgreichen Menschen im Kern verbindet und wodurch sie aus der Masse herausstechen, ist ein hohes Maß an persönlicher Stabilität. Das macht sie so charakterfest und ausgeglichen – auch in turbulenten Zeiten. Und dafür sind sie wirklich zu beneiden.

Keiner muss es aber beim Neid belassen. Persönliche Stabilität zu entwickeln, ist kein Hexenwerk. Die Inhalte des Buchs beschreiben, wie das gelingen kann. Damit der Weg dorthin leichter fällt, beinhalten meine Ausführungen zahlreiche authentische Praxisbeispiele. So kann der Leser in die unterschiedlichen Welten des Berufsalltags eintauchen. Vielleicht entdeckt der eine oder andere an dieser Stelle, wie gut es ihm vergleichsweise geht. Oder er erfährt, dass geteiltes Leid eben auch nur halbes Leid ist. In beiden Fällen hat er gewonnen und fühlt sich wahrscheinlich bestärkt.

Zum Inhalt: Kapitel 1 beschreibt anhand eines klassischen Beispiels, welche äußeren und inneren Mechanismen die Erschöpfungsspirale anheizen und Betroffenen bzw. dem Unternehmen großen Schaden zufügen. Kap. 2 verdeutlicht, weshalb gravierende Veränderungen in der modernen Arbeitswelt die menschliche Psyche so strapazieren. In Kap. 3 geht es darum, Stress und seine Ursachen in seiner ganzen Bandbreite zu verstehen – vor allem auch aus dem Blickwinkel des Berufsalltags. Kap. 4 konzentriert sich auf das Erkennen von Stresssymptomen sowie deren körperliche und seelische Auswirkungen. Aber auch ernsthafte Erkrankungen, an denen Stress wesentlich beteiligt ist, rücken in den Fokus. Kap. 5 widmet sich den drei Erfolgssäulen persönlicher Stabilität. Diese sind: Kompetenzen, erfolgreiche Denkstrategien, Erholen und Entspannen. Auch der Sinn und Zweck von Coaching wird hier näher erläutert. Kap. 6 schließlich gibt Einblick in die Stressprävention. Neben der Erläuterung des Fachbegriffs „Resilienz" (Widerstandsfähigkeit) rückt die Bedeutung von Unternehmenswerten und deren Umsetzung durch Führungskräfte in den Fokus. Insbesondere auch der richtige Einsatz des Mitarbeiters – orientiert an dessen Lebensmotiven und Werten – ist zentrales Thema in diesem Kapitel.

Meine Ausführungen beabsichtigen zweierlei: Sie dienen einerseits der Aufklärung über typische und immer wiederkehrende biologische Vorgänge, die unter Stress auftreten. Häufig hilft allein das Wissen darüber, ersten Symptomen den Schrecken zu nehmen. Zum anderen dienen meine Ausführungen vorrangig der Hilfe zur Selbsthilfe. In meiner langjährigen Berufspraxis erstaunt es mich immer wieder aufs Neue, welche Energien Menschen aufbringen können, wenn sie etwas wirklich wollen.

In einigen Fällen ist auch externe Unterstützung sinnvoll. Es muss nicht immer gleich die Psychotherapie sein. Gerade in den Anfangsstadien von Überlastung hilft ein Kurzzeitcoaching, um mit professioneller Begleitung Gedanken zu strukturieren, Ideen zu sammeln, verschüttete Fähigkeiten zu aktivieren und einen individuellen Handlungsplan zu entwickeln. Grundsätzlich gilt: Es gibt immer Lösungen. Allein das Gefühl, das Ruder wieder in der eigenen Hand zu haben, sorgt für mehr Gelassenheit und Zuversicht. Diesen ersten Schritt ermöglicht ein Coaching.

Die moderne Arbeits- und Lebenswelt verändert sich in rasender Geschwindigkeit. Hohe Leistungsanforderungen, zunehmender Druck und unsichere Beschäftigungsverhältnisse lassen sich oft nicht abstellen. Nicht jeder kann gleich gut damit umgehen. Andererseits müssen Beschäftigte heute länger durchhalten als bisher: Der Eintritt in den

Ruhestand soll mit 67 Jahren erfolgen. Nur wer körperlich und seelisch stabil bleibt, wird den Arbeitsmarathon bewältigen können.

Der Fokus meiner Ausführungen richtet sich bewusst auf die Eigenverantwortung und Eigenleistung des Berufstätigen. Sich nur als Opfer der Umstände zu betrachten, führt zu Lähmung, Erstarrung und Resignation. Die Überzeugung, schwierige Situationen aktiv selbst beeinflussen und lösen zu können, ist der erste Schritt, um dem Gegenwind im Betriebsalltag zu trotzen und diesen professionell zu managen.

Gleichwohl sind auch die Unternehmen gefordert. Stressbedingte Erkrankungen sind nicht nur ein Versagen des Einzelnen. Firmen stehen in der Verantwortung, geeignete Rahmenbedingungen zu schaffen und die Mitarbeiter vor Überlastung zu schützen. Keine leichte Aufgabe, denn gleichzeitig müssen Firmen dem Wettbewerbsdruck standhalten und immer schneller und billiger produzieren bzw. Leistung liefern.

Dennoch gilt: Eine Unternehmenskultur, in der Respekt und Wertschätzung an oberster Stelle stehen und die von allen Führungskräften vorgelebt wird, ist die beste Prävention gegen Stress und Erschöpfung. Dieser Zusammenhang ist inzwischen ausreichend belegt. Immer mehr Betriebe handeln nach diesem Prinzip. Auch das Betriebliche Gesundheitsmanagement (BGM) gewinnt vor dem Hintergrund wachsender Anforderungen an den Berufstätigen im Arbeitsalltag an Bedeutung. Es ist ein wirksamer Puffer gegen Stress. Betriebe, die dies bereits praktizieren, haben im Kampf um rar werdenden Nachwuchs und Talente die Nase vorn. Es gibt diese Betriebe bereits. Sie weisen eine deutlich niedrigere Quote von stressbedingten Erkrankungen und Burnout-Fällen auf und investieren damit in ihre Zukunft. Eine detaillierte Analyse der Vorzeigefirmen würde hier zu weit gehen und den Rahmen des Buches sprengen. Dazu gibt es eigene Literatur.

Es gibt aber auch Unternehmen mit hoher Leistungsorientierung, die sich zu sehr in Sicherheit wähnen. Ihre Fehlzeitenquote ist zwar erstaunlich niedrig. Bei einem Blick hinter die Kulissen zeigt sich allerdings, dass zahlreiche Mitarbeiter sich aufgrund des hohen Leistungsdrucks bereits in der Grauzone von Gesundheit bewegen. Dies ist eine nicht zu unterschätzende Gefahr für die Zukunft der Unternehmen, beschleunigt sie doch vorzeitigen Abbau und „Vor-Alterung" der Belegschaft. Oder sie führt zu einer hohen Fluktuation, weil Betroffene die Notbremse ziehen und sich enttäuscht vom Unternehmen abwenden. Beides kostet die Unternehmen bares Geld.

Ich möchte mich an dieser Stelle bei allen bedanken, die mich beim Entstehen und Umsetzen des Buches unterstützt haben. Wertvolle inhaltliche Anregungen und Hinweise verdanke ich Dr. Horst Kaltenbach, Karin Burmeister und Hermann Erb. Insbesondere auch Judith Erb war eine wertvolle Hilfe. Über die grafische Gestaltung hinaus lieferte sie wichtige kreative Impulse zum Inhalt des Buches. Stella Berboth unterstützte mich wesentlich bei der Korrektur des Buches. Ich danke auch meiner Lektorin Irene Buttkus und ihrem Team für die wertvollen Hinweise bei der Konzeption und Überarbeitung meiner Ausführungen. Nicht zuletzt gebührt mein Dank allen Menschen, die mir im Rahmen von Seminaren oder Coaching mit so großer Offenheit und Vertrauen begegnet sind. Ihnen verdanke ich die Entstehung des Buchs.

Maritta Mainka-Riedel

# Inhaltsverzeichnis

# Die Autorin

**Maritta Mainka-Riedel** ist seit über 25 Jahren erfolgreiche Trainerin und Coach für Fach- und Führungskräfte – branchenübergreifend und über alle Hierarchieebenen.

Nach dem Studium der Pädagogik, Soziologie und Psychologie mit Zusatzstudium Betriebspädagogik schuf sie das Fundament ihres heutigen Erfolgs zunächst im Vertrieb und dann als Vertriebstrainerin in einem renommierten Finanzdienstleistungsunternehmen. Als Projektleiterin Training und Coaching in einer Unternehmensberatung entwickelte sie anschließend innovative Trainingskonzepte für Führungskräfte und Mitarbeiter. Diese setzte sie bei Marktführern verschiedener Branchen erfolgreich um.

Seit mehr als 15 Jahren ist Maritta Mainka-Riedel selbständige Trainerin und Coach. Aufgrund ihres breit gefächerten Wissens und ihrer langjährigen Berufserfahrung genießt sie hohes Ansehen und Vertrauen bei ihren Kunden. Die Schwerpunkte ihrer Seminare und Workshops sind Führung, Kommunikation, Teamentwicklung und Konfliktmanagement.

Im Mittelpunkt ihrer Coachings stehen: Orientierung, Karriere, Gesundheit und Erfolg. Als lizenzierter Reiss-Profile-Master ist sie davon überzeugt: wer seine ureigenen Lebensmotive im Beruf verwirklichen kann, hat die besten Chancen, dauerhaft gesund und leistungsfähig zu bleiben. Mit dem Reiss-Profile unterstützt sie Menschen dabei, ihre individuellen Motive zu entdecken und auf deren Basis ihr Berufsleben zufrieden und erfolgreich zu gestalten.

In den letzten Jahren spezialisierte sich Maritta Mainka-Riedel zusätzlich auf Stress- und Gesundheitsmanagement. Sie unterstützt Unternehmen dabei, die Gesundheit und Leistungsfähigkeit ihrer Mitarbeiter zu schützen bzw. zu fördern. Dazu entwickelte sie ein erfolgreiches Konzept für Stressprävention und Stressbewältigung, wovon zahlreiche Teilnehmer in Seminaren und im Einzelcoaching profitieren. Sie arbeitet u.a. auch für das Fürstenberg-Institut, einem führenden Anbieter im betrieblichen Gesundheitsmanagement.

Maritta Mainka-Riedel lebt mit ihrem Mann und ihren beiden Kindern in München.

Mehr Informationen finden Sie unter: www.mmainka-training.de

# Einleitung

# 1

**Zusammenfassung**

Tagtäglich gibt es in Unternehmen Konflikte, Irritationen und Störungen in der Zusammenarbeit. Unternehmen stehen unter einem hohen Wettbewerbsdruck, der bei Beschäftigten nicht selten Angst und Stress auslöst. Dabei spielen Führungskräfte eine entscheidende Rolle. Insbesondere Mitarbeiter in der Sandwichposition stehen vor einer besonderen Herausforderung: Sie müssen gleichzeitig die Erwartungen ihrer Chefs und Mitarbeiter miteinander in Einklang bringen. Das setzt eine hohe persönliche Stabilität voraus. Nicht selten kommt es zu Überforderung und erheblichen gesundheitlichen Einschränkungen – besonders, wenn der eigene Handlungsspielraum bei hohen Zielvorgaben gering ist. Nicht nur Führungskräfte, auch Mitarbeiter ohne Führungsposition leiden, wenn Druck und Stress überhand nehmen. Häufig sinkt die Arbeitsmotivation und führt zu innerer Kündigung. Oder die Mitarbeiter solidarisieren sich gegen ihren Chef und gefährden damit dessen Image im Unternehmen.

Je nach persönlicher Stabilität gehen Mitarbeiter sehr unterschiedlich mit Anforderungen und Druck um. Das berufliche und private Umfeld spielen dabei eine tragende Rolle. Insbesondere der eigene Chef sitzt an einem wichtigen Schalthebel und ist am Stressgeschehen wesentlich beteiligt. Wer gut qualifiziert ist und sich kompetent fühlt, kann in der Regel Druck besser abfedern. Typisch für Gestresste allerdings ist, dass sie den Blick für ihre Fähigkeiten und Stärken verlieren. Häufig sehen sie nur noch schwarz. Das geht zu Lasten von Motivation und Produktivität. Den Blick vorrangig auf Bedrohliches zu lenken, erzeugt zudem Ängste, die sich zu Teufelskreisen aufschaukeln und den Organismus enorm strapazieren können. Im Extremfall ruinieren diese sogar die Gesundheit und führen zur Frühverrentung.

M. Mainka-Riedel, *Stressmanagement – Stabil trotz Gegenwind*,
DOI 10.1007/978-3-658-00931-1_1, © Springer Fachmedien Wiesbaden 2013

**Beispiel**

Tatort Konferenzraum, 5. Stock

Ludwig S., ehrgeiziger und bis vor kurzem erfolgreicher Verkaufsleiter in einem Unternehmen mit derzeit drastischem Absatzrückgang, sieht sich im Führungsmeeting mit dem Vorwurf konfrontiert, er habe seine Mannschaft nicht im Griff. Der Geschäftsleiter stellt Ludwig S. vor versammelter Runde wegen des Umsatzschwunds zur Rede. Ludwig S. bleibt scheinbar cool. Wie immer in diesen Momenten setzt sein für ihn typisches Lächeln ein. Eine Mischung aus Stolz, Trotz, Wut und Verzweiflung. Nur keine Schwäche zeigen lautet die Devise. Die Wirklichkeit ist eine andere: Ludwig S. ist schon seit Monaten angezählt. Die nächtlichen Alpträume und Schweißausbrüche. Das Gefühl, schon am Morgen ausgepowert zu sein. Der Schwindel, die Migräne und der Rücken. Seine Reizbarkeit und schlechte Laune, die Schuldgefühle und das permanent schlechte Gewissen. Wieso findet sein Arzt denn nichts? Ludwig S. kennt sich selbst nicht mehr. Sein Selbstbild zerbröckelt Stück für Stück. Er fühlt sich immer mehr gefangen und verzweifelt zunehmend an sich selbst.

Der Katastrophenfilm in seinem Kopf beherrscht sein Leben. Die Familie, die Nachbarn, die Bekannten. Was werden sie über ihn denken? An den schlimmsten Stellen bricht der Film oft ab – mit fataler Auswirkung. Ludwig S. bleibt auf seinem Schrecken sitzen. Und der Spruch des Geschäftsleiters, das alles werde Folgen für ihn haben, rattert pausenlos in seinem Kopf. Ist das die Kündigung? Er, einst Champion mit unermesslichem Tatendrang und Energie, nun plötzlich ein Schwächling und Versager? Nein, er wird es allen zeigen.

Ludwig S. beschließt, ab sofort mehr Druck zu machen. Besonders sein bester Verkäufer Armin B. ist ihm ein Dorn im Auge. Seit der plötzlichen Erkrankung des Vaters ist dieser wie verwandelt. Diese Miene, dieser Blick. So kann man wirklich nicht verkaufen. Als Profi muss man immer lächeln. Im Verkäufermeeting konfrontiert er ihn mit breitem Grinsen und fragt, wie lange er noch mit diesem Gesicht herum laufen wolle. Armin B. ist schwer getroffen, seine Motivation gleich Null. Auch die Kollegen sind über die taktlose Bemerkung ihres Chefs entsetzt. Sie solidarisieren sich gegen ihn. Drei Tage später meldet Armin B. sich krank. Armin B. wird lange fehlen.

Ludwig S. kämpft weiter. Jeden Tag bis spät am Abend. Immer schwerer geht die Arbeit von der Hand. Manchmal starrt er lange vor sich hin. Ist er für den Job des Verkaufsleiters vielleicht untauglich? Und dieser ständige Schwindel, ist das etwa ein Gehirntumor? Wieder geht Ludwig S. beim Arzt leer aus: Computertomografie, Blutwerte – alles im grünen Bereich. Zum Verrückt werden. Ludwig S. schlittert Schritt für Schritt in die Erschöpfung. Auch seine Familie leidet – die Ehefrau droht inzwischen mit Trennung. Vergeblich hat sie auf ihn eingeredet.

Immer öfter muss er sich nun auch mit Kundenbeschwerden auseinandersetzen. Diese spüren den Druck, die Unfreundlichkeit der Verkäufer und wehren sich immens. Doch Ludwig S. macht, scheinbar unbeirrt davon, weiter. Als er wegen eines schweren

Rechenfehlers in einer wichtigen Kalkulation zum Geschäftsführer zitiert wird, bricht er auf dem Weg dorthin zusammen. Diagnose: Erschöpfungsdepression. Ludwig S. wird lange fehlen. Das Gute daran ist: Das Kind hat endlich einen Namen.

Leider ist dies kein Einzelfall. Solche oder auch weniger extreme Situationen ereignen sich zigmal täglich in deutschen Unternehmen. Nicht nur die Betroffenen und deren berufliches und privates Umfeld, auch der Arbeitgeber und die Krankenkassen leiden. Diese zahlen dafür einen hohen Preis: Krankengeld, Produktionsausfall, Behandlungskosten oder im schlimmsten Fall auch Frühverrentung (siehe auch Kap. 2.3). Zu den von Stress Gepeinigten zählen nicht nur die oberen 10.000. Längst betrifft das Problem auch Normalverdiener. Es kann Mitarbeiterinnen und Mitarbeiter in allen Positionen und Branchen treffen: Ob Führungskräfte, Ingenieure, Sekretärinnen, Angestellte in Verwaltung und Behörden, Callcenter-Agenten, Verkäufer, Ärzte, Pflegepersonal, Polizisten, Lehrer, Selbstständige: Viele Beschäftigte kämpfen mit den neuen Anforderungen der modernen Arbeitswelt und entwickeln körperliche und seelische Störungen. Waren bisher überwiegend Führungskräfte in der Sandwichposition betroffen, so kapitulieren inzwischen auch obere Führungskräfte vor den hohen Arbeitsanforderungen.

Ist die deutsche Firmenkultur etwa auf dem absteigenden Ast? Vorbei der Charme und die Sicherheit der 1970er und 1980er Jahre? Die Berufstätigen als Arbeitsopfer, deren monatliches Gehalt zur Demütigungs- oder Erschöpfungsprämie wird? Oder ist Deutschland, die wirtschaftliche Vorzeigenation, etwa ein Land von Wehleidigen, Weichlingen oder Gestörten geworden? Ein Blick auf andere Länder zeigt: Auch Frankreich, Amerika, Japan und China vermelden einen Rekordanstieg stressbedingter Erkrankungen in der arbeitenden Bevölkerung. Tendenz weiter steigend.

Gleichwohl gibt es viele Berufstätige, die ähnliche Situationen wie Ludwig S. erleben und diese gut bewältigen. Was machen diese Menschen anders, obwohl auch sie mit hohen Vorgaben, Konkurrenz, Leistungsdruck und Unsicherheit zu kämpfen haben? Wie schaffen sie es, Stress an sich abprallen zu lassen? Welche persönlichen Strategien haben sie entwickelt, um sich gegen Stress und Überlastung zu wappnen oder diese zügig in Griff zu bekommen? Stress hat immer auch individuelle Anteile. Stress hat viel mit der persönlichen Haltung, inneren Werten und Überzeugungen zu tun und ist zum Teil auch hausgemacht. Hierzu gibt es interessante Forschungsergebnisse, die Betroffene gewinnbringend für sich nutzen können. Auch davon ist im Buch die Rede.

Am einfachsten wäre es, den Fall Ludwig S. als Anpassungsstörung zu sehen. Ludwig S. als zu sensibel für die Arbeitswelt, als genetischer Irrläufer oder als Opfer einer schweren Kindheit. Die Arbeitswelt als Mitverursacher wäre dann außen vor. Vielleicht muss man solche Situationen als Chef auch einfach wegstecken können. Schließlich ergattert nicht jeder so einen Posten. Ludwig S. bräuchte also nur ausgetauscht zu werden. Ein anderer würde es dann besser machen. Leicht gesagt – und dennoch zu einfach. Abgesehen von der ethischen Frage, verfügt Ludwig S. über einen enormen Erfahrungsschatz, kennt die Firma seit Jahrzehnten. Auf dieses Wissen zu verzichten wäre unwirtschaftlich – gerade in einer Zeit, in der qualifizierter Nachwuchs knapp wird.

Die gute Nachricht ist: So weit wie bei Ludwig S. muss es nicht kommen. Egal in welcher Position – Sie können immer handeln. In diesem Buch erfahren Sie, wie Sie aus solchen Situationen gestärkt hervorgehen können. Sie halten mich vielleicht für traumtänzerisch und realitätsfern? Sie fragen sich, welchen Einfluss Sie als Berufstätiger tatsächlich haben? Erst müssen doch die Unternehmen geeignete Arbeitsbedingungen schaffen, damit solche Fälle gar nicht passieren, dann habe ich weniger Stress. Erst müssen die Führungskräfte sich vorbildlich verhalten, dann habe ich weniger Stress. Erst müssen die Kollegen sich kooperativ verhalten, dann habe ich weniger Stress. Erst müssen die Kunden sich freundlicher verhalten, dann habe ich weniger Stress. Eine Idealvorstellung. Es zeigt, dass Sie sich schon Gedanken gemacht haben.

Haben Sie aber auch schon folgenden Satz zu Ende gedacht: „Erst mal muss ich ... an mir verändern, dann habe ich weniger Stress?“

- Wenn ja, dann Gratulation. Sie sind mutig und gehören zu denjenigen, die sich selbst als Ursache eines Problems sehen können und die sich, wie Münchhausen, selber aus dem Sumpf ziehen können. Für Firmen sind Sie ein wertvoller Mitarbeiter, denn sie unterscheiden sich positiv von der Masse. Sie übernehmen die Verantwortung für sich selbst und sind damit anderen um Längen voraus. Sie sind bestimmt motiviert, noch mehr zu erfahren. Sie sind der Mitarbeiter der Zukunft.
- Wenn nein, dann auch Ihnen Gratulation. Sie sind ehrlich, realistisch und machen sich nichts vor. Die Arbeitswelt ist hart und ungerecht. Chefs und Kunden verhalten sich oft unfair und machen den Mitarbeitern das Leben schwer. Gleichwohl lesen Sie in diesem Buch. Sind Sie etwa neugierig? Neugierig auf eine neue Sichtweise? Auf neuen Handlungsspielraum? Oder möchten Sie einfach Ihren Stress in den Griff bekommen und neue Wege zu mehr Gelassenheit kennen lernen?

Wie auch immer Sie auf die Idee gekommen sind in dieses Buch zu blicken, gilt: Sollten Sie am Schluss den Satz „Erst mal muss ich ... an mir verändern“ mit neuen Ideen füllen können, die Sie dann auch praktisch umsetzen, wäre das ein Erfolg für Sie, Ihre Firma und auch für mich. Sollte sich das „Muss Ich“ zudem in ein „Ich kann“, „Ich will“ oder sogar „Ich werde“ verwandelt haben, dann wäre viel erreicht. Neugierig geworden? Dann viel Freude beim Lesen.

# Moderne Arbeitswelt – eine neue Bewährungsprobe für die Psyche? 2

**Zusammenfassung**

Gravierende Veränderungen in der modernen Arbeitswelt bieten einerseits viele neue Chancen und Freiheiten, andererseits stellen sie viele Beschäftigte vor eine tägliche Bewährungsprobe. Insbesondere ständiger Wandel und zunehmende Unsicherheit treffen den Menschen an seiner empfindlichsten Stelle: Dort, wo er um Sicherheit, Zugehörigkeit und Anerkennung ringt. Jede größere Veränderung fordert die Psyche. Und nicht jeder kann gleich gut mit Veränderungen umgehen. Die Folge ist: Psychische Beschwerden und Erkrankungen nehmen zu und führen zu Fehlzeiten oder zu eingeschränkter Leistungsfähigkeit am Arbeitsplatz (Präsentismus). Nicht nur Betroffene selbst leiden, sondern auch die Unternehmen und die Volkswirtschaft: Sie bezahlen für Fehlzeiten und Präsentismus einen hohen Preis. Beschäftigte und Unternehmen sind gefordert, hier gemeinsam nach Lösungen zu suchen – denn psychisch gesunde Mitarbeiter sind Gold wert.

## 2.1 Stress – ein Begriff mit Bandbreite

**Aufgabe**

Nehmen Sie sich bitte ein Blatt Papier und einen Stift zur Hand. Nun notieren Sie spontan 10 Begriffe, die Sie mit dem Wort „Stress" verbinden. Lassen Sie Ihren Assoziationen freien Lauf. Anschließend gehen Sie bitte jeden Begriff einzeln durch und versehen ihn mit einer Wertung: Löst der Begriff bei Ihnen positive Gefühle (+), negative Gefühle (–) oder neutrale Gefühle (0) aus? Zählen Sie, wie viele Plus-, Minus- und neutrale Zeichen Sie vergeben haben. Das Ergebnis zeigt an, wie Sie persönlich Stress bewerten.

M. Mainka-Riedel, *Stressmanagement – Stabil trotz Gegenwind*,
DOI 10.1007/978-3-658-00931-1_2, © Springer Fachmedien Wiesbaden 2013

Weist Ihr Ergebnis viele Pluszeichen auf, dann scheint der Begriff „Stress" bei Ihnen überwiegend positiv besetzt zu sein. Weist Ihr Ergebnis dagegen viele Minuszeichen auf, dann scheinen Sie mit Stress eher Negatives zu verbinden. Überwiegen Bewertungen mit 0, dann stehen Sie dem Begriff „Stress" neutral gegenüber. Das Ergebnis ist ein Barometer für Ihre persönliche Einstellung gegenüber dem Thema „Stress".

Der Begriff „Stress" scheint allgegenwärtig und findet in unterschiedlichen Situationen Anwendung. Stress am Arbeitsplatz, Stress mit dem Ehepartner und den Kindern, mit den pflegebedürftigen Eltern, mit den Geschwistern oder Nachbarn, gesundheitlicher Stress: Stress kann in vielen Bereichen auftreten und Menschen bis an ihre Grenzen fordern. Er ist ein viel verwendeter Begriff, der aus dem modernen Alltag nicht mehr wegzudenken ist. So ist es fast schon chic, im Stress zu sein als Zeichen von Dynamik und Erfolg. Stress hat einerseits ein sehr positives Gesicht: Er kann beflügeln, anspornen, das Leben spannend machen. Er macht wach und schärft den Verstand. Stress löst einen Energieschub aus – ohne diesen wäre der Mensch nicht so leistungsfähig. Stress ist also der Motor für Leistung und Entwicklung.

Stress kann einem aber auch über den Kopf wachsen, er kann krank machen oder an Krankheiten mitbeteiligt sein – das ist das negative Gesicht. Dosis, Dauer, Intensität, die individuelle Ausstattung und die Bewertung der Betroffenen bestimmen, ob und ab wann sich Stress negativ auf die körperliche und/oder seelische Gesundheit auswirkt. Davon ist im Buch hauptsächlich die Rede. Die eigene Robustheit, positive Erfahrungen, fachliche Qualifikation und eine hohe Sozialkompetenz bilden stets wirksame Puffer gegen Stress und halten Körper und Seele gesund. Hierin liegt die Herausforderung für Berufstätige in der modernen Arbeitswelt.

Stress beeinflusst viele Lebensbereiche und spielt gerne mit dem Nervenkostüm des Menschen. Waren früher Infektionskrankheiten eine gefürchtete Geißel der Menschen, so ist diese Gefahr in den Industrienationen inzwischen gebannt. An deren Stelle sind nun Zivilisationskrankheiten wie Herz-Kreislauferkrankungen, chronische Rückenerkrankungen, Krebs und vermehrt psychische Erkrankungen getreten. Diese entwickeln sich schleichend und können die Lebensqualität der Betroffenen erheblich vermindern oder sogar tödlich sein.

Übermäßiger Stress ist ernst zu nehmen, ist er doch Auslöser oder Mitverursacher vieler Erkrankungen. Insbesondere die Anforderungen der modernen Arbeitswelt mit hoher Arbeitsdichte, Termindruck, Unterbrechungen, Hetze, Ärger und dem hohen Tempo führen dazu, dass so manchem Beschäftigten die Luft ausgeht. Gleichzeitig ist nicht jede Erkrankung auf Stress zurückzuführen. Dies wäre zu einfach. Angesichts des Dauerbombardements mit dem Thema in den Medien könnte man allerdings einen derartigen Schluss ziehen.

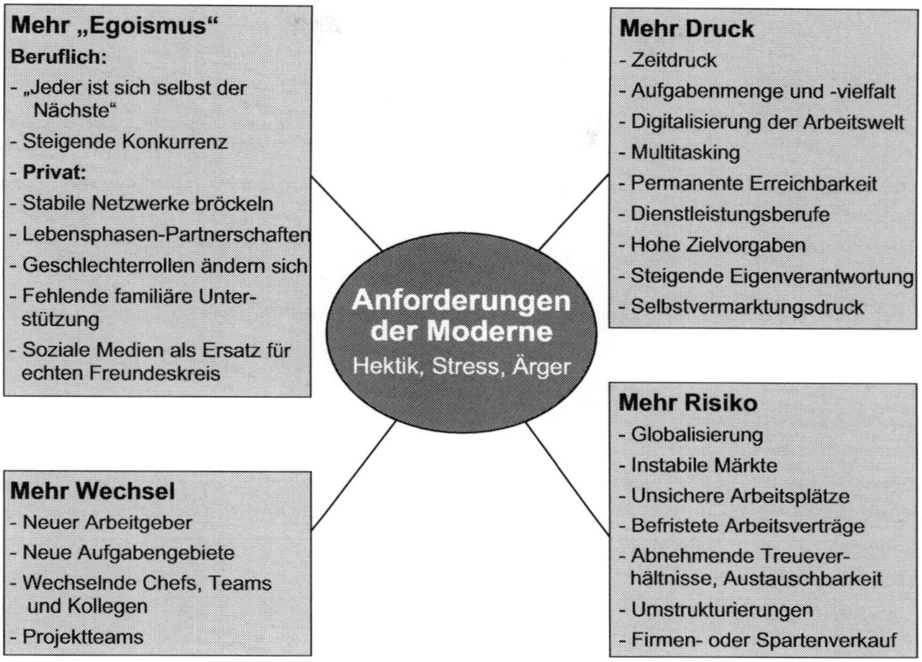


**Abb. 2.1** Anforderungen der Moderne. Hektik, Stress und Ärger bestimmen vielerorts das Arbeits- und Privatleben

## 2.2 „Schneller – höher – weiter" oder: Die Anforderungen der modernen Arbeitswelt

Sind Fälle wie Ludwig S. also inzwischen ein Massenphänomen? Stressbedingte Erkrankungen als neue „Seuche" im 21. Jahrhundert? Depressionen werden laut WHO bis zum Jahr 2030 auf die vorderen Plätze der Krankheitshitlisten stürmen (Der Spiegel 2011, S. 146). Wo brennt es denn nun wirklich? Dass eine abstiegsgefährdete Firma wie die von Ludwig S. bei diesem Angst und Schrecken auslöst, scheint noch nachvollziehbar. Die Angst vor Existenzverlust ist eine der größten Ängste der Deutschen. Dass aber auch boomende Branchen zunehmend mit stressbedingten Erkrankungen zu kämpfen haben, löst oft Ungläubigkeit und Kopfschütteln aus. Sind die Arbeitnehmer heutzutage nicht mehr belastbar? Sind sie etwa durch Wohlstand und Wachstum inzwischen verweichlicht?

Abbildung 2.1 zeigt gravierende Veränderungen der modernen Arbeits- und Lebenswelt in den letzten Jahrzehnten. Diese bringen so manchen Beschäftigte an seine Grenze.

Das Informationszeitalter, die Digitalisierung der Kommunikation, Globalisierung und Individualisierung stellen vielschichtige Anforderungen an Beschäftigte der Moderne, besonders an deren Psyche (Abb. 2.1). Im Vergleich zu früher müssen Beschäftigte ein

Vielfaches an Informationen in kürzerer Zeit bearbeiten und immer weniger Personal muss immer mehr Aufgaben erledigen. Diese Arbeitsverdichtung fordert die Beschäftigten heute weniger körperlich, sondern viel mehr psychisch und mental. So ist insbesondere psychische Robustheit eine wesentliche Voraussetzung, um diese neuen Anforderungen angemessen bewältigen zu können. Über diese Robustheit allerdings verfügt nicht jeder in gleichem Maße. Während die einen von Natur aus damit gut ausgestattet sind, müssen andere diese erst nachrüsten (siehe Kap. 6).

### 2.2.1 Steigender Arbeitsdruck – hohe Leistungsorientierung

Ein Drittel der Beschäftigten in Deutschland ist von Zeitdruck und Anforderungen im Job außergewöhnlich gestresst. Viele bezweifeln, unter diesem Druck bis zum Rentenalter durchhalten zu können. Vor allem die enorme Überforderung durch wachsende und häufig wechselnde Aufgaben, Arbeitsunterbrechungen und Informationsüberflutung lastet auf den Beschäftigten. Auch das hohe Arbeitstempo fordert Beschäftigte bis an ihre Grenzen. Vielen wächst die Arbeit über den Kopf.

Gleichwohl sehen viele Unternehmen Stress häufig immer noch als individuelles Problem. Schließlich schafft es ein Teil der Belegschaft, mit hohen Anforderungen angemessen umzugehen. Ein anderer Teil dagegen kommt nicht gut damit zurecht und leidet.

Die Beschleunigung der Arbeitswelt wirkt sich insbesondere auch auf ältere Mitarbeiter aus. Junge und dynamische Mitarbeiter gehen mit hohem Tempo voran und geben einen neuen Takt an. Dies verunsichert ältere Mitarbeiter. Viele haben Angst, nicht mehr mithalten zu können. Nicht nur die Kluft zwischen Jung und Alt wird dadurch größer. Vielmehr scheint die Erfahrung der älteren Mitarbeiter vielerorts nichts mehr wert zu sein. Die berechtigte Angst, durch jüngere Mitarbeiter verdrängt zu werden, breitet sich deshalb immer mehr aus und begünstigt Stresserkrankungen.

### 2.2.2 Instabile Märkte – Unsichere Beschäftigungsverhältnisse

Der Arbeitsmediziner Professor Kastner sieht in der mangelnden Planbarkeit und Vorhersehbarkeit der Zukunft den Hauptauslöser von Stress in der heutigen Arbeitswelt („Arbeiten bis zum Umfallen", ARD Talk mit Günter Jauch am 26. März 2012). War in der Vergangenheit besiegelt, dass man für ein Unternehmen bis zum Eintritt in den Ruhestand arbeitete, kann der Wind heute auch in boomenden Unternehmen schnell drehen. Selbst wenn Mitarbeiter alles geben und richtig machen, reicht es dann am Ende vielleicht doch nicht – sie werden abgebaut oder ausgetauscht. Das hinterlässt tiefe Spuren nicht nur bei den Betroffenen, sondern auch in der restlichen Belegschaft. Auslagerung ganzer Bereiche, Zusammenlegung von Abteilungen, Fusionen, Personalabbau – wie auch immer. Nicht immer lauert die Konkurrenz im Zimmer nebenan. Sie kann auch in China, Indien, Japan oder Amerika sitzen, die Globalisierung hat den Kreis der potenziellen Konkurrenten erweitert.

Erfordert der Markt eine andere Strategie oder beschließt die Konzernspitze Umstrukturierungen, dann kann die Sicherheit des eigenen Arbeitsplatzes schnell ins Wanken geraten. Selbst wenn man die erste Umstrukturierung gut übersteht, bleiben Unsicherheit und Angst, bei der nächsten Welle weggespült zu werden. So wird das Berufsleben für viele zur täglichen Bewährungsprobe. Diese Dauerangst begünstigt psychisch bedingte Leiden.

Hat man eine Familie zu versorgen, erst kürzlich ein Haus gebaut und einen Kredit aufgenommen, dann treffen Kündigung oder Versetzung wie ein Blitz aus heiterem Himmel. Insbesondere Alleinerziehende wissen oft nicht mehr, wie sie finanziell über die Runden kommen sollen, wenn sie ihren Job verlieren.

Aber auch Berufsanfänger haben mit unsicheren Arbeitsplätzen zu kämpfen. Zeitlich begrenzte Arbeitsverträge erschweren die Zukunftsplanung und verleiten zu übermäßigem Engagement – in der Hoffnung, dass der unbegrenzte Einsatz dann doch in einen festen Arbeitsvertrag mündet.

Einer der treuesten Begleiter des modernen Menschen ist deshalb inzwischen die Angst. Angst ist ein Grundgefühl, das im Menschen von Natur aus angelegt ist und ihn schützen soll. Ängste sind eine sinnvolle Reaktion auf alle Situationen, die der menschlichen Psyche als bedrohlich erscheinen. Sie sind bis zu einem gewissen Grad auch durchaus normal. Allerdings können sie so stark werden, dass Betroffene das Gefühl haben, die Kontrolle zu verlieren und zu versagen (siehe auch Abb. 3.16). Viele Berufstätige sind heute von Existenz- und Versagensängsten geplagt, die ihnen Energie und Lebensfreude rauben.

### 2.2.3 Ständige Erreichbarkeit und Arbeit ohne Grenzen

#### 2.2.3.1 Dauer- und Vielarbeiter

Erschöpfung sei eine Modeerkrankung, hört man oft. Haben es die Berufstätigen von heute nicht viel besser als früher? 30 Tage Urlaub, zusätzlich 9–13 Feiertage. Das klingt doch ziemlich entspannt. Wieso klagen dann so viele über Stress und Erschöpfung? Tatsächlich gibt es auf der einen Seite zahlreiche geringfügig Beschäftigte und Teilzeitarbeitende, für die die Arbeit überschaubar ist. Auf der anderen Seite gibt es immer mehr Beschäftigte im Niedriglohnbereich, wie Leiharbeiter oder die Mehrfachjobber. Letztere sind genötigt, aufgrund schlechter Bezahlung eine Vielzahl von Arbeitsstunden zu absolvieren.

Daneben gibt es die Viel- und Dauerarbeiter, die in hoch qualifizierten Positionen tätig sind und weit über die persönlichen Grenzen hinaus arbeiten. So arbeiten 10 % der Vollzeitbeschäftigten mehr als 60 h pro Woche. Insbesondere Führungskräfte arbeiten deutlich jenseits der 40 Stundenmarke.

Für viele Beschäftigte gibt es inzwischen keine klare Grenze mehr zwischen Arbeit und Freizeit. Moderne Kommunikationsmittel wie Computer, Laptop und Smartphone ermöglichen die Verfügbarkeit weit über Dienstschluss hinaus. So gehen Arbeit und Freizeit ineinander über und beeinträchtigen Erholung und Entspannung. Sich abends noch schnell in den Firmenrechner einloggen, der ständige Blick auf das Smartphone – ein geregelter Feierabend existiert oft nicht mehr. Smartphone und Blackberry sind ständige

Begleiter und bestimmen bei vielen Berufstätigen den Takt auch in der Freizeit. Sie sind jederzeit und überall erreichbar – auch im privatesten Winkel der eigenen vier Wände.

Aber nicht nur die permanente Verfügbarkeit, auch das unterschwellige Nacharbeiten in der Freizeit kostet Kraft. Viele Berufstätige tragen ungelöste berufliche Probleme mit nach Hause. Sie können nicht mehr abschalten. Der nicht bewältigte Berg von Aufgaben, der ungelöste Konflikt mit dem Kollegen, die anstehende Umstrukturierung, Ärger mit dem Chef, Mitarbeiter oder Kunden, Verzögerungen bei Projekten, Ungerechtigkeiten im Team: Dieser unterschwellige Daueralarm verhindert Entspannung und Erholung und untergräbt damit ein wesentliches Grundbedürfnis des Menschen.

So quälen Gedanken an die Arbeit, innere Unruhe, ständiges Grübeln über nicht Erledigtes viele Beschäftigte bis in die Nacht hinein und rauben ihnen den Schlaf. Viele starten deshalb erschöpft in den Tag. Dies ist oft der Beginn einer gefährlichen Spirale, die die Beschäftigten langfristig ausbrennt und auf Kosten von Gesundheit und Leistungsfähigkeit geht.

**Beispiel**

Bei Sven P. hat es zunächst harmlos begonnen: Erst fielen ein paar Überstunden pro Woche an, und er begrüßte den Vorschlag seines Chefs, abends von zu Hause aus zu arbeiten. So blieb ihm noch Zeit für die Kinder, die er sonst nur am Wochenende sah. Immer öfter sitzt er am späten Abend am Laptop und loggt sich in den Firmenrechner ein. Aus den paar Überstunden werden mehrere Abende pro Woche, an denen Sven P. von zu Hause aus bis spät in die Nacht hinein für die Firma tätig ist. Das ist alles andere als erholsam für ihn, und so leidet auch sein Schlaf darunter. Als er im Rahmen eines internationalen Projekts auf Anweisung des Chefs wochenlang rund um die Uhr erreichbar sein soll, beschleicht ihn ein Gefühl der Beklemmung. Sven P. ärgert sich über diesen „Deal". Zunächst kann er die Wut auf seinen Chef unterdrücken. Doch dann quälen ihn mitten in der Nacht Gedanken, dass er das alles nicht mehr schafft. So passiert es immer öfter, dass er sich bereits am Morgen gerädert und erschöpft fühlt. Die Arbeit geht ihm immer schwerer von der Hand. Immer öfter hat er Migräneanfälle.

Wenn Arbeit und Freizeit ständig ineinander übergehen, dann kann sich der Organismus nicht mehr richtig erholen und Leistungsfähigkeit und Gesundheit leiden darunter. Zwei Drittel der Beschäftigten geben an, dass sie selbst im Urlaub erreichbar sind. Das ist grundsätzlich kein Problem, solange es auf ein bestimmtes Maß begrenzt bleibt. Führungskräfte und Selbstständige können im Urlaub oft besser abschalten, wenn sie erreichbar sind. Wenn das Hotelzimmer im Urlaub allerdings täglich zum Arbeitsort wird, da Projekte zu betreuen sind, Kunden es eilig haben oder man scheinbar unentbehrlich ist, dann ist der Sinn des Urlaubs verfehlt. Oder derart Engagierte stecken schon mitten in der Erschöpfungsspirale und finden keinen Weg mehr, um Abstand zur Arbeit zu gewinnen.

Nicht immer ist es der Arbeitgeber, der die Nonstop-Verfügbarkeit verordnet. Viele Berufstätige verordnen sich die Dauerverfügbarkeit auch selbst. Die Gründe sind unterschiedlicher Natur: Angst um den Arbeitsplatz, Angst auf der Karriereleiter stecken zu bleiben, Angst von der Konkurrenz abgehängt zu werden – innere Leere oder der Drang, sich etwas beweisen zu müssen. Nicht selten spielen auch private Konflikte eine Rolle. Sie verleiten Betroffene dazu, sich hinter der Arbeit zu verschanzen.

#### 2.2.3.2 Arbeit ohne Grenzen – das Privatleben leidet

Stets dem Arbeitgeber oder der eigenen Firma zur Verfügung zu stehen, bietet den idealen Nährboden für Konflikte im Privatleben. Ehepartner fühlen sich zunehmend vom Leben der scheinbar arbeitsbesessenen Person ausgeschlossen. Sie beantworten diese Situation mit Vorwurf, Konfrontation oder Liebesentzug. Schließlich hatte man sich das Zusammenleben ganz anders vorgestellt. Selbst in der wenigen Freizeit und im Urlaub ist der Partner ständig auf Stand-by und innerlich abwesend. Der ständige Blick auf das Smartphone, das Klingeln des Handys und die knapp bemessene Kommunikation mit der Familie beeinträchtigen das Privatleben und führen zur Entfremdung.

Selbst die vermeintlich schönste Zeit des Jahres, der lang ersehnte Traum vom zweiwöchigen gemeinsamen Glück, kann so zur Enttäuschung, ja sogar zum Albtraum für alle Beteiligten werden. Ärger und aufgestauter Frust brechen sich oft im Urlaub Bahn und belasten die Betroffenen zusätzlich. Konstruktive Gespräche und ein Austausch über eigene Bedürfnisse und Befindlichkeiten finden kaum noch statt. Am Ende steht dann oft der Satz: „Wir haben uns auseinandergelebt." Es kommt zur Trennung und im schlimmsten Fall zu jahrelangem Streit um Sorgerecht und Unterhalt, für viele Betroffene eine schwere zusätzliche emotionale und finanzielle Belastung.

#### 2.2.3.3 Home Office

Die Möglichkeit, von zu Hause aus zu arbeiten, ist eine Errungenschaft der digitalisierten Arbeitswelt. Gerade im Rahmen der Vereinbarkeit von Familie und Beruf spielt das Arbeiten vom eigenen Schreibtisch aus eine immer größere Rolle. Diese Form des Arbeitens bietet einerseits mehr Freiheit und Flexibilität, andererseits kann sie zur Falle werden. So ist Arbeiten bis spät in die Nacht hinein inzwischen keine Seltenheit mehr.

Nicht selten steht das Arbeiten daheim auch der eigenen Karriere im Wege. Denn die Anwesenheit in der Firma wird nach wie vor mehr belohnt. Aber auch Arbeitsunterbrechungen und Störungen durch anwesende Angehörige können beim Arbeiten von Zuhause aus belasten. Hier sind klare Spielregeln erforderlich.

In einigen Fällen profitiert mehr der Arbeitgeber als der Beschäftige selbst von flexiblen Arbeitszeiten. Wenn immer mehr Nacht- und Wochenendschichten erwartet werden, ist ein klärendes Gespräch mit dem Vorgesetzten dringend erforderlich. Dennoch gilt: Die Flexibilisierung der Arbeitszeit durch Home Office bietet viele Chancen. Beschäftigte sparen sich lange Anfahrtswege und Verkehrsstress. Zudem können sie selbst bestimmen, wie sie ihre Arbeit einteilen.

### 2.2.4 Multitasking – Viele Aufgaben gleichzeitig

Multitasking beschreibt eine Form des Arbeitens, bei der Beschäftigte mehrere Arbeiten gleichzeitig ausführen müssen. Vorgänge am Schreibtisch erledigen, gleichzeitig telefonieren und korrespondieren – und das mit einer Schlagzahl, die deutlich höher ist als noch vor einigen Jahren. Dabei ist dieses „gleichzeitig" in Wirklichkeit gar nicht möglich, denn das Gehirn kann sich nur schwer auf verschiedene Dinge gleichzeitig konzentrieren. Stattdessen schaltet es nur schnell zwischen den Aufgaben hin und her – mit dem Ergebnis, dass mehr Fehler passieren und infolge dessen viel Nacharbeit nötig wird.

Die Arbeit bei Multitasking erfolgt in Wirklichkeit also nacheinander und nicht gleichzeitig. Grund ist, dass das menschliche Gehirn für Multitasking nicht geschaffen ist, sondern immer noch nach dem Prinzip des Steinzeithirns funktioniert. Je mehr Informationen auf den Menschen gleichzeitig einwirken, umso überforderter ist das menschliche Hirn. Deshalb ist Multitasking so anstrengend und auch weniger effektiv als vermutet.

Gleichwohl ist Multitasking auch reizvoll. Es lenkt ab und vermittelt das Gefühl von Aktivität. Für bestimmte Situationen ist Multitasking auch ideal. So macht es durchaus Sinn, beim Joggen Musik zu hören und Kaffee zu trinken, während man gleichzeitig die Zeitung liest oder beim Ausdrucken des Dokumentes gleichzeitig zu telefonieren bzw. E-Mails zu lesen.

Sind mehrere anspruchsvolle Aufgaben parallel zu erledigen, verliert man in Wirklichkeit Zeit. So dauert es wesentlich länger, einen Bericht zu schreiben, wenn man parallel dazu E-Mails beantwortet. Multitasking macht in vielen Fällen langsamer. Schätzungen zufolge verlieren Berufstätige im Extremfall bis zu 40 % ihrer Arbeitszeit durch Multitasking, da Fehler korrigiert werden müssen, die aufgrund des ständigen Umschaltenmüssens entstehen. Wissenschaftler sind sich deshalb einig: Wer wichtige Entscheidungen treffen oder anspruchsvolle Aufgaben bearbeiten muss, sollte sich ausschließlich auf eine Sache konzentrieren. Das gilt auch für alle Situationen, in denen man schnell reagieren muss, wie z. B. im Straßenverkehr. Beim Autofahren parallel eine SMS zu schreiben, kann zum Verhängnis werden.

Auch die Krankenkassen schlagen Alarm: Immer mehr Beschäftigte leiden an Schlafstörungen, die durch Multitasking mit verursacht sind. Verschiedene Studien haben auch ergeben, dass fast jeder dritte Beschäftigte an Konzentrationsstörungen aufgrund von Multitasking leidet. Ältere scheinen damit mehr zu kämpfen als Jüngere. Am leichtesten fällt Multitasking noch den 20-Jährigen.

### 2.2.5 Arbeitsunterbrechungen

Arbeitsunterbrechungen gehören inzwischen zum Berufsalltag wie das Salz in der Suppe. Viele Beschäftigte klagen über die ständigen Störungen: Ob Telefonate, Kundenverkehr oder die kurze Frage eines Kollegen: Jede Unterbrechung von außen bringt den Beschäftigten aus dem Arbeitsrhythmus. Im Gegensatz zu den selbst gewählten Arbeitsunterbrechungen sind Arbeitsunterbrechungen von außen nicht plan- und steuerbar, sie kommen oft aus heiterem Himmel. Dadurch entstehen unvorhergesehene Situationen, die den eigenen Arbeitsplan durchkreuzen und zusätzliche Konzentration und Koordination erfordern. Für viele Beschäftigte entsteht so täglich unvorhergesehener Druck und Stress – sie kommen nicht zu ihren eigentlichen Aufgaben. Die Arbeitswissenschaft stuft Multitasking und Arbeitsunterbrechungen als psychische Belastungen ein, die zu Überforderung führen können. Dies gilt vor allem für anspruchsvolle Aufgaben, die hochwertige, kreative oder innovative Ergebnisse erfordern.

### 2.2.6 Informationsflut

Moderne Kommunikationsmittel erleichtern die tägliche Arbeit. Zeitnah erreichbar zu sein und andere erreichen zu können, vereinfacht viele Arbeitsvorgänge. So können Fragen an Kollegen leichter gestellt und beantwortet, Informationen schneller weitergeleitet und empfangen werden. Die Vorteile der modernen Kommunikationsmittel sind aus dem Arbeitsleben nicht mehr wegzudenken. Dennoch verursachen sie auch Stress: So muss ein Vielfaches an Information in kurzer Zeit bearbeitet werden. Zudem gibt es kaum mehr „stille" Zeiten, in denen Beschäftigte unerreichbar sind.

Die tägliche Flut an E-Mails bringt viele Beschäftigte an ihre Belastungsgrenze. Nicht immer ist der Inhalt der eingehenden E-Mails für den Empfänger von Belang. Immer mehr E-Mails werden in Form von „cc" an viele Personen gleichzeitig geschickt. Dadurch kommt es im Laufe eines Arbeitstages zu einer Häufung an E-Mails, deren Selektion oder Bearbeitung sehr viel Zeit kostet. Und die meisten E-Mails werden direkt nach Eingang geöffnet, obwohl sie oft belanglos sind und nicht sofort beantwortet werden müssen. Häufig stellen sich Anfragen mit höchster Priorität im Nachhinein als relativ unbedeutend heraus.

Fragen und Probleme lassen sich auch nicht immer per E-Mail ausreichend klären. Missverständnisse und Zeitverzögerungen sind häufig die Folge und belasten die Kollegialität untereinander. Im Berufsalltag weiß zudem nicht jeder Beschäftigte, wann er wie kommunizieren soll. Viele Beschäftigte wünschen sich klare und verbindliche Spielregeln von oben, welche Vorgänge per E-Mail, per Telefon oder im persönlichen Gespräch zu bearbeiten sind.

### 2.2.7 Eigenverantwortung steigt

Die moderne Arbeitswelt setzt in vielen Fällen auf die Eigenverantwortung von Einzelnen und Teams und ermöglicht dadurch freies Arbeiten. So reizvoll Spielräume für eigenverantwortliches Handeln im Unternehmen sein können, so sehr kann der damit verbundene Druck und Wettbewerb den Einzelnen oder das Team belasten. Flache Hierarchien und flexible Organisationen erfordern viel Eigenverantwortung und unternehmerisches Denken.

#### 2.2.7.1 Projektarbeit

Projektteams leiden häufig unter hohen und unrealisierbaren Zielvorgaben und sind mit der Vielzahl der Aufgaben überfordert. Auch Abstimmungsschwierigkeiten sind an der Tagesordnung. Direkter Kundenkontakt und die Abhängigkeit vom Kunden erfordern, sich stets an dessen Wünschen zu orientieren und auch kurzfristige Änderungswünsche zeitnah und flexibel umzusetzen. Sich immer wieder und auch kurzfristig umorientieren zu müssen, löst Druck und Stress aus. Insbesondere, wenn das Team personell unterbesetzt ist, was heute gang und gäbe ist.

Häufig liegt das Problem aber an einer ganz anderen Stelle: Bei der Kalkulation von Kostenplänen für die Entwicklung eines Produktes z. B. werden die Hauptpersonen, in diesem Fall die Entwickler, nicht miteinbezogen. So bleibt deren Kompetenz und Erfahrung außen vor und es wird komplett an der Mannschaft vorbei geplant. Diese aber hat die Konsequenzen der Fehlkalkulation auszubaden, obwohl sie ursächlich nicht dafür verantwortlich ist.

Der Druck der Zielerreichung fordert maximale Leistung zu jeder Zeit, Verschnaufpausen sind nicht eingeplant. Ein Team kann sich deshalb die Schwäche eines Teammitglieds kaum mehr leisten, wodurch der Ton untereinander rauer wird. Arbeiten über die persönliche Leistungsgrenze hinaus scheint in vielen Teams zum guten Ton zu gehören. Nach dem Erreichen des Ergebnisses wird von oben noch eine Schippe darauf gelegt – frei nach dem Motto: Es ging ja doch.

#### 2.2.7.2 Mittleres Management

Insbesondere das mittlere Management steht in der Eigenverantwortung, hohe Zielvorgaben von oben mit dem eigenen Team umzusetzen – koste es, was es wolle. Führungskräfte in der Sandwichposition fühlen sich verpflichtet, die vereinbarten Ziele um jeden Preis zu erreichen, auch wenn sie das mit der eigenen Gesundheit bezahlen. Oftmals stehen sie in dem Dilemma, unliebsame Vorgaben von oben nach unten durchzureichen und positiv zu verkaufen, obwohl sie innerlich vom Gegenteil überzeugt oder bereits an der Belastungsgrenze angekommen sind.

Den meisten fehlt der Mut, die vorgegebenen Ziele kritisch zu hinterfragen und mit dem Vorgesetzten zu diskutieren. Sie befürchten, als Versager zu gelten und ausgetauscht zu werden. So geben sie den Druck an ihre Mitarbeiter weiter und erwarten bedingungslosen Arbeitseinsatz. Diese wiederum fühlen sich von unrealistischen Zielvorgaben überfordert oder können deren Sinn nicht verstehen. Insgeheim ärgern sie sich darüber, werfen ihrem Chef mangelnde Durchsetzungskompetenz vor, kündigen innerlich oder wechseln tatsächlich den Arbeitsplatz (siehe auch Abb. 4.9).

### 2.2.8 Selbstvermarktungs- und Konkurrenzdruck

#### 2.2.8.1 Selbstperformance als Wettbewerbsfaktor

Die Berufswelt von heute fordert vielerorts ein hohes Maß an Flexibilität. Einmal erworbenes Wissen und erlernte Fähigkeiten reichen nicht mehr aus, um den eigenen Marktwert bis zum Rentenalter zu garantieren. Beschäftigte von heute müssen ihr Wissen regelmäßig erneuern, um mithalten zu können. Zudem reicht fachliches Können heute nicht mehr aus, um Erfolg und Karriere zu garantieren. Kontakte und Kommunikationsfähigkeit zählen oft mehr als die fachliche Qualifikation. In vielen Fällen liegt das Schwergewicht auf der Kunst der Selbstvermarktung. Sich selbst in der Konkurrenz mit vielen anderen vorteilhaft präsentieren zu können, ist Erfolg versprechend und löst gleichzeitig auch Druck untereinander aus.

**Beispiel**

Lena T., 35 Jahre und sehr bescheiden, ist Steuerberaterin in einem Beratungsunternehmen und fachlich hoch qualifiziert. Das wissen ihre Mandanten auch zu schätzen. Lena S. nutzt jede Gelegenheit, um sich fortzubilden. Sie will ihren Mandanten in allen Fragen perfekt zur Seite stehen. Derzeit ist Lena S. sehr frustriert. Zwei männliche Kollegen haben sie auf der Karriereleiter überholt, obwohl sie weniger qualifiziert sind. Sie verstanden es, sich innerhalb der Firma so zu positionieren, dass sie über alle Ebenen hinweg von sich reden machten. Geschickt aktivierten sie die entscheidenden Netzwerke im Unternehmen und riefen damit ihre Beförderer auf den Plan. Lena S. findet das extrem ungerecht. Sie hatte fest damit gerechnet, gleichsam wie von selbst, Stufe für Stufe auf der Karriereleiter nach oben zu klettern. Schließlich gilt sie im Unternehmen als sehr fachkompetent. Als sie ihren Chef im Jahresgespräch auf ihre Aufstiegspläne anspricht, reagiert dieser erstaunt und überrascht. Er legt ihr nahe, sich zunächst intern besser zu vermarkten. Lena S. ist wütend und enttäuscht. Die empfundene Ungerechtigkeit nagt an ihren Nerven, ihr Magen streikt. Der Arzt verschreibt ihr Säureblocker und rät zum Entspannungstraining. Lena S. beschließt, selbst aktiv zu werden und holt sich einen Coach. Gemeinsam mit diesem entwickelt sie eine Selbstvermarktungsstrategie und lernt Schritt für Schritt, sich im Unternehmen zu positionieren und die entscheidenden Kontakte zu knüpfen.

Nicht alle können gleich gut „performen“. Introvertierte Menschen bleiben oft auf der Strecke, obwohl sie fachlich hervorragend qualifiziert sind. Der erfolgreiche Mitarbeiter von heute muss sich gut verkaufen und „ins rechte Licht“ rücken können, will er wettbewerbsfähig sein. Er muss das eigene Image und den Marktwert immer wieder aufpolieren. Viele Beschäftigte beziehen ihr Selbstwertgefühl hauptsächlich aus der eigenen Performance.

Über Fachkompetenz hinaus zählen perfekte Selbstdarstellung und Extrovertiertheit heute zu den wesentlichen Erfolgsfaktoren. Sich allerdings permanent einzureden, dass fehlendes Talent zur Selbstdarstellung zum Absturz führt, erzeugt inneren Druck und Stress. Menschen haben individuelle Talente und Fähigkeiten und sollten sich an diesen orientieren. Was dem einen liegt, kostet den anderen Überwindung. So motiviert den einen Mitarbeiter der Aufstieg zur Führungskraft, während ein anderer lieber fachlicher Experte bleibt, weil er sich nicht so gut verkaufen kann. Wer sich ständig wider die eigene Natur verhält, verliert viel Kraft und ist schneller erschöpft als jemand, dem das gewünschte Verhalten bereits in die Wiege gelegt wurde. Deshalb ist eine berufliche Tätigkeit, in der eigene Talente zur Geltung kommen, eine wirksame Vorbeugung und Schutz gegen stressbedingte Erkrankungen (siehe Kap. 6.4).

#### 2.2.8.2 Nichts verpassen – Qual der Wahl

Ist es wirklich nur die Dynamik, Unsicherheit und Vielschichtigkeit der modernen Arbeitswelt, die Berufstätige heute stresst? Ist es nicht auch der durch die Medien und das Umfeld verbreitete Druck, keinen Zug verpassen zu dürfen und möglichst viel aus dem eigenen Leben machen zu müssen? Ist es vielleicht gerade die neue Freiheit, aus einer Vielzahl von Möglichkeiten wählen zu können, die Menschen so sehr stresst?

Wahlfreiheit beinhaltet schließlich immer auch das Risiko, eine falsche Entscheidung zu treffen und vielleicht auf etwas noch Besseres verzichten zu müssen. Deswegen wird für viele Menschen bereits die Entscheidungsfindung zur Qual. Das Gleichnis von Buridans Esel bringt dieses Dilemma auf den Punkt: Buridans Esel verhungerte, weil er sich nicht entscheiden konnte, welchen der beiden vor ihm liegenden Heuhaufen er zuerst fressen sollte. Das Problem war, dass die zwei Heuhaufen gleich groß und gleich weit von ihm entfernt waren (vgl. De Bruyn 2006).

Die Freiheit wählen zu können, stellt viele Menschen inzwischen vor schier unlösbare Probleme, da es im Leben unzählige Entscheidungen zu treffen gilt. Schon triviale Tätigkeiten wie der Einkauf im Supermarkt können zur Belastungsprobe werden. Von weitaus größerer Tragweite allerdings sind Entscheidungen in ganz anderen Bereichen. Ob Partnerschaft, Beruf oder Karriere: Noch nie gab es so viele unterschiedliche Wahlmöglichkeiten. Sie bürden dem Menschen eine neue Verantwortung auf: Er allein hat es scheinbar in der Hand, was er aus seinem Leben macht. Diese Situation überfordert viele Menschen. Manche kapitulieren oder verhungern seelisch, weil sie immer das Gefühl haben, noch nicht genug oder das Falsche zu machen.

Wenn jeder seines eigenen Glückes Schmied ist, ist er auch für sein eigenes „Unglück" selbst verantwortlich – so die Meinung vieler. Der neidvolle Blick auf Besitz, Erfolge und Leistungen anderer erzeugt bei vielen Menschen inneren Druck und Unzufriedenheit. Sie sehen nur die goldene Seite der Medaille. Dass ein Leben auf hohem Niveau seinen Preis hat, wird gerne ausgeblendet. Viele glauben, auf jeden neuen Zug aufzuspringen zu müssen, um mithalten zu können. Die etwas überspitzte Formulierung „Nichts nutzt das eigene Auto so sehr ab wie das Neue des Nachbarn" bringt das auf den Punkt.

Im ständigen Vergleich mit anderen verlieren Menschen den Blick für das Wesentliche, werden orientierungslos und unglücklich. Innere Leere trotz Fülle und das Gefühl, in der neuen Freiheit gefangen zu sein, machen unzufrieden und müde. Das ständige Wählen-Können, das Spannungsfeld zwischen dem Möglichen und dem Verpassten auszuhalten, kann ebenso in die Erschöpfung führen wie hoher Arbeitsdruck oder ein schwieriges privates Umfeld.

Nur der Einzelne selbst kann das Dilemma lösen: Er muss die Kontrolle über sein Leben behalten oder wiedergewinnen. Dazu muss er sich persönlich begrenzen, was ein gesundes Selbstbewusstsein voraussetzt. Insbesondere sollte sich jeder Mensch fragen, was er eigentlich will und warum er es will. Eine Reflexion über die eigenen Werte und Ziele und der Entwurf einer Lebensvision ist die Grundvoraussetzung, um einen klaren, inneren Standpunkt zu entwickeln (siehe auch Abb. 5.6).

Was braucht der Mensch eigentlich, um glücklich und zufrieden zu sein? Sind es wirklich vorrangig Besitz, Konsumgüter und Status? Nur wer sich im Klaren ist, was für ihn wichtig ist und worauf er gut und gerne verzichten kann, kann angemessen wählen. Diese innere Klarheit und das Maßhalten sind Grundvoraussetzungen, um in der heutigen Arbeitswelt stabil und gesund zu bleiben. Viele Menschen suchen inzwischen verzweifelt danach.

#### 2.2.8.3 Umstrukturierungen verunsichern

Umstrukturierungen sind heute eher die Regel als die Ausnahme. Unternehmen müssen wettbewerbsfähig sein und sich flexibel am Markt positionieren. Nur so können sie auf Veränderungen schnell reagieren. So gehören Zusammenlegung oder Verschlankung von Abteilungen mittlerweile zum Alltag der Beschäftigten. Im Fall von Entlassungen leiden nicht nur die Entlassenen selbst, sondern auch die verbliebenen Arbeitnehmer. Sie vermissen ihre Kollegen und sind oft verunsichert über die neue Ausrichtung ihres Unternehmens.

Häufig führen Verschlankungsmaßnahmen zu einer Sinn- und Vertrauenskrise bei den Arbeitnehmern – im Extremfall sogar zum Loyalitätsverlust. Gewohnte Netzwerke brechen weg, Abschied von vertrauten Kollegen und eine unklare Zukunftsperspektive des Unternehmens belasten die Betroffenen. Zudem müssen sie oft erheblich mehr arbeiten und Aufgaben der ehemaligen Kollegen mit übernehmen. Fusionen führen zu Irritationen, denn unterschiedliche Kulturen prallen aufeinander und sollen miteinander verschmelzen. Alte und vertraute Aufgaben fallen weg, den neuen fühlt man sich nicht immer gewachsen. Man benötigt zusätzliche Qualifikationen, für die die nötige Zeit fehlt.

**Beispiel**

Für die ehemals sehr motivierte und engagierte Claudia B. hat sich nach der Umstrukturierung ihrer Abteilung vieles verändert: Ehemals fachliche Vorgesetzte, soll sie nun das Verwaltungsteam führen. Eine Aufgabe, die sie überfordert. Egal, wie sehr sie sich auch anstrengt, das Team scheint sie nicht zu akzeptieren, sondern macht sogar Stimmung gegen sie. Auf diese neue Anforderung ist die sonst sehr qualifizierte Claudia B. nicht vorbereitet und gerät an ihre psychischen Grenzen. Zudem wurde ihr der Teil der Arbeit, der ihr am meisten Spaß macht, entzogen und an ihren Kollegen übertragen. Claudia B. erscheint dies wie ein Akt der Willkür. Sie kann den Sinn der Maßnahme nicht verstehen und ist wütend. Niemand hat mit ihr darüber geredet. Immer öfter denkt sie an die gute alte Zeit, in der sie sich jeden Tag auf ihre Arbeit freute und diese im Griff hatte.

Das Einbinden der Mitarbeiter in die Umstrukturierungsmaßnahmen kommt in der Praxis in vielen Fällen zu kurz. Viele Betroffene fühlen sich zu wenig informiert über die Prozesse und können deren Sinn nicht verstehen – meist erfahren sie zu wenig über die Hintergründe. So bauen sich innere Widerstände gegen die neuen, scheinbar willkürlichen Verordnungen auf und führen zu Wut, Ohnmachtsgefühlen, Motivationsverlust und innerer Kündigung.

In Unternehmen, die in kurzer Zeit stark expandierten und neue Mitarbeiter einstellten, beobachteten schwedische Forscher, dass viele Beschäftigte für längere Zeit krank wurden (vgl. Unger und Kleinschmidt 2007). Selbst positive Umstrukturierungsmaßnahmen wie Expansionen lösen häufig Stress aus. Jede Expansion hat zur Folge, dass sich Aufgabengebiete ändern, neue Aufgaben verteilt werden und gewohnte soziale Netzwerke zerfallen. Auch Mehrarbeit gehört wie selbstverständlich dazu.

Kommt es im Rahmen von Umstrukturierungsmaßnahmen zu Kündigungen, sind bei den nicht gekündigten Kollegen häufig auch Jahre danach erhöhte Stressbelastungen nachweisbar.

### 2.2.9 Stabile private Netzwerke bröckeln

Nicht nur die Arbeitsanforderungen steigen, auch das Privatleben hat sich gravierend verändert. In Familien setzt sich immer mehr die Berufstätigkeit beider Elternteile durch, das Modell nur eines Versorgers bröckelt immer mehr. Damit nehmen auch die Anforderungen im Privatleben zu. Prinzipiell ist jeder für alles zuständig. Erholungspausen kommen dadurch oft zu kurz. Gleichzeitig fehlen oft stützende Familiensysteme wie Großeltern bei der Kinderbetreuung. Grund dafür ist zum einen die räumliche Distanz – oft wohnen sie an einem anderen Ort. Zum anderen benötigen die Großeltern oft selbst schon Unterstützung. So gesellt sich zur Betreuung des Nachwuchses oft parallel die Betreuung der pflegebedürftigen Eltern dazu. Dies erfordert zusätzlichen emotionalen und organisatorischen Einsatz. Gleichzeitig sind Partnerschaften und Ehen heute weniger stabil als in der Vergangenheit. Viele Beziehungen gehen unter der Last der täglichen Anforderungen in die Brüche.

Gleichwohl müssen auch Singles viele Herausforderungen meistern: Private Erledigungen oder das Empfangen eines Pakets können zum logistischen Problem werden, wenn der Arbeitstakt hoch ist. Oftmals verführen auch fehlender familiärer Rückhalt oder Freundeskreis zum Viel- und Durcharbeiten. Soziale Beziehungen finden so hauptsächlich im Betrieb statt. Private Freundschaften werden aus Zeitmangel oft durch Kontakte in den sozialen Medien ersetzt. Dies kann auf Dauer zu Vereinsamung und Sinnkrisen führen. Fehlende soziale Unterstützung durch persönliche Freundschaften macht Menschen dünnhäutiger und anfälliger für Stress. Nur wer seine privaten Beziehungen regelmäßig pflegt, kann auch im Notfall auf sie zurückgreifen. Für die regelmäßige Pflege fehlt im Berufsalltag mittlerweile oft die Zeit.

### 2.2.10 Im Spannungsfeld von Beruf und Familie

Die Vereinbarkeit persönlicher Bedürfnisse mit denen der Familie und den beruflichen Anforderungen wird für viele Berufstätige zur täglichen Bewährungsprobe. Die Zwei-Job-Familie fordert nicht nur eine straffe Organisation und ein stabiles Betreuungsnetzwerk, sondern auch Flexibilität von Seiten der Unternehmen. Arbeitszeitmodelle, die sich an den Anforderungen einer Doppelverdiener-Familie orientieren, sind immer gefragter. Hier findet gerade ein Wertewandel statt. Viele Beschäftigte sehen heute in einem harmonischen Zusammenspiel von Berufs- und Privatleben die Grundvoraussetzung für Erfolg und Zufriedenheit. Sie bevorzugen Firmen, die dies ermöglichen. Immer mehr Firmen stellen sich inzwischen darauf ein und bieten flexible Arbeitszeitmodelle an.

Dennoch gibt es vielerorts noch Vorbehalte gegen berufstätige Frauen, die beide Bereiche gleichermaßen integrieren wollen. Nicht alle Vorgesetzten oder Kollegen haben Verständnis für die besonderen Anforderungen dieser Situation. Sie reagieren mit Skepsis oder mit Vorwurf. Dies wiederum verunsichert viele Frauen, die in dem Dilemma stehen, beide Bereiche unter einen Hut zu bekommen. So erfordert das Abholen der Kinder aus den Betreuungsstätten ein pünktliches Verlassen des Betriebes. Nicht selten kommt es zu Irritationen und Spannungen zwischen Berufstätigen mit und ohne Kinder.

Für eine berufstätige Frau, die eine Familie zu versorgen hat, ist eine verlässliche Planung der Arbeitszeit unabdingbar. Kurz vor Dienstschluss noch schnell eine Anfrage zu bearbeiten, kann zum Stress werden, wenn dadurch das pünktliche Abholen der Kinder gefährdet ist. Immer öfter sitzen berufstätige Mütter noch am Abend am Rechner, um flexibel auf die Anforderungen des beruflichen Alltags reagieren zu können. Viele haben ständig ein schlechtes Gewissen und das Gefühl, weder dem Beruf noch der Familie richtig gerecht werden zu können.

**Beispiel**

Susanne N., Mutter zweier Kinder im Alter von drei und fünf Jahren, ist wieder an ihren Arbeitsplatz zurückgekehrt. Pünktlich um 16:30 Uhr muss sie täglich die Firma verlassen, um ihre Kinder rechtzeitig vom Kindergarten abzuholen. Susanne N. ist schon nach vier Wochen gestresst. Ihr Chef und auch Kollegen scheinen nicht zu respektieren, dass sie pünktlich um 16:30 Uhr gehen muss. Oft kommen sie noch im letzten Moment mit einem dringlichen Anliegen und fordern die sofortige Bearbeitung. Susanne N. schluckt den aufsteigenden Ärger hinunter und versucht es allen recht zu machen. Immer öfter kommt sie zu spät in den Kindergarten, die Erzieherinnen sind dann verärgert. Die Situation ist alles andere als befriedigend und führt zu starken Nackenverspannungen. Susanne N. hat ständig ein schlechtes Gewissen.

Nicht nur Chefs und Kollegen können Druck verursachen, auch die Erziehung selbst kann zur Herausforderung werden. Immer wieder erzwingen unvorhersehbare Ereignisse wie plötzliche Erkrankungen der Kinder die Umstellung des Arbeitsplans. Oder die Erziehung selbst wird zum täglichen Kampf. Statt Kinder autoritär anzuweisen, wird heute argumentiert und diskutiert, manchmal stundenlang und ohne den gewünschten Erfolg. Was auf der einen Seite für die Beziehung förderlich ist, ist auf der anderen Seite kräftezehrend und nervenaufreibend.

Auch schulische Anforderungen können das Elternhaus stark beanspruchen. Sie erzeugen zusätzlichen Druck und beeinträchtigen das Familienleben. Privat derart gestresst, finden sich für viele Berufstätige mit Familie oft keine Verschnaufpausen mehr, in denen sie vollständig regenerieren können. Andererseits bietet die zügige Rückkehr in den Beruf für Frauen heute mehr Unabhängigkeit und die Chance, den Anschluss an das Arbeitsleben oder die Karriere zu behalten.

### 2.2.11 Mobilität und Flexibilität

Nicht nur die permanente Erreichbarkeit und die Überstunden stressen. Auch wechselnde Arbeitsorte, Dienstreisen und lange Anfahrtswege setzen vielen Beschäftigten zu. Viele kommen morgens gestresst an ihrem Arbeitsplatz an. Verkehrsdichte und Staus strapazieren die Nerven. Sowohl Wochenend- als auch Tagespendler sind betroffen. Die dadurch verlorene Zeit geht zu Lasten von Freizeit und Erholung. Auch Freundschaften leiden darunter, denn alle privaten Aktivitäten konzentrieren sich auf das zeitlich knapp bemessene Wochenende. So drohen stabilisierende private Quellen dauerhaft zu versiegen. Aber auch häufige Dienstreisen fordern eine hohe Flexibilität und zehren an den Kräften. Sind sie mit Zeitverschiebungen verbunden, kommt es zu Störungen des Schlafrhythmus. Der Organismus muss sich an die wechselnden Bedingungen anpassen und ist extrem gefordert.

### 2.2.12 Dienstleistungsberufe – Maximale Kundenorientierung

Die Zunahme der Dienstleistungsberufe mit direktem Kundenkontakt erfordert einerseits eine hohe Sozialkompetenz und Flexibilität, andererseits sind gerade diese Berufe eine tägliche Bewährungsprobe für die menschliche Psyche. Viele Kunden fordern gleichrangig und gleichzeitig die Bearbeitung ihrer Anliegen – ein Aufschub wird nur mit Widerwillen akzeptiert. Zudem zehren emotional aufgeladene Gespräche an den Nerven der Mitarbeiter und bedrohen das eigene Selbstwertgefühl.

Auch hier gilt: Es gibt Naturtalente, für die Kundenkontakt wie ein Lebenselixier ist. Kritik scheint sie persönlich wenig zu berühren. Durch ihren guten Umgangsstil sind sie auch weniger mit Konflikten konfrontiert. Demgegenüber sind Menschen, die Kritik persönlich nehmen und wenig Freude im Umgang mit anderen Menschen haben, schneller überfordert. Zudem benötigen sie lange, um Kränkungen durch Kunden zu verarbeiten und grübeln oft tagelang darüber.

Ein Beispiel dafür sind gering entlohnte Mitarbeiter in Callcentern und Reklamationsabteilungen. Beschäftigte in diesen Berufen haben nachweislich eine höhere Anfälligkeit für Herz-Kreislauf-Erkrankungen. Insbesondere, wenn zusätzlich die Wertschätzung für den täglichen Nervenkrieg ausbleibt. Auch der öffentliche Dienst ist zunehmend betroffen, wie z. B. Arbeitsämter, Verkehrsüberwachungen, Finanzämter. Ständig von Kunden in Frage gestellt zu werden, setzt ein gutes Selbstwertgefühl und die Fähigkeit voraus, Angriffe des Kunden an sich abprallen zu lassen.

### 2.2.13 Freizeitgestaltung und Soziale Netzwerke

Viele Berufstätige fühlen sich auch in ihrer Freizeit gestresst. Hohe persönliche Ansprüche an das eigene Freizeitverhalten oder der Zwang mit anderen mithalten zu müssen, kann auf Dauer überfordern: Ob Segelschein oder Marathonlauf, ob am Wochenende ein Kurztrip mit dem Flieger in eine andere Stadt – oftmals führen die genannten Aktivitäten nicht zur Erholung, sondern verursachen zusätzlichen Stress.

Zunehmend verbringen Menschen ihre Freizeit in sozialen Netzwerken. Die Hälfte der Nutzer ist auch nachts eingeloggt, manche sind bereits internetsüchtig. Diese neue Form der Sucht kann sogar zum Ausbrennen führen. Besonders betroffen sind Menschen, die über kein stabiles privates Netzwerk verfügen. Süchtige verbringen einen Großteil der Freizeit im Netz. Das menschliche Gehirn ist mit diesem Dauerreiz überfordert: Schlafmangel, Konzentrationsstörungen und Migräne können die Folge sein, wenn der Blick in den Computer zur Sucht wird (siehe auch Abb. 5.12).

Die Flucht in die sozialen Medien wie Facebook, Xing, Twitter oder auch Online-Shoppen kann leicht zur Sackgasse werden. Kontakte in sozialen Netzwerken ersetzen keine echten Freundschaften. Zwar mag es Entlastung bringen, ein berufliches oder privates Problem online zu diskutieren. Die Hemmschwelle ist für viele Betroffene hierfür sogar niedriger. Als einzige Kontaktquelle sind soziale Netzwerke allerdings zu einseitig und zu wenig persönlich. Sie fördern die Vereinsamung. Wer sich im Falle einer Krise vertrauensvoll an einen persönlichen Freund wenden kann, fühlt sich mehr unterstützt als durch einen anonymen Online-Kontakt.

Die amerikanische Soziologin Sherry Turkle warnt in ihrem Buch „Verloren unter 100 Freunden" davor, das Smartphone wie einen persönlichen Freund zu betrachten (vgl. Turkle 2012). Nicht nur die jüngere Generation, sondern auch immer mehr ältere Menschen fühlen sich nach Turkle ohne Smartphone vom Rest der Welt abgenabelt und benutzen es nahezu pausenlos. Sie leben in der ständigen Angst, etwas zu verpassen.

Turkle beschreibt auch, wie sich durch die Nutzung von Smartphones die Kommunikation untereinander verändert: Es wird mehr geschrieben als gesprochen, der Umgang miteinander wird dadurch unpersönlicher. Stattdessen gehen unzählige Kurznachrichten über Belangloses durchs Netz. Die Fähigkeit, einem Menschen wirklich zuzuhören und dadurch soziale Kompetenz zu entwickeln, bleibt dabei auf der Strecke.

Dennoch gilt: Aufgrund knapper Zeit ist der Rückgriff auf soziale Medien eine gute Möglichkeit, in Kontakt mit dem eigenen Netzwerk zu bleiben. Viele Online-Kontakte kennt man zudem bereits persönlich. Online-Kommunikation ist aus der heutigen Welt nicht mehr wegzudenken. Besonders für die jüngere Generation ist der regelmäßige Austausch in sozialen Medien inzwischen selbstverständlich. Entscheidend dabei ist der kompetente Umgang mit diesen – und dazu muss der Mensch seinen Verstand einschalten.

### 2.2.14 Wenig Bewegung – von der Muskelarbeit zum Bürostuhl

Ein Blick zurück auf den Beginn des 20. Jahrhunderts zeigt, dass 95 % der Menschen in Berufen arbeiteten, in denen hoher körperlicher Einsatz gefragt war. Der Mensch war während der Arbeit in Bewegung. So konnte er Stress und Spannung unmittelbar durch eigene Muskelarbeit bei wieder abbauen. Heute dagegen arbeitet nur noch ein geringer Teil der Beschäftigten körperlich schwer. Die meisten Berufstätigen erbringen ihre Leistung überwiegend sitzend.

Die rasante technische Entwicklung der letzten 100 Jahre hat zwar einerseits mehr an Zeit gebracht. So ersetzen Maschinen heute schwere körperliche Arbeit und entlasten den Menschen. Im Gegenzug ist die Anzahl der Dienstleistungsberufe gestiegen und fordert den Menschen vor allem psychisch und mental.

Der moderne Beschäftigte verbringt seine Arbeitszeit häufig auf einem Bürostuhl vor dem Bildschirm. Unvermeidlicher Bürostress staut sich im Körper an und kann bei der Arbeit nicht unmittelbar abgebaut werden. So bleibt der moderne Mensch oft auf seiner inneren Spannung sitzen und ist dauergestresst. Andere Berufstätige hetzen von einem Termin zum nächsten. Obwohl körperlich zwar ständig in Bewegung, sorgt permanenter innerer Druck immer wieder für neue Anspannung.

## 2.3 Auswirkungen und Kosten

Das Leben in der Welt des Informationszeitalters bietet viel – und fordert auch viel. Während die vielfältigen Chancen und technologischen Errungenschaften einerseits gewinnbringend sind, führen sie auf der anderen Seite bei vielen Berufstätigen zu Überforderung und Überlastung. Sie rütteln am Nervenkostüm. War früher der Herzinfarkt das meist gefürchtete Leiden, so tritt an dessen Stelle nun häufig die Angst vor dem seelischen Infarkt. So wird die moderne Arbeitswelt vor allem zur Herausforderung und Bewährungsprobe für die Psyche.

### 2.3.1 Psychische Erkrankungen auf dem Vormarsch

Der menschliche Organismus ist einerseits sehr anpassungsfähig. Das ist die gute Nachricht. Gleichwohl hat die Anpassungsfähigkeit ihre Grenzen. So stimmt nachdenklich, dass Hunderttausende von Bundesbürgern jedes Jahr an den Folgen von Überlastung im

Berufs- und/oder Privatleben erkranken. Oft setzen sich Körper und Seele nach langem Schweigen zur Wehr und signalisieren durch vielfältige Symptome: Stopp, hier ist die Grenze. Stressbedingte seelische Erkrankungen sind auf dem Vormarsch.

Nicht jede psychische Störung ist behandlungsbedürftig. Im besten Fall kann sie durch das soziale Umfeld des Betroffenen abgefedert werden. Oft liegen die Ursachen psychischer Beschwerden und Erkrankungen in der Überlappung von beruflicher und privater Welt. Der Ansatz, nur die Arbeitswelt sei schuld, greift zu kurz. Das Privatleben, insbesondere fehlende stabile soziale Netzwerke, sind oft mitbeteiligt, wenn Menschen angesichts steigender Anforderungen ausbrennen.

Dauerstress geht an die Nerven – er fördert Angststörungen und Depressionen. So stieg die Anzahl der Arbeitsunfähigkeitstage wegen psychischer Erkrankungen in Deutschland seit Beginn des neuen Jahrtausends rasant an. Tendenz weiterhin steigend. Inzwischen geht jede zehnte Krankschreibung auf das Konto einer psychischen Erkrankung (Pressemitteilung des Wissenschaftlichen Instituts der AOK vom 19.04.2011). Als Gründe für die Häufung der Fälle werden steigende Anforderungen, erhöhte Eigenverantwortung, höhere Flexibilität und unsichere Beschäftigungsverhältnisse genannt.

Sowohl Arbeitgeber als auch Betriebsärzte rücken das Thema „psychische Gesundheit am Arbeitsplatz" immer öfter in den Fokus. Der Grund sind harte wirtschaftliche Fakten. So führen psychische Erkrankungen zu deutlich mehr Fehltagen als Infekte: Eine Arbeitskraft mit der Diagnose „Psychische Erkrankung" ist durchschnittlich 31 Tage arbeitsunfähig, bei einem Infekt lediglich eine Woche. Darüber hinaus sind seelische Erkrankungen die häufigste Ursache für Frühverrentungen in Deutschland und belasten die Volkswirtschaft enorm. Jede dritte Frühverrentung geht auf eine psychische Erkrankung zurück.

Angesichts der Erhöhung des Renteneintrittsalters auf 67 Jahre stellt sich die Frage, wie Menschen das Arbeitsleben mit den hohen Anforderungen an Körper und Psyche gesundheitlich gut durchhalten können. Die Unternehmen selbst sehen in der Zunahme psychischer Erkrankungen ihre Wettbewerbsfähigkeit in Gefahr, da Nachwuchs und Talente am Markt rarer werden. Jeder neue Mitarbeiter benötigt zudem erhebliche Zeit, um auf das Erfahrungsniveau des Vorgängers zu kommen.

### 2.3.2 Kostenfaktor Stress – Alle leiden

#### 2.3.2.1 Kosten für Unternehmen und Gesundheitssysteme

Neben den Leiden der Betroffenen und deren Familien erzeugen psychische Erkrankungen auch hohe betriebswirtschaftliche Kosten. So produzieren Fehlzeiten von Arbeitskräften für den Betrieb Kosten in Form von Krankengeld und Arbeitsausfall. Laut Bundesregierung kosten Produktionsausfälle durch psychische Erkrankungen deutsche Unternehmen jährlich 26 Milliarden € (Amann und Dettmer 2012, S. 73). Auch die Überstunden anderer Beschäftigter, die für den Kranken einspringen müssen, kosten. Zudem ist ein Teil der von einer psychischen Erkrankung Betroffenen nach der Auszeit zunächst weniger belastbar und leistungsfähig. Im schlimmsten Fall scheidet die Arbeitskraft aus und verursacht damit weitere Kosten: Für die Personalsuche und Einarbeitung des Nachfolgers. So leiden nicht nur die Betroffenen selbst, sondern auch die Betriebe.

Nahezu alle Medien berichten inzwischen über stressbedingte Erkrankungen wie Angststörungen und Depressionen. Das Wort „Burnout" hat inzwischen Karriere gemacht und auch den letzten Winkel Deutschlands erreicht. Aus der Häufigkeit, mit der Berichte über Burnout in die Medien eingezogen sind, könnte man nun schlussfolgern, dass Deutschland sich allmählich zum Land psychisch labiler Arbeitnehmer entwickelt. Werden die Deutschen wirklich immer labiler und kränker?

#### 2.3.2.2 Weniger Fehlzeiten – Krank zur Arbeit

Ein Blick zurück in die 1970er und 1980er Jahre überrascht vielleicht. Dort stößt man auf deutlich mehr Fehltage als heute: Herzbeschwerden, Kopfschmerzen, Magenbeschwerden und Rückenleiden ließen damals Berufstätige der Arbeit fern bleiben. Sie fühlten sich in ihrem Unternehmen geschützt und sicher. Krank war eben krank, Beschäftigte kurierten sich zu Hause aus. Ganz anders heute: Die Anzahl der Fehltage ist im Vergleich zu den 1970er Jahren deutlich zurückgegangen (vgl. Badura et al. 2012, S. 471).

Sind also Berufstätige von heute sogar gesünder als vor 30 Jahren? Der Schein trügt: Nicht jeder, der zur Arbeit kommt, ist auch wirklich gesund. Viele Berufstätige gehen heute trotz grippalem Infekt oder Grippe, trotz chronischer Rückenschmerzen, starken Kopfschmerzen, Magenbeschwerden, psychischen Beschwerden oder anderen Erkrankungen zur Arbeit. Man nennt dieses Phänomen Präsentismus.

#### 2.3.2.3 Präsentismus auf dem Vormarsch

Unter Präsentismus versteht man zum einen das Verhalten von Berufstätigen, trotz Krankheit zur Arbeit zu kommen. Zum anderen bezeichnet Präsentismus auch den Produktivitätsverlust bei der Arbeit, der durch die eingeschränkte Leistungsfähigkeit des anwesenden, kranken oder belasteten Beschäftigten entsteht. Wohl gemerkt, damit ist nicht ein leichter Schnupfen oder eine harmlose Erkältung gemeint. Es geht hier um Erkrankungen, die laut ärztlicher Empfehlung zu Hause auskuriert werden müssen. Dies betrifft nicht nur Mitarbeiter in Unternehmen, sondern auch Selbstständige und Freiberufler. Sie arbeiten in vielen Fällen trotz Erkrankung weiter. Wer sich den nächsten Auftrag sichern möchte, darf nicht unzuverlässig wirken und muss um jeden Preis verfügbar sein.

Die Fehlzeiten der Berufstätigen haben sich im Vergleich zu 30 Jahren zuvor also deutlich verringert. Das ist die gute Nachricht. Psychische Erkrankungen als Grund für Fehlzeiten sind dagegen stark gestiegen, das ist die schlechte Nachricht. Und so manche psychische Erkrankung wird nicht als solche diagnostiziert, sondern verbirgt sich hinter anderen Leiden wie Rückenbeschwerden, chronischen Schmerzen etc.

#### 2.3.2.4 Psychische Erkrankungen und Präsentismus

Dass den körperlichen Kräften des Menschen Grenzen gesetzt sind, ist für die meisten einleuchtend. Dass aber auch die psychischen Kräfte irgendwann aufgebraucht sind, scheint für viele unfassbar, neu und beunruhigend zu sein. Betroffene berichten von plötzlichen Denkblockaden und Konzentrationsstörungen – ein typisches Anzeichen von Erschöpfung. Viele Beschäftigte haben damit schon Bekanntschaft gemacht (siehe auch Abb. 3.18).

Von der Denkzentrale im Stich gelassen zu werden, erscheint wie die Höchststrafe. Wenn ein Mitarbeiter „nichts mehr auf die Reihe bekommt", dann ist das für ihn wie der persönliche Gau. Betroffene Mitarbeiter berichten von der schlimmsten Zeit ihres Lebens. Lange versuchen sie die Schwäche durch übermäßigen Arbeitseinsatz zu kompensieren, sich nichts anmerken zu lassen, unauffällig zu bleiben. Sie werden launisch, unproduktiv und arbeiten fehlerhaft. Zudem benötigen sie mehr Zeit für die Erledigung ihrer Aufgaben. All dies geht schließlich auch zu Lasten von Kunden, Kollegen, Chef und dem Unternehmenserfolg.

**Beispiel**

Jörg B., IT-Spezialist in einem Versicherungskonzern, weiß neuerdings immer häufiger nicht mehr, was er gerade machen wollte. Die monatelangen Magenschmerzen hatte er bislang stillschweigend akzeptiert – Medikamente halfen, diese auszuhalten. Doch das neuerdings auftretende Gefühl von Benommenheit oder „wie im Nebel zu stehen" verwirrt und beängstigt ihn. Dieses bislang noch nie gekannte Gefühl schleicht sich immer öfter in sein Leben. Was ist das bloß? Klar, der Stress hatte in letzter Zeit deutlich zugenommen, denn die Abteilung wurde verschlankt. Und die letzten fünf Jahre waren auch nicht gerade ein Zuckerschlecken. Vor allem die ständigen Unterbrechungen bei der Arbeit machen ihm zu schaffen. Diese häufen sich seit der Einführung der neuen Software, die sich alles andere als einfach erweist. So springt er von einem Feuerwehreinsatz zum nächsten. Da sein Kollege wegen eines Bandscheibenvorfalls für sechs Wochen krankgeschrieben ist, lastet noch mehr Druck auf Jörg L. – zu viel Druck. Er hangelt sich von Wochenende zu Wochenende, sein Arbeitstempo ist deutlich reduziert. Immer öfter beschleicht ihn das Gefühl, als ob alles um ihn herum unwirklich ist. Er kann in diesen Momenten nicht mehr klar denken und bekommt Panik. Auch ein bisher nie gekanntes Gefühl von Traurigkeit gesellt sich dazu.

Psychische Beschwerden aufgrund subjektiv erlebter Überforderung und Druck sind immer häufiger nicht nur die Ursache für tatsächliche Fehlzeiten, sondern auch für Präsentismus. Beschäftigte kommen trotz depressiver Verstimmungen und Ängsten zur Arbeit. Zudem entwickeln sich seelische Probleme meist schleichend und unbemerkt.

Oft liegt der Grund dafür auch im privaten Umfeld: Pflegebedürftige Eltern, Scheidungen, Probleme mit Kindern etc. belasten Betroffene. Der Kopf ist für die Arbeit nicht mehr frei, Leistungs- und Denkvermögen lassen nach und verunsichern zusätzlich. Sprechen Kollegen oder der Chef Betroffene darauf an, fühlen sie sich „ertappt" und die Symptome verschlimmern sich. Tag für Tag schleppen sich Betroffene weiterhin zur Arbeit, um nicht durch Fehlzeiten negativ aufzufallen. Meist belasten sie damit nicht nur sich selbst, sondern auch Chefs und Kollegen. Im schlimmsten Falle unterstellen Arbeitskollegen dem psychisch angeschlagenen Kollegen willentliche Arbeitsunlust.

Im Gegensatz zu einem Infekt oder einem Rückenleiden sieht man vielen Mitarbeitern psychische Beschwerden zunächst gar nicht an. Viele versuchen diese gezielt zu überspielen. Sie lenken gekonnt von ihrer inneren Verfassung ab. So bleiben die finsteren Gedanken der Außenwelt zunächst verborgen und quälen die Betroffenen über Monate.

Im Betriebsalltag wirkt sich Präsentismus in vielerlei Hinsicht negativ aus:

- Die Arbeitsqualität verschlechtert sich.
- Fehler häufen sich und müssen von Kollegen korrigiert werden.
- Betriebsklima und Kundenorientierung leiden, denn der „Präsentist“ ist angeschlagen und reagiert gereizt.
- Das Risiko der Verschleppung der Krankheit steigt – und damit auch ein längerfristiger Ausfall des betroffenen Mitarbeiters.
- Die Gefahr von chronischen Erkrankungen und Burnout steigt.
- Die kranke Person steckt ihr Arbeitsumfeld an – weitere Kollegen fallen aus.

Ausgeprägte „Präsentisten“ haben ein doppelt so hohes Risiko, innerhalb der nächsten zehn Jahre an einem Herzinfarkt zu erkranken. Aus Unternehmenssicht wirken weniger Fehltage zunächst wie ein Gewinn, da Kosten eingespart werden. Bei genauerer Betrachtung allerdings erweist sich Präsentismus als die teurere Variante: Reine Fehlzeiten machen nur ein Drittel der krankheitsbedingten Gesamtkosten aus. Zwei Drittel der Kosten gehen auf das Konto von Präsentismus.

#### 2.3.2.5 Gründe für den Gang zur Arbeit trotz Erkrankung

Was sind denn nun die Gründe für den Arbeitseinsatz trotz Erkrankung? Auf der Spurensuche trifft man auf unterschiedliche Aspekte.

##### Unternehmenskultur – Hohe Leistungsorientierung

Führungskräfte und Mitarbeiter orientieren sich stets an den Vorgaben und Werten im Unternehmen. Eine Kultur von Misstrauen, Respektlosigkeit, Neid, Kontrolle und strenger Leistungspflicht begünstigt Präsentismus, da die Beschäftigten um keinen Preis negativ auffallen wollen. Man will dem Unternehmen trotz Krankheit zur Verfügung stehen. Jeder Tag Krankschreibung könnte sich negativ auswirken, wenn es um die Sicherheit des Arbeitsplatzes oder um den geplanten Aufstieg geht. Faktoren, die Präsentismus begünstigen, sind:

- Schlechtes Betriebsklima
- Führungskräfte, die ihren Mitarbeitern misstrauen
- Hohe Leistungsorientierung
- Rücksichtnahme auf und Loyalität zu Kollegen, Chefs und Kunden
- Hohe Arbeitsbelastung und nahende Abgabefristen

### „Innere" Faktoren

Gründe für Präsentismus, die im Inneren der Person liegen, sind: Unentbehrlichkeitsgefühle, Perfektionismus, keine Schwäche zeigen. So soll ein makelloses Image die weitere Karriere sichern. Auch das Gefühl, auf Gedeih und Verderb vom Unternehmen abhängig zu sein, fördert Präsentismus. Besonders betroffen sind Berufseinsteiger, Alleinerziehende und chronisch Kranke. Durch Präsentismus lassen sich Schwächen zunächst gut verdecken, man bleibt unauffällig. Im Fall der Krankmeldung dagegen steht die Schwäche Schwarz auf Weiß. Manche Beschäftigte demonstrieren durch Präsentismus auch ihre Opferbereitschaft und Identifikation mit dem Unternehmen.

### Der Chef als Vorbild

Führungskräfte stehen unter ständiger Beobachtung durch ihre Mitarbeiter. Schleppt der Chef selbst sich krank zur Arbeit, dann wirkt sein Verhalten wie ein Vorbild, an dem sich auch die Mitarbeiter orientieren. Wenn Präsentismus Teil der Firmenkultur ist, werden die Mitarbeiter auch krank zur Arbeit kommen. Sie befürchten abfällige Bemerkungen oder Sanktionen, wenn sie ihre Krankheit zu Hause auskurieren.

**Beispiel**

Markus K. kehrt nach einer zweiwöchigen Auszeit aufgrund einer Lungenentzündung wieder an seinen Arbeitsplatz zurück. Als er morgens die Firma betritt, begrüßt der erfolgs- und leistungsorientierte Chef ihn mit den Worten, ob er sich nun genügend ausgeruht habe. Markus K. will sich verteidigen, doch der Chef hat sich schon weggedreht. Die Bemerkung hinterlässt Spuren bei ihm. Sie stimmt ihn misstrauisch und nachdenklich. Zukünftig wird er sich genau überlegen, ob und wie lange er sich krankschreiben lässt.

Jede zweite Führungskraft kommt auch bei Erkrankung zur Arbeit. Hohe Zielvorgaben, starker Zeitdruck, Arbeitsmenge und Pflichtgefühle treiben Führungskräfte in vielen Fällen trotz Krankheit an den Arbeitsplatz. Die Betroffenen wollen ihre Ziele nicht gefährden und ignorieren das gesundheitliche Risiko. Zudem lassen sich wichtige Aufträge nicht ohne weiteres verschieben, sie erfordern die Anwesenheit des Chefs persönlich. So mancher Betroffene erscheint aber auch freiwillig im Büro, obwohl der Arzt ihm Bettruhe verordnet hat. Insbesondere hohe Ziel- und Leistungsvorgaben in Verbindung mit starkem Eigendruck veranlassen Betroffene, im Fall einer Erkrankung rücksichtslos gegenüber sich selbst vorzugehen.

### „Interessierte Selbstgefährdung" – Selbstausbeutung mit Spaß?

Seit Mitte der 90er Jahre wurde das Führen mit Zielvereinbarungen (Management by Objectives) in vielen Branchen eingeführt. Diese Zielvereinbarungen sind im Kern positiv: Sie fördern die Eigenverantwortung des Mitarbeiters und bieten Entscheidungsspielräume. Voraussetzung dafür ist, dass die Zielvorgaben unter Mitsprache der Beteiligten erfolgen und die dafür erforderlichen Ressourcen (Personal etc.) zur Verfügung stehen. In der Realität sind diese Voraussetzungen oft nicht gegeben.

Nicht immer ist es die Firma, die unrealisierbare Ziele vorgibt. Oft sind es die Beteiligten selbst, die sich übermenschliche Ziele setzen bzw. unrealisierbare Zielvorgaben unbedacht übernehmen.

**Beispiel**

Der junge Aufsteiger Carlo W., Führungskraft in der Sandwich-Position bei einer Bank, bekommt von oben die Vorgabe, den Umsatz im neuen Jahr um 10 % zu steigern. Carlo W. weiß insgeheim, dass er das mit seinem Team nicht schaffen kann, ohne dessen Belastungsgrenze deutlich zu überschreiten. Doch er hat nur eines im Sinn: Er will möglichst schnell nach oben kommen. Deshalb stellt er die Zielvorgabe nicht in Frage. Kurz darauf erleidet er einen Bandscheibenvorfall und verzichtet auf die REHA. Stattdessen schleppt er sich ins Büro – die vielen Spritzen machen es möglich. Er setzt sich rigoros über sich selbst hinweg. Seine Zeit und Kraft investiert er nicht in die eigene Genesung, sondern in den Job.

Wie Carlo W., ignorieren viele Führungskräfte dringend notwendige Genesungszeiten. Insbesondere ehrgeizige Aufsteiger oder Gründer von Start-up-Unternehmen scheinen sogar Spaß an der Selbstausbeutung haben, wenn sie permanent über die eigenen Grenzen hinweg arbeiten. Und in der Tat kann Arbeiten an der eigenen Leistungsgrenze anfangs sehr anregend sein. Erste Erfolgserlebnisse und Anerkennung motivieren und spornen noch mehr an – das Gefühl für die eigenen Grenzen schwindet immer mehr (siehe auch Abb. 3.15). So manches grippale Symptom oder Schmerzen treten dabei in den Hintergrund.

Viele Selbstständige und Freiberufler kennen das: Steht ein neuer Auftrag vor der Tür oder bieten sich vielversprechende Chancen für die eigene berufliche Zukunft, dann greift man eben zu. Manchmal auch ohne Rücksicht auf gesundheitliche Verluste. Man könnte ja einen wichtigen Zug verpassen, der in dieser Form nie wieder kommen wird. Ähnlich empfinden immer mehr abhängig Beschäftigte.

Der Philosoph Dr. Klaus Peters bezeichnet diese neue Form der Selbstausbeutung als „interessierte Selbstgefährdung“ (Krause 2011/4, S. 14 f.): Für den eigenen Erfolg gehen Betroffene so weit, dass sie sogar ihre Gesundheit gefährden. Sie verzichten auf Pausen, auf einen geregelten Feierabend und das Wochenende. Manche lassen sogar ihren Urlaub unter den Tisch fallen. Wenn Mitarbeiter ständig über ihre Leistungsgrenzen gehen, bedeutet das nach Dr. Peters ein gesundheitliches Risiko für das Unternehmen. Es muss in naher Zukunft mit längeren Ausfällen der überengagierten Mitarbeiter rechnen oder verliert diese ganz.

Konkurrenzverhältnisse im Unternehmen, der Vergleich mit dem anderen Werk, der anderen Abteilung und die Orientierung an hohen Renditezielen begünstigen die Selbstausbeutung der Belegschaft. Krankheit passt nicht in den vorgegebenen Plan und wird verdrängt oder medikamentös weggedrückt.

Viele leistungsorientierte Unternehmen mit hohen Zielvorgaben für Einzelne oder Teams betrachten Krankheit als individuelle Schwäche und persönliches Versagen. Dies erhöht den Druck auf die Mitarbeiter, um jeden Preis perfekt funktionieren zu müssen. Langfristig rechnet sich das weder für Betroffene noch für das Unternehmen. Für den Beschäftigten selbst kann die Überanpassung sogar gefährlich werden.

**Beispiel**

Reinhold A. ist Leiter der Entwicklungsabteilung in einem Technologieunternehmen. Seit Tagen leidet er an einem grippalen Infekt mit Kopfschmerzen und Fieber. Reinhold A. müsste eigentlich das Bett hüten. Gleichwohl kann Reinhold A. sich diese Auszeit vermeintlich nicht erlauben. Das neue Produkt, für dessen Entwicklung er verantwortlich ist, muss pünktlich auf dem Markt erscheinen. Jeder Tag Verzögerung kostet die Firma Geld. Obwohl der Hausarzt ihm dringend von der Arbeit abrät, schleppt sich Reinhold A. Tag für Tag mit Fieber in sein Büro – unter dem Einsatz fiebersenkender Medikamente. Reinhold A. funktioniert einfach weiter. Der Infekt will nicht richtig weichen. Zwei Wochen später merkt Reinhold A., dass ihm die Luft wegbleibt. Eine kardiologische Untersuchung endet mit dem Befund Herzmuskelentzündung. Reinhold A. wird einige Wochen lang ruhig gestellt. Reinhold A. hat diesmal noch Glück gehabt. Erst nach zehn Wochen ist er wieder vollständig gesund. Es hätte auch anders ausgehen können. Ob er daraus gelernt hat?

Was hat Reinhold A. dazu bewogen, seine eigene Genesung so zu sabotieren? Die Ehefrau, die Kinder, die eigenen Eltern – alle haben vergeblich auf ihn eingeredet. Obwohl er intelligent ist und das gesundheitliche Risiko einschätzen kann, war er unbeirrbar auf sein berufliches Projekt fixiert. Er fühlte sich unentbehrlich. Mit Spaß hatte das nicht mehr viel zu tun.

Hat sich das Ganze am Ende wirklich gerechnet? Dem grippalen Infekt folgten nun viele Wochen Krankschreibung und vollständige Ruhigstellung. Für seinen hohen Arbeitseinsatz trotz grippalem Infekt zahlten er und die Firma ihren Preis, er in gesundheitlicher, die Firma in betriebswirtschaftlicher Hinsicht. Das Projekt wurde von zwei Mitarbeitern übernommen, die sich einarbeiteten und es dann erfolgreich zu Ende bringen konnten. Reinhold A. war doch ersetzbar.

#### 2.3.2.6 Professionelle Hilfe dauert

Stress kann man gut in den Griff bekommen – vorausgesetzt, Betroffene erkennen Signale von Überlastung rechtzeitig. Je schneller Betroffene gegensteuern, umso weniger Schaden kann Stress anrichten. Oft ist der Stress den Betroffenen allerdings schon so über den Kopf gewachsen, dass Hilfe von außen nötig ist. Hausärzte sind in der Regel die ersten Ansprechpartner für Betroffene. Vorausgesetzt, der Hausarzt erkennt hinter körperlichen oder seelischen Signalen Stress und Erschöpfung, dauert es noch einige Zeit, bis professionelle Hilfe einsetzt. Psychologen haben eine lange Wartezeit.

Durchschnittlich drei bis sechs Monate an wertvoller Zeit verstreichen, bis Leidgeplagte professionelle Unterstützung bekommen. Eine Zeit, in der sich Symptome weiter verfestigen und chronisch werden können. So ziehen sich psychische Leiden oft unnötig hin und machen die Betroffenen mürbe. Im schlimmsten Fall werden die Betroffenen leistungs- oder arbeitsunfähig.

**Beispiel**

Frankfurt, Sekretariat 1. Stock

Die sehr zuverlässige und harmoniebedürftige Sekretärin Sibylle O. öffnet wie jeden Montagmorgen ihren überquellenden E-Mail-Account und bekommt Panik. Über 200 E-Mails sind während ihres Kurzurlaubs, der ohne die gewünschte Erholung endete, zur Bearbeitung aufgelaufen. Dazu soll sie noch die neue Kollegin einarbeiten, die sich alles andere als geschickt anstellt. Sibylle O. hat nicht nur damit zu kämpfen. Auch die neue Software erweist sich als große Arbeitshürde. Am meisten belastet sie allerdings die Sprunghaftigkeit ihres cholerischen Chefs. Dieser konfrontiert sie ständig mit neuen Ideen und Anweisungen, die sich genauso kurzfristig wieder ändern. Sibylle O. muss dauernd zwischen Aufgaben hin- und herspringen. So startet die Woche nach dem Urlaub für Sibylle O. mit der Fortsetzung des Albtraums, den ihr Urlaub beenden sollte. Wie soll sie das bloß weiterhin schaffen? Schon am Sonntag verspürt Sibylle O. immer diesen seltsamen Druck in der Magengegend. Sie, einst eine lebenslustige und engagierte Frau mit vielen privaten Kontakten, verbringt ihre Freizeit nur noch vegetierend und zurückgezogen. Sie fühlt sich erschöpft, energielos und fängt immer wieder an zu weinen – scheinbar ohne konkreten Anlass. Ihr linkes Auge zuckt in letzter Zeit oft unkontrolliert, die Kollegin macht sich lustig über diesen Tic. Immer schwerer fällt Sibylle O. der Gang zur Arbeit. Sie empfindet diese inzwischen als sinnlos, auch weil ihr grenzenloser Einsatz ohne Lob und Anerkennung bleibt. Ihr Hausarzt erkennt den Zusammenhang zwischen ihrem beruflichen Stress und ihren Beschwerden. Er verordnet Antidepressiva und schreibt sie für drei Wochen krank. Zudem empfiehlt er ihr den Gang zum Therapeuten. Doch die Wartezeit beträgt drei Monate. Eine lange Zeit, in der sich Symptome verschlimmern und chronisch werden können.

Sabine O. ist kein Einzelfall. Auch die Berufsgruppe der Sekretärinnen ist zunehmend von stressbedingten Erkrankungen betroffen. Als rechte Hand des Chefs müssen diese ständig zwischen verschiedenen Aufgaben hin und her schalten. Zudem sind sie oft auch der Puffer für „Verhaltens-Entgleisungen" ihrer Chefs, die selbst gestresst sind und ihre Emotionen nicht im Griff haben. Knappe Zeitlimits und unvorhergesehene Richtungswechsel münden deshalb oftmals in Arbeit ohne Grenzen und Daueranspannung. Bleibt dabei die Wertschätzung für den hohen Arbeitseinsatz auf der Strecke, dann ist das Erkrankungsrisiko sehr hoch.

Sabine O. merkt zwar, wie viele andere Betroffene, dass ihr die Arbeit über den Kopf wächst. Gleichzeitig findet sie aber kein Gegenrezept und funktioniert einfach weiter.

Die spitzen Bemerkungen der Kollegin und die Beleidigungen durch ihren Chef versucht sie zu verdrängen. Erst durch ihren Hausarzt wird der Zusammenhang zwischen ihren Symptomen und dem Arbeitsstress klar. Sie muss sich allerdings noch Wochen gedulden, bevor sie professionelle Unterstützung erhält. Der Stress ist ihr so sehr über den Kopf gewachsen, dass sie nicht die nötige Distanz hat, die Situation selbst in den Griff zu bekommen. Dabei wäre die Reflexion über die eigene Situation ein wichtiger Schritt für Sabine O. gewesen, um den Abwärtstrend zu unterbrechen (siehe auch Abb. 5.15).

### 2.3.3 Zuviel Stress schadet dem Unternehmen

Zuviel Druck und Stress erzeugen den Ausnahmezustand: Arbeitskräfte, die unter hohem Druck stehen und bereits psychisch leiden, sehen oft ihren eigenen Handlungsspielraum nicht mehr. Dieser Scheuklappeneffekt ist eine Folge von Dauerstress. Alles erscheint in negativem Licht. So wie auch bei Ludwig S. (vgl. Kap. 1). Er sieht sich als Opfer der Umstände, platt und an die Wand gedrückt. Seine Einflussmöglichkeiten schätzt er sehr gering ein. Schließlich kann er den kriselnden Markt nicht direkt beeinflussen und befürchtet, bei seinem Chef für immer verspielt zu haben. Gleichwohl steht auch diesem das Wasser bis zum Hals: Er muss den Gesellschaftern beweisen, dass er weiterhin der Richtige ist. Sie erwarten glänzende Zahlen, möchten ihr Vertrauen in ihn bestätigt wissen. Nur dann werden sie weiterhin auf ihn setzen.

Beiden Vorgesetzten gemeinsam ist: Sie reagieren aus Angst und Verzweiflung. Sie sind überfordert angesichts der Absatzkrise. Es geht um ihre Existenz, an der auch ihre Familien hängen. In ihrer Verzweiflung beginnt die Suche nach Schuldigen, typisch für gestresste Menschen. Ludwig S. sieht sich selbst als Opfer des Geschehens. So gewinnt die Fahrt nach unten für ihn zusätzlich an Dynamik. Bei der Suche nach Lösungen greifen beide Chefs zu dem wohl ungünstigsten und sehr verbreiteten Mittel: Sie üben Druck auf ihre Mannschaft aus und machen damit alles schlimmer. Ludwig S. handelt, wie er selbst behandelt wird. Er reicht den Druck von oben nach unten weiter, typisch für die Sandwichposition. Die Folgen sind: Überlastungssymptome, psychische Beschwerden, innere Kündigung, Präsentismus oder Krankmeldung – aber auch unzufriedene Kunden. Wer kauft schon gerne in einem Unternehmen, in dem die Mitarbeiter gestresst, demotiviert und unfreundlich sind?

So müssen die Chefs ihr ungünstiges Verhalten am Ende selbst ausbaden. Denn die Kunden kaufen lieber bei einem gut geführten Unternehmen, in dem Wertschätzung und Respekt an oberster Stelle stehen und im Verhalten der Verkäufer spürbar sind. Die Rechnung für den schlechten Führungsstil ist hoch: Die Firma bezahlt die Frustration der Mitarbeiter mit zunehmenden Kundenbeschwerden und deutlichen Umsatzeinbußen. Wie Abb. 2.2 zeigt, schadet Stress nicht nur dem Einzelnen selbst, sondern auch dem Unternehmen.

Bezogen auf das Eingangsbeispiel von Ludwig S., gibt es gute Handlungsalternativen (siehe Kap. 5). Die Beteiligten stehen allerdings so sehr unter Druck, dass der Blick auf sinnvolle und konstruktive Lösungen versperrt ist. Ihr Kopf ist leer, der Fokus ausschließlich

**Abb. 2.2** Stress schadet auch dem Unternehmen

auf das Negative gerichtet, das Verhalten unsozial. Sie befinden sich im Ausnahmezustand der Notfallreaktion von Kampf und Flucht, die schon seit Urzeiten genetisch im Menschen angelegt ist und bei Gefahr das Überleben sichert (siehe auch Abb. 3.3).

Erschien früher die Bedrohung in Form einer konkreten Gestalt wie der eines Tigers, so begegnet sie den Chefs im aufgezeigten Beispiel in anderer Form. Der bedrohliche Umsatzrückgang, die damit verknüpfte Angst vor Verlust von Existenz und Status und gleichzeitig das Gefühl, den Abstieg nicht aus eigener Kraft verhindern zu können, ist der Gau schlechthin. Es ist eine der am meisten gefürchteten Bedrohungen, der schlimmste Tiger für den Berufstätigen in der heutigen Arbeitswelt. Dieser Tiger rüttelt extrem am eigenen Selbstwertgefühl.

### 2.3.4 Tabu-Thema „Psyche" – Vorurteile und Stigmatisierung Betroffener

Die moderne Arbeits- und Lebenswelt bringt immer mehr Beschäftigte aus dem seelischen Gleichgewicht. Arbeitsmediziner sprechen von einer „neuen verdeckten Volkskrankheit". In den letzten zehn Jahren wurden um 100 % mehr Antidepressiva verordnet (vgl. Ruhwandl 2010).

Leider herrscht in den meisten Unternehmen unzureichende Kenntnis über psychische Erkrankungen oder sie sind ein Tabuthema. Psychische Beschwerden haben auch nach wie vor einen negativen Beigeschmack. So werden Betroffene allzu häufig noch als Schwächlinge, Gestörte und Versager stigmatisiert. Karrierepläne können ein jähes Ende finden, wenn eine psychische Erkrankung des Betroffenen bekannt wird. Es ist, als ob die betroffene Person für immer einen Stempel hätte. Oft werden folgenreiche Urteile über die psychisch erkrankte Person gefällt.

**Beispiel**

Sonja B., Geschäftsführerin in einem mittelständischen Unternehmen, war vor einem Jahr sechs Wochen lang infolge einer Depression krankgeschrieben. Ein privater Konflikt, drohende Umsatzeinbußen im Unternehmen und massiver Ärger mit einer Mitarbeiterin hatten ihr schwer zugesetzt. Während einer begleitenden Behandlung durch einen Psychotherapeuten erkannte Sonja B. rasch ihr persönliches Verhaltensmuster, das die Depression begünstigt hatte. Sie entwickelte gemeinsam mit dem Therapeuten neue Strategien und Wege, um den Druck besser abfedern zu können. Inzwischen erledigt Sonja B. ihr Arbeitspensum wieder mit großem Elan und Erfolg. Leider war Sonja B. viel zu offen. Unbefangen sprach sie über ihren Burnout, um das Wort Depression zu vermeiden. Die Gesellschafter, der Aufsichtsratsvorsitzende und die gesamte Belegschaft sind im Bilde über ihre psychische Erkrankung. Mit folgenschwerer Wirkung: Als der Geschäftsführervertrag von Sonja B. verlängert werden soll, ist sie außen vor. Gesellschafter und Aufsichtsratsvorsitzender zweifeln an der psychischen Stabilität von Sonja R. und befürchten einen erneuten Zusammenbruch in der Zukunft. Die Firma wäre dann ganz ohne Geschäftsführer. Offiziell schieben sie andere Gründe vor. Diese sind für Sonja B. nicht nachvollziehbar. Sie ringt um Fassung, ist zutiefst enttäuscht. Für ihre Offenheit zahlt sie einen hohen Preis und verlässt schließlich das Unternehmen.

Irrtümlicherweise ist die Meinung verbreitet, dass Beschäftigte, die psychisch erkrankt waren, hinterher nicht mehr einsatzfähig sind. In Wirklichkeit kehren die meisten wieder an ihren Arbeitsplatz zurück. Im besten Fall können sie sich von nun an besser abgrenzen und erkennen schneller die eigenen Belastungsgrenzen. Das ist grundsätzlich mehr Vorteil als Nachteil. Wieder andere arbeiten bewusst reduziert. Nur ein kleiner Teil verlässt die Firma und organisiert sich komplett neu.

An Führungskräfte und Kollegen stellt die psychische Erkrankung eines Mitarbeiters hohe und ungewohnte Anforderungen. Oft mangelt es an Informationen. Viele fühlen sich unsicher, wie sie mit Betroffenen umgehen sollen. Chefs reagieren oft zu spät, da sie wenig persönlichen Kontakt mit dem Mitarbeiter haben und dessen Zustand nicht bemerken. Oder sie zögern das offene Ansprechen zu lange hinaus (siehe auch Abb. 4.10). Das Umfeld ist irritiert, verunsichert und auch ratlos im Umgang mit psychisch Erkrankten. Betroffene werden oft wie „rohe Eier“ behandelt, als müsste man sie schonen. Oftmals werden sie auch von Kollegen gemieden.

Vielen Führungskräften ist es peinlich, psychische Erkrankungen zu thematisieren. „In unserer Firma gibt es das nicht“ – gerade diese Einstellung begünstigt, dass Betroffene sich weigern, offen über ihre Krankheit zu reden. Demgegenüber bedarf es einer offenen Firmenkultur, in der solche Themen nicht tabu sind. Schließlich sind psychische Erkrankungen die Kehrseite von Beschleunigung, Multitasking, Leistungsdruck und Arbeitsplatzunsicherheit. Je offener ein Unternehmen mit dem Thema umgeht, umso zügiger erfahren Betroffene Hilfe und überwinden ihre Erkrankung.

Führungskräfte sollten wissen, dass nicht jeder Mitarbeiter gleich belastbar ist. Die häufig anzutreffende Anmerkung „Der Kollege X schafft es doch auch“ ist kontraproduktiv. Sie berücksichtigt nicht die Individualität des Einzelnen und verstärkt persönliche Versagensgefühle.

## 2.4 Anforderungen steigen – menschliche Grundbedürfnisse bleiben

Immer häufiger treffen stressbedingte Erkrankungen mittlerweile auch Menschen, die bis dahin im Kern als stabil galten. Sind es also doch die äußeren Umstände, die für den Anstieg psychischer Erkrankungen verantwortlich sind? Wenn nicht, welche anderen Mechanismen kommen in Frage? Gibt es etwas Grundlegendes, was alle Menschen im Kern verbindet und in der heutigen Arbeitswelt zu kurz kommt? Der bereits verstorbene amerikanische Psychologe Abraham H. Maslow gibt mit dem Modell seiner Bedürfnispyramide eine mögliche Antwort darauf.

### 2.4.1 Besinnung auf den Kern: Die zentralen menschlichen Grundbedürfnisse nach Maslow

Wie sehr sich die menschliche Arbeits- und Lebenswelt auch „modernisiert“ und wandelt: Nichts wird jemals die zentralen menschlichen Grundbedürfnisse (siehe Abb. 2.3) nach Abraham H. Maslow außer Kraft setzen können. Ganz im Gegenteil. Stürmische Zeiten im Unternehmen oder im Privatleben, Gewinneinbrüche, Umstrukturierungen und Konflikte treffen den Menschen stets im Kern und dort, wo er am meisten angreifbar und verletzlich ist: Bei seinen zentralen Grundbedürfnissen. Um welche Grundbedürfnisse handelt es sich dabei? Abbildung 2.3 zeigt die Bedürfnispyramide nach Abraham H. Maslow, die in Zeiten von Ich-AG, Unsicherheit und Wandel aktueller ist denn je.

Maslow beschreibt in seinem Modell die fünf wesentlichen Grundbedürfnisse des Menschen in den westlichen Industrienationen. Diese Grundbedürfnisse bauen seiner Theorie gemäß aufeinander auf. Zunächst versucht der Mensch die Bedürfnisse auf den unteren Stufen zu sättigen. Sobald die Bedürfnisse einer Ebene erfüllt sind, strebt er nach Befriedigung der jeweiligen Bedürfnisse darüber. Maslow ist Mitgründer der humanistischen

**Abb. 2.3** Die Bedürfnispyramide. Nach Maslow (1981). Menschliche Grundbedürfnisse sind in Zeiten des Wandels besonders gegenwärtig und dringlich

Psychologie, deren Fokus auf die seelische Gesundheit des Menschen zielt. Die Grundbedürfnisse nach Maslow lassen sich in fünf Kategorien einteilen. Für alle gilt: Der Grad der individuellen Ausprägung ist von Mensch zu Mensch verschieden.

1. Fundamentale Bedürfnisse: Wohnen, Essen, Trinken, Schlafen
2. Bedürfnis nach Sicherheit: Materielle und berufliche Sicherheit, sicherer Arbeitsplatz, festes Einkommen, feste Arbeitsverträge
3. Soziale Bedürfnisse, Bedürfnis nach Zugehörigkeit: Familie, private Kontakte, Partnerschaft, Unternehmen, Team
4. ICH-Bedürfnisse: Anerkennung, Status, Geltung, Erfolge beruflich und privat
5. Bedürfnis nach Selbstverwirklichung: Werte, Lebensmotive, Weiterentwicklung, Spiritualität

Zwar diskutiert die Fachwelt die pyramidenförmige Anordnung der Grundbedürfnisse im Maslowschen Modell. Unabhängig davon besitzen diese nach wie vor Gültigkeit und sind vor dem Hintergrund zunehmender Stresserkrankungen aktueller denn je: Sind sie in Gefahr oder bleiben dauerhaft unerfüllt, führt das bei fast allen Menschen zu seelischen Mangelerscheinungen. Diese wiederum begünstigen die Entstehung stressbedingter Erkrankungen.

#### 2.4.1.1 Fundamentale Bedürfnisse

Das Bedürfnis nach Wohnraum, Essen und Trinken, Schlaf und Kleidung ist ein fundamentales Bedürfnis und die Basis menschlichen Lebens. In den Industrienationen sind die fundamentalen Bedürfnisse überwiegend staatlich abgesichert. So kann niemand aufgrund von Arbeitslosigkeit oder Insolvenz verhungern oder obdachlos werden, er wird vom Staat aufgefangen. Nichtsdestotrotz ist die Vorstellung, ein auf minimalem Grundniveau abgesichertes Leben zu führen, für die meisten Menschen erschreckend. Schließlich ist das der Beweis, „es nicht aus eigener Kraft zu schaffen" und auf fremde Hilfe angewiesen zu sein. Betroffene haben damit zu kämpfen, von der Gemeinschaft der Starken und Erfolgreichen ausgeschlossen zu sein. Damit wird zugleich das Bedürfnis nach Zugehörigkeit und Anerkennung unterlaufen. Auf staatliche Unterstützung angewiesen zu sein, ist für die meisten Menschen eine Kränkung. Nicht nur die Betroffenen selbst, sondern auch ihre Familien leiden.

#### 2.4.1.2 Bedürfnis nach Sicherheit

Das Bedürfnis nach Sicherheit steht in der Bedürfnispyramide nach Maslow auf der zweiten Stufe und ist direkt hinter den fundamentalen Grundbedürfnissen angesiedelt. Der Mensch benötigt also ein gewisses Maß an Stabilität und Ordnung. Insbesondere die Versicherungsbranche profitiert von diesem Grundbedürfnis. Viele Menschen versuchen sich gegen möglichst jede unvorhersehbare Situation abzusichern, manche sind überversichert.

Und für die Arbeitswelt gilt: Während in den 1970er und 1980er Jahren stabile Arbeitsplätze und die Versorgung durch Firmen nahezu überall garantiert waren, sieht das heute vielerorts anders aus. Umstrukturierungen, Versetzung oder sogar Kündigung kann heute nahezu jede Branche und jede Ebene betreffen. Besonders die nachfolgende Generation kommt nicht mehr in den Genuss der Privilegien der 1970er und 1980er Jahre. Die Zahl der zeitlich befristeten Arbeitsverträge hat in den letzten Jahren stetig zugenommen. Sichere Arbeitsplätze oder betriebliche Versorgungsleistungen für die Zeit des Ruhestands sind nicht mehr garantiert.

Junge Menschen können oft besser damit umgehen. Sie wachsen in die neue Arbeitswelt hinein und gewöhnen sich an unsichere Märkte. Wer allerdings eine Familie gründen will oder bereits mehrere Familienmitglieder ernähren muss, ist auf ein gewisses Maß an Planbarkeit und Sicherheit bei der Arbeit angewiesen.

#### 2.4.1.3 Soziale Bedürfnisse: Bedürfnis nach Zugehörigkeit

Neben dem Bedürfnis nach einem festen Einkommen und einem sicheren Arbeitsplatz zielt ein wichtiges menschliches Bedürfnis auf Zugehörigkeit. Es ist eng mit dem nach Sicherheit verbunden. Entzug von Zugehörigkeit ist in vielen Firmen gang und gäbe. So informieren Firmen bzw. Führungskräfte zu spät über einschneidende Ereignisse, lassen

Mitarbeiter an den Entwicklungen nicht teilhaben oder grenzen sie bewusst aus. Zahlreiche Umstrukturierungen vertreiben den alten Firmengeist, der die Beschäftigten getragen, ihnen Stabilität und das Gefühl von Zugehörigkeit gegeben hat.

Die meisten Menschen arbeiten gerne und wollen gefordert werden. Dafür benötigen sie ein stabiles Arbeitsumfeld und geeignete Rahmenbedingungen. Sie laufen zu Hochform auf, wenn man ihnen täglich beweist, dass sie dazu gehören. Das beginnt bereits beim morgendlichen Gruß durch den Chef bzw. die Kollegen und endet mit einer höflichen Verabschiedung am Abend – um nur ein simples Beispiel zu nennen. Der Glückwunsch zum Geburtstag, oder die Frage, wie zufrieden der Mitarbeiter gerade mit seinen Aufgaben ist, fördert das Zugehörigkeitsgefühl ebenso wie Betriebsfeiern. Leider wird bei letzteren inzwischen auch immer mehr gekürzt.

Welche Ausmaße das Bedürfnis nach Zugehörigkeit annehmen kann, zeigt das menschliche Konsumverhalten. Ganze Industriezweige profitieren davon. Sie definieren neue Richtlinien für Zugehörigkeit, indem sie laufend Produkte kreieren, von denen viele Menschen dann meinen, sie besitzen zu müssen. Die Zufriedenheit über das neu erworbene Produkt hält meist nicht lange an. So entsteht ein Kreislauf von ständigem Konsumieren und Haben-Müssen, der viele Menschen in der heutigen Lebenswelt zusätzlich stresst und unzufrieden macht. Im Hintergrund lauert hier oft die Angst, nicht mehr mithalten zu können und aus dem Kreis der Starken und Erfolgreichen ausgeschlossen zu sein.

#### 2.4.1.4 ICH-Bedürfnisse: Anerkennung, Status, Geltung

Eines der zentralen und bedeutendsten menschlichen Grundbedürfnisse ist das Bedürfnis nach Anerkennung und Wertschätzung. Fühlen sich Menschen durch andere anerkannt und bestärkt, entwickeln sie ein gutes Selbstwertgefühl. Dies macht sie sicher und stressrobust.

Es gibt zahlreiche Untersuchungen, die den Zusammenhang zwischen Anerkennung auf der einen Seite und Motivation und Leistungsfähigkeit auf der anderen Seite belegen. Hier sind Führungskräfte gefragt. Da fast jeder Chef wieder einen Vorgesetzten über sich hat, sollte dieses Prinzip ganz oben beginnen. Dabei gilt: Wertschätzung und Anerkennung wirken nur, wenn sie maßgeschneidert und glaubwürdig sind. Geheucheltes Lob wirkt befremdlich. Auch ein kritisches Feedback ist eine Form der Anerkennung, wenn es wertschätzend vermittelt wird. Es zeigt, dass der Chef sich Gedanken über den Mitarbeiter macht und an ihm interessiert ist. Eine sehr positive Form der Anerkennung ist, den Mitarbeiter in wichtige Aufgaben mit einzubeziehen und ihm dadurch Vertrauen zu schenken.

Neben der Würdigung der Leistung durch den Chef zählen für viele Beschäftigte auch persönlicher Rang und Status. Betroffene sind sogar bereit, Extra-Schichten zu leisten, um sich den gewünschten Status aufzubauen und zu sichern. Typische Statussymbole sind: Titel, Rangpositionen im Unternehmen oder materielle Werte wie das eigene Heim, das Luxusauto oder exklusive Kleidung.

Den erworbenen Status wieder zu verlieren, ist eine weit verbreitete Angst des modernen Menschen. Entzug von Kompetenzen oder Aufgaben, Herabstufungen oder das

**Tab. 2.1** Präsentismus zielt auf die Erfüllung menschlicher Grundbedürfnisse

| Wenn ich fehle ... | Gefährdetes Grundbedürfnis |
|---|---|
| Ist der Arbeitsplatz in Gefahr | Sicherheit |
| Ist der Platz im Team gefährdet | Zugehörigkeit |
| Verlieren Chef und Kollegen Respekt vor mir | Anerkennung |
| Ziehen Kollegen an mir vorbei und werden bei der Karriere bevorzugt | Selbstverwirklichung |

Nichtberücksichtigen bei der Dienstwagenvergabe der nächst höheren Klasse sind typische Situationen, die von vielen Mitarbeitern als Statusverlust und sozialer Abstieg wahrgenommen werden. Auch die Parkplatzvergabe im Unternehmen erfolgt nach Rang und Status des Mitarbeiters. So geht der Entzug des Parkplatzes für einen Mitarbeiter persönlich oft mit einem Entzug von Status einher und trifft ihn an einem empfindlichen Punkt.

#### 2.4.1.5 Bedürfnis nach Selbstverwirklichung

Sich im Beruf selbst verwirklichen zu können, ist eine gute Präventionsquelle gegen stressbedingte Erkrankungen. Wer im Beruf seine individuellen Fähigkeiten einbringen kann, ist nachweislich zufriedener und motivierter – und schützt sich gleichzeitig vor dem Ausbrennen. Für viele Karrierewillige und fachlich Qualifizierte ist die Möglichkeit der Selbstverwirklichung inzwischen ein wichtiges Kriterium bei der Wahl des Jobs und der Firma. Talentorientierter Einsatz, persönliche Weiterentwicklung, Sinngebung durch die Arbeit – die Möglichkeit der Selbstverwirklichung in einer Firma ist ein wichtiger Wettbewerbsfaktor im Kampf um die rar werdenden Talente am Arbeitsmarkt (vgl. Kaltenbach 2008). Die nachfolgende Generation richtet verstärkt den Blick auf diesen Wert. Die Möglichkeit zur Selbstverwirklichung und persönlichen Weiterentwicklung wird so immer mehr zum Bestandteil einer neuen Arbeitskultur.

### 2.4.2 Menschliche Grundbedürfnisse und Präsentismus

Menschen sehnen sich im Grunde nach Sicherheit, Zugehörigkeit, Anerkennung und Selbstverwirklichung. Um diese Grundbedürfnisse nicht zu gefährden, gehen Menschen über ihre Grenzen und/oder schleppen sich trotz Krankheit zur Arbeit (Tab. 2.1). Ihre Gedanken kreisen dabei immer wieder um dieselben Inhalte. Tabelle 2.1 zeigt, wie Präsentismus auf die Erfüllung menschlicher Grundbedürfnisse zielt.

Die Motive für Präsentismus liegen also grundsätzlich im Inneren des Menschen. Ängste entstehen bevorzugt dort, wo menschliche Grundbedürfnisse vermeintlich oder tatsächlich in Gefahr sind. Mitarbeiter versuchen diese Bedrohung um jeden Preis abzuwenden und treten trotz Krankheit bei der Arbeit an. Sie verteidigen damit ihre Grundbedürfnisse.

## 2.4.3 Fachwissen Menschenkunde

### 2.4.3.1 Grundprinzip 1: Der Mensch ist ein Beziehungswesen

Der Mensch ist von Geburt an durch soziale Faktoren, durch das Verhalten anderer Menschen geprägt. Er ist auf ein Leben in der Gemeinschaft geeicht. Diese Verbundenheit beginnt bereits im Mutterleib und setzt sich mit der Geburt weiter fort. Sie prägt den Menschen für den Rest seines Lebens. Er ist und bleibt ein Beziehungswesen – nichts wird diesen Tatbestand jemals außer Kraft setzen können.

> Wir sind soziale Wesen und als solche über Jahrmillionen geprägt. Unsere persönliche Entwicklung ist untrennbar mit der Gemeinschaft verbunden und unser Selbstwert an der Gemeinschaft „geeicht". (Unger und Kleinschmidt 2007, S. 49)

Aufgrund der genetisch bedingten Orientierung an der Gemeinschaft nimmt das Gehirn Irritationen im sozialen Miteinander besonders schnell wahr und reagiert darauf empfindlich. Übertragen auf die Unternehmenswelt heißt das: Der Verlust von vertrauten Kollegen, wechselnde Teams und ständige Anpassung an neue Kollegen, Konflikte und Kränkungen wiegen für die Betroffenen besonders schwer. Aber auch hier gilt das Prinzip der Individualität. Es gibt Menschen, die besser damit umgehen können, während andere darunter über Jahre leiden. Der zunehmende Verlust von Menschlichkeit im Arbeitsalltag setzt letzteren besonders zu. Insbesondere, vom Vorgesetzten vor versammelter Mannschaft blamiert zu werden, führt nachweislich zu hohem Stress bei Betroffenen und verfolgt sie oft über Jahre.

> Besonders einschneidende Erlebnisse mit anderen Menschen werden über lange Zeit gespeichert, deshalb kann auch die Erinnerung an eine erlebte Erniedrigung ... zu einer fortgesetzten oder bei geringfügigen Anlässen immer wieder aufflammenden, unkontrollierbaren Belastung werden. (Hüther 2007, S. 41)

Der Aufbau des Selbstwertgefühls im Beruf ist grundsätzlich vom Feedback des Arbeitsumfeldes abhängig. Wer Wertschätzung und Anerkennung oder auch konstruktive Kritik erfährt, fühlt sich als Mensch gesehen und bestärkt. Dieses Feedback kann sowohl durch Kunden als auch durch Kollegen erfolgen. Besonders wirkungsvoll und weitreichend ist das Feedback durch den Chef. So kündigen Mitarbeiter meist, weil sie vom Chef enttäuscht sind. Kaum einer nennt die schlechte Kantine als Kündigungsgrund.

**Beziehung Chef-Mitarbeiter** Das Gallup-Institut (siehe Kap. 6.3) fand im Rahmen zahlreicher Studien heraus, dass sich Mitarbeiter zunächst für das Unternehmen, im Fall der Kündigung meist jedoch gegen die Person des Chefs entscheiden. „People join companies and leave bosses" (Menschen entscheiden sich für Unternehmen und verlassen Vorgesetzte) (vgl. Buckingham und Coffmann 2012). So wird die Beziehung zur Führungskraft zum entscheidenden Faktor für Motivation und Leistungsfähigkeit, Identifikation und Mitarbeiterbindung im Unternehmen. Insbesondere gilt:

- Irritationen und Schieflagen in der Chef-Mitarbeiter-Beziehung wirken sich auf Körper und Seele aus: Es kann zu psychosomatischen Störungen kommen.

- Zwischenmenschliche Beziehungen im Berufsalltag beeinflussen stets auch die Beziehungen im Privatleben und umgekehrt. So können sich gegenseitig aufschaukelnde Teufelskreise bilden und zu erheblichen Leistungseinbußen führen.
- Die Führungskraft kann selbst Stress erzeugen oder die psychische Gesundheit ihrer Mitarbeiter positiv beeinflussen.
- Die Führungskraft nimmt beim Wechsel in andere Abteilungen oder Unternehmen ihren Krankenstand mit.
- Die Basis für gute Führungsarbeit ist der gute Umgang mit sich selbst. Führungskräfte wirken durch ihre Vorbildfunktion. Nur wer sich selbst gut führt, kann ein gutes Vorbild für die Mitarbeiter sein. Das Vorleben von Werten regt Mitarbeiter zur Nachahmung an.

Werden die emotionalen und sozialen Bedürfnisse der Mitarbeiter auf Dauer ausgeblendet, löst das Gefühle von Ohnmacht und Unterlegenheit aus. Erfährt der Mitarbeiter für seinen Einsatz keine angemessene Gegenleistung, die der Arbeit Sinn verleiht, verstärken sich diese Ohnmachtsgefühle.

Bei Arbeitsverlust aufgrund von Rationalisierungsmaßnahmen wirkt der Ausschluss aus der Arbeitswelt wie eine Höchststrafe: Die Grundbedürfnisse nach Sicherheit, Zugehörigkeit Anerkennung und Status werden unterlaufen. Die meisten Betroffenen erleben das als bedrohlich – für stressbedingte Erkrankungen der ideale Nährboden. Besonders schwer wiegt eine Entlassung, wenn die Art und Weise der Kündigung jeglicher menschlicher Umgangsformen entbehrt.

**Beispiel**

Marco K. arbeitet seit vielen Jahren in einem Bankkonzern im Bereich Anlageberatung. Aufgrund von Fehlspekulationen erleidet das Unternehmen massive Gewinneinbrüche und muss Mitarbeiter entlassen. Marco K. wird eines Montagmorgens zum Chef zitiert und erfährt, dass sein Arbeitsplatz überflüssig ist. Scheinbar unberührt und teilnahmslos überbringt ihm der Chef die Nachricht von der Kündigung. Die empfundene Kälte beim Kündigungsgespräch empört Marco K. noch viele Monate: Ohne ein Gefühl des Bedauerns und der Wertschätzung für seinen langjährigen Einsatz wird er abserviert. Das findet er extrem ungerecht und unfair. Obwohl finanziell entschädigt, benötigt er Monate, um diesen Schock zu verarbeiten.

Sich als Chef an den menschlichen Grundbedürfnissen zu orientieren, gilt auch für den Fall der Kündigung eines Mitarbeiters. Verstöße dagegen wirken weit über die Beendigung der Dienstzeit hinaus. Ist der Tatbestand der Kündigung für Marco K. bereits ein Schock, so ist die Art und Weise der Übermittlung für ihn untragbar. Schließlich stand er über viele Jahre hinweg dem Unternehmen zu Diensten. Kein Funken von Betroffenheit, kein Wort des Dankes für sein Engagement und die vielen Opfer, die er zu Lasten der Familie und Freunde gebracht hat. Keine Wertschätzung seiner Person und Tätigkeit. Kein Bedauern über den Verlust seiner Arbeitskraft. Marco K. bereut es, so viel Kraft in das Unternehmen investiert zu haben. Auch die hohe Abfindung kann darüber nicht hinwegtrösten.

### 2.4.3.2 Grundprinzip 2: Der Mensch ist ein Gefühlswesen

Es ist ein Irrtum zu glauben, menschliche Gefühle könnten dauerhaft verdrängt und ausgeblendet werden. In einer Welt, in der Menschen wie Maschinen funktionieren sollen, sind Gefühle nicht nur für Unternehmen, sondern auch für die Betroffenen selbst lästig, ja sogar bedrohlich: Ärger, Wut, Enttäuschung, Trauer und Angst gefährden den Anstrich von Makellosigkeit und werden weggedrückt.

Da Gefühle den Menschen auf einen Mangel aufmerksam machen wollen, enthalten sie eine wichtige Information. Diese Information dauerhaft zu ignorieren und die Gefühle zu verdrängen, macht sie an anderer Stelle stärker. Ob chronische Schmerzen, Muskelverspannungen, Schwindel, Vergesslichkeit, Benommenheit, Atemnot, vermehrtes Schwitzen, Kopfschmerzen, Denkblockaden oder Schlafstörungen: Vielfältige Symptome zwingen Betroffene, endlich auf ihren Körper zu hören und Rücksicht auf ihn zu nehmen (siehe Kap. 4.2).

**Beispiel**

Die ehemals sehr fröhliche und kontaktfreudige Personalmanagerin Julia P. fühlt sich seit Monaten ausgelaugt. Immer öfter steht sie neben sich und hat Schwierigkeiten, sich zu konzentrieren. Dies führt sie auf den Stress des letzten Jahres zurück. Sie musste im Rahmen einer Verschlankung viele Mitarbeiter entlassen. Julia P. kam dabei an ihre persönlichen Grenzen. Im Grunde genommen widerstrebte ihr diese Aufgabe. Die aufkommenden Emotionen versuchte sie im Keim zu ersticken. Das gelang ihr zunächst scheinbar gut. Erst jetzt, nach einem Jahr, scheinen die unterdrückten Gefühle sie einzuholen. Julia P. fühlt sich seltsam energielos und ausgebrannt. Immer öfter machen sich Sinnlosigkeitsgefühle breit. Julia P. kann sich über nichts mehr freuen. Der Arzt verschreibt ihr Antidepressiva, damit sie wieder in die Gänge kommt.

Betroffene greifen gerne zu chemischen Helfern wie Beruhigungsmitteln oder Antidepressiva, wenn verdrängte Gefühle in Form von Ängsten oder Antriebslosigkeit an die Oberfläche drängen. Auch der Griff zum Alkohol ist weit verbreitet. Im Extremfall mündet das dauerhafte Ignorieren elementarer Gefühle sogar in das Burnout- Syndrom (siehe Kap. 4.3). Wie beim Einbrechen eines Staudamms, verschaffen sich die über lange Zeit verdrängten Gefühle nun endlich Zugang und überschwemmen den Menschen sinnflutartig. Dieser verliert die Kontrolle über sich und wird unfreiwillig zur Änderung seiner Lebens- und Verhaltensstrategie gezwungen.

Wohlgemerkt: Nicht jeder Anflug von Traurigkeit und Angst gehört in die Hände des Arztes. Der Verlust eines geliebten Menschen, Abschied von vertrauten Arbeitskollegen, das Verpassen des Aufstiegs – all dies sind Situationen, die mit Gefühlen wie Trauer, Ärger und Enttäuschung verbunden sind. Es ist wichtig, diese Gefühle zu akzeptieren und ihnen gebührenden Raum zu geben.

#### 2.4.3.3 Grundprinzip 3: Krisen gehören zum Leben dazu

Das menschliche Leben läuft nicht perfekt wie eine Maschine. Vielmehr gibt es immer wieder typische Situationen im Leben, die mehr oder weniger jeden Menschen stark fordern und sogar ein Krise auslösen können. Dass Krisen zum Leben dazu gehören, wird in der heutigen Arbeitswelt häufig ausgeblendet.

Krisen sind stets einschneidende Ereignisse, die den gewohnten Ablauf oder Lebensplan durchkreuzen. Das Leben wird durch ein Ereignis auf den Kopf gestellt und muss neu geordnet werden. Derartige Umbrüche laufen nicht einfach nebenher, sondern fordern die volle Kraft und Energie des Betroffenen. So benötigt die Verarbeitung der Krise eine gewisse Zeit, die vielen Beschäftigten heute fehlt.

Krisen sind oft wichtige Meilensteine in der Entwicklung des Menschen. Sie gehören zum Leben dazu und haben ihren Sinn. Der Mensch kann an ihnen wachsen, verschüttete Fähigkeiten wiederentdecken und sogar gestärkt aus ihnen hervorgehen. Im persönlichen Umgang mit einer Krise zeigt sich, wie resilient (widerstandsfähig) eine Person ist (siehe auch Kap. 6).

Eine gut gemeisterte Krise stärkt das Selbstvertrauen, macht gelassen und zuversichtlich. Auch das Mitgefühl mit anderen Menschen, die eine ähnliche Situation erleben, steigt. Wie erleichternd mag es für einen Mitarbeiter sein, wenn die Führungskraft einfühlsam zuhört und Verständnis zeigt, als er von der schweren Erkrankung eines Familienmitglieds erzählt und um ein paar Tage Urlaub bittet? Die Führungskraft wirkt in ihrer Reaktion authentisch, da sie eine ähnliche Situation schon selbst durchlebt hat. Ihre ehrliche Haltung ist für den Mitarbeiter spürbar und jeder perfekt antrainierten Rhetorik überlegen.

Grundsätzlich kann der Ursprung einer Krise sowohl im beruflichen als auch im privaten Bereich liegen. Egal, wodurch die Krise auslöst ist: Sie erfordert besondere Sensibilität im Umgang mit der betroffenen Person. Erlebt ein Mitarbeiter hier durch die Führungskraft und Kollegen soziale Unterstützung, stärkt dies Identifikation und Loyalität mit dem Unternehmen über viele Jahre hinweg. Erlebt der Mitarbeiter das Gegenteil, wie im Eingangsbeispiel von Ludwig S. (vgl. Kap. 1), führt dies zu Vertrauensverlust, Demotivation und Leistungseinbußen. Ludwig S. hatte sich an der ernsten Miene seines Verkäufers gestört, nachdem dessen Vater gestorben war. Er unterstellte ihm unprofessionelles Arbeiten.

**Auslöser für berufliche Krisen können sein:**

- Eintritt ins Berufsleben
- Absatzkrisen
- Verkauf eines Unternehmens
- Umstrukturierung
- Kündigung
- Abstieg
- Auftragsverlust
- Umsatzeinbruch
- Ausschluss aus dem Team, Mobbing

**Auslöser für private Krisen können sein:**

- Plötzliche oder chronische Erkrankungen
- Unfall, Erkrankung oder Tod nahestehender Angehöriger
- Krise in Ehe und Partnerschaft
- Heirat und Geburt eines Kindes
- Trennungen
- Pflegebedürftige Angehörige

Auch hier gilt: Die Intensität und das Ausmaß des Krisenerlebens sind von Individuum zu Individuum verschieden. So kann der Tod eines nahestehenden Angehörigen eine Befreiung sein, wenn zuvor eine lange Phase intensiven Leidens vorausging. Oder die Partnerschaft bestand nur noch auf dem Papier und hinterlässt keine allzu große Lücke. Der Verkauf eines Unternehmens kann die Zukunft der Mitarbeiter sichern, wenn ein finanzstarkes Unternehmen die Führung übernimmt und die Angst vor Insolvenz damit ein Ende nimmt. Eine Umstrukturierung kann auch dazu führen, dass ein neues und spannendes Aufgabengebiet dem Betroffenen neue Entwicklungsmöglichkeiten bietet (vgl. Berndt 2008).

## Literatur

### Bücher

Badura B, Ducki A et al (2012) Fehlzeiten-Report 2012: Gesundheit in der flexiblen Arbeitswelt: Chancen nutzen – Risiken minimieren. Springer, Heidelberg

Berndt FH (2008) Burnout. Gabal, Offenbach

Buckingham M, Coffman C (2012) Erfolgreiche Führung gegen alle Regeln. Campus, Frankfurt a. M.

De Bruyn G (2006) Buridans Esel. Fischer, Frankfurt a.M.

Hüther G (2007) Biologie der Angst. Vandenhoeck & Ruprecht, Göttingen

Kaltenbach HG (2008) Persönliches Karrieremanagement. Gabler, Wiesbaden

Maslow AH (1981) Motivation und Persönlichkeit. Rowohlt, Reinbek

Ruhwandl D (2010) Top im Job- ohne Burnout durchs Arbeitsleben, Klett-Cotta, Stuttgart

Turkle S (2012) Verloren unter 100 Freunden. Riemann, München

Unger HP, Kleinschmidt C (2007) Bevor der Job krank macht. Kösel, München

### Zeitschriftenartikel

Amann S, Dettmer M (2012) In. Der Spiegel Aus! Zeit! 27:73–74

Der Spiegel (2011) Ausgebrannt, 4

Krause A (2011) Grenzlastig. In: health@work. Magazin für betriebliches Gesundheitsmanagement 4:14–16

# Stress – von der Entstehung bis zu den Auswirkungen

3

**Zusammenfassung**

Der Begriff „Stress“ ist inzwischen in aller Munde. Nicht immer ist Stress negativ. Ohne Stress gäbe es keine Leistung und Höchstleistung. Doch die Grenze ist fließend und nicht immer leicht zu erkennen. Eine der häufigsten Stressquellen sind Rollenkonflikte. Diese erzeugen Zwickmühlen und kosten Kraft: Im Spannungsfeld zwischen unterschiedlichen und oft auch widersprüchlichen Erwartungen verschleißen Betroffene sich selbst. Mitarbeiter auf allen Ebenen sind betroffen – insbesondere Führungskräfte in der Sandwichposition. Das Stressgeschehen spielt sich stets auf drei Ebenen ab: Äußere Stressauslöser führen in Kombination mit innerem Druck zur Stressreaktion, die sich in vielfältiger Weise bemerkbar machen kann. Sowohl die körperliche Ebene, als auch Denken und Verhalten sind betroffen. Dabei spielt das Gehirn als Schaltzentrale eine entscheidende Rolle. Dauerstress verändert die Gehirnstruktur, was gravierende Folgen für Psyche und Leistungsfähigkeit hat.

## 3.1 Berufstätige im Fokus unterschiedlicher Rollen – Stressquelle „Zwickmühlen“

### 3.1.1 Unterschiedliche Rollen

Jeder Mensch steht im Spannungsfeld unterschiedlicher Rollen. Abbildung 3.1 zeigt die Vielfältigkeit der möglichen Rollen für ein und dieselbe Person. Nicht jede Person schafft es, sich im Dickicht des Rollengeflechts zu behaupten und den Rollenanforderungen angemessen zu begegnen. Immer wieder kommt es im beruflichen und privaten Alltag zu Spannungen, die ihren Ursprung in der Vielfalt der Rollen haben.

M. Mainka-Riedel, *Stressmanagement – Stabil trotz Gegenwind*,
DOI 10.1007/978-3-658-00931-1_3, © Springer Fachmedien Wiesbaden 2013

**Abb. 3.1** Was bin ich? Unterschiedliche Rollen enthalten oft widersprüchliche Erwartungen und führen zu aufreibenden Zwickmühlen

#### 3.1.1.1 Organisationsrolle

Wer eine Firma betritt, ist nicht vorrangig Privatmensch wie Vater, Mutter, Ehemann oder Ehefrau, Bruder oder Schwester, sondern nimmt eine Rolle im Unternehmen ein, für die er bezahlt wird. Das ist seine Organisationsrolle. Ob Sekretärin, Sachbearbeiter, Kundenberater, Projektleiter, Bereichs- oder Abteilungsleiter, immer gibt es auch innerhalb der Organisationsrolle noch einmal Rollen, die im Widerspruch zueinander stehen können. So muss ein Kundenberater einerseits die Wünsche der Kunden erfüllen und andererseits bei einer Reklamationsbehandlung auch den finanziellen Spielraum und die Vorgaben seines Unternehmens im Blickfeld haben. Hier kollidieren oftmals widersprüchliche Erwartungen miteinander und führen zu Schwierigkeiten bei der Suche nach befriedigenden Lösungen. Für viele Mitarbeiter sind Zwickmühlen einer der häufigsten und gravierendsten Stressauslöser im Betriebsalltag (vgl. Wehrle 2011).

#### 3.1.1.2 Privatrolle

Auch nach der Arbeit geht es für Berufstätige noch weiter. Man wechselt von der Arbeitswelt in die private Welt, die wiederum mit ihren eigenen Anforderungen aufwartet. So ist der Beschäftigte oft gleichzeitig Ehe- oder Lebenspartner, Vater oder Mutter, Bruder oder Schwester und Sohn oder Tochter. Dazu kommt die Mitgliedschaft im Sportverein, Nachbarschaft und Freundschaften. Alle Rollen stellen ihre Ansprüche an die Betroffenen. Die Schulkinder brauchen Hilfe bei der Mathematikhausaufgabe oder wollen ihren Aufsatz zeigen. Die Eltern oder Schwiegereltern fordern regelmäßigen Besuch und benötigen vielleicht Unterstützung, weil sie alt und/oder pflegebedürftig sind.

Immer öfter wirkt die Organisationsrolle auch ins Privatleben hinein: Beschäftigte arbeiten abends vom Wohnzimmertisch aus weiter und sind auch nach Dienstschluss noch online. Stressbedingte Erkrankungen finden ihre Nahrung häufig in Rollenkonflikten, die bei Betroffenen zu Zwickmühlen führen. Das Kennzeichen einer Zwickmühle ist, dass man weder vor noch zurück kann. Man sitzt in der Falle, fühlt sich gefangen, der Ausweg scheint versperrt. Zwickmühlen sind von Natur aus mit Gefühlen von Ausweglosigkeit verknüpft. Sie lähmen und erschöpfen. Werden sie nicht aufgelöst, können sie sogar krank machen.

### 3.1.2 Chefs im Rollenkonflikt – Zwickmühlen im Führungsalltag

Im beruflichen Alltag werden Organisations- und Privatrolle oft miteinander vermischt. Besonders in der Führung kann sich das sehr negativ auswirken. Wenn ein Chef väterliche Gefühle (Privatrolle) für einen Mitarbeiter entwickelt, ihm die Eigenverantwortung abnimmt und damit unwissentlich dessen Abhängigkeit fördert, kann das den Mitarbeiter zu einem späteren Zeitpunkt einholen. Spätestens, wenn der Chef sich in den Ruhestand verabschiedet und der Mitarbeiter noch zwanzig Jahre im Unternehmen bleiben muss, sind Konflikte mit der neuen Führungskraft vorprogrammiert. Insbesondere, wenn der neue Chef die Selbständigkeit seiner Mitarbeiter voraussetzt. Gerade das hat der Mitarbeiter beim alten Chef nicht gelernt. Vielmehr ist er in kindlicher Abhängigkeit geblieben und zerbricht an den neuen Anforderungen. Gravierende Defizite lassen sich nicht auf die Schnelle ausgleichen und Betroffene leiden unter Versagensängsten. Ein Kulturwechsel in der Führung kann so zum Stressauslöser werden und Betroffene an ihre Belastungsgrenzen bringen.

#### 3.1.2.1 Nicht gelöste Zwickmühlen erzeugen Stress

Rollenvermischungen begünstigen Zwickmühlen und führen zur Lähmung. Statt sich aus der Zwickmühle zu befreien, verharren Betroffene wie Gefangene in der Situation und sitzen diese zu lange aus: In der Hoffnung, dass sich die Dinge von selbst lösen werden. Das ist allerdings selten der Fall. Ganz im Gegenteil: Das Aussitzen bewirkt noch mehr Unruhe, Ungerechtigkeitsempfinden, Motivations- und Leistungsverlust im Team und Imageverlust der Führungskraft.

**Beispiel**

Der Leiter der Controlling-Abteilung Roland B., sieht sich in der Zwickmühle, einen Mitarbeiter wegen gravierender Leistungsminderung/Nicht-Erfüllen von vereinbarten Zielen (Organisationsrolle) zu konfrontieren, da er sich diesem menschlich sehr verbunden fühlt. Er empfindet ihm gegenüber sogar väterliche Gefühle (Privatrolle). Roland B. weiß, dass der Mitarbeiter gerade in der Scheidung steckt und gestresst ist. Da er ein großes Harmoniebedürfnis hat und die Lage des Mitarbeiters gut nachvollziehen kann, schiebt er das Gespräch wiederholt auf. Er befürchtet, die falschen Worte zu wählen, den Ton nicht zu treffen und den Mitarbeiter dadurch zusätzlich zu belasten. Der Mitarbeiter aber arbeitet immer unkonzentrierter und fehlerhafter. So eskaliert die Situation zunehmend und weitet sich auch auf den Kollegenkreis aus. Diese müssen die Minderleistung des Kollegen kompensieren und dessen Launen ertragen. Sie ärgern sich immer mehr und fühlen sich vom Chef persönlich im Stich gelassen. Auch unterstellen sie ihrem Kollegen insgeheim, dass er sich vor der Arbeit drücken will. Die Zwickmühle und damit der Stress werden für Roland B. und alle Beteiligten immer größer. Roland B. kann abends nicht mehr abschalten und grübelt zwanghaft bis in die Nacht hinein. Als Vorgesetzter (Organisationsrolle) muss er die Abteilung kompetent führen, die Lage stets im Griff haben und kann Fehler nicht dulden. Schließlich steht er für die Ergebnisse seiner Abteilung gerade. Die mangelnde fachliche Leistung seines Mitarbeiters kann er so auf Dauer nicht hinnehmen, auch muss er dem Team gerecht werden. Doch andererseits möchte er seinen Mitarbeiter nicht noch mehr belasten. Er befürchtet, dass Letzerer nach dem Gespräch ins Bodenlose stürzt und er als Chef dafür mitverantwortlich ist. Roland B. weiß nicht, wie er handeln soll und fühlt sich immer unwohler.

Roland B. befindet sich hier in einer Zwickmühle: Hin- und hergerissen zwischen väterlichen Gefühlen und seiner Pflicht als Chef, weiß er nicht, wie er die Situation lösen soll. Er wählt den Weg des Aussitzens. Mit diesem Verhalten trägt er unwissentlich dazu bei, dass die Situation immer mehr eskaliert und das Team ihm mangelnde Führung vorwirft. All dies fällt auf Roland B. als Chef zurück – seine Glaubwürdigkeit und sein Image als Chef stehen nun auf dem Spiel. Auch die Nachbarabteilungen spüren die Auswirkungen des Konflikts. Roland B. vermischt die Organisationsrolle mit der Privatrolle und ist mit den Auswirkungen konfrontiert. Alle leiden – Mitarbeiter, Kollegen und der Chef selbst (siehe auch Abb. 4.10). Nur durch eine klare Rollentrennung kann der Chef die Situation lösen:

- Als Vorgesetzter (Organisationsrolle) muss er in erster Linie dafür sorgen, dass er gemeinsam mit dem Team die vorgegebenen Ziele und Ergebnisse erreicht. Er hat für klare Spielregeln zu sorgen. Gleichzeitig muss er dem betroffenen Mitarbeiter Unterstützung anbieten, damit dieser seine Konflikte in eigener Verantwortung lösen kann. Dabei darf er nicht den Blick auf das Team verlieren.
- Als privater Mensch (Privatrolle) kann er gut nachempfinden, wie es seinem Mitarbeiter ergeht. Er spricht persönliche Betroffenheit und Verständnis aus. Dennoch wahrt er die nötige Distanz, versinkt nicht in Mitleid mit dem Mitarbeiter und lässt sich nicht in die Helferrolle drängen. Damit würde der Mitarbeiter noch mehr in die Opferrolle geraten und passiv bleiben.

▶ Transparenz und Klarheit in der Rolle als Führungskraft verhindern viele Konflikte und damit Stress im Firmenalltag. Klare Spielregeln, eine klare Position als Chef und klare Rollentrennung zwischen beruflicher und privater Rolle helfen, Stress zu vermeiden und akuten Stress angemessen zu bewältigen.

Durch das Unterscheiden von Organisations- und Privatrolle kann sich Roland B. innerlich von der Situation distanzieren und das Gespräch mit dem Mitarbeiter aus einer Rollensouveränität heraus führen.

#### 3.1.2.2 Rollenkonflikte in der Sandwichposition

Besonders aufreibend sind Rollenkonflikte für das mittlere Management, da Führungskräfte im mittleren Management in einer Doppelrolle stecken: Sie sind einerseits Mitarbeiter nach oben und andererseits Chefs nach unten. Die Schere zwischen oben und unten fordert ein ständiges Ausbalancieren der Ansprüche zwischen diesen beiden Ebenen. Führungskräfte in Sandwichpositionen müssen viel organisieren und haben oft nicht den nötigen Entscheidungsspielraum. Oft reichen sie den Druck von oben unreflektiert nach unten und bekommen den Unmut der Mitarbeiter zu spüren: Sie machen sich bei diesen unbeliebt (siehe auch Abb. 4.9). Deshalb laufen Führungskräfte in der Sandwichposition besonders Gefahr, auszubrennen.

**Beispiel**

Die Personalleiterin Meike S. sitzt in der klassischen Konfliktposition. Als Personalleiterin in einem Unternehmen muss sie die Erwartungen der Chefs und die ihrer eigenen Mitarbeiter unter einen Hut bringen. Anweisungen soll sie stets überzeugend nach unten vermitteln, auch wenn sie ihr sinnlos erscheinen. Manchmal eine schwierige Angelegenheit, die viel Selbstdisziplin und klare Abgrenzung verlangt. Immer wieder erlebt Meike S. Situationen, in denen sie sich innerlich zerrissen fühlt. Im Führungsmeeting erfährt sie nun vom noch inoffiziellen Plan der Geschäftsleitung. Dieser sieht vor, die Buchhaltung innerhalb eines Jahres auszulagern und gleichzeitig Personal abzubauen. Alle Führungskräfte werden gebeten, das noch für sich zu behalten. Meike S. gerät nun in einen schweren inneren Konflikt: Von einer ihr vertrauten Mitarbeiterin aus der Buchhaltung weiß sie, dass diese gerade die Finanzierung einer aufwendigen Haussanierung plant. Ihr Gehalt ist fester Bestandteil der Finanzierung. Meike S. steckt in einem schweren Rollenkonflikt zwischen Organisations- und Privatrolle. Informiert sie die Mitarbeiterin über den neuen Firmenplan, verstößt sie gegen die Vorgabe der Geschäftsleitung. Behält sie die Information für sich, lässt sie die vertraute Kollegin ins Messer laufen. Diese wird erfahren, dass Frau S. schon lange informiert war und ihr Vertrauensbruch vorwerfen. Frau S. hat seit Bekanntgabe des neuen Firmenplans Schlafstörungen und Migräneanfälle.

Meike S. sitzt hier zwischen zwei Stühlen und gerät in einen schweren emotionalen Konflikt. Erst, als sie mutig ihr Dilemma bei der Geschäftsleitung schildert und Lösungsvorschläge erbittet, löst sich dieser Konflikt auf. Sie stößt auf Verständnis, die Information über die geplanten Veränderungen erfolgt so rechtzeitig, dass die Mitarbeiterin sich darauf einstellen kann. Obwohl Meike S. zunächst zweifelte: Das mutige Ansprechen des Dilemmas trifft auf Verständnis und Einsicht bei der Geschäftsleitung. Meike S. fällt ein Stein vom Herzen.

### 3.1.3 Zwischen den Stühlen auch ohne Führungsposition

Nicht nur Führungskräfte, sondern Mitarbeiter auf allen Ebenen erleben täglich Situationen, in denen sie zwischen zwei Stühlen sitzen und widersprüchliche Erwartungen erfüllen müssen.

**Beispiel**

Lars K. ist erfolgreicher und qualifizierter Verkäufer in einem renommierten Autohaus. Er nimmt seinen Beruf sehr ernst und möchte es am liebsten allen recht machen. Eine resolute Kundin ist mit ihrem erst kürzlich gekauften Neuwagen wegen eines immer wieder kehrenden Geräusches sehr unzufrieden. Zwischen ihr und dem Werkstattleiter gab es infolge von Missverständnissen einen Konflikt mit gegenseitigen Beleidigungen. Die Kundin ist wütend und verärgert, der Fehler noch immer nicht behoben, da das Testgerät keine Störung anzeigt. Der Werkstattleiter vertraut auf das Ergebnis des Testgeräts und unterstellt der Kundin, dass sie das Auto falsch bedient. Verkäufer Lars K. sieht das anders: Er registriert das störende Geräusch bei der Probefahrt, ordnet es einem technischen Defekt am Auto zu und stellt sich auf die Seite der Kundin. Seine Möglichkeiten allerdings sind begrenzt: Er ist dem Werkstattleiter unterstellt, der sich als der fachlich Kompetentere sieht. Insgeheim will er sich an der Kundin rächen, da sie ihn vermeintlich beleidigt hat. Lars K. sitzt nun zwischen zwei Stühlen und fühlt sich sehr unbehaglich. Er möchte die Kundin auf keinen Fall verlieren, es sich aber auch nicht mit dem Werkstattleiter verscherzen. Der Vorgang endet beim Rechtsanwalt, die Kundin will ihr Auto zurückgeben. Sie bekommt Recht und auch ihr Geld zurück – das Autohaus wird sie nie wieder betreten. Lars. K hat eine gute Kundin verloren, worüber er sich sehr ärgert. Insbesondere, weil er an Verkaufszahlen gemessen wird und hier keinen Einfluss nehmen konnte, obwohl er im Recht war. Wiederholt begegnen ihm solche Situationen. Sie reiben ihn auf. Lars K. hat bereits starke Nackenverspannungen und knirscht nachts mit den Zähnen.

Auch Lars K. sitzt in seinem Beruf als Verkäufer in der Sandwichposition. Einerseits ist er abhängig von den Kundenreports, die der Hersteller regelmäßig auswertet und als Feedback an den Verkaufsleiter weiter leitet. Dieser macht bei negativen Bewertungen dann Druck auf seine Mannschaft. Andererseits hat der Verkäufer Lars K. selbst wenig Spielraum für eigene Entscheidungen – ihm sind die Hände gebunden. Er hat sich strikt an die Vorgaben der Firma, hier an die Vorgabe des Werkstattleiters, zuhalten. Im Recht zu sein bringt ihm nichts, wenn der Werkstattleiter anderer Meinung ist.

Ähnlich wie Lars K. geht es auch vielen anderen Mitarbeitern im Kundenkontakt, sei es am Telefon oder von Angesicht zu Angesicht. Mitarbeiter In Call- oder Servicecentern, die Kundenwünsche telefonisch entgegennehmen und diese an die Fachabteilungen weiterleiten, berichten von Dauerstress: Ausfällige und unverschämte Bemerkungen gilt es, stets freundlich wegzulächeln. Da Servicemitarbeiter ihren Kunden aus eigener Kraft

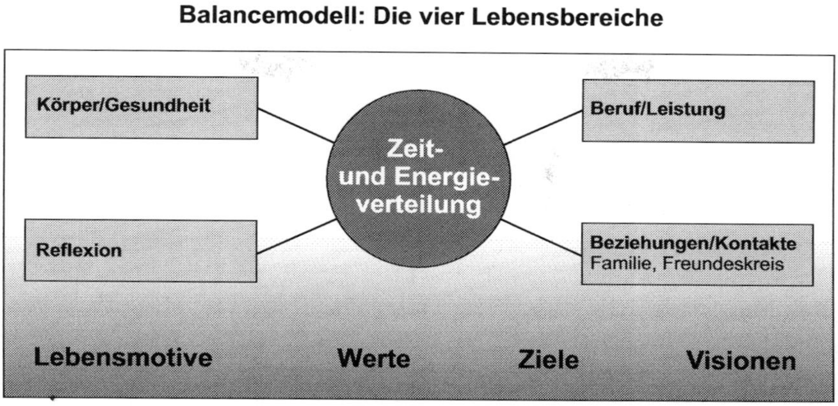


**Abb. 3.2** Die vier Lebensbereiche – Balancemodell. Nach Peseschkian (2009). Die vier Lebensbereiche erfordern angemessene Beachtung und eine ausgewogene Balance

nicht helfen können – sie leiten die Beschwerde meist nur weiter – sind sie auf das zügige Handeln ihrer Kollegen angewiesen. Diese Abhängigkeit erzeugt Stress. So verwundert es kaum, dass Beschäftigte im Kundenkontakt nachweislich eine erhöhte Anfälligkeit für Herz-Kreislauf-Erkrankungen aufweisen.

Zwickmühlen begünstigen das Ausbrennen eines Mitarbeiters – egal auf welcher Ebene. Kommen dazu noch ein ungerechter Chef, intrigante Kollegen und eine geringe Entlohnung, dann steigt das Risiko für stressbedingte Erkrankungen enorm an.

### 3.1.4 Voraussetzung für Erfolg und Zufriedenheit: Harmonisches Zusammenspiel der 4 Lebensbereiche

Im Leben eines Menschen gibt es stets verschiedene Bereiche, die unterschiedlich viel Aufmerksamkeit, Zeit und Energie fordern. Häufig konkurrieren diese miteinander. So müssen Betroffene immer wieder von neuem priorisieren und entscheiden, welchem Bereich sie sich vorrangig widmen (Abb. 3.2).

Alle vier Lebensbereiche treten mit unterschiedlichen und oft auch widersprüchlichen Erwartungen an den Menschen heran. Jeder Mensch hat grundsätzlich 100 % Zeit und Energie zur Verfügung. Ideal wäre es, sich diese so einzuteilen, dass persönliche Lebensmotive und Werte Erfüllung finden können.

Das optimale Ausbalancieren dieser vier Bereiche ist eine lebenslängliche Aufgabe. Je nach Lebenslage und Lebensphase sind unterschiedliche Bereiche betont. Dabei gilt: Wird ein Bereich überbetont, geht das zu Lasten eines anderen Bereiches. Jedes Mehr in einem Bereich, führt zu einem Weniger im anderen Bereich. Hier eine stimmige Entscheidung zu treffen, ist kein leichtes Unterfangen. Dabei spielen persönliche Werte und individuelle Lebensmotive eine wichtige Rolle (siehe Abb. 6.2). Im Lebensalltag kollidieren oft widersprüchliche Erwartungen miteinander und müssen unter einen Hut gebracht werden.

Angenommen, der ehrgeizige Mitarbeiter oder Vorgesetzte setzt alles auf die Karte *Beruf/Leistung*, dann wird er die meiste Zeit mit Arbeit verbringen. Er merkt dabei nicht, wie die anderen Bereiche verkümmern. Erst, wenn der vernachlässigte Körper rebelliert und mit Krankheit auf sich aufmerksam macht, rückt der Bereich *Körper/Gesundheit* wieder in den Mittelpunkt. Er fordert nach einem anderen Lebensstil.

Oder Partnerschaften und Freundschaften drohen zu zerbrechen, weil der Arbeitsplatz des Betroffenen zum Wohnzimmer für ihn geworden ist. Dann rückt plötzlich – oft zu spät – der Bereich *Beziehungen/Kontakte* in den Mittelpunkt.

Die einseitige Ausrichtung der Energie auf den Job kann auch zum schleichenden Sinnverlust führen. Oft findet die gestresste Person auf die Frage „Wozu?" keine Antwort, weil sie gar nicht mehr zum Nachdenken kommt und nur noch funktioniert. Dann ist der wichtige und sinnstiftende Bereich *Reflexion* in den Hintergrund geraten. Steht das eigene Handeln in keinem angemessenen Sinnzusammenhang, ist die Gefahr stressbedingter Erkrankungen um ein Vielfaches höher.

Auf der Basis der vier Lebensbereiche gewinnt auch die Definition von Erfolg eine neue Bedeutung. Demzufolge hängt Erfolg wesentlich davon ab, wie sehr es dem Menschen gelingt, die vier Bereiche in ein gutes Gleichgewicht zu bringen. Wirklich erfolgreich ist eine Person erst dann, wenn es ihr gelingt, alle vier Bereiche miteinander so zu verknüpfen, dass sie zufrieden und glücklich ist.

#### 3.1.4.1 Alles geht nicht gleichzeitig

Eine ausgewogene Balance zwischen den verschiedenen Lebensbereichen zu finden, ist heutzutage eine der größten Herausforderungen. Viele Berufstätige scheitern an dem Anspruch, allen Bereichen gleich gerecht zu werden und fühlen sich permanent frustriert. Dabei gilt: Jeder Mensch ist „endlich", und „Alles geht nicht gleichzeitig". So gilt es Prioritäten zu setzen und immer wieder neu auszubalancieren, in welche Richtung die Zeit und Energie fließen soll. Dies ist ein ständiger Prozess.

Die Entscheidung, in welchen Bereich man wie viel Energie investiert, ist in vielen Fällen von großer Tragweite. Wer auf Karriere setzt, hat weniger Zeit für die Familie. Wer auf Familie setzt, dem bleibt weniger Zeit für die Karriere. Jede Entscheidung hat ihren Preis. Diesen im Vorfeld sorgfältig abzuwägen und bei der Entscheidung zu berücksichtigen, hilft Enttäuschungen zu vermeiden. Wer sich darüber im Klaren ist, was er mit seiner Entscheidung gewinnt und worauf er gleichzeitig verzichtet, handelt souverän und kann Nachteile besser akzeptieren.

Eine gute Entscheidungsgrundlage, in welche Richtung Zeit und Energie fließen sollen, ist dabei das „Reiss-Profil" (siehe Abb. 6.2). Es beschreibt 16 zentrale Lebensmotive, die den Menschen als fundamentale Werte steuern. Diese sind von Mensch zu Mensch verschieden. Sie bilden die Basis für Zufriedenheit und Erfolg. Wer seine individuellen Lebensmotive kennt, kann seine Energie gezielt in die Bereiche fließen lassen, die ihn am meisten stärken und ihn vor dem Ausbrennen schützen.

Grundsätzlich gilt: Es ist selbstverständlich, dass in bestimmten Lebensphasen die verschiedenen Bereiche unterschiedliche Aufmerksamkeit bekommen. So kann der Rückzug aus der Familie aufgrund einer Weiterqualifikation Sinn machen, wenn diese ein wichtiger Schritt in der beruflichen Entwicklung ist und das Einkommen der Familien sichert. Wenn allen davon Betroffenen der Sinn der Maßnahme klar ist (Reflexion), sind auch die vorübergehenden Auswirkungen besser zu verkraften. So lange arbeitsintensive Phasen überschaubar bleiben und mit dem Partner abgestimmt sind, ist dagegen nichts einzuwenden. Gerade Berufseinsteiger benötigen einige Jahre, um auf Kurs zu kommen. Sie müssen dabei auch Durststrecken in Kauf nehmen.

Auf Dauer allerdings ist eine individuell ausgewogene Balance zwischen den Lebensbereichen die beste Prävention gegen Stresserkrankungen. Einen elementaren Lebensbereich dauerhaft zu vernachlässigen, kann zum Bumerang werden.

#### 3.1.4.2 Zeitschulden als Zwickmühle

Insbesondere in Zeiten von Wandel, Umstrukturierungen und Unsicherheit kommt das Privatleben vielerorts zu kurz. Betroffene machen sich aus Angst vor Arbeitsplatzverlust im Unternehmen unentbehrlich, arbeiten bis spät in den Abend hinein und provozieren damit Streit in der Familie.

**Beispiel**

Aufgrund von Umstrukturierungen arbeitet der perfektionistische Elektroingenieur Achim W. täglich 12 h. Erschöpft kommt er abends nach Hause und möchte endlich seine Ruhe haben. Das Zuhause allerdings ist für ihn inzwischen der Ort geworden, wo der schwierigste Teil der Arbeit auf ihn wartet: Täglich wirft ihm die Ehefrau vor, dass er sich nicht genug um die Familie kümmert. Auch sie benötigt Entlastung. Er wiederum ist der Meinung, dass sie die Kinder nicht richtig erzieht. Aufgrund der Vorwürfe zieht er sich immer mehr zurück, was die Frau noch wütender macht. In Wirklichkeit hat er permanent ein schlechtes Gewissen, will er doch allem zu 100 % gerecht werden. Achim W. macht die Dinge stets mit sich selbst aus und ist wenig mitteilsam. So erfährt die Ehefrau nicht, unter welchem Druck er gerade steht. Dabei opfert Achim W. sich für die Familie auf. Erst kürzlich hat die Familie ein Haus gekauft und einen Kredit aufgenommen. Beruflich kürzer zu treten, kann er sich deshalb schon gar nicht leisten. Also lautet die Parole: Durchhalten! Bald werden auch wieder andere Zeiten kommen. Nur noch dieses Projekt zu Ende führen. Doch ein Projekt jagt das nächste. Schlafen kann er schon lange nicht mehr gut, sein Herz fängt immer wieder an zu rasen. Aber der Arzt findet nichts Auffälliges. Achim W. versucht, die beginnende Schwäche durch noch mehr Arbeit in den Griff zu bekommen und vor den Kollegen zu verbergen. Schwäche als Karrierekiller kann er sich in der Phase der Umstrukturierung gar nicht leisten. Er muss die Familie ernähren und den Kredit zurückbezahlen. Nur ein makelloses Image sichert seinen Arbeitsplatz. Achim W. fühlt sich seinem Arbeitgeber ausgeliefert und versucht, durch Dauerverfügbarkeit zu glänzen.

Viele an Erfolg und Anerkennung orientierte Berufstätige sehen sich im Privatleben permanent in der Zeitschuld und reiben sich daran zusätzlich auf. Vorwürfe von Ehepartnern und Kindern, zu wenig Zeit für sie zu haben, erzeugen ein schlechtes Gewissen und Schuldgefühle. Dabei entspringt das einseitige Verlagern der Aktivitäten in den Beruf oftmals nicht rein egoistischen Motiven. Vielmehr handeln die Betroffenen für andere: Für den Ehepartner, für die Kinder. Sie möchten die Versorgung der Familie, die Ausbildung der Kinder und die eigene Rente oder Pension sichern.

Leider reden Paare zu wenig miteinander, insbesondere über die Gründe und Motive ihres Verhaltens. So könnten sie um Verständnis für die eigene Situation werben und den Partner für das eigene Anliegen gewinnen. Stattdessen führen gegenseitige Unterstellungen und Anschuldigungen zu Beziehungsstress und zur Entfremdung. Stressbedingte Erkrankungen bis hin zum Burnout-Syndrom können ihren Ursprung auch im Privaten haben. Dieser Aspekt wird bei der Verbreitung des Themas in den Medien viel zu selten erwähnt.

Für Singles dagegen besteht grundsätzlich die Gefahr, den Beruf zum alleinigen Lebensmittelpunkt zu machen und das Privatleben in den Hintergrund zu drängen. Auch das kann sich negativ auswirken. Wer immer öfter Einladungen absagt, weil berufliche Aktivitäten wichtiger sind, wird eines Tages keine Einladung mehr bekommen. Da der Selbstwert ausschließlich aus dem Job bezogen wird, fehlt im Fall einer beruflichen Krise ein stabiles Netzwerk, das Betroffene auffängt. Auch die Flucht in soziale Netzwerke kann den Verlust von privaten Beziehungen nicht ausgleichen.

Viele Beschäftigte ringen permanent um eine ausgewogene Balance zwischen beruflichen und privaten Anforderungen, ohne jemals eine gute Lösung zu finden. Manchmal kommt die Reue über die Vernachlässigung eines Lebensbereichs auch zu spät, wie bei Kilian K.:

**Beispiel**

Kilian K. ist seit zwei Jahren Ingenieur in einem mittelständischen Unternehmen. Aufgrund einer längeren Erkrankung seines Chefs nimmt er übergangsweise die Rolle dessen Stellvertreters ein. Kilian K., äußerst gewissenhaft und zuverlässig, leistet viele Überstunden im Betrieb – auch an den Wochenenden. Das lässt ihn die Trennung von der Familie und den Sorgerechtsstreit vergessen. Seine Kinder hat er zuletzt vor einem Jahr gesehen. Kilian gerät in eine schwere Zwickmühle, als seine Mutter plötzlich schwer erkrankt und auf Hilfe angewiesen ist. Sie wohnt 400 km von seiner Arbeitsstätte entfernt. Deshalb schafft er es nur jeden zweiten Monat, die Mutter für einen Tag zu besuchen. Die Besuche bei ihr machen ihn stets sehr betroffen. Als er eines Tages den Anruf erhält, dass die Mutter nun plötzlich verstorben ist, ist Kilian K. fassungslos. Er will die Situation nicht wahrhaben und bereut im nach hinein, sich so wenig Zeit für sie genommen zu haben. Dennoch versucht er weiter zu funktionieren. Immer öfter fühlt er sich beklommen und fängt plötzlich an zu schwitzen. Erst an der frischen Luft geht es dann wieder besser.

Kilian K. hatte sich ganz auf seinen Job konzentriert und dabei verdrängt, dass die private Zeit mit seiner Mutter begrenzt war. Auch nach dem Tod der Mutter funktionierte er einfach weiter. Insgeheim fühlt er sich schuldig, sich zu wenig um seine Mutter gekümmert und etwas Wesentliches versäumt zu haben. Wie soll er das jemals wieder gut machen können? Er reagiert u. a. mit starken körperlichen Symptomen (Beklemmungsgefühle, Schwitzen), die ihm schwer zu schaffen machen (siehe auch Abb. 3.16).

Kilian K. hat Glück im Unglück: Sein Schwager ist Psychologe und rät ihm dringend, sich therapeutische Unterstützung zu holen. Kilian K. nimmt den Rat an und arbeitet das Geschehene mit professioneller Hilfe Schritt für Schritt auf. Schon bald geht es ihm wieder besser. Ohne therapeutische Unterstützung hätten sich seine Symptome zu einer chronischen Angststörung ausweiten und bis zur Frühverrentung führen können.

## 3.2 Stress – zwei Seiten der Medaille

### 3.2.1 Definition Stress

Stress beschreibt die psychische und körperliche Reaktion von Lebewesen auf äußere Reize (Stressoren). Prinzipiell beschreibt der Begriff Stress zunächst die Anpassung des Organismus an Reize von außen und ist wesentliches Merkmal aller Lebewesen. In der Physik bedeutet Stress „Zug oder Druck auf ein Material". Der Mediziner Hans Selye entnahm den Begriff aus der Physik und führte ihn 1936 als „unspezifische Reaktion des Körpers auf jegliche Anforderung" ein (vgl. Selye 1950). Mit Hilfe von Stress können Lebewesen flexibel auf ihre Umwelt reagieren – ein sinnvolles Werk der Natur.

### 3.2.2 Die goldene Seite der Medaille

> Stress ist unser ständiger Begleiter, solange wir leben ... Manchmal geht uns seine Anhänglichkeit auf die Nerven; dennoch verdanken wir ihm jeden persönlichen Fortschritt und erreichen durch ihn immer höhere Stufen geistiger und körperlicher Weiterentwicklung. Er ist die Würze des Lebens. (Selye 1950, vgl. Online-Netzwerk-Lernen 2002).

Die kurzfristige Aktivierung des Organismus durch Stress ist ein wesentliches Merkmal der genetischen Ausstattung des Menschen. Sie ist grundsätzlich positiv und birgt enorme Chancen. Ohne diese Aktivierung wäre der Mensch nicht zur Leistung bzw. Spitzenleistung fähig. Das ist die positive Seite. Eine bestimmte Stressdosis löst einen Kraftschub aus, der sehr beflügeln kann. Viele haben schon erlebt, wie gut es sich anfühlt, wenn man eine Situation nach einer großen Kraftanstrengung erfolgreich gemeistert hat. Sportler sind süchtig nach dem berauschenden Gefühl, das sie nach Erreichen des Ziels positiv auflädt. Am Ende einer großen Anspannung steht das Glücksgefühl, diese Situation gemeistert zu haben. Anstrengungen, die erfolgreich enden, stärken das Selbstwertgefühl. Dies gilt nicht nur für körperliche Aktivitäten, sondern auch für anstrengende Aufgaben im Berufsalltag. Erfolgserlebnisse nach erbrachter Leistung machen stolz und befriedigen. Damit es zu solchen Erfolgserlebnissen kommen kann, ist eine gewisse Dosis an Stress Voraussetzung. Der Biopsychologe Professor Clemens Kirschbaum von der TU Dresden bringt es auf den Punkt:

> Akuter Stress hilft uns, den Körper schnell zu mobilisieren, Energie bereit zu stellen und das Nervensystem sozusagen „scharf" zu schalten. Stress sorgt dafür, dass wir in den unterschiedlichsten Umgebungen zu Höchstleistungen fähig sind. (Stern 2008, S. 16–17)

Stress kann das Leben spannend und lebendig machen. Stress ermöglicht, auf den Punkt genau fit zu sein und Leistung zu bringen. Ob beim sportlichen Wettkampf, bei einer Präsentation, beim Ausweichen auf der Autobahn, bei einer schwierigen Verhandlung, beim Einhalten der Frist für ein Projekt etc. Gäbe es die Stressreaktion nicht, könnte der Mensch nicht flexibel auf Anforderungen seiner Umwelt reagieren.

#### 3.2.2.1 Vom Vorteil der akuten Stressreaktion

Stress gehört also zum menschlichen Leben dazu. Er macht auf den Punkt genau fit. Stress ermöglicht Leistung und Höchstleistung. Um das zu gewährleisten, wird der menschliche Organismus kurzfristig so umprogrammiert, dass er die erforderlichen Kräfte mobilisieren kann. Hans Selye bezeichnet das als „akute Stressreaktion". Sie ist ein Teil der genetischen Ausstattung des Menschen. Als Notfallprogramm sicherte sie bereits in Urzeiten das Überleben, denn nur das zügige Reagieren auf Bedrohungen bewahrte den Urzeitmenschen vor dem Tod. Hörte der Urahn ein Knacken im Gebüsch oder sah er in der Ferne ein wildes Tier, dann schalteten die Sinne sofort scharf, schlugen Alarm und bereiteten ihn auf die Kampf- oder Fluchtreaktion vor. Statt zu überlegen, ob das Tier nun gefährlich war oder nicht, kam es auf blitzschnelles Handeln an.

Dieser biologische Überlebensmechanismus ist dem Menschen bis heute erhalten geblieben. Die akute Stressreaktion setzt bei vermeintlicher oder tatsächlicher Bedrohung unverzüglich ein und steuert den Menschen automatisch. Sie war ursprünglich als Notfallreaktion für konkrete Bedrohungen in der Umwelt gedacht und erzeugte maximale Energie für die Kampf- oder Fluchtreaktion. So wurde sie zum Überlebensvorteil und ist eine geniale Erfindung der Natur.

Auch heute noch reagiert der Körper mit diesem seit Millionen von Jahren bewährten Notfallprogramm, auch wenn weit und breit keine wilden Tiere mehr in Sicht sind. Angesichts einer echten oder vermeintlichen Gefahrensituation kommt der menschliche Organismus blitzschnell auf Hochtouren und erzeugt maximale Energie für die Bewältigung der Bedrohung (Abb. 3.3). Dabei kommt es – immer wiederkehrend – zu kurzfristigen körperlichen Veränderungen und Umprogrammierungen. Abbildung 3.3 zeigt die wichtigsten körperlichen Veränderungen, die angesichts einer Bedrohung automatisch einsetzen.

Ohne die akute Stressreaktion wäre der Mensch nicht anpassungs- und leistungsfähig. Zudem schützt sie den Menschen auch heute noch in vielen Gefahrensituationen.

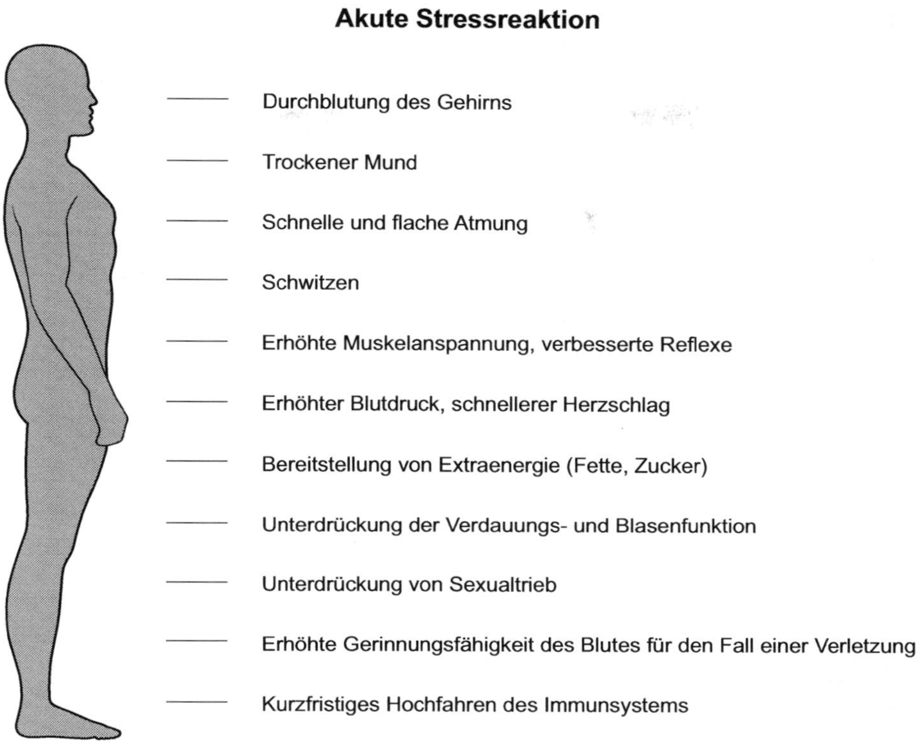


**Abb. 3.3** Akute Stressreaktion. Nach Kaluza (2007). Kurzfristige Umprogrammierungen des Organismus sorgen für maximale Energie und Einsatzkraft

**Beispiel**

Johanna B. ist auf dem Weg zur Arbeit, als sie – in Gedanken an die Kritik vom Chef – fast einen Fußgänger am Zebrastreifen übersieht. Dies ist eine echte Gefahrensituation, die den Körper blitzschnell in Alarmbereitschaft versetzt. So kommt es zu einem kurzfristigen „Umprogrammieren" der Organe mit dem Ziel, die Gefahr (den Zusammenstoß mit dem Fußgänger) noch rechtzeitig abzuwenden. Mehr Blut fließt in die Muskeln. Die Augen fokussieren auf die Gefahrensituation (Tunnelblick). Andere Reize werden in dieser Phase ausgeblendet. Alle Funktionen, die für die Bewältigung der Gefahr entscheidend sind, werden mit Sauerstoff und Nährstoffen versorgt: Gehirn, Kreislauf und Muskeln laufen zu Hochform auf. Die übrigen Funktionen laufen auf Sparflamme – wie Verdauung und Sexualfunktion. In Sekundenbruchteilen weicht Johanna B. dem Fußgänger noch rechtzeitig aus. Die Gefahr ist gebannt, der Organismus hat währenddessen auf Hochtouren gearbeitet und Höchstleistung vollbracht. Johanna B. ist erleichtert, sie konnte den Zusammenstoß und die drohenden Folgen noch recht-

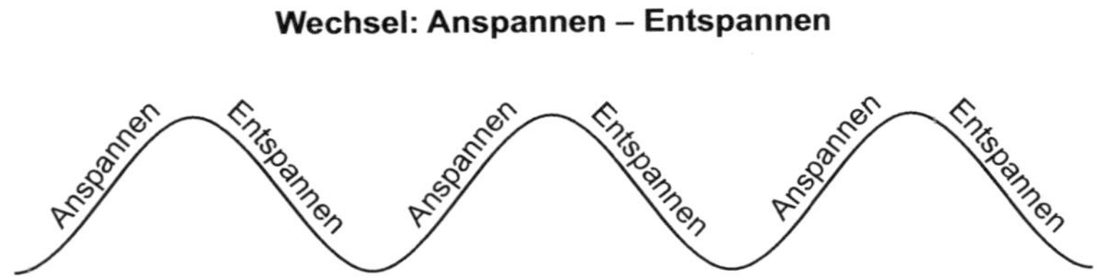


**Abb. 3.4** Wechsel: Anspannen – Entspannen. Ein gesunder Wechsel von Anspannung und Entspannung hält gesund und leistungsfähig

zeitig verhindern. Das verdankt sie der „akuten Stressreaktion", der Fähigkeit ihres Organismus, in Sekundenschnelle zu Hochform aufzulaufen und die Situation in den Griff zu bekommen. Diese von der Natur perfekt ausgeklügelte Notfallreaktion springt angesichts einer drohenden Gefahr automatisch an und dient dem Eigenschutz. Erst hinterher wird Johanna B. klar, was passiert ist: Der Atem geht immer noch schnell, die Knie sind weich, das Herz klopft bis zum Hals. Es dauert eine Weile, bis der Organismus wieder zur Ruhe kommt.

Vorrangig Bedrohliches wahrzunehmen, gehört zur genetischen Grundausstattung des Menschen und sicherte einst das Überleben. Auch Johanna B. profitiert von diesem SOS-Programm. Sie erkennt die Gefahr blitzschnell: Ihr Blick ist ausschließlich auf den Fußgänger konzentriert. Alle Nebenreize blendet sie aus.

#### 3.2.2.2 Rhythmus Anspannung – Entspannung

Auch wenn Stress anregt, beflügelt und zu Höchstleistungen anspornt, gilt stets der Grundsatz: Nach jeder Phase größerer Anspannung benötigt der Organismus eine Pause, um sich von den Strapazen wieder zu erholen. Auf Energieabgabe muss stets wieder Energiezufuhr folgen (siehe auch Abb. 4.3). In Urzeiten setzte unmittelbar nach Bewältigung der Bedrohung die Phase der Entspannung ein: Der Urmensch ruhte sich am Lagerfeuer aus und sammelte neue Energie. Auf diesen Rhythmus des Anspannens und Entspannens ist der Mensch auch heute noch ausgelegt, wie Abb. 3.4 zeigt.

Hält sich der Mensch an dieses Urprinzip, dann profitiert er davon: Er hat genügend Kraft und Energie, um die Anforderungen des Arbeitsalltags zu bewältigen. Das gilt sowohl für den Arbeitsalltag als auch für die Freizeit. So sind regelmäßige Kurzpausen während der Arbeit besonders effektiv– vorausgesetzt, sie werden sinnvoll genutzt und nicht mit Aktivitäten im Internet oder in sozialen Medien verbracht. Und: Der Zeitpunkt der Pause entscheidet. Wer ständig durcharbeitet, ist im Nachteil. Er arbeitet immer unkonzentrierter und benötigt um ein Vielfaches mehr an Zeit und Energie, um die Anforderungen angemessen auszuführen. Deshalb gilt: Regelmäßige Pausen helfen, Leistungseinbrüche zu verhindern und rechnen sich über kurz oder lang (siehe auch Abb. 3.15).

Über Kurzpausen im Arbeitsalltag hinaus benötigt der Organismus auch nach Dienstschluss und am Wochenende ausreichend Erholung. Er muss regelmäßig in eine

Entspannungslage kommen, von der aus er neue Kraft für die Anforderungen des nächsten Arbeitstages sammeln kann. Viele an Erfolg orientierte Menschen leben nach diesem Prinzip. Sie befolgen diesen Rhythmus und haushalten angemessen mit ihren Energien. Nur so können sie dauerhaft die geforderte Leistung erbringen und dabei gesund bleiben. Ein gesunder Rhythmus von Anspannung und Entspannung ist die Basis für langfristige Gesundheit, Leistungsfähigkeit und Erfolg. Nur wer wieder langsamer wird, kann wieder schneller werden (siehe auch Abb. 5.11).

### 3.2.3 Die Kehrseite der Medaille

Die akute Stressreaktion ist ein im Menschen angelegtes Überlebensprogramm. Sie sichert die menschliche Anpassung an die Umwelt. Das ist die gute Nachricht. Zunehmender Druck und hohes Tempo untergraben den gesunden Rhythmus von Anspannung und Entspannung: Sie lassen oft keine Verschnaufpausen mehr zu. Ohne ausreichende Erholung kommt es langfristig zur Überdehnung dieses Überlebensprogramms. Das ist die Herausforderung.

Der Rhythmus von Anspannung und Entspannung gilt auch für den sogenannten positiven Stress (Eustress). Obwohl die Anstrengung bei Eustress von positiven Gefühlen begleitet ist, gilt auch hier: Ein Zuviel an positiver Anspannung und ein Zuwenig an Entspannung kann ebenfalls zum Bumerang werden. Eustress kann rauschähnliche Gefühle erzeugen und die Selbstverausgabung anheizen. Viele kennen die Situation, über einer reizvollen Aufgabe zu sitzen und schier endlose Kräfte zu entwickeln. Kräfte, die scheinbar jede Pause überflüssig machen. Das wirkt wie ein Selbstansporn. Doch der Schein kann trügen.

**Beispiel**

Gustav L. gründet eine Werbeagentur. Alles fängt vielversprechend an. Seine ausgefeilten Netzwerke verhelfen ihm zügig zu hohen Auftragseingängen in der hart umkämpften Branche. Die Entwicklungen stimmen ihn euphorisch. Wie im Rausch arbeitet er grenzenlos – oft auch in der Nacht und an Wochenenden. Auch stellt er einen Mitarbeiter nach dem anderen ein. Der materielle Erfolg scheint ihm Recht zu geben und spornt ihn zusätzlich an. Urlaub liest sich inzwischen wie ein Fremdwort, seine Energie wirkt unerschöpflich. Sie treibt ihn immer weiter an, in der Arbeit geht er richtig auf. Dass die Familie immer mehr in den Hintergrund rückt, verdrängt er und verschiebt das Familienleben auf die Zeit danach. Dann, wenn er „es" geschafft hat und die Firma von selbst läuft, soll die Familie wieder zum Zug kommen. Dieser Plan soll sich nicht erfüllen. Ganz im Gegenteil: Da einige Mitarbeiter nicht wie gewünscht „funktionieren", muss Gustav L. immer öfter selbst Hand anlegen. Er arbeitet mit Hilfe von Aufputschmitteln fast Tag und Nacht und verliert immer mehr das Gefühl für sich selbst. Ständig innerlich aufgepeitscht, merkt Gustav L. nicht, wie er schleichend in den

Strudel der Erschöpfung gerät und nur noch Getriebener ist. Bis er eines Tages fast zwanghaft von dem Gedanken verfolgt wird, alles hinzuwerfen: Sinnlosigkeit und die Sehnsucht nach einem anderen Leben haben ihn ereilt. Er quält sich sogar mit Selbstmordgedanken. Gerade noch schafft er es, seinen Hausarzt aufzusuchen. Er wird sofort in eine Klinik eingewiesen.

Aus der Anfangseuphorie, die lange anhielt, wurde zunehmend ein schleichender Prozess der Erschöpfung. Dies ist ein gefährlicher Prozess. Oftmals sind Selbstständige, Firmengründer oder Führungskräfte betroffen, die einen Bereich oder eine Abteilung aufbauen. Der Rausch des Anfangserfolgs scheint Pausen überflüssig zu machen. Vermeintlich im Eustress, wachsen Betroffene zunächst über sich selbst hinaus. Anfangssignale von Überlastung werden einfach ignoriert. Erst in fortgeschrittenem Stadium zeigt sich das ganze Ausmaß der jahrelangen Überlastung (siehe auch Abb. 3.15).

Deshalb gilt: Auch ein Dauerhoch strengt den Organismus im ungewöhnlichen Maß an. Es macht blind für die eigenen Bedürfnisse. Immer schneller – immer höher – immer weiter, das Motto der olympischen Bewegung dauerhaft auf die Arbeitswelt zu übertragen, kann zum Bumerang werden.

### 3.2.4 Stressniveau und Leistung (Yerkes-Dodson-Kurve)

Wie viel Stress ist nun eigentlich förderlich und ab wann ist Stress bedenklich? Die amerikanischen Psychologen Yerkes und Dodson fanden im Rahmen von Tests den engen Zusammenhang zwischen Stressniveau und Leistungsfähigkeit heraus (Abb. 3.5). Demzufolge ist die Leistungsfähigkeit sowohl bei einem niedrigen als auch bei einem hohen Stressniveau niedriger als bei einem mittleren. Konkret: Wer zu wenig Stress hat, fühlt sich unterfordert und gelangweilt. Seine Leistungsfähigkeit ist dementsprechend niedrig. Wer dagegen zu viel Stress hat, fühlt sich überfordert, wird unkonzentriert, hektisch und vergesslich. Seine Leistungsfähigkeit lässt nach. Im Falle des Burnout-Syndroms geht sie gegen Null. Auf die Frage, wie viel Stress sinnvoll ist, geben die Psychologen Yerkes und Dodges eine Antwort. Die Beziehung zwischen Stress und Leistung entspricht einer umgekehrten u-förmigen Kurve, wie Abb. 3.5 veranschaulicht. Ein Maximum an Leistung wird bei einem mittelhohen Stressniveau erzielt. Die Grenzen, ab wann Unterforderung oder Überforderung eintreten, sind stets individuell und fließend.

Während bei erlebter Unterforderung die Leistungsfähigkeit gering bleibt, steigt sie mit zunehmendem Stress zunächst stetig an und erreicht ihr optimales Ausmaß bei einem mittleren Stressniveau. Nimmt der Stress dann noch weiter zu, reduziert sich die Leistungsfähigkeit immer mehr. Je nach Stressdosis kann das bis hin zum vollständigen Leistungsverlust führen.

Auf die Dosis kommt es also an. Während der gesunde Eustress die richtige Dosis von Ansporn und Herausforderung an Körper und Psyche liefert, schadet ungesunder Disstress Körper und Psyche auf Dauer. Zahlreiche Studien belegen, dass lang anhaltender Distress-

**Abb. 3.5** Stressniveau und Leistung. Nach Yerkes-Dodson (1908). Maximale Leistung wird bei einem mittleren Stressniveau erzielt

psychische Erkrankungen begünstigt. Egal, ob Unterforderung oder Überforderung der Auslöser für Distress ist: Beschäftigten geht es am besten bei einer mittleren Stressbelastung (vgl. Litzke und Schuh 2007, S. 12).

Was ein Mensch allerdings unter zu viel oder zu wenig Stress, unter Unterforderung oder Überforderung versteht, ist individuell. Je nachpersönlicher Situation und Ausstattung kann ein Mensch Anforderungen als zu gering, positiv anspornend oder zu hoch empfinden. Abbildung 3.6 verdeutlicht, welche Rolle die persönliche Kompetenz in Bezug auf die Anforderungen spielt. Nur eine ausgewogene Balance zwischen den beiden Polen Kompetenz und Anforderungen verhindert Distress und sorgt für gleichbleibend gute Leistungskraft.

Sind beide Seiten ausgewogen, dann ist die Stressdosis genau richtig – der Mensch befindet sich im Eustress. Er arbeitet motiviert, produktiv und effizient.

Überwiegt die rechte Waagschale, sind also die Anforderungen im Vergleich zur persönlichen Kompetenz dauerhaft zu hoch, dann gerät der Mensch in Distress. Er fühlt sich den Anforderungen nicht gewachsen. Überwiegt die linke Waagschale, sind also die eigenen Kompetenzen höher als die tatsächlichen Anforderungen, fühlt der Mensch sich unterfordert. Er gerät ebenfalls in Distress. Wer Jahre lang unter seinen Fähigkeiten zurückbleibt, ist häufig frustriert, unzufrieden und demotiviert. Experten bezeichnen diesen Zustand als Boreout. Boreout beschreibt das Gefühl der dauerhaften Unterforderung und Langweile. Viele Arbeitslose oder Mitarbeiter in unterqualifizierten Positionen kennen

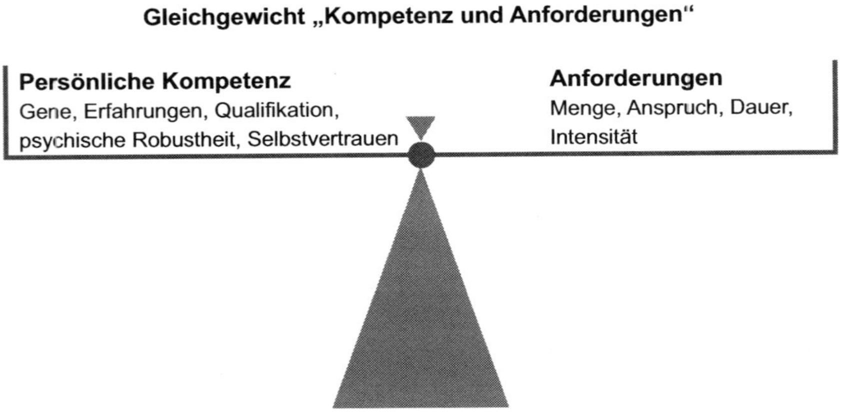


**Abb. 3.6** Gleichgewicht „Kompetenz und Anforderungen". Ein ausgewogenes Verhältnis zwischen persönlicher Kompetenz und Anforderungen motiviert und spornt zu Leistung an

dieses Gefühl. Bei Mobbing kann es auch Teil der Strategie sein, den Betroffenen gezielt zu unterfordern.

Ein gewisses Maß an Anspannung macht das Leben erst lebendig und lebenswert. Die meisten Menschen möchten gefordert werden und ihre Fähigkeiten einbringen. So lange Beschäftigte Anforderungen als positive Herausforderungen sehen, die sie aus eigener Kraft bewältigen können, wirken diese stimulierend. Ein anforderungsarmes Arbeitsleben dagegen wirkt eintönig und demotivierend.

Erweisen sich Aufgaben allerdings dauerhaft als überfordernd und nicht zu bewältigen, sinken Motivation und Leistungsfähigkeit enorm. Der entstehende Distress führt zu chronischer Anspannung und kann sogar die Gesundheit ruinieren. Wer das Gefühl hat, die Arbeitsaufgaben nicht mehr zu schaffen, egal wie sehr er sich auch anstrengt, hat zudem ein hohes Risiko, an einer Depression zu erkranken.

## 3.3 Die drei Ebenen des Stressgeschehens

Wie kommt es nun dazu, dass Stress von Mensch zu Mensch so unterschiedlich erlebt wird? Welche Gesetzmäßigkeiten liegen hier zu Grunde? Gert Kaluza beschreibt mit dem Modell der Stresstrias die drei Ebenen des Stressgeschehens (Abb. 3.7). Dieses Modell erweist sich im Arbeitsalltag als sehr hilfreich und ist auch praktisch gut umsetzbar. Es veranschaulicht die Zusammenhänge zwischen äußeren und inneren Stressfaktoren und deren Wechselwirkung. Zudem ermöglicht es, das eigene Stressverhalten zu reflektieren und kritisch zu überprüfen.

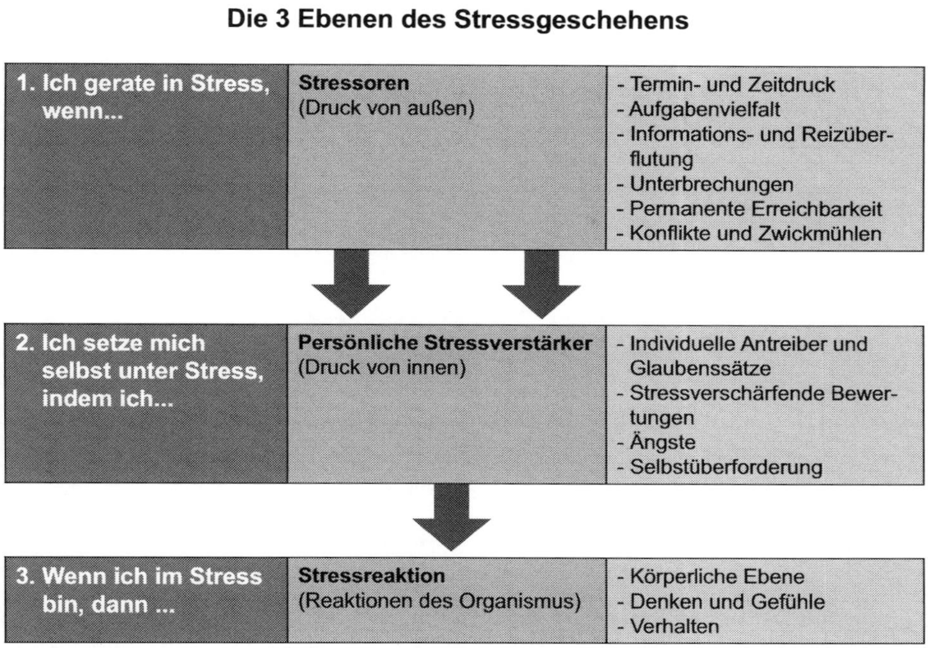


**Abb. 3.7** Die drei Ebenen des Stressgeschehens. Nach Kaluza (2007). Die Ebenen stehen in Wechselwirkung zueinander

Gert Kaluza unterscheidet zwischen drei Ebenen des Stressgeschehens (Abb. 3.7): Äußere Stressoren, persönliche Stressverstärker, Stressreaktion. Für jede Ebene gibt es typische Kennzeichen:

1. *Äußere Stressoren*: Äußere Stressoren sind stressauslösende Reize oder Ereignisse, die eine Anpassung des Organismus erfordern. Diese können sehr unterschiedlicher Natur sein: Lärm, Hitze, Verkehr, Termin- und Zeitdruck, Arbeitsunterbrechungen, Informationsüberflutung, Multitasking, berufliche und private Konflikte. Stressoren von außen führen nicht zwangsläufig dazu, dass die betroffene Person Stress empfindet. Sie bestimmen auch nicht, wie intensiv das Stresserleben des Einzelnen ist.
2. *Persönliche Stressverstärker*: Persönliche Stressverstärker beinhalten die individuellen Motive und Bewertungen einer Person, die in der belastenden Situation immer mitwirken. Es sind die inneren (oft unbewussten) Wertesysteme oder Glaubenssätze der betroffenen Person, die erheblichen Einfluss auf das persönliche Stresserleben haben. Typische innere Antreiber sind Perfektionismus, das Gefühl, allem und allen gerecht werden zu müssen und nicht um Unterstützung bitten zu können. Diese Antreiber erzeugen Glaubenssätze, die wie Selbstprogrammierungen wirken. Sie sind der Person meist nicht bewusst, wirken wie ein innerer Zwang und beeinflussen die Reaktion des

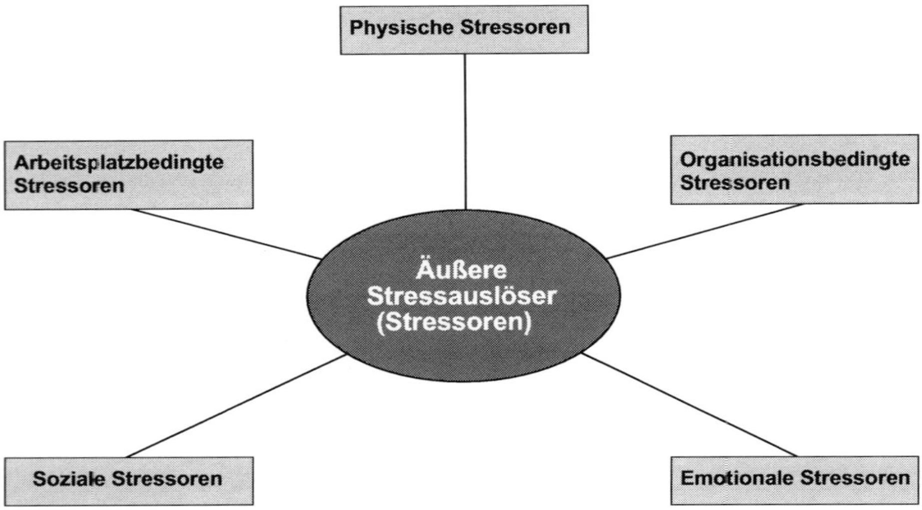


**Abb. 3.8** Äußere Stressauslöser (Stressoren). Diese können unterschiedlicher Natur sein

Individuums auf den Stressor von außen. Unter dem Diktat der eigenen Antreiber und Glaubensätze verhält sich die Person oft „ungünstig" in stressigen Situationen. Sie lässt sich unreflektiert zu Handlungen verführen, die sich negativ auswirken. Aber nicht nur Antreiber und Glaubenssätze, auch eine Bandbreite von Gefühlen wie Erregung, Spannung, Ungeduld, Angst, Ärger und Enttäuschung zählen zu den individuellen Stressverstärkern. Oft malen sich Betroffene schon im Vorfeld aus, wie sie in der Situation versagen oder scheitern und verschärfen damit zusätzlich den Stress.

3. *Stressreaktion*: Die Stressreaktion umfasst die typischen körperlichen Reaktionen/Antworten des Organismus auf die stressauslösenden Reize: Herzklopfen, Schwitzen, Zittern der Hände, Hektik, schnelleres und flacheres Atmen, aufsteigende Röte, trockener Mund. Aber auch schnelles Sprechen, Reizbarkeit und Irritationen auf der Gefühlsebene gehören dazu.

## 3.3.1 Äußere Auslöser von Stress – Druck von außen

Stressauslöser, die von außen an die Person herantreten, können unterschiedlicher Natur sein (siehe Abb. 3.8). Sie reichen von physischen Stressoren (Lärm, Hitze, ...) bis hin zu sozialen Stressoren, wie z. B. Kränkungen und Teamausschluss. In der Regel wirken Stressoren, die das soziale Miteinander beeinträchtigen, besonders stark und können ein Hauptauslöser für das Burnout-Syndrom sein (vgl. Kap. 4.3).

### 3.3.1.1 Physische Stressoren

- Lärm
- Kälte, Hitze
- Nacht- und Schichtarbeit

- Durcharbeiten ohne Pause
- Grelle Beleuchtung
- Stickige Luft
- Enger Arbeitsplatz
- Flimmernde Bildschirme

#### 3.3.1.2 Organisationsbedingte Stressoren

- Hierarchien
- Bürokratische Zwänge: Formular- und Papierkrieg
- Unklare Zuweisung von Aufgaben, Kompetenzen und Verantwortlichkeiten

#### 3.3.1.3 Soziale Stressoren

- Fehlende Anerkennung und Unterstützung durch Vorgesetzte und Kollegen
- Schlechtes Betriebsklima
- Konflikte mit Kollegen, Kunden, Vorgesetzten
- Konkurrenzdruck und Machtkämpfe
- Isoliertes Arbeiten
- Geringe Entwicklungsmöglichkeiten
- Diskriminierung oder Benachteiligung
- Mangelnde Vereinbarkeit von Familie und Beruf
- Schlechter Informationsfluss
- Abschied von vertrauten Strukturen, Netzwerken und Kollegen
- Rasch wechselnde Vorgesetzte
- Rollenkonflikte, Zwickmühlen

#### 3.3.1.4 Emotionale Stressoren

- Zwang zur Dauerfreundlichkeit
- Widerspruch zwischen gefordertem Verhalten und persönlichem Gefühl (Weglächeln von Ärger und Wut)
- Beleidigungen, Kränkungen und Gesichtsverlust
- Sich nicht wehren dürfen
- Sexuelle Annäherungen, Anspielungen durch Chefs, Kollegen oder Kunden

#### 3.3.1.5 Arbeitsbedingte Stressoren

- Arbeitsmenge und -tempo
- Zeit- und Leistungsdruck
- Informationsflut
- Multitasking
- Unklare Anweisungen
- Unklare Zuständigkeiten und Verantwortlichkeiten
- Fehlende Kompetenzen für Aufgaben
- Überforderung durch neue oder ungewohnte Aufgaben

- EDV- Ausfälle, Softwareprobleme
- Arbeitsunterbrechungen durch E-Mails, Telefonate oder Kollegen
- Unzureichende Informationen
- Ständig wechselnde Zielvorgaben mit kurzfristigem Änderungsbedarf
- Hohe Verantwortung für Personen oder materielle Werte
- Unzureichende Einarbeitung in den Job
- Unangemessene Entlohnung
- Hohe Anforderungen, verknüpft mit wenig Entscheidungsspielraum
- Umstrukturierungen, Verschlankung und Fusion
- Ineffektive und zeitraubende Meetings

#### 3.3.1.6 Chronische Erkrankungen

Chronische Erkrankungen wie Diabetes, Rückenleiden, Angststörungen, Depressionen und Schmerzen aller Art können ebenso zu dauerhaften Stressauslösern werden und den Alltag des Betroffenen einschränken. Betroffene müssen sich auf ein Leben mit der chronischen Erkrankung einstellen und diese akzeptieren. An der Entwicklung chronischer Erkrankungen ist Stress selbst oft mit beteiligt. So leiden die Beschäftigten irgendwann nicht nur am gegenwärtigen Stress, sondern auch an dessen körperlichen und seelischen Folgen.

#### 3.3.1.7 Soziale Stressoren als Hauptauslöser von Stress

Viel schwerer als das Versagen von Arbeitsmitteln wiegen psychosoziale Faktoren. Besonders nervenaufreibend sind für Beschäftigte ungeduldige und fordernde Kunden, intrigante Chefs und unfreundliche Kollegen. Sie gelten neben Zeitdruck und Informationsüberflutung als Hauptstressoren des Betriebsalltags. Auch private Konflikte wie Streit mit dem Ehepartner, Trennungen und Scheidungen, Erbstreitigkeiten mit Verwandten, Probleme mit den Kindern oder pflegebedürftige Eltern stressen die Betroffenen erheblich.

Waren früher Mammut, Schlange oder Naturkatastrophen die Bedrohungsquellen, so gibt es heute Gefahrenganz anderer Art. Die neuen Gefahren, die das menschliche Gleichgewicht bedrohen, haben ihren Ursprung im sozialen Miteinander und treffenden Menschen an einer empfindlichen Stelle: Dort wo er Sicherheit, Zugehörigkeit, Wertschätzung und Anerkennung sucht – und das ist vorwiegend in der Arbeitswelt.

**Aufgabe**

Stellen Sie sich vor, Ihre Kollegen würden sich verabreden, eine Woche lang die Augen zu verdrehen, wann immer sie mit Ihnen in Kontakt treten. Was glauben Sie, wie lange es dauern würde, bis Ihr Selbstwertgefühl die Nulllinie unterschritten hätte? Spätestens nach einer Woche hätten Sie wahrscheinlich den Glauben an sich selbst restlos verloren.

Der Gesichtsverlust eines Mitarbeiters vor versammelter Menge wie im oben genannten Beispiel von Ludwig S. (vgl. Kap. 1) ist als besonders schwerwiegend einzustufen und begünstigt psychische Erkrankungen. Dies gilt besonders dann, wenn die betroffene Person die Kritik persönlich nimmt und wenig Selbstwertgefühl hat.

### Die Führungskraft als Stressauslöser

Vorgesetzte beeinflussen mit ihrem Verhalten nicht nur die eigene Gesundheit und Leistungsfähigkeit, sondern auch wesentlich die Gesundheit und Leistungsfähigkeit ihrer Mitarbeiter. Besonders negativ wirken sich gegenüber Mitarbeitern aus:

- Mangelndes Interesse
- Fehlendes Feedback
- Kritik, Abwertungen, Ironie
- Zu wenig oder zu späte Information
- Ignorieren oder Ablehnen von Ideen
- Cholerische Anfälle
- Nicht nachvollziehbare Entscheidungen
- Unklare Vorgaben und/oder Spielregeln
- Passives Verhalten bei Konflikten – Aussitzen von Konflikten
- Bevorzugung einzelner Mitarbeiter/Ungerechtigkeitsempfinden
- Unklare Zuordnung von Verantwortlichkeiten

Bei Mitarbeitern führen die genannten Punkte zu Irritationen, Motivationsverlust und in der Folge zu innerer Kündigung, vermehrten Fehltagen oder psychischen Beeinträchtigungen. Am Ende zahlen der Chef selbst und der Betrieb die Rechnung. Es besteht ein enger Zusammenhang zwischen Führung, Fehltagen und Präsentismus. Führungskräfte nehmen ihren Krankenstand mit, wenn sie die Abteilung oder die Firma wechseln.

Für Ludwig S. war der Gesichtsverlust vor den Kollegen ein Brandbeschleuniger für die psychische Erkrankung. Das Gesicht wahren zu können, ist ein menschliches Grundbedürfnis und sollte im Führungsalltag stets respektiert werden. Im Arbeitsalltag stehen die meisten Chefs allerdings wiederum oft selbst unter Druck und geben diesen an ihre Mitarbeiter einfach weiter. Vielerorts fehlt oft die nötige Zeit für Mitarbeitergespräche und regelmäßigen Austausch. Häufige Chefwechsel erschweren das Kennenlernen der Mitarbeiter. Wenn der Chef ein „durchlaufender Posten" ist, kommt es selten zum engen und vertrauten Kontakt mit den Mitarbeitern. Ganz im Gegenteil: Durchlaufende Chefs versuchen oft aus den Mitarbeitern das Maximale herauszuholen, um vorgegebene Ziele kurzfristig zu erreichen und sich den nächsten Karriereschritt sichern.

### Einfluss von Kränkungen

> Kränkung macht krank – und Krankheit kränkt. (Peseschkian 2009, S. 141)

Tagtäglich erleben Millionen von Beschäftigten Kränkungen durch Vorgesetzte, Kollegen oder Kunden. Die Kränkung durch Vorgesetze wirkt sich besonders negativ aus. Schließlich ist der Vorgesetzte die Person, die einen beurteilt, befördert und weiter entwickelt.

Mitarbeiter sind von Führungskräften abhängig und auf deren Beurteilung angewiesen. Besonders negativ wirken sich aus:

- Kränkungen vor Kollegen
- Ablehnen einer Beförderung
- Ignorieren oder Abwerten eingebrachter Vorschläge
- Mangelnde Würdigung der Arbeitsleistung
- Willkürlich wirkender Entzug von Aufgaben
- Mangelnde Kommunikation und Information
- Schlechter Kommunikationsstil: Ironie und Schuldzuweisungen

Der französische Psychiater und Autor Servan Schreiber zeigt anhand eines Beispiels auf, wie Kränkung sich auf die Gesundheit auswirken kann (vgl. Servan-Schreiber 2006, S. 62).

**Beispiel**

Charles, erfolgreicher Direktor eines Kaufhauses in Paris, leidet seit Monaten unter starkem Herzklopfen. Der kardiologische Befund ist in Ordnung. Charles jedoch ärgert sich seit längerer Zeit über die zynischen Bemerkungen des neuen Chefs. Auch in den angrenzenden Abteilungen macht sich immer mehr Zynismus breit, seit der neue Mann das Sagen hat. Charles stimmt einer 24-stündigen Aufzeichnung seines Herzrhythmus zu, um die Ursachen des Herzklopfens herauszufinden. Die Auswertung der Aufzeichnung führt zu einer interessanten Entdeckung: Schon auf dem Weg zum Büro des Chefs schlägt sein Puls schneller. Am höchsten allerdings schlägt sein Puls aus, als der Chef den Entwurf zur Entwicklungsstrategie, in die er wochenlang viel Zeit investiert hat, abwertet und an einen anderen Mitarbeiter delegiert. Erst zwei Stunden nach dem Gespräch beruhigt sich Charles Puls wieder und kehrt auf seinen Ausgangswert zurück (vgl. Servan-Schreiber 2006, S. 61 ff.).

Negative Gefühle wie Zorn, Ärger, Enttäuschung, Sorge, Wut und Verzweiflung können starke Pulsschwankungen auslösen und Körperrhythmen wie den Herz-Rhythmus erheblich stören. Umgekehrt wirken sich positive Gefühle wie Freude, Zufriedenheit und Dankbarkeit fördernd auf die Gesundheit aus.

Psychosozialer Stress als Risiko für Herzinfarkte ist inzwischen medizinisch unbestritten. Betroffene belasten durch starken Ärger ihre Gesundheit. Aber nicht nur die Gesundheit, sondern auch die Arbeitsmotivation lässt nach. Manchmal kommt es durch Kränkungen zu einer Verletzung der Persönlichkeit, die wie ein Trauma erlebt wird. Betroffene brauchen dann Jahre, um das Geschehene zu verarbeiten. Manche schaffen es nie.

Menschen werden immer durch Menschen gekränkt. Nichts kann so sehr kränken wie der Mensch in Gestalt eines Chefs, Kollegen, Kunden, Ehepartners. Auch eine nicht funktionierende Software kann Stress auslösen, insbesondere, wenn sie elementar für das Ausführen der Arbeitsaufgaben ist. Gleichwohl löst sie niemals eine ähnlich starke Wirkung aus wie eine Kränkung durch einen persönlich wichtigen Menschen– vor allem die durch den Chef.

#### 3.3.1.8 Bürokratische Zwänge

Neben Störungen im sozialen Miteinander sind vor allem Hetze und Termindruck, Informationsüberflutung und ständige Erreichbarkeit häufig genannte Ursachen für Stress am Arbeitsplatz. Insbesondere auch ungenaue Anweisungen und scheinbar sinnlose Vorgaben stressen viele Beschäftigte. So verzweifeln immer mehr Mitarbeiter daran, aufgrund von bürokratischem Aufwand ein Vielfaches des bisherigen Arbeitspensums erledigen zu müssen.

**Beispiel**

Die Verkaufsmannschaft eines Unternehmens bekommt neue Vorgaben. So hat ab jetzt jeder Verkäufer für jeden Verkaufsvorgang aufwändige Formulare auszufüllen, deren Sinn er nicht versteht. Die scheinbar sinnlose Mehrarbeit führt zu dem Gefühl, von oben herab bevormundet zu werden. Zudem fehlt nun die nötige Zeit für Kundenakquise und Verkaufsgespräche. In der Folge sinkt der Umsatz. Dafür gibt es wieder Kritik von oben. Die Hälfte der Mannschaft entwickelt stressbedingte Symptome.

Für eine Verkaufsmannschaft, die unter dem permanenten Druck steht, ihre Verkaufsziele zu erreichen, bedeutet mehr und scheinbar sinnlose Bürokratie gleichzeitig auch immer weniger Zeit für Verkaufsgespräche. Während dadurch der Umsatz sinkt, erhöht sich gleichzeitig der Druck von oben. Dies erzeugt Ärger und Frust. Scheint der Nutzen dieser Vorgaben nicht nachvollziehbar, dann erhöht das Gefühle von Stress und Sinnlosigkeit– die Motivation sinkt.

### 3.3.2 Persönliche Stressverstärker – Druck von innen

Persönliche Stressverstärker stellen den eigenen Anteil des Betroffenen am Stressgeschehen dar.

> Oft sind unbewusste Faktoren stressfördernd. Ohne sich diese bewusst zu machen, ist eine wirksame und dauerhafte Behandlung von Stress nicht möglich. (Peseschkian 2009, S. 28)

#### 3.3.2.1 Stressverstärker „Antreiber und Glaubenssätze"

Innere Werte und Überzeugungen, die in früher Kindheit von nahen Bezugspersonen übernommen wurden, sind wichtige Begleiter eines Menschen und steuern ihn als Antreiber von innen heraus (vgl. Kahler 1977, S. 92 f.). Der amerikanische Transaktionsanalytiker und ehemalige Clinton Berater Dr. Taibi Kahler entwickelte in den 1970er Jahren das Modell der inneren Antreiber. Er hatte beobachtet, dass Menschen in der Art und Weise, wie

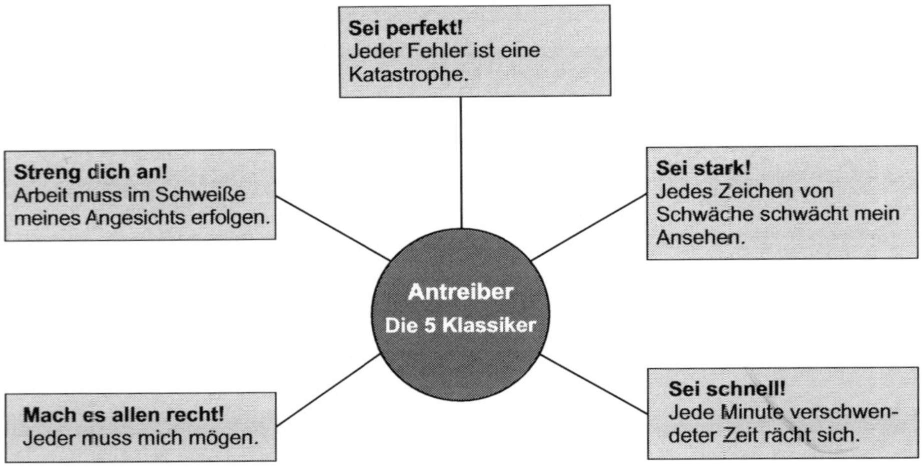


**Abb. 3.9** Antreiber –die 5 Klassiker. Antreiber dominieren häufig eigenes Verhalten und wirken sich ungünstig aus

sie persönlich miteinander umgehen und kommunizieren, bestimmten Mustern folgen. Diese teilte er in 5 Kategorien ein. Insbesondere interessierte ihn, wie sich durch dieses Wissen Kommunikationsprozesse beeinflussen lassen.

(Abbildung 3.9) beschreibt die 5 Antreiber nach Dr. Taibi Kahler.

Der ursprüngliche Sinn der Antreiber liegt darin, menschliche Grundbedürfnisse nach Sicherheit, Zugehörigkeit und Anerkennung zu erfüllen. Sie leiten den Menschen und geben ihm das Gefühl von Orientierung und Kontrolle. Zudem sind sie auch maßgeblich am Erfolg eines Menschen beteiligt. Kommen die Grundbedürfnisse nach Sicherheit, Zugehörigkeit und Anerkennung allerdings permanent zu kurz, dann werden die Antreiber überaktiv und schaden oft mehr als sie nutzen.

Aus Antreibern resultierende Glaubenssätze prägen Denken, Gefühle und Verhalten und wirken sich tagtäglich im Berufsleben aus (Abb. 3.10). Sie beeinflussen oder dominieren oft sogar das eigene Arbeitsverhalten. Meist läuft das unbewusst ab.

Antreiber und daraus resultierende Glaubenssätze sind häufig auch Anlass für Grübeleien nach der Arbeit und beschäftigen Betroffene oft tagelang. Im ungünstigsten Fall führen sie zu Schlafstörungen, Schuldgefühlen und Selbstvorwürfen. Zudem verlieren Betroffene häufig den Bezug zu den tatsächlichen Anforderungen der Situation und belasten sich damit mehr als nötig.

**Wie aus Antreibern Selbstprogrammierungen werden**

| Antreiber | Glaubenssätze/Selbstbefehle |
|---|---|
| **Sei perfekt!** | Ich muss immer perfekt und fehlerfrei arbeiten. Schlampereien sind nicht akzeptabel. Es gibt immer noch etwas zu verbessern. Fehler zu machen, ist etwas Schlimmes. Ich würde mich zutiefst schämen, wenn man mir einen Fehler nachweisen würde. Ich bin noch nicht gut genug – ich muss mich noch verbessern. Zeit und Aufwand sind egal. Hauptsache ist, die Aufgabe ist fehlerfrei. |
| **Sei stark!** | Ich schaffe grundsätzlich alles alleine. Ich habe meine Gefühle immer unter Kontrolle. Gefühle zeigen nur schwache Personen. Ich mache alles mit mir alleine aus. Ich bin mir selbst der Nächste. So leicht bringt mich nichts aus der Fassung – zumindest nach außen hin nicht. Um Unterstützung zu bitten, ist ein Zeichen von Bedürftigkeit. Ich mache die Dinge lieber selbst, damit ich mir die Zeit des Nachkontrollierens sparen kann. |
| **Sei schnell!** | Ich bin ständig auf Trab und dauernd beschäftigt. Ich bin der geborene Multitasker, beschäftige mich gerne mit mehreren Dingen gleichzeitig. Ich will keine Zeit mit Unnützem verschwenden. Ich treibe die Dinge stets voran. Ich darf mich nicht ausruhen, sonst könnte ich eine wichtige Chance verpassen. Dinge müssen schnell abgehakt werden. Ich lasse mich nicht so leicht ausbremsen. Ich laufe zu Hochform auf, wenn es schnell gehen muss. Ich werde Euch die Kohlen aus dem Feuer holen. |
| **Mach es allen recht!** | Nein zu sagen, fällt mir schwer. Ich will stets von allen akzeptiert und gemocht werden. Anerkennung von außen ist mein Lebenselixier. Meine eigenen Interessen kann ich zurückstellen. Kritik macht mir zu schaffen – ich nehme sie gerne persönlich. Ich streite mich nicht gerne, viel lieber gebe ich nach, auch wenn ich im Recht bin. Ich will immer freundlich sein und positiv wirken. Mich durchzusetzen, fände ich rücksichtslos den anderen gegenüber. |
| **Streng dich an!** | Arbeit muss schwer von der Hand gehen. Erfolge muss man sich immer hart erarbeiten, sonst sind sie nicht der Rede wert. Nur schwere Arbeit ist wertvolle Arbeit. Ich halte um jeden Preis durch, auch wenn ich feststelle, dass das keinen Sinn macht. Was man angefangen hat, muss man auch zu Ende bringen. Aufzugeben wäre eine große Niederlage für mich. Nur wenn ich mich genug anstrenge, verdiene ich auch ein bisschen Anerkennung. |

**Abb. 3.10** Wie aus Antreibern Selbstprogrammierungen werden. Antreiber erzeugen Glaubenssätze und Selbstbefehle

**Beispiel**

Die Chefin Martina D. ist eine typische Vertreterin des Antreibers „Mach es allen recht!" Aufgrund der Übernahme eines neuen Aufgabengebietes kommen ihre Mitarbeiter wiederholt mit Fragen zu ihr. Da sie bereits am Rande ihrer Nerven ist, reagiert sie auf die etwas umständlich formulierte Frage einer Mitarbeiterin ziemlich unhöflich – für sie untypisch. Die Mitarbeiterin wendet sich irritiert ab. In derselben Nacht grübelt Martina D. stundenlang über ihre Reaktion und macht sich Vorwürfe über ihre Unhöflichkeit.

Am nächsten Tag entschuldigt sie sich mehrmals bei der Mitarbeiterin. Diese meint irgendwann, dass es nun gut sei.

Menschen mit dem Antreiber „Mach es allen recht!“ verbringen häufig Zeit mit Grübeleien, die das soziale Miteinander betreffen. Sie sind in diesem Punkt sensibel und verwundbar. Sich bedingungslos nach den Wünschen anderer zu richten, geht allerdings auf Kosten der eigenen Gesundheit.

Aber auch das Gefühl, „es nicht gut genug gemacht zu haben“, ist Anlass für viele Grübeleien im beruflichen Alltag und geht auf Kosten der eigenen Kräfte.

**Beispiel**

Martin M., Steuerberater in einer Partnergesellschaft wird immer wieder von seinem Antreiber „Sei perfekt!“ eingeholt. Nach Abschlusspräsentationen bei Mandanten grübelt er oft stundenlang, ob er auch perfekt genug war. Immer wieder fallen ihm im Nachhinein Situationen ein, für die er sich selbst tadelt. Waren seine Argumente auch perfekt genug formuliert? Hätte er die Präsentation nicht noch optisch perfekter gestalten können? War sein Auftreten auch wirklich professionell? Hatte der Mandant nicht skeptisch die Stirn bei der Zusammenfassung gerunzelt?

Antreiber und Glaubenssätze sind nicht nur häufiger Anlass für Grübeleien, sie beeinflussen auch wesentlich die Beziehung zu Kollegen, Mitarbeitern, Chef und Kunden. Meist geschieht das unbewusst. Oft leiden deshalb nicht nur die Betroffenen selbst, sondern auch Kollegen oder Mitarbeiter unter den Auswirkungen unreflektierter Antreiber und Glaubenssätze.

Dennoch gilt: Im Grunde enthalten Antreiber und Glaubenssätze immer einen positiven Wesenskern und bilden somit auch eine wichtige Kraftquelle. Ohne Antreiber wäre der Mensch nicht leistungsfähig. Antreiber stehen für menschliche Grundbedürfnisse und Werte. Im Extrem allerdings wirken die Antreiber wie Scheuklappen und verengen den eigenen Blickwinkel. Übertrieben aktive Antreiberversperren somit den Blick auf Lösungen. Sie verhindern, schwierige Situationen mit dem nötigen Abstand zu reflektieren. In der Folge geraten im Berufsalltag Ziele aus dem Blickfeld. Die Person dreht sich ständig im Kreis, und der Erfolg bleibt aus. Oft leidet auch das soziale Miteinander, denn durch die Fixierung auf die eigenen Antreiber kommt es im sozialen Umfeld zu erheblichen Spannungen und Konflikten.

In Phasen erhöhten Stressaufkommens haben innere Antreiber ein leichtes Spiel. Betroffene versuchen, ihr schwindendes Gleichgewicht durch eine Verstärkung ihrer Antreiber wiederherzustellen und geraten dabei unter deren Diktat. Der Mensch sitzt damit in seiner eigenen Falle.

**Beispiel**

Corinna P., sehr perfektionistisch und leistungsorientiert, musste schon als Jugendliche im elterlichen Betrieb hart mitarbeiten und sich über das Maß hinaus anstrengen. Die elterliche Zuwendung war streng an hohe Leistungsvorgaben geknüpft und prägte ihr Leben stark. Als Corinna P. in einem neuen Unternehmen ein Team mit fünf Mitarbeitern übernimmt, nimmt sie sich ehrgeizig vor, die fast unrealistischen Vorgaben von oben perfekt zu erfüllen. Sie identifiziert sich mit diesen Vorgaben und möchte ihren Chef nicht enttäuschen. Ihre Vorgängerin führte das Team locker, ließ viel Entscheidungsspielraum und legte sehr viel Wert auf Spaß bei der Arbeit. Corinna P. ist irritiert, ja fast entsetzt über diesen Arbeitsstil. Gleich von Anfang an zieht sie die Zügel an und schafft die morgendliche Kaffeerunde ab. Auch verbietet sie den Mitarbeitern, während der Arbeit Witze zu machen. Im Team sitzt Andrea K., die dafür bekannt ist, dass sie sich gerne schont und die Dinge locker nimmt. Das war unter der früheren Chefin stillschweigend geduldet. Corinna P. gerät bereits am zweiten Arbeitstag mit Andrea K. heftig aneinander und droht, sie aus dem Team zu werfen – zu unterschiedlich ist die Arbeitsmoral der beiden. Andrea K. reagiert mit psychischen Beschwerden und lässt sich krankschreiben. Auch das restliche Team reagiert befremdlich auf Corinna P.s Führungsstil und akzeptiert die neue Chefin nicht. Diese gerät zunehmend unter Druck, da der Krankenstand ansteigt. Nach heftigen Beschwerden von Seiten des Teams muss sie bei ihrem Chef antreten und Rechenschaft über ihren Führungsstil ablegen. Dieser ist entsetzt über ihre harte Vorgehensweise. Corinna P. kann das nicht begreifen und fühlt sich zu Unrecht angegriffen. Aus ihrer Sicht handelt sie im Sinne der Unternehmensziele. Sie will alles perfekt erledigen und es dem Chef recht machen.

Eine offene und selbstkritische Auseinandersetzung mit den eigenen Antreibern hilft Stress im Berufsalltag zu reduzieren und beeinflusst auch Beziehungen positiv. Insbesondere Führungskräfte sollten ihre bevorzugten Antreiber kennen und gegebenenfalls korrigieren. Sonst droht die Gefahr von Konflikten, Verfehlung von Leistungszielen und in Folge Frustration und Erschöpfung.

Eine kritische Selbstreflexion hilft, die eigenen Antreiber zu entdecken und förderliche Einstellungen zu entwickeln (Abb. 3.11). Unreflektierte Glaubenssätze werden oftmals sogar zu Karrierekillern: Z. B. will die perfektionistische Fachkraft in ihrer neuen Funktion als Führungskraft nach wie vor fachlich brillieren und perfekt sein. Wichtige Führungsaufgaben bleiben dabei auf der Strecke – eine Situation, die man häufig im Arbeitsalltag antrifft. Oder die Person mit dem Antreiber „Mach es allen recht!“ verbaut sich mit ihrer Gutmütigkeit Karrierechancen, weil sie sich zu wenig durchsetzen und Respekt verschaffen kann. So wird sie bei der Beförderung übersehen.

Übertriebene Glaubenssätze beeinflussen stets Wahrnehmung und Urteilsvermögen des Einzelnen. So sieht ein Perfektionist in seinem Gegenüber einen oberflächlichen und vielleicht sogar faulen Menschen, wenn dieser die Dinge locker angeht. Oder der Starke

| Antreiber | Positiver Kern | Übertreibung | Blick auf andere | Wirkung auf andere |
|---|---|---|---|---|
| **Sei perfekt!** | - fehlerfrei<br>- genau<br>- zuverlässig | Genauigkeits-fanatiker | - schlampig<br>- oberflächlich<br>- unzuverlässig | - löst Angst und Druck aus<br>- Distanz |
| **Sei stark!** | - kraftvoll<br>- unabhängig<br>- Kämpfer | - Rivale<br>- Unabhängig-keitsfanatiker | - schwach<br>- weich<br>- nicht belastbar | - überlegen<br>- rivalisierend<br>- hart |
| **Sei schnell!** | - zielbewusst<br>- schnell<br>- bewegt Dinge | - Hektiker<br>- Wirbelwind | - lahm<br>- umständlich<br>- blockierend | - verbreitet Hektik<br>- gibt anderen wenig Raum |
| **Mach es allen recht!** | - rücksichtsvoll<br>- höflich<br>- freundlich | - harmonie-süchtig<br>- anbiedernd | - rücksichtslos<br>- egoistisch | - geht in Kontakt<br>- distanzlos |
| **Streng dich an!** | - ausdauernd<br>- gründlich<br>- beharrlich | - verbissen<br>- Streber | - bequem<br>- oberflächlich<br>- zu locker | - Spaßbremse<br>- lähmend<br>- umständlich |

**Abb. 3.11** Selbstreflexion „Antreiber". Antreiber können Kraftquelle und Hindernis sein

sieht in einem Kollegen, der um Unterstützung bittet, einen Schwächling. Da Glaubenssätze die Sicht auf andere prägen, kommt es häufig zu Konflikten in Teams, wie Abb. 3.11 verdeutlicht. Deshalb ist eine kritische Auseinandersetzung mit den eigenen Antreibern unabdingbar für Erfolg und Leistungskraft.

Insbesondere dann, wenn gegenseitige Abhängigkeiten bestehen und Teammitglieder gemeinsam Ziele erreichen müssen, werden ausgeprägte Antreiber oft zur echten Herausforderung. Treffen hier Personen mit gegensätzlichen Glaubenssätzen aufeinander, sind Reibereien und Stress miteinander nicht selten.

**Beispiel**

Meike B. und Olaf D. bekommen den Auftrag, Verbesserungsvorschläge für die Kundenorientierung zu entwickeln und diese dem Marketingleiter innerhalb einer Woche zu präsentieren. Beide entwickeln zunächst getrennt voneinander Ideen und vereinbaren für deren Besprechung einen gemeinsamen Termin nach vier Tagen. Meike B. ist schon nach einem Tag fertig, will sich nicht mit unnötigem Kleinkram aufhalten. Sie möchte das Thema möglichst schnell abhaken (Antreiber „Sei schnell!"). Olaf D. dagegenbenötigt zwei Tage länger als geplant. Er bittet um Aufschub, da ihm die Zeit für die Ausarbeitung trotz eingelegter Nachtschichten nicht reicht. Er will keine halbe Arbeit abliefern, sondern will es perfekt machen (Antreiber „Sei perfekt!"). Immer wieder überarbeitet er seine Ausführungen, weil sie ihm nicht vollkommen erscheinen. Als die beiden Kollegen sich zusammensetzen, gibt es von Anfang an Diskussionen über die Vorgehensweise. Meike B. hatte sich schon im Vorfeld über das Verschieben des Termins geärgert. Sie kann den „Zirkus" von Olaf D. nicht nachvollziehen.

Bei der Besprechung der vorbereiteten Entwürfe kommen sie auf keinen gemeinsamen Nenner. Ganz im Gegenteil: Meike B. wirft ihrem Kollegen vor, dass er mit seiner Detailversessenheit alles blockiert. Olaf D. dagegen findet Meike B.s Ausarbeitung viel zu oberflächlich und zieht sich beleidigt zurück.

Wenn eine Person mit dem Glaubenssatz „Beeil dich!" auf eine Person mit dem Glaubenssatz „Sei perfekt!" zusammentrifft, sind Konflikte keine Seltenheit. Die Betroffenen begegnen Anforderungen mit einer unterschiedlichen Wahrnehmung. Nur mit gegenseitigen Respekt und viel Toleranz kann die Zusammenarbeit erfolgreich werden – der Synergieeffekt ist nicht zu unterschätzen.

Insbesondere Perfektionismus, der Drang allem und allen zu 100 % gerecht werden zu müssen, ist ein weit verbreiteter Antreiber. Oft tritt er in Kombination mit dem Antreiber „Mach es allen recht!" auf und mündet dann nicht selten in ein Burnout-Syndrom (siehe auch Abb. 4.6). Vielen Betroffenen ist dieses innere Kontrollmuster nicht bewusst. Selbstwertgefühl und Selbstvertrauen scheinen hier direkt von erbrachter Leistung, Anstrengung und dem Beifall durch die Außenwelt abhängig zu sein. Menschen mit diesen Stressverstärkern reißen gerne Aufgaben an sich, als ob man Anerkennung und Zuwendung nie genug bekommen kann.

Oft haben sie als Kind nur bedingte Zuwendung erfahren – Zuwendung, die stets eng geknüpft an Leistung oder gutes Benehmen war. Die Betroffenen sind der Meinung, dass man ohne Leistung nicht liebens- und anerkennenswert ist. Älteste in der Geschwisterreihe scheinen anfälliger dafür zu sein. Das erlernte Muster führt zum „inneren Controller" mit hohem Leistungsanspruch, der über das Leben des Betroffenen wacht und unterschwellig permanent aktiv ist. Arbeit wird zum Rennen ohne Ziellinie.

Leistungseinsatz bis weit über die eigenen Grenzen hinaus ist in vielen Fällen das gehorsame Umsetzen erlernter Glaubenssysteme und Wertvorstellungen bis über den Tod der eigenen Eltern hinaus. Der hohe Arbeitseinsatz gilt anderen. Es ist ein Muster, das sich schon früh im Menschen festgesetzt und zu einer ausgeprägten inneren Haltung entwickelt hat. Mit dieser inneren Haltung verteidigen Erwachsene oft unbewusst die Werte der Eltern. Für jeden gibt es deshalb im Inneren stets gute Gründe, sich zu überlasten. Und der gut gemeinte Rat: „Erledigen Sie die Aufgabe weniger perfekt" wird zu einer echten Herausforderung für den Betroffenen. Trifft ein Antreiber gleichzeitig mit einem Beruf zusammen, den ein Betroffener aus Gefälligkeit den Eltern gegenüber gewählt hat, kann sich diese Kombination besonders fatal auswirken.

**Beispiel**

Florian S., Sohn eines Rechtsanwalts mit eigener Kanzlei, stand immer im Schatten seines hochbegabten jüngeren Bruders, der als Nachfolger für die väterliche Kanzlei bestimmt ist. Florian S. schien es seinem Vater nie recht machen zu können. Seine Begabung für musische Fächer wurde belächelt, obwohl ihm dort ein außergewöhnliches Talent bescheinigt wurde und er in der Musik aufzugehen schien. Nach dem Abitur entschließt er sich Jura zu studieren, um später sein eigenes Unternehmen aufzubauen. In Wirklichkeit will er es seinem Vater beweisen. Das Jurastudium läuft mühselig – es scheint ihm nicht zu liegen. Er erleidet bereits während seines Studiums seinen ersten Hörsturz. Dennoch beißt er sich durch und schafft das Examen. Als er im Anschluss daran den Berufsstart in einer Rechtsanwaltskanzlei findet, arbeitet er unermüdlich. Schließlich möchte er seine Karriere vorantreiben. Nur der gewünschte Erfolg will sich nicht richtig einstellen, denn die Mandanten mit ihren individuellen Wünschen bringen ihn schnell an seine Grenzen. Immer öfter treten Migräneanfälle auf und zwingen ihn zum Kürzertreten. Egal, wie sehr er sich auch anstrengt, die Kollegen scheinen es besser zu machen. Das nagt an seinem Selbstwertgefühl.

Florian S. will es in Wirklichkeit nicht sich selbst, sondern seinem Vater beweisen. Im Ringen um die väterliche Anerkennung entwickelt er eine innere Dynamik, die seiner Gesundheit schadet. Diese innere Dynamik bleibt ihm selbst allerdings verborgen. Zudem scheint der Job ihm nicht zu liegen, er muss sich ständig dazu überwinden. Damit hat er ein besonders hohes Risiko, in die Spirale von Stress und Erschöpfung zu geraten. Rechtzeitige Reflexion über eigene Lebensmotive, Werte und Interessen und die Wahl des passenden Berufs sind eine der wirksamsten Präventionsquellen gegen Stress und Burnout (siehe Kap. 6.4).

#### 3.3.2.2 Stressverstärker „Situationsbewertung"

Nicht nur äußere Bedingungen, sondern auch die eigenen Gedanken können erheblichen Stress auslösen. So erzeugen Gedanken Gefühle, die wiederum erheblichen Einfluss auf körperliche und seelische Vorgänge haben.

**Die Macht der Gedanken – „Chicago-Beobachtung"**

Jeder Stresssituation eilen Gedanken und Gefühle voraus. Gedanken, wie: „Werde ich das schaffen?", „Wie soll ich das bloß hinkriegen?", „Wann hört das endlich auf?", erzeugen starke Gefühle und lösen erhebliche körperliche und seelische Reaktionen aus.

**Die Chicago-Beobachtung**

In Chicago wurden durch ein Versehen drei Männer in einem Kühlhaus eingeschlossen. Sie konnten die Türen von innen nicht öffnen und auch sonst nicht auf sich aufmerksam machen. Die Männer wussten, dass etwa drei Stunden später die Kühlaggregate des Kühlhauses zu arbeiten beginnen würden. Da sie nur leichte Sommerkleidung trugen, war ihre Überlebenschance sehr unwahrscheinlich. Am nächsten Morgen lagen die Männer tatsächlich tot im Kühlhaus. Wie erwartet, zeigten sie Erfrierungszeichen. Erstaunlich allerdings war, dass die Kühlanlage an diesem Tag nicht eingeschaltet war: Die Männer waren offensichtlich an der Angst vor dem Erfrieren gestorben (vgl. Peseschkian 2009, S. 16)

Das Beispiel (vgl. Peseschkian 2009, S. 16) zeigt, welches ungute Ausmaß Gedanken annehmen können. Das gedankliche Ausmalen des bevorstehenden Todes erzeugte bei den

Betroffenen so starke Angst, dass sie tatsächlich starben. Die Männer hätten also überlebt, wenn Sie keine Angst entwickelt hätten. Allerdings lassen sich Ängste nicht so leicht beiseiteschieben und kontrollieren. Angst ist ein mächtiges Gefühl und stets die Folge eines vorauseilenden Gedanken. Ist dieser negativ, kann er Angst erzeugen. Wer seine Gedanken steuern kann, kann auch Ängste steuern. Das bedarf regelmäßiger und intensiver Übung. Mentale Stresstechniken setzen genau an diesem Punkt an. Aus dem Spitzensport ist das Steuern von Gedanken und Gefühlen nicht mehr weg zu denken. Auch Meditationspraktiken zielen darauf ab, Gedanken und Gefühle zu kontrollieren (siehe Kap. 5.1.2).

### Voraus-Denken

Nicht jeder Mensch geht mit Anforderungen wie Termin- und Zeitdruck, hoher Arbeitsmenge, Aufgabenvielfalt oder Konflikten auf die gleiche Weise um. So kann ein und derselbe Stressauslöser dem einen Menschen stärker zusetzen als dem anderen. Warum das so ist, veranschaulicht das Transaktionale Stressmodell, das auf Richard Lazarus zurückgeht (Abb. 3.12).

Lazarus geht davon aus, dass Gedanken, Beurteilungen und Bewertungen einer Person in der jeweiligen Situation darüber entscheiden, ob Stress ausgelöst wird oder nicht. Nach Lazarus entsteht Stress dann, wenn ein Ungleichgewicht zwischen den Anforderungen und persönlichen Bewältigungsmöglichkeiten der Person besteht. Wie Menschen Situationen und Ereignisse bewerten, hängt in hohem Maß von der Bedeutung des Ereignisses für die Person ab. Lazarus bezeichnet diese subjektive Einschätzung als primäre Bewertung. Unter sekundärer Bewertung versteht er die Bewertung der Bewältigungsmöglichkeiten (Abb. 3.12). Primäre und sekundäre Bewertung laufen nahezu gleichzeitig ab. Menschen betrachten also Ereignisse und Situationen von außen als entweder positiv, unbedeutend oder als potenziell bedrohlich.

Nicht jede Anforderung, die der Person von außen begegnet, führt automatisch zu einer Stressreaktion. Was die eine Person (A) als positive Herausforderung sieht, löst bei der anderen Person (B) bereits Panik aus und führt zu Stresssymptomen. Stress ist stets das Ergebnis höchst persönlicher Bewertungen. Was dem einen zusetzt, sieht der andere als Chance oder Bereicherung.

Je sicherer das Gefühl, die Situation aus eigener Kraft oder auch mit Unterstützung anderer bewältigen zu können, umso größer sind Zuversicht und Motivation, der Anforderung souverän begegnen zu können. Wird mit der Anforderung gleichzeitig ein wichtiges inneres Motiv befriedigt, dann befindet sich der Mensch im Eustress. Er ist positiv beflügelt. Während sich Person A durch positive Gedanken selbst in einen guten Zustand versetzt, macht Person B unbewusst genau das Gegenteil: Sie stresst sich selbst durch die negative Einschätzung der Situation.

Auf den Organismus wirken negative Gedanken an eine bevorstehende Bedrohung stets so, als ob die Gefahr tatsächlich bestünde. Diese Erkenntnis ist eine wichtige Errungenschaft der Gehirnforschung. Person B dreht im Voraus ihren eigenen Katastrophenfilm und verschärft damit den Stress. Ähnlich ging es Ludwig S. im Eingangsbeispiel (vgl. Kap. 1).

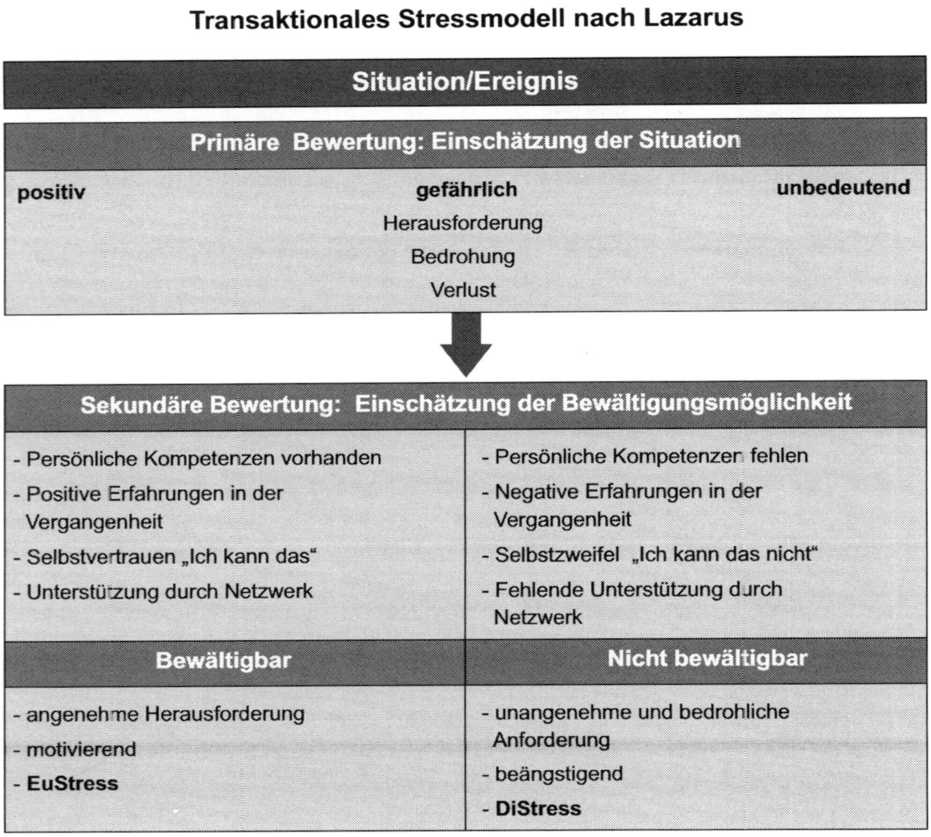


**Abb. 3.12** Transaktionales Stressmodell nach Lazarus (1991). Bewertung der Situation und Einschätzung der eigenen Bewältigungsmöglichkeiten beeinflussen wesentlich das persönliche Stressempfinden

Katastrophenfilme dieser Art laufen bei vielen Berufstätigen ständig ab und lösen Daueralarm aus. Sie beschäftigen den Geist pausenlos – auch in der Freizeit und in der Nacht. Die Person gerät dadurch in Daueranspannung.

**Stressverschärfende Bewertungen** Stress begünstigt negatives Denken und Denkfehler. So werden angesichts einer schwierigen Situation oftmals stressverschärfende Denkmuster aktiv und verstärken den Stress zusätzlich (siehe auch Abb. 5.9). Kompetente Stressbewältigung zielt darauf ab, diesen Kreislauf zu durchbrechen und negative Gedanken durch förderliche zu ersetzen. Insbesondere ungünstig wirken:

- Einseitiger Blick auf die bedrohliche Seite der Situation
- Überbewertung möglicher negativer Folgen (Katastrophenphantasien)
- Dinge persönlich nehmen

- Fokussieren auf Misserfolge in der Vergangenheit
- Ausblenden eigener Kompetenzen
- Ausblenden der Unterstützungsmöglichkeiten durch andere
- Überbewerten von Stresssymptomen
- Erlernte Hilflosigkeit

**Beispiel**

Jörg T. soll das neue Produkt in der Firma präsentieren. Er fühlt sich ziemlich unsicher, da er bisher noch keine Erfahrung mit Präsentationen sammeln konnte. Zu wenig kann er sich einschätzen. Obwohl es ihm der Chef zutraut, hegt er persönlich Zweifel. Sein Selbstwertgefühl ist insgesamt relativ niedrig. Gleichzeitig ist das professionelle Durchführen von Präsentationen ein wichtiger Schritt in seiner persönlichen Karriere und für ihn persönlich sehr bedeutend. Er muss sich dieser Herausforderung wohl stellen. So bittet er eine ihm vertraute und erfahrene Kollegin um Hilfe. Diese gibt ihm entscheidende Tipps. Dennoch kann Jörg T. tagelang vor der Präsentation nicht mehr ruhig schlafen. Im Traum steht er vor dem Publikum und erlebt, wie ihm die Stimme wegbleibt, die Zuhörer ihn entsetzt anstarren. Jörg T. wacht schweißgebadet auf und ist froh, dass das nur ein Traum war.

Die Tatsache, dass das menschliche Gehirn sich Situationen ausmalen kann, ist Fluch und Segen zugleich. Fluch, da Menschen oft im Vorfeld Dinge phantasieren, die nie in diesem Ausmaß eintreffen. Manche sorgen sich sogar krank. Im Leistungssport dagegen ist die Fähigkeit des Vorausdenkens ein Segen. Indem Sportler probehandeln, d. h. sich gedanklich auf den Wettkampf einstellen, Bewegungsabläufe im Kopf durchspielen, sich im Voraus ihren Erfolgsfilm drehen, bestärken und beflügeln sie sich selbst. Sie gewinnen Sicherheit, Vertrauen und Zuversicht und steigern damit ihre Chancen auf den Sieg: „Das entscheidende As bereits mental im Hotelzimmer spielen“, – Boris Becker bringt es auf den Punkt (siehe auch Kap. 5.1.2).

### Versagensängste

Warum ist Jörg T. nun vor seiner Präsentation so aufgeregt? Was steht für ihn auf dem Spiel? Schließlich könnte er sich stattdessen ausmalen, wie ihm die Präsentation gut gelingt. Das Drehen des eigenen Erfolgsfilms ist grundsätzlich eine gute Möglichkeit, um sich für schwierige Situationen mental zu rüsten. Jörg T. wird allerdings so von Angst beherrscht, dass er seine Gedanken nicht mehr unter Kontrolle hat. Mangels positiver Erfahrungen konzentriert er sich auf das Versagen und die möglichen Folgen: Sein Image wäre für immer beschädigt. Die Angst, zu versagen und damit sein Gesicht zu verlieren, setzt ihm so sehr zu, dass er sogar seine Stärken und Fähigkeiten ausblendet. Er befürchtet im Fall des Versagens den Spott der Kollegen und den Respektverlust beim Chef. Das würde ihn dort treffen, wo er am verletzlichsten ist: In seinem Selbstwert.

Ob eine Anforderung als bedrohlich erlebt wird oder nicht, hängt wesentlich davon ab, welche Bedeutung die Bewältigung der Anforderung für die Person hat. Ist damit die Erfüllung eines wichtigen Bedürfnisses bzw. das Erreichen eines wichtigen Wertes/Ziels (z. B. Aufstieg) verknüpft, und fühlt sich die Person dieser Anforderung nicht gewachsen, verstärkt das den Stress enorm. Dagegen können Menschen Situationen gelassen begegnen, wenn diese für sie unbedeutend sind.

### Nachdenken und Grübeln

Nicht nur das Vorausdenken, sondern auch das Nachdenken und Grübeln über vergangene Ereignisse wie Bemerkungen von Chefs und Kollegen, Kränkungen, Abwertungen oder nicht gelungene Projekte verschärfen bestehenden Stress. So verfolgt Ludwig S. im Eingangsbeispiel der Gesichtsverlust vor den anderen Mitarbeitern tagelang und bis in die Nacht hinein (vgl. Kap. 1). Immer wieder beschwört er in Gedanken die erlebte Situation herauf und durchlebt sie von neuem – meist noch schlimmer als in der Originalsituation. Seine Gedanken geraten außer Kontrolle. Grübeln ist kein konstruktives und lösungsorientiertes Nachdenken. Ganz im Gegenteil: Ludwig S. steigert sich immer mehr in seine negativen Gedanken hinein. Die ständigen Grübeleien kosten Kraft, Energie, Motivation und Lebensmut und machen ein tatsächliches Scheitern immer wahrscheinlicher.

### Kontrollierbarkeit der Stresssituation

Nach Professor Hüther löst eine Situation umso mehr und dauerhaft Stress aus, je weniger die betroffene Person diese aus eigener Kraft lösen kann. Er nennt dies die unkontrollierte Stressreaktion (vgl. Hüther 2007, S. 34). In einer schwierigen Situation über ausreichende Kontroll- und Einflussmöglichkeiten zu verfügen, hält den Stress in Schach. Ein Forschungsprojekt mit Arbeitern bestätigt diesen Aspekt eindrucksvoll.

**Beispiel**

Bei einem Forschungsprojekt setzte man Arbeiter während der Arbeit störenden Hintergrundgeräuschen aus: Maschinen- und Straßenlärm, sowie fremdsprachiger Unterhaltung. Die Arbeiter wurden in zwei Gruppen eingeteilt: Während die eine Gruppe durch Drücken eines Knopfes die Geräusche abstellen konnte, verfügte die andere Gruppe über keinen Knopf zum Abstellen. Das Ergebnis war erstaunlich: Die erste Gruppe erzielte eine deutlich höhere Arbeitsleistung als die zweite. Das Verblüffende daran war: Diese hatte kein einziges Mal den Knopf zum Abstellen der Geräusche wirklich gedrückt hat. Allein das Wissen, diesen prinzipiell abstellen zu können, schien die Gruppe zu entspannen und zu besserer Leistung zu befähigen (vgl. Peseschkian 2009, S. 105).

Je weniger eine Person glaubt, die Situation kontrollieren zu können, umso mehr setzt diese ihr zu. Persönliche Qualifikation, Erlebnisse in der Vergangenheit, Selbstvertrauen durch bereits gemeisterte Erfahrungen und Unterstützung von außen entscheiden maßgeblich, wie kontrollierbar sich die Situation für den Betroffenen erweist.

**Erlernte Hilflosigkeit**

Der Begriff „Erlernte Hilflosigkeit" stammt von den amerikanischen Psychologen Martin E. Seligmann und Steven Maier. Sie stellten in umfänglichen Untersuchungen fest, dass Menschen aufgrund eines negativen Selbstbildes und mangels Selbstvertrauen dauerhaft die Einstellung entwickeln, Situationen nicht meistern zu können. Überzeugungen wie: „Ich kann nicht. Dazu bin ich zu alt, zu unerfahren, zu dumm. Ich kann eh nichts machen" führen zu Resignation und passivem Verhalten. Alle vergangenen Erlebnisse werden hervorgekramt, die diese Einschätzung bestätigen. Betroffene versetzen sich damit selbst in eine negative Stimmung und nähren Selbstzweifel. Diese wiederum hindern sie daran, ihre Fähigkeiten auszuschöpfen und beruflich erfolgreich zu sein (vgl. Seligman 1979).

Menschen mit dieser Einstellung fühlen sich meist als Opfer der Umstände oder anderer Menschen. Sie unterschätzen ihre Einflussmöglichkeiten und bestätigen sich mit ihrer Einstellung immer wieder selbst. Um aus dem Zustand der erlernten Hilflosigkeit herauszukommen, ist die Entwicklung zur Ich- kann-Haltung der erste Schritt. Von dort aus gilt es, den Blick auf die eigenen Fähigkeiten zu lenken und diese auszuschöpfen. Wer sich dagegen als Opfer der Umstände erlebt, die er nicht beeinflussen kann, leidet häufiger an Stresserkrankungen und Depressionen (siehe auch Abb. 6.1).

### 3.3.3 Stressreaktion

Führt ein Stressauslöser von außen zu der persönlichen Bewertung, gefährlich oder bedrohlich zu sein, dann erzeugt das eine Stressreaktion. Diese Reaktion kann sich auf verschiedenen Ebenen äußern.

#### 3.3.3.1 Körperliche Ebene:

- Schneller Herzschlag
- Schnellere und flachere Atmung
- Angespannte Muskeln, Verspannung
- Zittern der Hände
- Schwitzen
- Trockener Mund
- Schwindel
- Übelkeit und Bauchschmerzen

#### 3.3.3.2 Verhalten und Handlungen

- Hastiges, kopf- und planloses Verhalten
- Rückzug, Flucht
- Selbstmitleid, Klagen
- Vorwürfe, Beschuldigungen
- Aggressivität und Reizbarkeit
- Unkontrolliertes und hastiges Essen

- Unkontrollierter Konsum von Alkohol, Kaffee oder Medikamenten
- Dinge verlegen, verlieren, vergessen
- Schnelles Sprechen
- Ins Wort fallen
- Überstürztes Handeln

#### 3.3.3.3 Denken und Gefühle

- Katastrophendenken
- Dinge persönlich nehmen
- Dauergrübeln
- Schuldzuweisungen
- Denkblockaden
- Blackouts
- Tunnelblick und Scheuklappen
- Angst
- Gefühle der Hilflosigkeit und Ausweglosigkeit
- Selbstvorwürfe
- Bitterkeit
- Verzweiflung
- Traurigkeit
- Kraftlosigkeit und Energieverlust

Während der Stressreaktion beeinflussen und befeuern sich die unterschiedlichen Ebenen wechselseitig. Man kann dieses Prinzip sinnvoll umkehren. So senkt eine gezielte sportliche Tätigkeit das Erregungsniveau (*körperliche Ebene*) und wirkt sich förderlich auf die Gedanken- und Gefühlswelt aus (*Denken und Fühlen*). Dies wiederum ermöglicht Distanz zum Geschehen, macht ausgeglichen und wieder geduldiger (*Verhaltensebene*). Im entspannten Zustand kann sich die Lösung einer kniffligen Aufgabe (*Denken und Fühlen*) dann oft wie von selbst einstellen, da der Kopf frei ist und Raum für Kreativität entsteht.

Viele Entscheidungen im Berufsalltag fordern einen klaren Kopf und einen gewissen Abstand zur Situation. Permanenter Zeitdruck und Hetze allerdings lassen kaum mehr Verschnaufpausen zu. Betroffene drehen sich oft dort im eigenen Gedankenkreis, wo Kreativität und neue Ideen gefordert sind. Hier können vor allem Sport und Naturerlebnisse kurzfristig helfen, den Kopf frei und den nötigen Abstand zum Geschehen zu bekommen. So entsteht ein neuer Blick auf die festgefahrene Situation, und die Lösung ergibt sich dadurch oft wie von selbst.

**Stressreaktion – kein Grund zur Besorgnis** Die körperlichen Symptome einer Stressreaktion sind grundsätzlich normal und ungefährlich. Dennoch sind viele Betroffene irritiert, wenn plötzlich das Herz schneller schlägt, die Atmung flacher wird, sie anfangen zu schwitzen. Die meisten Betroffenen wissen zu wenig über diese natürlichen körperlichen Vorgänge. Sie erschrecken deshalb und beobachten ihren Körper nun ständig: Schlug das Herz gerade nicht ungewöhnlich schnell? Könnte das auf einen Herzinfarkt hindeuten? Hatte ich nicht gerade das Gefühl, nicht mehr richtig Luft zu bekommen? Ist etwas mit meiner Lunge nicht in Ordnung? Klingt das Schlucken nicht anders als sonst? Solche oder ähnliche Gedanken halten Betroffene in Atem und führen zu neuem Stress (siehe Kap. 4).

Allein das Wissen über die biologischen Vorgänge unter Stress macht diese weniger bedrohlich. Für viele ist das schon der erste Schritt auf dem Weg in die Entspannung: Sie können ihre Symptome als Teil eines natürlichen biologischen Vorgangs einordnen und steigern sich nicht in die Angst vor einer schweren Krankheit hinein.

## 3.4 Neurobiologische Erkenntnisse: Wie das Gehirn auf Stress reagiert

Um Stress, seine Entstehung und Auswirkungen, besser zu verstehen, lohnt ein Blick auf die Neurowissenschaften. Sie erklären, welche Vorgänge sich unter Stress auf verschiedenen Ebenen des Organismus abspielen, und wie der Organismus unter Dauerstress Schaden nehmen kann. Im Mittelpunkt steht dabei das menschliche Gehirn und dessen Zusammenspiel mit dem Hormon- und Immunsystem.

### 3.4.1 Stress entsteht im Gehirn

Das Gehirn ist die zentrale Schaltstelle dafür, ob ein Außenreiz als bedrohlich eingestuft wird oder nicht. Es steuert biochemische Prozesse und die Ausschüttung von Stresshormonen. Solange sich Belastungssituationen als überschaubar und kontrollierbar erweisen, funktioniert dieser Mechanismus ausgezeichnet. Unter Dauerbelastung allerdings verliert dieses System seine Funktionsfähigkeit. Chronischer Stress führt zu Umbauprozessen im Gehirn und kann dieses nachhaltig schädigen. Es ist Schaltzentrale und zugleich auch die Hauptangriffsfläche bei Stress. Mit Hilfe des Gehirns ist der Mensch in der Lage, Gefahrensituationen zügig zu erkennen und gezielt darauf zu reagieren. Dies gelingt durch ein genau aufeinander abgestimmtes Zusammenspiel zwischen den unterschiedlichen Bereichen des Gehirns (Abb. 3.13).

Tritt ein stressauslösender Reiz auf, wird innerhalb der drei Hirnteile (Abb. 3.13) entschieden, ob eine Stressreaktion ausgelöst wird oder nicht. Die Beschreibung der drei Bereiche des Gehirns erfolgt stark vereinfacht, da dieses Buch an Berufstätige ohne neurowissenschaftlichen Hintergrund adressiert ist.

#### 3.4.1.1 Hirnstamm

Als erster und ältester Teil des Gehirns entwickelte sich der Hirnstamm, auch Reptilienhirn genannt. Er steht in unmittelbarer Verbindung mit dem Körper und steuert wichtige körperliche Funktionen wie Atmung, Herzschlag, Blutdruck, Durchblutung von Gehirn und Muskeln. Diese Funktionen sichern das Überleben, wenn es um Alles oder Nichts geht. Auf diese Funktionen hat der Mensch nur wenig Einfluss, sie laufen unwillkürlich ab. So atmet man automatisch, das Herz schlägt von selbst, man fängt an zu schwitzen. Begegnet man einer Gefahr, dann gewinnen automatische Reflexe und Instinkte die Oberhand

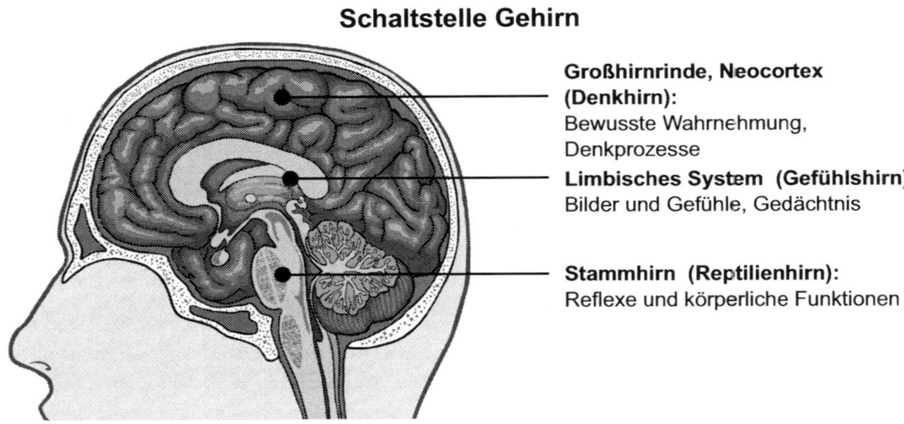


**Abb. 3.13** Schaltstelle Gehirn. Hirnstamm, Limbisches System und Großhirnrinde steuern das Stressgeschehen

und sichern das Überleben. In Sekundenschnelle sind genau diejenigen Verhaltensweisen parat, die lebensrettend sind. Deshalb hat die Entwicklung diesen instinktiven Verhaltensmustern den Vorrang eingeräumt. Ein Beispiel ist das schnelle Reagieren auf eine Gefahr im Straßenverkehr. Oftmals entscheidet hier der Bruchteil einer Sekunde, ob es zum Unfall kommt oder nicht. Würde man die Gefahrensituation zuerst analysieren, wäre der Unfall schon passiert.

### 3.4.1.2 Limbisches System

Das Limbische System, genannt auch Gefühlshirn, ist der zentrale Sitz für die Verarbeitung von Emotionen und stellt das Bindeglied zwischen Stammhirn und Großhirnrinde (Neocortex) dar. Trifft ein Reiz auf das Gehirn, so wird unmittelbar im Limbischen System entschieden, ob dieser Reiz eine Bedrohung darstellt oder nicht. Das Denkhirn wird dabei umgangen. Stattdessen trifft der Reiz auf die Amygdala (Mandelkern), das Zentrum für das Entstehen und Speichern von Emotionen. Hier sind Gefühle und Bilder aus der Vergangenheit abgespeichert und jederzeit abrufbar.

Unter Stress haben Stammhirn und Limbisches System immer die Vorherrschaft. Sie sind die Chefs im Gehirn und steuern vorrangig das Verhalten. „Ich stand neben mir ... “ „Mir ging der Gaul durch ... “ „Ich weiß nicht, was mich da geritten hat“, „Ich bin durchgedreht ... “ – solche Redewendungen beschreiben genau dieses Phänomen. Auch der Blackout aufgrund starker Angst bei Prüfungen lässt sich dadurch gut erklären. Trotz umfassender Vorbereitung und wiederholter Einprägung des Lernstoffs (Denkhirn) ist in der Prüfung der entscheidende Gedanke nicht abrufbar, da Prüfungsangst das Denken blockiert. Im Sog von übermäßiger Angst können Prüfungen oder andere bedeutsame Situationen misslingen.

#### 3.4.1.3 Großhirnrinde

Als letzter und jüngster Teil des Gehirns entwickelte sich die Großhirnrinde, auch Neocortex oder Denkhirn genannt. Dieses steuert die bewusste Wahrnehmung und alle Denkprozesse. Es prüft, analysiert, wägt ab – für diese Vorgänge benötigt es eine gewisse Zeit. Wenn es allerdings auf die Sekunde ankommt, spielt das Denkhirn eine untergeordnete Rolle. Es ist nicht schnell genug. Manchmal stellt man im Nachhinein fest, dass das schnelle Anspringen von Gefühlshirn und Reptilienhirn zu Verhaltensweisen geführt hat, die der Situation nicht dienlich sind. Aus einem gewissen Abstand heraus betrachtet man die Situation dann unter einem anderen Blickwinkel – das Denkhirn ist eingeschaltet.

Alle drei Bereiche des Gehirns sind fein aufeinander abgestimmt und ergänzen sich idealerweise. Allerdings kommt es bei chronischem Stress zu Umbauprozessen im Gehirn, die das Zusammenspiel dieser Bereiche erheblich stören und Denken und Konzentrationsfähigkeit sehr beeinträchtigen können. Wer dauergestresst ist, verfügt meist nicht mehr über eine ausreichende Planungs- und Analysefähigkeit. Dadurch steigt die Gefahr, Fehlentscheidungen zu treffen. Das kann ein Unternehmen viel Geld kosten.

#### 3.4.1.4 Ausschüttung von Stresshormonen

Bewertet das Gehirn eine Situation als bedrohlich, sendet es blitzschnell Signale an den Organismus und veranlasst diesen, Stresshormone auszuschütten. Diese wirken wie ein Kraftschub und befähigen zu außergewöhnlicher Leistung. Damit lassen sich Gefahren rasch und angemessen bewältigen. Stresshormone steigern Reaktionsvermögen und Flexibilität bei der Bewältigung einer bedrohlichen Situation. Stresshormone können lebensrettend sein.

Vereinfacht dargestellt, kommt es bei Stress zunächst über den Weg der Sympathikus-Nebennieren-Achse zur Ausschüttung des Stresshormons Adrenalin (Abb. 3.14). Adrenalinist ein wichtiger Energielieferant im Rahmen der Stressbewältigung. Die Freisetzung von Adrenalin ist gewissermaßen die „Reaktion ersten Grades“: Es ist, als ob „die Alarmglocken läuten“ (Abb. 3.14; vgl. Hüther 2007, S. 33). Lässt sich die Gefahr zügig beseitigen, dann beruhigt sich der Organismus wieder und kehrt auf sein normales Niveau zurück. Das freigesetzte Adrenalin wird wieder abgebaut. Im besten Fall reicht also die Reaktion ersten Grades mit der Freisetzung des Hormons Adrenalin aus, um die Bedrohung zu meistern. Bleibt es dabei, gibt es keine körperlichen oder psychischen Folgeschäden.

Für Bedrohungen oder Belastungen, die über einen längeren Zeitraum anhalten, hat die Natur sich auch eine Lösung ausgedacht. Es gibt einen Nachschlag an Stresshormonen: Der Organismus produziert weiterhin Adrenalin. Zusätzlich greift er auf eine noch stärkere Verteidigungswaffe zurück: Er veranlasst das Gehirn zu einer Kettenreaktion von Stresshormonen, an deren Ende das Stresshormon Kortisol produziert wird. Dies ist die „Reaktion zweiten Grades“. Es ist, als ob „die Sirenen heulen“ (Abb. 3.14). Der Dauerton der Sirene veranlasst den Organismus zur Freisetzung des Stresshormons Kortisol – eines der folgenreichsten Stresshormone für den menschlichen Organismus (vgl. Hüther 2007, S. 33 ff.). Auch das ist zunächst im Sinne der Natur: Kortisol bringt einen Extra-

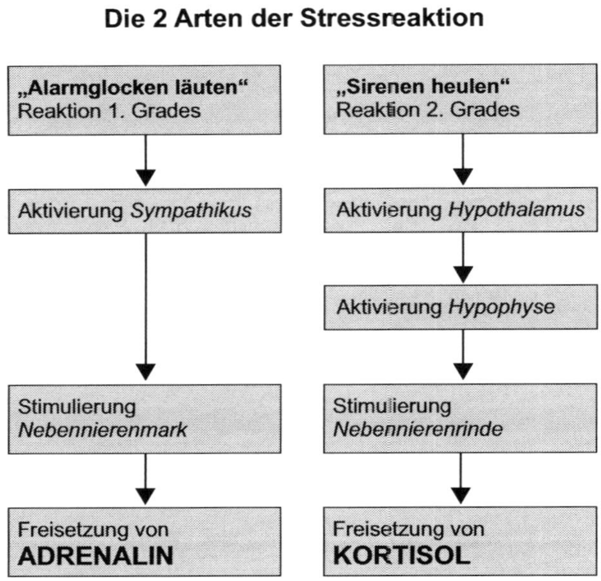


**Abb. 3.14** Die zwei Arten der Stressreaktion. Die Stresshormone Adrenalin und Kortisol wirken wie ein Kraftschub und machen den Menschen flexibel

Energieschub und steigert das Durchhaltevermögen für eine noch längere Zeit. Es ist für die Bewältigung einer langanhaltenden Belastungssituation unabdingbar.

Von Natur aus bilden beide Stressreaktionen die ideale Voraussetzung, um sich den Herausforderungen des Lebens stellen zu können. Adrenalin und Kortisol sind Stresshormone, welche den Körper für bestimmte Aufgaben vorbereiten und rüsten. Das macht Sinn und ist grundsätzlich zum Nutzen des Menschen – immer ausgelegt auf überschaubare und zeitlich begrenzte Bedrohungssituationen.

## 3.4.2 Stresshormone: Vom Nutzen zum Schaden

### 3.4.2.1 Wirkung von Kortisol

Der Urmensch konnte Adrenalin und Kortisol unmittelbar durch Bewegung beim Kämpfen oder Fliehen wieder abbauen. Die Stressenergie verschwand so gleich wieder aus dem Körper. Heute dagegen umspült das bei der Stressreaktion produzierte und im Blut zirkulierende Kortisol oft dauerhaft das Gehirn. Mangel an körperlicher Bewegung und fehlende Bewältigungsstrategien verhindern den regelmäßigen Abbau von Kortisol. Belastungen werden zudem häufig zu „Dauerbaustellen“ und führen zu immer neuer Produktion des Stresshormons Kortisol. Dies bewirkt im Gehirn je nach Dosis und Dauer erhebliche Veränderungen der Nervenzellen. Besonders bei intensivem und lang anhaltendem Stress kann sich Kortisol ungehindert ausbreiten und den Organismus dauerhaft schädigen.

### 3.4.2.2 Zielort Hippocampus

Kortisol kann die Kommunikation zwischen den Nervenzellen erheblich stören und Abbauprozesse im Gehirn auslösen – vor allem im Hippocampus, der Lern- und Gedächtnisprozesse unterstützt. Betroffene nehmen diesen Abbau als plötzliche Gedächtnisblockaden und Vergesslichkeit wahr (siehe auch Abb. 3.18). Viele sind verunsichert über die ungewöhnlichen Einschränkungen im Denken. So wird Dauerstress zum Feind des Hippocampus. Er verhindert, dass hier neue Zellen reifen können, die die Gedächtnisleistung steigern.

Stattdessen führt Dauerstress zum Grübeln und drückt auf die Stimmung. Auch Aufnahme- und Merkfähigkeit verringern sich. Dauerstress bewirkt zudem, dass Sorgen nicht mehr richtig verarbeitet werden können und dadurch immer größer erscheinen. So beeinträchtigt anhaltender Stress wichtige Funktionen des Gehirns. Auf diesem Nährboden können sich Vergesslichkeit, Angststörungen und krankhafte Niedergeschlagenheit entwickeln und dem Menschen Energie und Lebensfreude rauben. Auch die Fähigkeit, sich auf natürliche Weise zu regenerieren, geht dadurch verloren. Bestimmte Bereiche im Gehirn schrumpfen sogar und begünstigen das Entstehen einer Depression.

#### 3.4.2.3 Zielort Amygdala

Zu viel Stress wirkt sich nachweislich negativ auf das Gehirn aus. Auch die Schaltkreise der Amygdala, dem Angstzentrum, sind betroffen. Sie werden unter Dauerstress überaktiv und schlagen auch bei nichtigen Anlässen Alarm. Dies begünstigt Angststörungen und kann das Leben Betroffener stark einschränken. Eine überaktive Amygdala kann sogar zur tickenden Zeitbombe werden: Kränkungen und traumatische Erlebnisse sind dort abgespeichert und lebenslänglich abrufbar. Begegnet die Person dann einer Situation, deren Bilder, Geräusche oder Gerüche an das erlebte Trauma erinnern, werden die abgespeicherten Daten automatisch abgerufen. Es kommt zur Neuauflage des Traumas, obwohl die Realität eine andere ist. Das gilt auch für erlebte Kränkungen und Demütigungen im Unternehmen. Sie bleiben unterschwellig aktiv und können jederzeit wieder aufflammen.

### 3.4.3 Neurobiologisches Fazit: Wir können unser Gehirn selbst formen

Die Abbauprozesse im Gehirn durch chronischen Stress sind einerseits beunruhigend, andererseits belegen sie, dass die menschliche Gehirnstruktur nicht starr, sondern wandelbar ist. Lässt sich die die Gehirnstruktur demzufolge auch positiv verändern? Diese Frage steht im Mittelpunkt aktueller neurobiologischer Studien. Hier sei besonders die Studie eines deutsch-amerikanischen Forscherteams unter Beteiligung der Justus-Liebig-Universität Gießen (Dr. Britta Hölzel) erwähnt (Spiegel der Forschung 2011/1, S. 32 f.).

Das Forscherteam begleitete stark gestresste Teilnehmer eines achtwöchigen achtsamkeitsbasierten Stressreduktionskurses (MBSR) (siehe auch Abb. 5.11). Vor und nach Absolvieren dieses Anti-Stress-Programms, das im Wesentlichen auf Meditation und Yoga gründet, wurde mittels Kernspintomographieaufnahmen die Gehirnstruktur der Teilnehmer untersucht. Das Ergebnis ist eindrucksvoll: Bei allen Teilnehmern des Programms hatte nach acht Wochen Anti-Stress-Training die Dichte der grauen Substanz im Hippocampus, dem Lern- und Gedächtnisspeicher, zugenommen. Auch die Bereiche, die in Verbindung mit Selbstwahrnehmung und Mitgefühl stehen, hatten an Dichte zugelegt. Im

Gegenzug hatte in der Amygdala, die für die Verarbeitung von Angst und Stress zuständig ist, die Dichte der grauen Masse abgenommen. Bei einer Kontrollgruppe, die nicht an dem Programm teilnahm, gab es keine Veränderungen in der Hirnstruktur.

Die messbaren Veränderungen im Gehirn gingen bei allen Teilnehmern des Kurses mit einer verbesserten Gedächtnisfunktion, gesteigertem Konzentrationsvermögen, mehr Gelassenheit und einem Rückgang psychosomatischer Symptome einher. Insgesamt berichteten alle über eine Steigerung der Lebensqualität. Diese Ergebnisse sind sehr ermutigend, belegen sie doch, dass Menschen durch gezielte Anti-Stress-Programme ihr Gehirn verändern und dadurch die eigene Lebensqualität wieder verbessern können. Derzeit laufen die Forschungen weiter.

## 3.5 Warum Stress krank machen kann

### 3.5.1 Veränderte Rahmenbedingungen

Die akute Stressreaktion als biologischer Überlebensmechanismus war ursprünglich auf ganz andere Rahmenbedingungen ausgelegt, als man sie heute antrifft. Sie war als Notfallreaktion für außergewöhnliche Situationen gedacht und als solche auch sehr wirkungsvoll. Im Kampf oder auf der Flucht konnte in Urzeiten die freigesetzte Stressenergie direkt abgebaut werden und sofort aus dem Körper weichen (vgl. Abb. 3.3).

Auch heute noch gilt es in vielen Situationen rasch und richtig zur reagieren, wie z. B. auf der Autobahn, in Bewerbungsgesprächen, bei Präsentationen vor Kunden, in Meetings. Doch diese Situationen erfordern eine andere Form der Reaktion als Kämpfen oder Fliehen. Und niemals stand im Plan, aus der akuten Stressreaktion eine Dauerreaktion zu machen und den Organismus derart zu strapazieren, wie das heute oft geschieht.

In Urzeiten war nach Erlegen des Büffels die Gefahr vorbei. Auf die Phase der Anspannung folgte die Phase der Entspannung. Man saß am Lagerfeuer und ruhte sich wieder aus. So steht es ursprünglich in der „Betriebsanleitung". Auf diesen Rhythmus ist der Mensch heute noch ausgelegt, er hat sich seit Millionen von Jahren bewährt (vgl. Abb. 3.4). Die moderne Lebenswelt allerdings drängt dem Menschen oft einen anderen Rhythmus auf.

Diesen von der Natur exakt ausgefeilten Mechanismus so weit zu treiben, dass er Schaden anrichtet, geht auf das Konto des Menschen. Der Organismus kann viel aushalten und lange ausgleichen. Er ist grundsätzlich elastisch. Finden Belastungen allerdings kein Ende oder jagt eine Belastung die nächste, dann schlägt dieses hervorragend funktionierende System ins Gegenteil um – insbesondere, wenn Betroffene keine angemessenen Bewältigungsstrategien entwickeln. Es leiert aus wie ein Gummiband, das ständig überdehnt wird. Irgendwann reißt es dann – ein Prozess, der oft nicht mehr rückgängig gemacht werden kann (vgl. Stern 2008).

### 3.5.2 Auswirkungen auf den Organismus

Wenn hohe Anforderungen sich über einen längeren Zeitraum erstrecken oder sich nicht abstellen lassen, kann Stress chronisch werden und den Menschen dauerhaft überfordern.

#### 3.5.2.1 Unterlaufen von Körperrhythmen

Grundsätzlich gilt: Die körperlichen Veränderungen bei der akuten Stressreaktion sind natürliche biologische Vorgänge und immer nur auf kurze Zeiträume (einige Minuten oder maximal Stunden) ausgelegt. Der Mensch braucht dann wieder eine Pause. Halten die Stressoren lange an oder muss man sich gleich wieder gegen den nächsten Stressor wehren, führt dies zur Entgleisung der natürlichen Körperrhythmen. Diese sind bei einem gesunden Menschen exakt aufeinander abgestimmt. Insbesondere der Schlaf-Wach-Rhythmus gerät aus dem Takt, wenn Belastungen im Berufs- und/oder Privatleben überhand nehmen. Schon Hans Selye wies auf die Bedeutung des Schlafs als wichtigste Regenerationsquelle hin.

**Schlaf-Wach-Rhythmus**

Ein tiefer und erholsamer Schlaf in der Nacht und Vitalität am Tag sind Kennzeichen von körperlicher und seelischer Ausgeglichenheit. Der Mensch fühlt sich am Morgen ausgeruht und spürt genügend Energie, um den Tag kraftvoll anzugehen. Dies ist Idealfall und die beste Ausgangslage, um dauerhaft leistungsfähig und gesund zu bleiben. Für viele Beschäftigte allerdings liest sich das wie ein Märchen: Sie finden auch nachts keine Ruhe mehr. Wenn der Arbeitstag sich zu lange in die Nacht hineinzieht und die Nacht zu früh zu Ende ist, wird der Schlaf-Wach-Rhythmus dauerhaft gestört. Es kommt zu Einschlaf- und Durchschlafstörungen. Betroffene wachen morgens wie gerädert auf. Tagesmüdigkeit, Leistungsabfall, Nervosität und Konzentrationsstörungen sind die Folge und belasten am Tage.

Anhaltende Schlafstörungen sind oft der erste Hinweis auf eine beginnende Erschöpfungsdynamik. Bekommen Betroffene diese nicht in den Griff, können sie weitere Störungen nach sich ziehen. Meetings bis spät in den Abend hinein, am Morgen darauf mit dem ersten Flieger zur Dienstreise und mit dem letzten Flieger wieder zurück: So sieht der Alltag vieler Führungskräfte aus. Viele wälzen sich stundenlang im Bett: Sie können nicht abschalten. Zahlreiche Berufstätige bezahlen einen hohen Preis für diesen Lebensstil und die damit verbundenen Strapazen.

Sehr viele Mitarbeiter klagen über dauerhaft zu wenig Schlaf. Oftmals müssen fünf bis sechs Stunden Schlaf pro Nacht ausreichen. Um endlich abschalten zu können, greifen Betroffene dann oft zu Suchtmitteln wie Alkohol und/oder Medikamenten, was den Raubbau mit den eigenen Kräften noch verstärkt.

Schlaf ist eine der wichtigsten Ressourcen für Gesundheit und Leistungsfähigkeit. Im Schlaf kommen Körper und Geist zur Ruhe. Während der Nachtruhe verarbeitet das Gehirn die gesammelten Informationen des Tages. Schlafmangel beeinträchtigt nicht nur Aufmerksamkeits- und Konzentrationsvermögen, sondern auch Gedächtnis und logisches

Denken. Der Grund liegt darin, dass sich der Stoffwechsel bei Schlafmangel verzögert. So wird das Gehirn nicht mehr ausreichend mit Energie versorgt. Dies führt zu den genannten Aufmerksamkeits- und Konzentrationsstörungen während des Arbeitstages.

Wer ausreichend und gut schläft, sammelt die nötigen Kräfte für die Bewältigung des nächsten Arbeitstages und kommt dadurch in eine gute Entspannungslage. Für optimale Vitalität muss der Organismus 20–25 % des Schlafes in der REM-Phase verbringen. In dieser Phase schaltet das Gehirn auf Sparflamme. Sie ist deshalb besonders erholsam. Wenn die REM-Phase ausbleibt oder zu kurz ausfällt, sind Leistungstiefs, Konzentrations- und Gedächtnisstörungen am Tag die Folge. Depressive Verstimmungen und erhöhte Aggressivität haben häufig ihren Ursprung in mangelnder Erholung während der Nacht.

Anhaltende Schlafstörungen sind eines der am häufigsten genannten Erstsymptome bei Menschen, die unter starkem Stress stehen. Sie sind ernst zu nehmen. Schließlich können sie bereits der Beginn einer Negativ-Spirale sein, die Herz-Kreislauf-Beschwerden, nervöse Erschöpfung oder im Extremfall Burnout zur Folge hat (siehe Kap. 4). Die Wirkung einer guten Nachtruhe auf das Immunsystem ist inzwischen gut erforscht. Ausreichend Schlaf stärkt das Immunsystem und senkt die Anfälligkeit für Infekte.

#### Ultradiane Rhythmen

Nach Ernest L. Rossi, amerikanischer Psychotherapeut und Autor, sind ultradiane Rhythmen die natürlichen körperlichen und seelischen Zyklen, die sich mehrmals täglich wiederholen (vgl. Rossi und Nimmons 1997). Diese beeinflussen wesentlich Leistungsfähigkeit, Kreativität und persönliches Wohlbefinden. Tagsüber benötigt der Organismus nach 90–120 min Aktivität ca. 10–20 min Pause, um sich zu erholen. Danach ist der Mensch wieder leistungsfähiger. Diese Kurzpausen wirken leistungssteigernd. Ein Durcharbeiten ohne Pausen dagegen wirkt leistungsmindernd. Jeder Mensch hat seinen ihm eigenen Körperrhythmus und lebt idealerweise nach diesem inneren Takt.

So lange körpereigene Bedürfnisse und Rhythmen nur ab und zu übergangen werden, kann der Organismus das gut ausgleichen. Auch, wenn der Rhythmus über einige Wochen aus dem Takt gerät, wie z. B. beim Hinarbeiten auf die Deadline des Projekts oder bei außergewöhnlichen privaten Belastungen, kann das wieder ausgeglichen werden. Kommt es dagegen zur dauerhaften Unterbindung der ultradianen Rhythmen, dann sind gestörter Schlaf, Müdigkeit und Überreizung des Nervensystems die Folge und begünstigen körperliche und seelische Beschwerden. Immer öfter werden diese Rhythmen im täglichen Leben eines Beschäftigten durchkreuzt. Wenn Arbeit und Freizeit ineinander übergehen, ist das Risiko, diese Rhythmen zu unterlaufen, besonders hoch. Ruhe und Aktivität wechseln sich dann nicht mehr ausreichend ab und führen zu Entgleisungen dieses Rhythmus, wie Abb. 3.15 verdeutlicht.

Nur der Ausgleich zwischen den Polen Aktivität und Ruhe hält den Menschen langfristig körperlich und psychisch gesund. Dafür ist jeder Mensch selbst verantwortlich. Jedem dieser beiden Pole muss Rechnung getragen werden. Nach der Phase von Aktivität und Leistung muss als Ausgleich eine Phase der Ruhe erfolgen. Sonst gibt es einen Kipp-Effekt. Diese Rhythmik beeinflusst zahlreiche körperliche und psychische Faktoren: Wachheit,

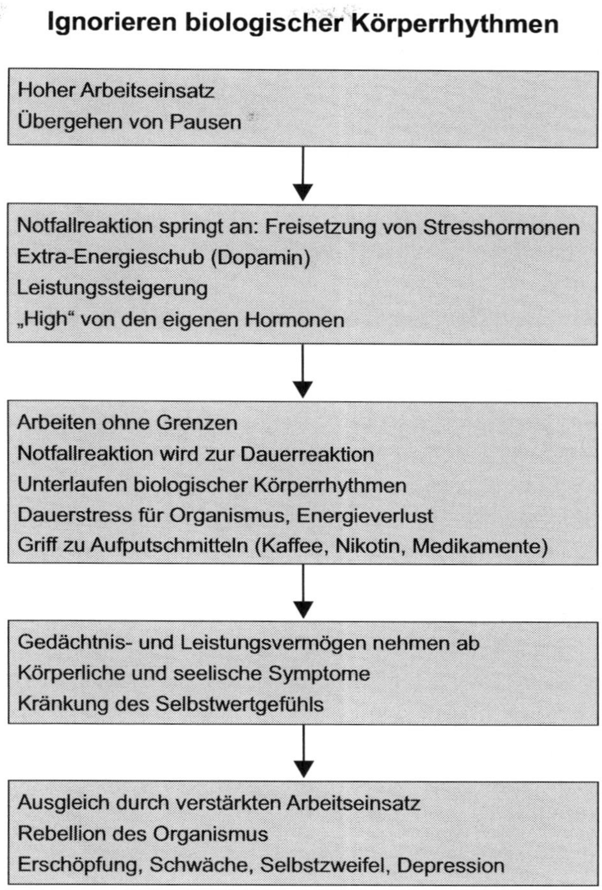


**Abb. 3.15** Ignorieren biologischer Körperrhythmen. Das dauerhafte Ignorieren biologischer Rhythmen kann zur Erschöpfung führen

Stimmung, Energie, Leistungsfähigkeit, Gedächtnis und Denkfähigkeit. Das andauernde Übergehen und Unterbrechen dieser Rhythmen schädigt langfristig den Organismus. Häufig ist das Durchkreuzen dieser Rhythmen auch selbst verschuldet. Zahlreiche Internetnutzer oder Nutzer sozialer Medien, die ihre Arbeitspause und einen Großteil der Freizeit an Laptops oder Smartphone verbringen, unterlaufen permanent die biologischen Körperrhythmen. Triebfeder dabei ist oft die Angst, etwas zu verpassen.

**Übergehen von Pausen** Wiederholt das natürliche Bedürfnis nach Erholungspausen zu übergehen, führt zu Stress und Erschöpfung. Viele Berufstätige haben solche Phasen schon kurzzeitig erlebt.

**Angespornt von den eigenen Hormonen** Verzichtet man auf Erholungspausen und arbeitet angestrengt weiter, so kommt es zur Ausschüttung von Stresshormonen, die das Bedürfnis nach einer Ruhepause unterbinden. Es kommt zunächst zu einer weiteren Leistungssteigerung, die noch mehr anspornt. Betroffene greifen hier vermehrt zu Aufputschmitteln wie Kaffee, Nikotin, Alkohol oder Medikamenten.

**Gedächtniseinschränkungen und Leistungseinbußen** Wer sich permanent überarbeitet, strapaziert nicht nur die eigenen Nerven, sondern auch sein Gedächtnis. Das führt zu Konzentrationsstörungen und Fehlern. Gleichzeitig nehmen seelische Verstimmungen, verstärkte Nervosität und Reizbarkeit zu und beeinträchtigen Arbeits- und Lebensqualität. Dies verstärkt den Stress zusätzlich und zwingt Betroffene, die Defizite durch noch höheren Arbeitseinsatz auszugleichen.

**Rebellion des Körpers** Nun zeigen körperliche und seelische Symptome deutlich die persönlichen Leistungsgrenzen auf und zwingen zum Ausruhen. Dies nagt am Selbstwertgefühl des Betroffenen und schwächt das Selbstvertrauen.

Grundsätzlich gilt: Wenn Aufgaben sofort erledigt werden müssen und Deadlines unumstößlich sind, führt das nicht zwangsläufig gleich zu ungesundem Stress und gesundheitlichen Einbußen. Vorausgesetzt, die Pausen werden zu einem anderen Zeitpunkt nachgeholt. Erst ein dauerhaftes Ignorieren dieses Rhythmus führt zu körperlichen und seelischen Beschwerden.

Im Arbeitsalltag ist es allerdings utopisch, die persönlichen Biorhythmen und die Pausenlänge von 10-20 min exakt einzuhalten. Vorgegebene Strukturen zwingen Beschäftigten oft andere Rhythmen und Pausenzeiten auf. Und dennoch gibt es einen auffälligen Trend: Immer mehr Unternehmen achten darauf, dass Mitarbeiter regelmäßig Pausen machen und abschalten. So gibt es neuerdings Wohlfühl- und Entspannungsinseln in einigen Unternehmen, um eine ausreichende Erholung der Mitarbeiter zu gewährleisten.

Und die gute Nachricht: Erkennt die betroffene Person bereits körperliche Warnsignale eines Zuviel an Aktivität und Leistung, kann sie zügig gegensteuern. Wenn sie sich wieder Erholungsphasen gönnt und den natürlichen Rhythmus von Aktivität und Ruhe einhält, verschwinden körperliche und seelische Beschwerden oft schon nach kurzer Zeit wie von selbst. Entspannungsverfahren zielen darauf ab, diesen natürlichen Rhythmus wieder herzustellen. So kann der Mensch wieder in sein altes Gleichgewicht kommen (siehe auch Abb. 5.11).

#### 3.5.2.2 Überreizung des Nervensystems

Die technische Entwicklung in den letzten 100 Jahren verlief rasant wie nie zuvor in der Geschichte der Menschheit. Sie hat den Lebens- und Berufsalltag revolutioniert. Aufgrund des hohen Tempos konnte sich der menschliche Organismus nicht schnell genug an diese Veränderungen anpassen. Besonders das Nervensystem muss „Extra-Schichten schieben" und auf Hochtouren arbeiten. So hat es täglich um ein Vielfaches mehr an Reizen zu verarbeiten als in der Vergangenheit der menschlichen Geschichte.

Sich diesen Reizen zu entziehen, ist nicht immer oder nur bedingt möglich. Die Digitalisierung der Berufs- und Privatwelt stellt das Nervensystem zudem vor eine besondere Herausforderung. So müssen Beschäftigte ein Vielfaches von Informationen in kurzer Zeit erfassen und bearbeiten. Viele Berufstätige müssen auch rund um die Uhr erreichbar sein. Auszeiten, in denen nichts passiert, werden so immer seltener und belasten das Nervensystem zusätzlich. Auch Verkehrsstress durch lange Anfahrtswege setzt ihm enorm zu.

### Stress spielt mit den Nerven

Das Nervensystem befähigt den Menschen, Reize von außen aufzunehmen, weiterzuleiten und zu verarbeiten. Über die Sinnesorgane wie Augen, Ohren, Nase, Zunge und Haut gelangen die Reize in das Nervensystem und werden dort verarbeitet. Für den Urzeitmenschen war das kein Problem: Er begegnete in einem Jahr so vielen Menschen und Reizen wie der Mensch heute an einem einzigen Tag. Viele unterschiedliche und schnell wechselnde Reize fordern den Beschäftigten von heute: Ob Bildschirme, Dauerberieselung mit Lärm oder Musik, hohes Verkehrsaufkommen, Fernsehen oder der ständige Blick auf das Smartphone – alle genannten Begleiter des modernen Alltags fordern das Nervensystem nahezu pausenlos. Dies übersteigt bei weitem das Vermögen der Nerven, alle Reize zu verarbeiten. Die Reaktion bleibt nicht aus: Fortwährende Überschwemmung mit Reizen führt zu Überreiztheit, Nervosität und Konzentrationsstörungen.

Auch Multitasking setzt dem Nervensystem zu: Die geforderte Auseinandersetzung mit mehreren Reizen gleichzeitig führt zu Überreizung und Überforderung (vgl. Abb. 2.1). Das biologische Programm des Menschen springt grundsätzlich auf Informationen jeglicher Art von außen an – für den Urmenschen war das rasche Wahrnehmen von Informationen aus dem Umfeld oft lebensrettend. Darauf sind Menschen auch heute noch geeicht. Wenn das Smartphone allerdings pausenlos im Einsatz ist, bleibt keine Zeit mehr, sich zu erholen. Jedes Blinken, jedes Summen suggeriert das Eintreffen einer wichtigen Information, die auf keinen Fall verpasst werden darf und hält den Geist dauerhaft auf Trab. So kann sich der Mensch nicht mehr richtig erholen. Im ungünstigsten Fall kann er sogar krank davon werden.

### Sympathikus und Parasympathikus im Ungleichgewicht

Der Stress der Moderne fordert das Nervensystem in hohem Maße. Besonders das vegetative Nervensystem unter der Regie von Sympathikus (Anspannungsnerv) und Parasympathikus (Entspannungsnerv) reagiert stark auf Stress, insbesondere auf Dauerstress. Dies kann zu Herz-Rhythmus-Störungen führen und im Extrem organische Schäden nach sich ziehen. Während Sympathikus und Parasympathikus idealerweise im ausgewogenen Verhältnis zueinander stehen, geraten sie unter hohem Stress in die Schieflage. Der Sympathikus ist unter Stress überaktiv, sein Gegenspieler Parasympathikus tritt dagegen in den Hintergrund.

Unter dauerhafter Belastung, wie sie typisch für die moderne Arbeitswelt ist, ist der Sympathikus (Gaspedal) nahezu pausenlos aktiv, der Parasympathikus (die Bremse) dagegen wird kaum noch bedient und verliert an Wirkkraft. So verlernt der Organismus zunehmend zu entspannen. Das vegetative Nervensystem bleibt in Folge dauerhaft hochgefahren. Auf Dauer kann der Organismus dieses hohe Energieniveau nicht mehr verkraften. Im Zustand der totalen Erschöpfung wie beim Burnout-Syndrom hat der Parasympathikus oft seine Wirkkraft gänzlich verloren. Der Mensch kann sich nicht mehr aus eigener Kraft regenerieren.

### 3.5.2.3 Entgleisungen des Immunsystems

Denken, Gefühle und Verhalten sind eng miteinander verknüpft und wirken sich direkt auf das Immunsystem aus. Chronischer Stress schädigt nachweislich das Immunsystem. Besonders Schlafentzug setzt dem Immunsystem zu, da durch die mangelnde Regeneration während der Nacht die Abwehr geschwächt wird. Damit ein Mensch dauerhaft leistungsfähig sein kann, benötigt er ein stabiles Immunsystem. Durch die Vielzahl täglicher Kontakte ist der Mensch heute stets einer Vielzahl von Krankheitserregern ausgesetzt und benötigt für deren Abwehr ein starkes Immunsystem.

Das Immunsystem setzt sich aus einer Vielzahl von Zellen zusammen, die ständig untereinander kommunizieren, feindliche Erreger erkennen und abwehren – für die Gesundheit unabdingbar. Damit diese Kommunikation reibungslos ablaufen kann, bedarf es regelmäßiger Erholungsphasen, in denen Körper und Geist regenerieren können. Auch regelmäßige Bewegung im Alltag und sportliche Betätigung (in Maßen) sorgen für ein gut funktionierendes Immunsystem.

Chronischer Stress dagegen kann das Immunsystem nachhaltig schwächen. Besonders ungünstig und schädlich wirken dabei Gefühle wie Hilflosigkeit und Ausweglosigkeit. Kurzum, wenn ein Mensch dauerhaft das Gefühl hat, die an ihn gerichteten Anforderungen nicht erfüllen zu können, beginnt eine negative Gedankenspirale – häufig begleitet von Katastrophenphantasien. Diese löst Reaktionen im Organismus aus, die das Immunsystem erheblich schwächen können. Insbesondere die Killerzellen, die für eine funktionierende Abwehr sorgen, verringern sich unter Dauerstress erheblich und begünstigen Infekte. Oder sie identifizieren plötzlich den falschen Feind und richten sich gegen den eigenen Körper, wie das bei Autoimmunerkrankungen der Fall ist. Viele Entzündungen und chronische Erkrankungen lassen sich auf Störungen des Immunsystems zurückführen. Wenn auch Stress nicht direkt der Auslöser für diese Erkrankungen ist, so beeinflusst er in jedem Fall den Verlauf dieser Erkrankungen ungünstig.

### 3.5.2.4 Entgleisungen der Psyche

#### Angststörungen

Immer mehr Menschen leiden an Ängsten, die sie aus Scham verheimlichen, da sie nicht als Versager gelten wollen. Berufliche und private Anforderungen hinterlassen ihre Spuren und überfordern viele Berufstätige psychisch. Nicht selten wachsen auf einem derartigen Nährboden Angststörungen. Wie bereits beschrieben, kommt es unter chronischem Stress durch die Ausschüttung von Kortisol zu Umbauprozessen im Gehirn und zur Übererregung der Amygdala. In der Folge schlägt diese bereits bei nichtigen Anlässen Alarm. Der Mensch ist nun fortan in Anspannung und Habachtstellung, der Fokus stets auf scheinbar

Bedrohliches gerichtet. Sogar natürliche Körperfunktionen wie Atmung, Herzschlag und Schweiß können Angst auslösen. Kennzeichen einer Angststörung ist, dass Betroffene Ängste vor Ereignissen, Personen und Dingen entwickeln, die ein Mensch ohne Angststörung normalerweise souverän meistert. Besonders verbreitet sind Panikattacken. Das sind Ängste, die ohne Vorwarnung kommen und oft an Stellen auftreten, die mit dem Problem des Betroffenen keineswegs in Verbindung stehen (vgl. Wolf 2009).

**Panikattacken** Eine Panikattacke ist ein Angstanfall, der Betroffene wie aus heiterem Himmel überfällt. Dieser Angstanfall dauert meist nur kurze Zeit. In der Regel ist er nach 30 min wieder vorbei. Er wirkt extrem bedrohlich auf die Betroffenen und löst das Gefühl aus, nicht mehr Herr über die eigenen Sinne zu sein und die Kontrolle zu verlieren.

Typische Symptome einer Panikattacke sind:

- Herzrasen
- Atemnot
- Übelkeit
- Schwindel
- Schweißausbruch
- Zittern
- Gefühl, die Kontrolle zu verlieren
- Neben sich stehen
- Unwirklichkeitsgefühle
- Angst vor Ohnmacht, Herzinfarkt oder vor Verrücktwerden
- Kribbelgefühle in den Gliedmaßen

Da Symptome einer Panikattacke denen eines Herzinfarkts ähneln, erzeugen sie bei Betroffenen häufig sogar Todesängste. Auch vermuten Betroffene hinter den Symptomen selten Angst. Meist befürchten sie, dass eine schlimme Krankheit dahinter steckt. Eine Panikattacke ähnelt stark der biologischen Notfallreaktion. Sie wird von den Betroffenen als solche allerdings nicht erkannt. Vielmehr wird die an sich ungefährliche Energiebereitstellung des Körpers von den Betroffenen als lebensbedrohlich eingestuft. Das heizt die Panik noch mehr an. Ist die Panikattacke wieder abgeklungen, sind die Betroffenen von nun an in Hab-Acht-Stellung. Sie fürchten sich vor dem nächsten Erlebnis dieser Art und geraten so immer mehr in den Teufelskreis von Angst und Panik. Oft führt das zum Vermeidungsverhalten. Betroffene hoffen, durch das Meiden der Situation, in der die Panikattacke eintrat, einen neuen Angstanfall zu verhindern.

**Beispiel**

Auch der Großkundenverkäufer Uwe K. hatte vor kurzem seine erste Begegnung mit einer Panikattacke. Während einer Autofahrt zu einem seiner wichtigsten Kunden blieb ihm im Tunnel plötzlich die Luft weg. Gleichzeitig wurde ihm übel, und er hatte einen heftigen Schweißausbruch. Bei der nächsten Gelegenheit hielt er an, um an der

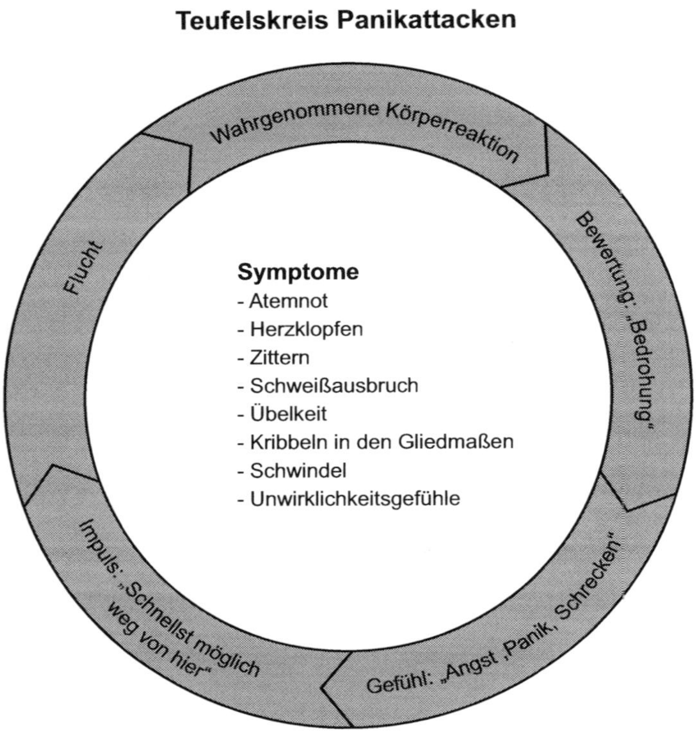


**Abb. 3.16** Teufelskreis Panikattacken. An sich harmlose Stresssymptome können sich zu energiezehrenden Teufelskreisen aufschaukeln

frischen Luft durchatmen zu können. Nach zwanzig Minuten war die Attacke vorüber. Das Gespräch mit dem Kunden lief trotz des kurz zuvor erlebten Schreckens sehr gut. Dennoch ist Uwe K. seit diesem Erlebnis in seinen Grundfesten erschüttert und vertraut seinem Körper nicht mehr. In Zukunft versucht er um jeden Preis Fahrten durch einen Tunnel zu vermeiden. Er nimmt Umwege und Zeitverlust dafür in Kauf – die nächste Panikattacke aber wird an anderer Stelle auftreten.

Manche finden sich nach einer Panikattacke in der Notaufnahme und verlassen diese ohne Befund – verunsichert und ungläubig, dass nichts Schlimmes gefunden wurde.

Panikattacken können in einen Teufelskreis führen, der immer neue Panikattacken erzeugt (Abb. 3.16). Je schneller dieser Teufelskreis durchbrochen wird, umso schneller laufen Panikattacken ins Leere und verschwinden wieder. Abbildung 3.16 zeigt, wie sich zunächst harmlose Stresssymptome aufschaukeln können.

Grundsätzlich gilt: Panikattacken treten verstärkt in Phasen von Erschöpfung auf: Dauerhafte seelische Überforderung führt zu Veränderungen der Hirnchemie, die Panikattacken und Angststörungen begünstigen (vgl. Abb. 3.14). Sie sind Hinweise auf

Überbelastung und die Chance, die augenblickliche Lebenssituation kritisch auf den Prüfstand zu stellen und Korrekturen vorzunehmen. Deshalb sind Panikattacken im Grunde genommen ein Geschenk. Der Organismus zieht die Notbremse und sendet deutliche Signale, bevor Schlimmeres passiert.

**Tabu-Thema „Angst"** Viele von Angst Betroffene wollen ihre Angst um jeden Preis verbergen. Sie befürchten, als geistesgestört abgestempelt zu werden und damit ihre Karriere aufs Spiel zu setzen. Durch gekonnte schauspielerische Leistung und eine perfekte Fassade nach außen lenken Betroffene gezielt von ihrer inneren Verfassung ab. Allzu verständlich, denn zu viel Offenheit kann die Karriere tatsächlich gefährden. Schließlich setzen die meisten Menschen Angst mit Schwäche und persönlichem Versagen gleich. Welcher Chef setzt schon gerne auf einen scheinbar sensiblen und schwachen Menschen? Die Befürchtung, nicht mehr ernst genommen und respektiert zu werden, kostet Betroffene zusätzliche Energie. Um sich selbst zu schützen, versuchen sie deshalb, ihre Symptome um jeden Preis im Berufsalltag zu verbergen. Dadurch verstärken sich die Ängste erst recht.

**Beispiel**

Karl S., sehr zurückhaltend und gewissenhaft, hat einen Großteil seines Arbeitslebens als Sachbearbeiter in einer Behörde verbracht. Aufgrund von Umstrukturierungen und Stellenstreichungen übernimmt er ab jetzt ein umfangreicheres Aufgabengebiet und wechselt in ein anderes Team. Dort herrscht ein frostiges Arbeitsklima, und er erhält nicht die nötige Unterstützung. Ganz im Gegenteil: Er hat das Gefühl, dass die Kollegen ihm absichtlich Informationen vorenthalten. Karl S. fühlt sich deplatziert und leidet. Immer öfter spürt er ein Ziehen in der Herzgegend und steigert sich in einen Herzinfarkt hinein. Der Arzt findet keine organische Ursache und fragt ihn nach Stress. Karl S. ist überrascht und verneint. Er bringt die Symptome in keiner Weise in Zusammenhang mit der beruflichen Misere. Felsenfest ist er überzeugt davon, dass mit seinem Herzen etwas nicht stimmt. Er beharrt auf weiteren Untersuchungen und wechselt den Arzt.

Karl S. leidet in Wirklichkeit unter dem Ausschluss aus dem Team. Er entwickelt körperliche Symptome, hinter denen sich Angst verbirgt. Wenn eine ärztliche Abklärung keinen organischen Befund ergibt, lohnt die Spurensuche im sozialen Umfeld des Betroffenen. Da soziale Ausgrenzung einer der intensivsten Stressoren ist, sind Reaktionen des Organismus hierauf sehr wahrscheinlich. Karl S. fühlt sich dem Team ausgeliefert und sieht keine Möglichkeit, dieser Situation zu entkommen. Sein Dilemma drückt sich körperlich aus.

Häufig verbergen sich Ängste hinter körperlichen Symptomen. Betroffene zeigen sich deshalb überrascht, wenn der Arzt von Angsterkrankung spricht und therapeutische Begleitung vorschlägt. Schließlich sind sie wegen körperlichen Symptomen zu ihm gekommen. In Wirklichkeit liegt der Ursprung ihrer Symptome im Verborgenen. Der Stressdetektiv (Abb. 3.17) hilft, den Ursprung von Konflikten und Störungen aufzuspüren. Er zeigt den Ansatzpunkt für Lösungen auf. Der Ursprung kann sowohl im Berufli-

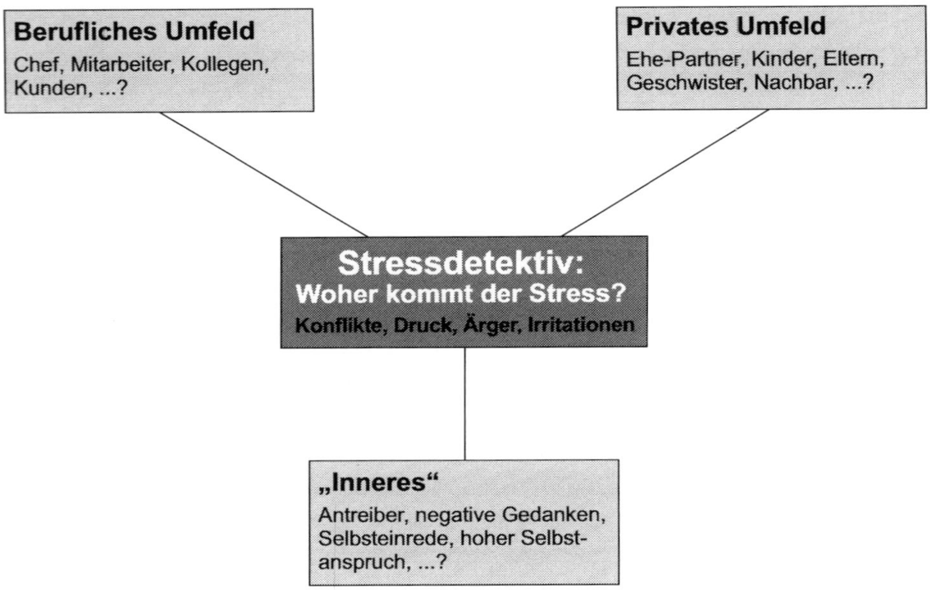


**Abb. 3.17** Der Stressdetektiv. Häufig liegt der Ursprung körperlicher Symptome im Verborgenen. Wenn dieser beseitigt ist, können die Symptome wieder verschwinden

chen, Privaten oder im Inneren der Person liegen. Häufig liegt er in der Verflechtung der unterschiedlichen Bereiche.

Im Laufe von Coaching oder Therapie wird Betroffenen oft klar, dass hinter der Angst ein handfester Konflikt steckt. Angst ist stets ein Hinweis auf nicht erfüllte Bedürfnisse. Im Fall von Karl S. wird das Bedürfnis nach Zugehörigkeit untergraben, eines der elementarsten menschlichen Grundbedürfnisse. Seine körperlichen Symptome machen ihn auf diesen Missstand aufmerksam und fordern eine Lösung der Situation. Angst hat auch immer ihren Sinn und Nutzen. Im Übrigen sind Menschen sogar manchmal bereit, für ein Angsterlebnis Geld zu zahlen, wie z. B. beim Bungee-Springen. Hier wird Angst mit einem positiven Kick verbunden. Angst enthält grundsätzlich auch positive Aspekte:

- Angst schützt vor schlimmen Folgen.
- Angst zeigt Grenzen auf.
- Angst weist auf unerfüllte Grundbedürfnisse hin.
- Angst ist eine wertvolle Rückmeldung des Organismus.
- Angst fordert zu Lösungen für eine unbefriedigende Situation auf.
- Angst verschafft einen positiven Kick.

### Volkskrankheit Stressdepression

Dauerstress und hohe Ausschüttungen des Stresshormons Kortisol stören das psychische Gleichgewicht und gefährden die psychische Gesundheit. Dieser Zusammenhang ist wissenschaftlich gut belegt. Dauerstress überfordert das Gehirn. Biochemische Prozesse lassen Nervenzellen verkümmern oder absterben, sie verändern die Struktur des Gehirns. Das kann depressiv machen. Laut Weltgesundheitsorganisation (WHO) wird die Volkskrankheit Depression im Jahr in den nächsten Jahren stetig zunehmen. Vermehrte psychosoziale Anforderungen erzeugen emotionalen Stress. Wenn sich Tag für Tag neue Spannungen aufbauen, die Betroffene nicht ausreichend abbauen können, kippt das seelische Gleichgewicht irgendwann und die Psyche reagiert: Der Mensch entwickelt eine Depression. Professor Benkert nennt diese Form der Depression die „Stressdepression" (vgl. Benkert 2009). Sie ist eine Reaktion des Organismus auf lang anhaltende und nicht kontrollierbare Belastungen.

## 3.5.2.5 Denk- und Gedächtnisstörungen

Unter langanhaltendem und intensivem Stress leiden auch Denk- und Gedächtnisfunktionen. Ein klarer Kopf ist eines der wichtigsten Arbeitsmittel in der heutigen Berufswelt. Deshalb sind Denk- und Gedächtnisstörungen so gefürchtet. In vielen Fällen sind diese harmlos. Vergesslichkeit ist ein typisches Symptom für Menschen unter chronischem Stress. Dauerhafter und intensiver Stress wirkt sich deutlich auf das Denkvermögen aus. Das Gehirn ist unter intensivem Stress anfällig für Fehler bei der Speicherung und dem Abrufen von Informationen: Denkblockaden und Vergesslichkeit sind die Folge (Abb. 3.18). Im Zusammenhang mit Stress sind diese Erscheinungen also unbedenklich.

Schon kleine Denkaussetzer führen oft zu großer Sorge. Man sucht verzweifelt den Schlüssel oder die Brille. Oder beim Besuch eines Kunden ist der Name der vertrauten Empfangsdame wie aus dem Gedächtnis gelöscht und stimmt peinlich. Die Unterlagen für die Präsentation lagen doch gestern noch auf dem Schreibtisch – heute sind sie nicht mehr auffindbar. Wo liegen sie nun?

Auch der Blackout bei der Präsentation oder im Bewerbungsgespräch gehört dazu: Zahlreiche Berufstätige erleben solche oder ähnliche Situationen tagtäglich und fragen sich, ob es noch mit rechten Dingen zugeht. Viele machen sich sogar ernsthafte Sorgen, ob sie noch zurechnungsfähig sind. Einige befürchten beginnende Demenz oder Alzheimer. In den meisten Fällen ist diese Angst unbegründet, denn für die Aussetzer gibt es eine logische Erklärung. Außerdem lassen sie sich auch wieder abstellen.

Dauerstress ist für das Gehirn so energiezehrend wie ein Marathonlauf für den Körper. Wie der Körper, so benötigt auch das Gehirn nach großen Strapazen ausreichend lange Erholungspausen. Leider kommen diese im betriebsamen Alltag oft zu kurz. Besonders unter Dauerbelastung und Hektik sind Denkaussetzer und Vergesslichkeit keine Seltenheit, denn die Speicherkapazität des Gehirns ist irgendwann erschöpft. Zudem richtet das menschliche Hirn unter Stress den Fokus bevorzugt auf Bedrohliches. So geraten scheinbar nebensächliche Aktivitäten wie eine Brille oder den Schlüssel ablegen in den Hintergrund

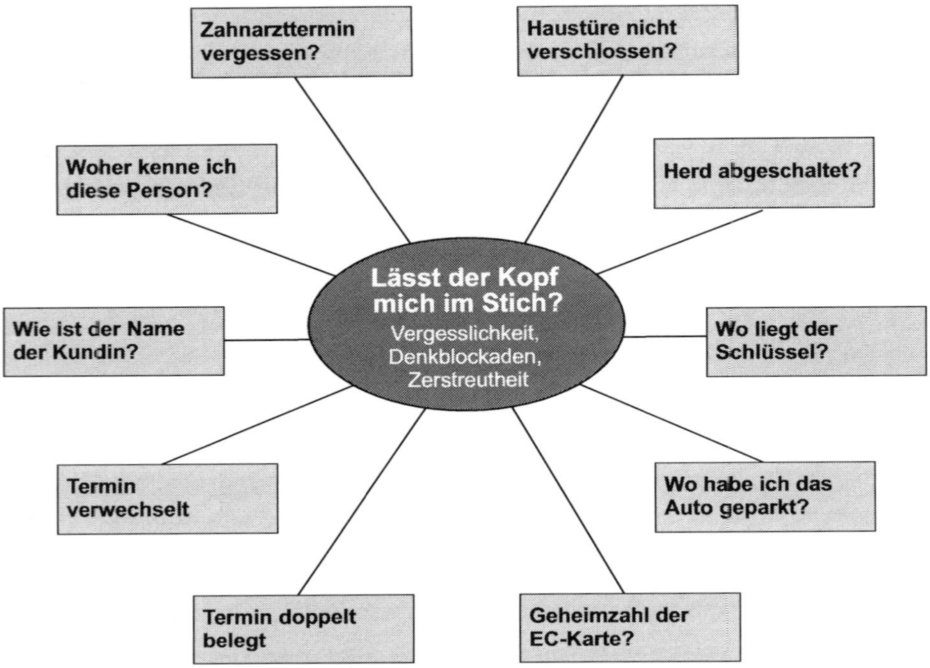


**Abb. 3.18** Lässt der Kopf mich im Stich? Vergesslichkeit, Zerstreutheit und Denkblockaden sind häufige Folgen von Dauerstress

und werden automatisch erledigt. Für das Gehirn hat das einen klaren Vorteil: Das ist energiesparend.

Nahezu jeder Gestresste kennt diese Phänomene und ist mitunter schon ins Grübeln gekommen, ob diese noch normal oder bereits der Hinweis aufbeginnenden geistigen Abbau sind. Unter Stress speichert das menschliche Hirn Informationen anders ab als im entspannten Zustand. Das erklärt Denkaussetzer und Vergesslichkeit. Die gute Nachricht: Meist schon nach kurzer Zeit (ca. nach einer Minute) sind entfallene Begriffe wieder wie von selbst abrufbar. Abgesehen von Stress können auch Schlafmangel, Depressionen, Flüssigkeitsmangel oder Unterzuckerung Gründe für Einschränkungen der Gedächtnisfähigkeit sein. Treten Vergesslichkeit und Denkblockaden häufig auf und geben Anlass zur Sorge, sollte man die Ursachen auf jeden Fall ärztlich abklären lassen (vgl. Stern 2009).

**Digitale Demenz** Neurologen in Korea berichteten 2007 zum ersten Mal von einem auffälligen Trend: In der Zielgruppe 20–30-Jähriger klagen immer mehr Personen über ein nachlassendes Gedächtnis, nachlassende Konzentrationsfähigkeit, Abgeschlagenheit und Schwierigkeiten beim Lesen von Texten. Die Neurologen bringen dieses Phänomen mit den Auswirkungen des digitalen Zeitalters in Verbindung und nennen es „digitale Demenz“. Das ist nicht als medizinische Diagnose zu verstehen. Da Berufstätige von heute wichtige Informationen, Termine und Telefonnummern in ihren PC, Laptop oder in das Smartphone einspeichern, kann die Merkfähigkeit zunehmend verkümmern.

Digitale Medien nehmen dem Geist immer mehr Arbeit ab. Der Ulmer Psychiater Manfred Spitzer behauptet sogar, dass digitale Medien dumm machen können. Er beruft sich dabei auf mehrere Studien und beschreibt in seinem Buch „Digitale Demenz“ Auswirkungen und Gefahren digitaler Medien (vgl. Spitzer 2012). Anstatt Informationen zu durchdringen, werden diese heute schnell im Internet gegoogelt, wobei sie laut Spitzer dadurch weniger gut im Gehirn abgespeichert werden. Spitzer glaubt, dass intensive Nutzung des Internets frühzeitig zu Symptomen von Demenz führen kann. Dabei unterscheidet er allerdings nicht zwischen den verschiedenen Arten der Internetnutzung: Ob man die Zeit am Computer mit Spielen oder mit sinnvollen Aktivitäten wie Informationssuche oder sogar Lernprogrammen nutzt.

Die mangelnde Unterscheidung macht die Aussage Spitzers in dieser extremen Form fragwürdig. Dennoch gilt: Das Gehirn funktioniert ähnlich wie ein Muskel. Wenn der Muskel nicht mehr gebraucht wird, verkümmert er. Merkt man sich keine Zahlen und Namen mehr, dann verkümmert die Merkfähigkeit. Gleichwohl fordern und fördern digitale Medien wiederum andere Fertigkeiten. Schon mit den vielen Funktionen eines Geräts zurechtzukommen, fordert die intensive gedankliche Auseinandersetzung mit dem Gerät.

Da digitale Medien Teil der modernen Kommunikationskultur sind und grundsätzlich das Leben erleichtern, geht es nicht um die Entscheidung, ob man diese nun grundsätzlich bejaht oder ablehnt. Die entscheidende Frage ist, wie man diese nutzt. Dafür ist jeder Mensch persönlich verantwortlich. Spitzers Diskussion ist eine gute Gelegenheit, sich mit dem Thema bewusst auseinanderzusetzen und für sich selbst einen klaren und angemessenen Weg zu finden.

#### 3.5.2.6 Atemrhythmus

Atmen ist ein unbewusster, automatischer Vorgang, der durch das vegetative Nervensystem gesteuert wird. Richtiges Atmen beruhigt den Organismus. Körper und Seele kommen im gleichmäßigen Atemrhythmus zur Ruhe. Auch das Herz-Kreislauf-System profitiert von richtiger Atmung. Ein Erwachsener atmet durchschnittlich 20.000 Mal pro Tag. Mit jedem Atemzug gelangt Sauerstoff in die Lunge und wird von dort über das Blut auf alle Organe im Körper verteilt. Nur wenn genügend Sauerstoff in die Organe gelangt, können sie optimal funktionieren.

Unter Stress atmen Menschen falsch: Sie atmen zu flach, zu hektisch und halten die Luft an. So kann der Organismus weniger Sauerstoff aufnehmen und in Folge auch die Organe nicht mehr ausreichend damit versorgen. Diese bringen dann nicht ihre volle Leistung. Müdigkeit, Kreislauf- und Schlafstörungen können grundsätzlich auch mit falscher Atmung zusammenhängen. Da Atmung unbewusst und automatisch abläuft, merken die meisten Menschen selbst nicht, dass sie zu kurz und zu flach atmen. Wer Dauerstress oder lang anhaltenden Belastungen ausgesetzt ist, sollte bewusst auf seine Atmung achten. Experten sind sich einig, dass richtiges Atmen Angst und Stress abmildern kann.

#### 3.5.2.7 Muskeln und Skelettsystem

Berufstätige verbringen heute einen Großteil ihrer Arbeit sitzend vor dem Bildschirm und leiden häufig unter chronischen Rückenschmerzen oder Nackenverspannungen. Doch nicht nur mangelnde Bewegung, sondern auch Termindruck und Hektik, schlechtes Betriebsklima und emotionaler Stress im Job drücken auf die Wirbelsäule und führen zu Rückenleiden. Wer ständig seelisch angespannt ist und die Anspannung nicht mehr abbauen kann, ist irgendwann verspannt. Besonders Arbeitnehmer, die sich dauerhaft überfordert fühlen, zu viel arbeiten, in Zwickmühlen feststecken, sich über mangelnde Wertschätzung grämen oder auch im Privatleben starkem Stress ausgesetzt sind, reagieren oft mit Rückenbeschwerden oder Schulter-Nacken-Verspannungen. Muskel- und Skeletterkrankungen gehören zu den häufigsten Gründen für Fehlzeiten im Betrieb. Wer sich nur wenig bewegt, bringt die Muskulatur zum Erschlaffen. 18 % der Frühverrentungen gehen auf das Konto von chronischen Rückenschmerzen. Ein Teil davon ist auf seelische Dauerbelastungen zurückzuführen, die sich in Rückenleiden niederschlagen.

#### 3.5.2.8 Herz-Kreislauf-System

Zu Beginn des 20. Jahrhunderts kannte man den Herzinfarkt in der Medizin nicht. Heute steht der Herzinfarkt an der Spitze der Todesfallstatistik. Ein Hauptgrund ist zunehmender Druck und Stress in Kombination mit einseitigen und bewegungsarmen Belastungen bei der Arbeit. Auch Rauchen und die Ernährung spielen eine wesentliche Rolle. Durch dauerhafte Überforderung und Bewegungsmangel kommt es zur vermehrten Ausschüttung von Stresshormonen. Dadurch steigt der Blutdruck an und das Herz ist überdurchschnittlich gefordert (vgl. Abb. 3.14).

Die Auswirkung von Gefühlen auf die Herzgesundheit wurde in den letzten Jahren medizinisch erforscht. Es besteht nachweislich ein Zusammenhang zwischen negativen Gefühlen und Herzerkrankungen. Negative Gedanken, Ängste, Zeitdruck und Hetze haben Einfluss auf Erkrankungen des Herzens und des Gefäßsystems. Im Gegenzug beeinflussen positive Gedanken Herz und Kreislauf positiv.

Chronischer Stress kann neben Blutdruckschwankungen auch Herzrhythmusstörungen zur Folge haben. Sie beeinträchtigen die Befindlichkeit Betroffener enorm. Der unregelmäßige Herzschlag tritt dabei in den Fokus der Aufmerksamkeit und beunruhigt Betroffene von nun an fortwährend. Menschen, die beruflich und/oder privat viele, oft auch widersprüchliche Anforderungen erfüllen müssen, sind besonders betroffen. Sie klagen häufig über Erschöpfungszustände in Verbindung mit Ängsten, Schlaf- und Kreislaufstörungen, unregelmäßigem Blutdruck, schnellem Puls und Herzklopfen. Das menschliche Herz ist ein sehr empfindliches Organ und reagiert stark auf Ängste.

**Beispiel**

Gregor J., Außendienstmitarbeiter in einer Softwarefirma, berichtet von beschleunigtem Puls und Herzklopfen, besonders in stressigen Situationen mit Kunden oder seiner Exfrau, von der er seit einem Jahr getrennt lebt. Die seiner Meinung nach überzogenen Unterhaltsansprüche und ständige Streitereien bringen ihn aus dem Gleichgewicht. Die ärztlichen Befunde sind unauffällig. Sein Bluthochdruck ist seit Jahren gut eingestellt. Gregor J. empfindet die wahrgenommenen Symptome als sehr irritierend. Sie schränken ihn im Arbeitsalltag ein. Immer öfter spürt er, wie sein Herz bis zum Hals pocht.

Auch wenn sich bei Gregor J. noch keine organische Ursache für sein Herzklopfen finden lässt, kann es ein Vorbote für eine spätere Herzerkrankung sein. Gregor J. kann jetzt noch rechtzeitig gegensteuern. Er sollte die körperlichen Vorboten ernst und seine Gesundheit selbst in die Hand nehmen.

#### 3.5.2.9 Ab wann ist Stress gesundheitsschädlich?

**Macht Stress grundsätzlich krank?** Stress an sich macht noch nicht krank. Der Organismus ist anpassungsfähig und kann auch lange kompensieren. Zudem reagiert jeder Mensch unterschiedlich stark und schnell auf Stress. Neben genetischen Faktoren spielen frühe Kindheitserfahrungen eine wichtige Rolle. Je früher und intensiver der menschliche Organismus mit Stress in Kontakt gekommen ist, umso schneller und stärker springt er später auf Stress an. Der Grundstein für Stressanfälligkeit wird bereits im Mutterleib gelegt. Über die Stresshormonachse der Mutter gelangen Stresshormone in den Kreislauf des Ungeborenen und greifen in die Reifung des Gehirns ein. Dieser Eingriff ist folgenreich und wirkt lebenslänglich. Die betroffene Person hat ein erhöhtes Risiko für eine spätere Stresserkrankung (vgl. Unger und Kleinschmidt 2007).

**Bewegungsmangel – Stressenergie staut sich im Körper an**

Die durch Stress erzeugte körperliche Erregung kann sich nicht mehr wie früher durch die Kampf- oder Fluchtreaktion direkt entladen. Die aufgebaute Stressenergie (Adrenalin, Kortisol, Fette, Zucker) verbleibt somit im Körper und richtet Schaden an. Im Berufsalltag gilt es Wut, Ärger und Enttäuschung zu unterdrücken, um zusätzlichen Stress zu vermeiden. Einen Kunden, Mitarbeiter oder Chef körperlich anzugreifen, um die Stressenergie direkt wieder loszuwerden, würde den Arbeitsplatz kosten. Viele Berufstätige nutzen ihre Freizeit zu wenig, um die im Berufsalltag aufgebaute Stressenergie abzubauen. So kann diese im Körper Schaden anrichten.

**Chronische „Stressbaustellen" und Belastungen**

Viele berufliche und private Stressauslöser bleiben über lange Zeit bestehen und erzeugen oftmals Zwickmühlen, die besonders energieraubend sind. Bei Mehrfachbelastungen fehlt häufig die Zeit für Erholung und Entspannung, das dichte Tagesprogramm lässt kaum Verschnaufpausen zu. Kränkungen und Konflikte bei der Arbeit verletzen zudem das Bedürfnis nach Anerkennung und Zugehörigkeit.

Auch unsichere Beschäftigungsverhältnisse und das Gefühl, jederzeit austauschbar zu sein, belasten dauerhaft. Arbeit als Rennen ohne Ende führt dazu, dass Betroffene sich ständig innerlich aufgekratzt und angetrieben fühlen. In der Folge können sie nicht mehr abschalten und grübeln oft auch nachts über Unerledigtes oder Ungelöstes. Schlafstörungen wiederum schwächen das Immunsystem und begünstigen weitere Erkrankungen.

Aber auch Großraumbüros mit hohem Lärmpegel oder Arbeit bei Neonlicht setzen vielen Berufstätigen tagtäglich zu. Gesellen sich dazu noch private Belastungen wie pflegebedürftige Eltern, finanzielle Probleme, Streit oder Sorgen mit dem Ehepartner oder den Kindern, dann läuft das Fass irgendwann über: Stressdosis und Stressdauer haben das Gummiband dauerhaft überdehnt – die Person entwickelt eine Stresserkrankung.

**Stress außer Kontrolle** Besonders negativ wirken Situationen, die außer Kontrolle geraten. Alle Bewältigungsversuche schlagen fehl oder die nötigen Mittel für die Bewältigung fehlen. Immer deutlicher spüren Betroffene dann, dass sie den Stress nicht in den Griff bekommen. Anfängliche Angst und Aufregung schaukeln sich hoch und schlagen erst in Wut und Verzweiflung, dann in Ohnmacht und Hilflosigkeit um. Die Person ist überzeugt: „Ich kann sowieso nichts ausrichten". Am Ende stehen oft Selbstzweifel und die Zerstörung des Selbstvertrauens. Häufen sich derartige Situationen, dann steigt die Wahrscheinlichkeit, dass die Gesundheit Schaden nimmt, rapide an (vgl. Hüther 2007, S. 39).

### Ungesunde Bewältigungsversuche

Gesundheitsschädliche Bewältigungsversuche nehmen unter Dauerstress deutlich zu. Ob erhöhter Kaffeekonsum, Rauchen, Alkohol, Medikamente, üppige Ernährung oder der komplette Verzicht aufs Essen: Betroffene versuchen sich damit zu entlasten und verstärken unwissentlich den eigenen Abwärtstrend. Sie beschleunigen damit bereits bestehende Erkrankungen oder erzeugen neue (siehe auch Abb. 4.7).

Heute ist der Job für viele Menschen die Stressquelle Nr. 1 geworden. Berufstätige haben zwar nicht wie früher mit Raubtieren zu kämpfen. Stattdessen sind sie Tag für Tag mit viel unberechenbareren Anforderungen konfrontiert: Zeit- und Termindruck, berufliche und private Konflikte, Kränkungen und Angst um den Arbeitsplatz fordern überdurchschnittlich. Der Organismus beantwortet diese Anforderungen immer wieder mit dem gleichen biologischen Schema wie in Urzeiten: Er löst die energieaufwändige, akute Stressreaktion aus. Je nach Anforderungen passiert das viele Male am Tag. Puls und Blutdruck schnellen immer wieder in die Höhe, der Köper wird permanent von Stresshormonen überflutet.

Ein derartiger Berufsalltag ist energieintensiv und nur verkraftbar, wenn der Berufstätige mit seinen persönlichen Ressourcen gut umgeht. Andernfalls geraten Körperrhythmen aus dem Takt und führen zu einer Kettenreaktion im Organismus, an deren Ende stressbedingte Erkrankungen stehen. Alle ungesunden Bewältigungsversuche sind deshalb kontraproduktiv.

Um dauerhaft gesund und leistungsfähig zu bleiben, benötigt der Mensch eine große Bandbreite ausgleichender Bewältigungsstrategien. Nur so kann er eine kraftvolle Ausgangslage schaffen, von der aus er sich täglich wieder von neuem den beruflichen und privaten Herausforderungen stellen kann (vgl. Kap. 5).

# Literatur

## Bücher

Benkert O (2009) Stressdepression. Beck, München
Hüther G (2007) Biologie der Angst. Vandenhoeck und Ruprecht, Göttingen
Kahler T (1977) Das Manuskript. In: Barnes G et al (eds) Transaktionsanalyse seit Eric Berne, Bd. 2:91–132
Kaluza G (2007) Gelassen und sicher im Stress. Springer, Heidelberg
Lazarus RS (1991) Emotion and Adaptation. Oxford University Press, New York NY
Litzke SM, Schuh H (2007) Stress, Mobbing und Burn-out am Arbeitsplatz. Springer, Heidelberg
Peseschkian N (2009) Lebensfreude statt Stress. Trias, Stuttgart
Rossi EL, Nimmons D (1997) 20 Minuten Pause: Wie Sie seelischen und körperlichen Zusammenbruch verhindern können. Junfermann, Paderborn
Seligman M (1979) Erlernte Hilflosigkeit. Urban und Schwarzenberg, München, Wien, Baltimore
Selye H (1950) The Physiology and Pathology of Exposure to Stress, Acta. Inc. Medical Publishers
Servan-Schreiber D (2006) Die Neue Medizin der Emotionen. Goldmann, München
Spitzer M (2012) Digitale Demenz. Droemer, München
Unger HP, Kleinschmidt C (2007) Bevor der Job krank macht. Kösel, München
Wehrle M (2011) Karriereberatung. Beltz, Weinheim
Wolf D (2009) Ängste verstehen und überwinden. PAL, München
Yerkes RM, Dodson JD (1908) The relation of strength of stimulus to rapidity of habit-formation, Journal of Comparative Neurology and Psychology: 459–482

## Zeitschriftenartikel

Der Spiegel (2008) Das Massenleiden der Moderne – wie sich Stress wirksam bekämpfen lässt, 48:144–152
Der Spiegel Wissen (2011) Das überforderte Ich, 1
Kluin K (2008) Stress. In: Stern – Gesund leben. Volkskrankheit Stress 1:16
Krause A (2011) Grenzlastig. In: health@work. Magazin für Betriebliches Gesundheitsmanagement, 4:14–15
Spiegel der Forschung (2011) Achtsamkeitsmeditation führt in nur acht Wochen zu Veränderungen in der Hirnstruktur, 1:32–33
Stern- Gesund leben (2008) Volkskrankheit Stress,1
Stern – Gesund leben (2009) Fit im Kopf, 3

## Internetquellen

www.online-netzwerk-lernen.de/zitat/zitate-sprueche.htm, 01.02.2002

# Stresssignale erkennen und richtig handeln

# 4

**Zusammenfassung**

Vielfältig und unterschiedlich sind die Gewänder, in denen Stress sich zeigen kann. Das macht eine allgemeingültige Aussage, ab wann Stress gefährlich wird, schwierig. Dennoch gibt es typische Signale, die Betroffene aufhorchen lassen sollten. Für Führungskräfte ist dies in doppelter Hinsicht wichtig: Um Stress bei sich selbst zu erkennen – aber auch um Stresssignale bei den eigenen Mitarbeitern zu erkennen und rechtzeitig einzugreifen. Neben organischen Erkrankungen hat Stress häufig auch Funktionsstörungen zur Folge: Betroffene leiden an Symptomen, die ohne klaren ärztlichen Befund bleiben. Häufig liegen die Ursachen im seelischen Bereich. Dabei kommen Arbeitsdruck und Störungen in der Zusammenarbeit ebenso in Frage wie private Konflikte oder übertriebener innerer Druck. Funktionsstörungen sind inzwischen weit verbreitet und stehen im Zusammenhang mit Angsterkrankungen und Depressionen. Dauerstress hat seinen Preis: Nicht selten führt er zu ernsthaften chronischen Erkrankungen oder mündet schleichend ins Burnout-Syndrom.

## 4.1 Stresssignale

Mit Hilfe des Stresstests (Abb. 4.1) können Sie erkennen, wie hoch ihr derzeitiges Stressrisiko ist.

**Auswertung**

**0–4 Punkte:**

Sie haben Ihren Stress gut im Griff – bis auf wenige Ausnahmen. Insgesamt sind Sie ausgeglichen und leistungsfähig. Achten Sie darauf, dass Sie weiterhin in diesem guten Zustand bleiben.

M. Mainka-Riedel, *Stressmanagement – Stabil trotz Gegenwind*,
DOI 10.1007/978-3-658-00931-1_4, © Springer Fachmedien Wiesbaden 2013

| Selbsttest: Wie gestresst bin ich? | |
|---|---|
| ☐ | Ich habe weniger Kraft und Elan als sonst. |
| ☐ | Ich verliere zunehmend die Lust, private Unternehmungen zu machen. Mir reichen Kontakte über die sozialen Netzwerke. |
| ☐ | Ich kann mich nicht mehr zu Sport, Hobbies oder kulturellen Aktivitäten aufraffen. Fühle mich nach der Arbeit oft müde. |
| ☐ | Ich leide unter Verspannungen, Kopfschmerzen, Magen-Darm-Beschwerden, häufigen Infekten oder Ohrgeräuschen. |
| ☐ | Ich kann nicht mehr so gut abschalten wie früher – oft beschäftigt mich Unerledigtes, auch nachts. |
| ☐ | Ich bemerke immer wieder Stimmungsschwankungen oder fühle mich aufgekratzt. |
| ☐ | Ich bin tagsüber manchmal müde und habe Konzentrationsstörungen. |
| ☐ | Ich mache mehr Fehler als sonst. |
| ☐ | Ich fühle mich schnell überfordert, wenn Unvorhergesehenes dazwischen kommt. |
| ☐ | An manchen Tagen wächst mir die Arbeit über den Kopf, im Allgemeinen funktioniere ich aber im Berufsalltag noch ganz gut. |
| ☐ | Nach dem Wochenende habe ich oft das Gefühl, dass ich nicht richtig erholt bin. |
| ☐ | Ich schwitze öfter als sonst. |
| ☐ | Mir ist oft schwindlig. |
| ☐ | Mir ist manchmal körperlich unwohl. |
| ☐ | Ich bin gereizter und ungeduldiger als sonst. |
| ☐ | In der Freizeit flüchte ich mich ins Internet, um abschalten zu können. |

**Abb. 4.1** Stresstest. Mit Hilfe des Stresstests können Sie herausfinden, wie hoch Ihr derzeitiges Stressniveau ist

**5–8 Punkte:**
Ihre Ausgeglichenheit lässt immer öfter zu wünschen übrig. Ergreifen Sie zügig Gegenmaßnahmen, damit körperliche und psychische Beschwerden sich nicht weiter ausbreiten und zu einer stressbedingten Erkrankung führen.

**Über 8 Punkte:**
Sie sind bereits deutlich überlastet und benötigen dringend ausgleichende Strategien. Planen Sie Ihre Freizeit bewusst so, dass Sie ausreichend regenerieren. Wie konnten Sie früher gut regenerieren? Knüpfen Sie an diese Kraftquellen wieder an. Gönnen Sie sich eventuell eine längere Auszeit, um wieder aufzutanken. Vielleicht gibt es auch ungelöste Konflikte, die an Ihren Kräften zehren? Diese gilt es zügig anzugehen und zu klären. Nur, wenn Sie regelmäßig abschalten und entspannen, können Sie sich täglich den Anforderungen aufs Neue stellen. Ansonsten laufen Sie Gefahr, auf Dauer auszubrennen.

▶ Egal, wie hoch Ihre Punktezahl ausgefallen ist: Bei körperlichen Symptomen oder Unwohlsein ist grundsätzlich ärztliche Abklärung erforderlich.

Wenn es der Seele gut geht, ist der Körper gesünder. Wenn es der Seele schlecht geht, dann geht es auch dem Körper schlecht. Vielfältig sind die körperlichen und seelischen Leiden, die dem Stress entspringen können. Auch wenn man sich selbst gut kennt und auftretende Symptome auf Stress zurückführt gilt: Bei länger andauerndem allgemeinen Unwohlsein oder wahrgenommenen Störungen wie Schwindel, Verspannungen, Kopfschmerzen, Magen-Darm-Beschwerden ist der Gang zum Arzt unabdingbar. Dieser überweist gegebenenfalls an den Facharzt. Alles auf den Stress zu schieben oder Symptome einfach zu ignorieren, kann die eigene Gesundheit kosten. Krankheiten bleiben dadurch unbehandelt und können sich ausweiten oder zusätzliche Krankheiten nach sich ziehen.

So kann im Einzelfall auch eine Schilddrüsenerkrankung die Ursache für innere Unruhe oder seelische Verstimmungen sein. Der Arzt verschreibt dann Schilddrüsenhormone – die Symptome verschwinden wieder. Ein Magengeschwür kann die Ursache für Übelkeit sein, eine Speiseröhrenentzündung die Ursache für das Brennen hinter dem Brustbein, Bluthochdruck die Ursache für Schwindel sein. Selbstbehandlungsversuche ohne ärztliche Begleitung können schief gehen und das Krankheitsbild verschlimmern. Stress ist an vielen Erkrankungen mitbeteiligt oder kann diese auslösen – das gilt es ernst zu nehmen und in die kompetenten Hände eines Arztes zu legen.

## 4.2 Gesundheitliche Folgen von chronischem Stress

Wie bei einer Kette bei zu viel Zug zuerst das schwächste Glied reißt, so gibt es auch in jedem Organismus eine Stelle, die unter chronischem Stress als erstes Schaden nimmt. Von dort aus kann es dann zu einer Kettenreaktion im Organismus kommen, die andere Organe in Mitleidenschaft zieht. Stress greift somit immer den ganzen Menschen an. Er kann sich auf alle Organe auswirken, denn Menschen reagieren stets unterschiedlich auf Belastungssituationen. Während die eine Person mit Muskelverspannungen reagiert, reagiert die andere mit Herz-Kreislauferkrankungen, Verdauungsstörungen, Hautirritationen oder psychischen Beschwerden. Jeder Mensch hat seine Schwachstelle, die unter Stress bevorzugt anspringt und zu Symptomen führt (vgl. Stern 2008).

### 4.2.1 Psychosomatische Erkrankungen

Krankheiten, an denen Stress maßgeblich beteiligt ist, nennt man psychosomatische Erkrankungen. Diese haben ihren Ursprung in der Wechselbeziehung von Körper und Seele. Man unterscheidet zwei Formen psychosomatischer Erkrankungen, die sich manchmal schwer voneinander abgrenzen lassen. Auf der einen Seite stehen organische Erkrankungen mit psychischem Anteil. Konkret: Der Arzt stellt eine organische Erkrankung fest, die durch die Psyche beeinflusst ist. Auf der anderen Seite gibt es die weit verbreiteten Funktionsstörungen, auch somatoforme Störungen genannt. Hier verspürt die betroffene Person

Symptome, für die sich kein organischer Befund finden lässt. Sie verursachen aber dennoch unangenehme Beschwerden. Ärzte stehen vor einem Rätsel und können Betroffenen oft nicht die erwünschte Hilfe anbieten. Häufig wird der Patient auch als Hypochonder eingestuft und nicht ernst genommen.

### 4.2.2 Krank mit Befund

Es gibt zahlreiche organische Erkrankungen, an deren Entstehung psychische Faktoren maßgeblich beteiligt sind. Dabei gehen dem Ausbruch dieser Erkrankungen oftmals lange Phasen von intensivem Stress voraus. Sie kommen also nicht aus heiterem Himmel, obwohl Betroffene das durchaus persönlich so empfinden können. Erst im Nachhinein wird oft klar, dass es einen Zusammenhang zwischen dem Ausbruch der Krankheit und Stress gibt.

Stress kann sowohl der Auslöser für organische Krankheiten mit psychischem Anteil sein oder diese mitbedingen. Abbildung 4.2 gibt einen Überblick über die wichtigsten Erkrankungen, an denen Stress mit beteiligt ist.

Für die meisten Betroffenen ist die Diagnose einer organischen Erkrankung zunächst ein Schock, der verarbeitet werden muss. Sie müssen lernen, sich auf die Krankheit einzustellen und mit ihr zu leben. In vielen Fällen müssen lebenslang Medikamente eingenommen werden, was zunächst Überwindung kosten mag. Gleichzeitig ermöglichen Medikamente oft ein beschwerdefreies Leben und schützen vor weiteren Erkrankungen – insbesondere, wenn sie gleichzeitig mit Änderungen des ungesunden Lebensstils einhergehen. Somit bleiben Leistungsfähigkeit und Lebensqualität weitgehend erhalten.

### 4.2.3 Krank ohne Befund

Viele Patienten, die sich wegen körperlicher Beschwerden beim Hausarzt vorstellen, gehen ohne Befund nach Hause. Die Beschwerden aber bleiben. Gerade, weil sich kein organischer Befund feststellen lässt, werden die Unannehmlichkeiten und Leiden der von Funktionsstörungen Betroffenen von Ärzten häufig unterschätzt. Es handelt sich hierbei keineswegs um eingebildete Symptome. Die Beschwerden sind tatsächlich vorhanden und für die Betroffenen sehr belastend.

Wer wiederholt die Diagnose erhält: „Sie haben nichts" oder „Sie bilden sich das bloß ein", geht immer wieder leer aus und bleibt auf seinen Beschwerden sitzen. Die Symptome verstärken sich sogar: Das Ziehen in der Herzgegend, das Stechen im Kopf, die Übelkeit, die Kurzatmigkeit sind immer deutlicher zu spüren. Ständiger Leidensdruck und der Wunsch, endlich davon befreit zu werden, treiben die Betroffenen von Arzt zu Arzt. Sie hoffen immer wieder aufs Neue, endlich einen organischen Befund und damit ein Rezept gegen die Beschwerden zu bekommen. In ihrer Verzweiflung geraten Betroffene dann auf der Suche nach Alternativen nicht selten an dubiose Heiler, die ihnen Abhilfe versprechen und viel Geld dafür fordern.

| Mögliche Krankheitsfolgen von Dauerstress | |
|---|---|
| **Gehirn** | Einschränkung von Gedächtnis und Denkvermögen<br>Panikattacken, Angst- und Suchterkrankungen, Depression<br>Migräne<br>Hirninfarkt |
| **Auge** | erhöhter Augeninnendruck |
| **Ohr** | Ohrgeräusche, Tinnitus, Hörsturz |
| **Zähne** | Zahnerkrankungen: Lockerung der Zähne durch nächtliches Zähneknirschen, Zahnfleischentzündungen |
| **Herz-Kreislauf** | Chronischer Bluthochdruck<br>Herz-Rhythmus-Störungen<br>Herzinfarkt |
| **Muskulatur** | Kopf- und Nackenschmerzen, Kieferverspannungen, Rückenschmerzen<br>Weichteilrheuma |
| **Verdauungs-organe** | Verdauungsstörungen: Übelkeit, Sodbrennen, Reizmagen, Reizdarm, Gastritis |
| **Stoffwechsel** | Erhöhter Blutzuckerspiegel/Diabetes<br>Erhöhter Cholesterinspiegel |
| **Immunsystem** | Geschwächte Abwehr: häufige Infekte, Infektionen<br>Tumorwachstum<br>Überreaktionen: Allergien, Autoimmunerkrankungen wie z.B. Morbus Crohn, (chronische Dünndarmentzündung), ColitisUlcerosa (chronische Dickdarm-entzündung), Rheuma |
| **Haut** | Neurodermitis, Herpes, Hautausschläge |
| **Schmerz** | Erhöhtes Schmerzempfinden |
| **Sexualität** | Impotenz, Libidoverlust, Unfruchtbarkeit |

**Abb. 4.2** Mögliche Krankheitsfolgen von Dauerstress. Nach Kaluza (2011). Stress greift bevorzugt die individuellen Schwachstellen des Menschen an

Bei genauerer Betrachtung liegen die Ursachen für funktionelle Beschwerden oftmals im persönlichen Bereich und im sozialen Umfeld des Betroffenen (vgl. Abb. 3.17). Sie können zu erheblichen Einschränkungen im Berufsleben, in der Familie und in der Freizeitgestaltung führen. Meist drücken sie zudem auf die Stimmung. Parallel dazu können sich Angststörungen oder Depressionen entwickeln. Typische funktionelle Beschwerden sind:

- Schmerzen
- Ohrgeräusche
- funktionelle Herzbeschwerden
- funktionelle Ober- oder Unterbauchbeschwerden,
- funktionelle Atmungsbeschwerden
- Blasenbeschwerden
- Schwindel
- Schluckbeschwerden

Die Beschwerden können einzeln, in Kombination oder wechselnd auftreten. Fast jeder Mensch kennt aus eigener Erfahrung solche Symptome. Oft vergehen diese wieder wie von selbst. Erst wenn sie über einen längeren Zeitraum anhalten und das Leben der Betroffenen beeinträchtigen, dann spricht man von einer Funktionsstörung. Diese kann chronisch werden. Jeder Achte ist inzwischen davon betroffen.

Typischerweise nehmen Betroffene normale körperliche Vorgänge wie Herzrhythmus, Atmung und Verdauung verstärkt wahr und deuten diese als Anzeichen einer körperlichen Erkrankung. Der Grund dafür ist häufig, dass das Nervensystem aufgrund starker Beanspruchung übersensibel reagiert. Infolgedessen beobachten Betroffene sich nun übergenau, um weitere Anzeichen für eine Erkrankung zu entdecken. Viele glauben sogar, sich schonen zu müssen und verzichten auf Bewegung. Damit verschlechtern sie ihre Beschwerden, und ihr Aktionsradius schränkt sich immer mehr ein.

Funktionsstörungen liefern wichtige Hinweise darauf, dass Betroffenen etwas fehlt. Sie sind eine Art Störungsmeldung. Bei genauerer Betrachtung stellt sich heraus, dass das Leben gegen die inneren Werte und Überzeugungen, das Durcharbeiten in den letzten Monaten oder ein Konflikt zu Entgleisungen der Körperrhythmen und zum Ausbruch der Symptome geführt hat. Der Organismus wehrt sich gegen etwas, was ihm Unbehagen bereitet und drückt das über körperliche Symptome aus. Eigentlich möchte er mitteilen:

- *„Mir fehlt …“*
- *„Ich brauche …“*
- *„Ein wichtiges Bedürfnis, das gerade zu kurz kommt, ist …“*
- *„Ich möchte endlich wieder …“*

Werden diese Mitteilungen ernst genommen und umgesetzt, können die Symptome in vielen Fällen wieder verschwinden. Das setzt allerdings voraus, dass der Mensch sich aktiv an der Lösung beteiligt. Eine Veränderung des Lebensstils benötigt Disziplin und Ausdauer.

Wenn körperliche Schmerzen ohne Befund bleiben und den Alltag immer mehr dominieren, sollten Betroffene sich an einen psychosomatisch geschulten Mediziner wenden. Dieser kennt den Zusammenhang von Seele und Körper und ist bei Funktionsstörungen die richtige Adresse.

## 4.3 Das Burnout-Syndrom

### 4.3.1 Modebegriff oder medizinische Diagnose?

#### 4.3.1.1 Definition und Abgrenzung zur Depression

Ursprünglich kommt der Begriff Burnout aus dem Englischen und bedeutet Ausbrennen. Burnout bezeichnet einen Zustand körperlicher, seelischer und geistiger Erschöpfung als

Reaktion des Organismus auf dauerhafte berufliche und/oder private Überlastung. Einem Burnout-Syndrom gehen in der Regel lang anhaltende Phasen von Stress und Überlastung voraus. Betroffene fühlen sich diesen nicht mehr gewachsen und verzweifeln daran.

Der Psychoanalytiker Herbert J. Freudenberger beschrieb 1975 zum ersten Mal das Burnout-Syndrom. Freudenberger hatte bei sich selbst und bei ehemals engagierten Mitarbeitern in sozialen Einrichtungen beobachtet, dass diese nach einer gewissen Zeit körperlich, seelisch und geistig erschöpft waren. Der Fokus richtete sich zunächst auf die Gruppe helfender Berufe. Seine Kollegin Christine Maslach übertrug den Begriff auch auf andere Berufsgruppen.

Erst in den letzten Jahren und durch die Erkrankung Prominenter aus Politik, Wirtschaft und Sport hat der Begriff Burnout Einzug in die Öffentlichkeit gehalten. Nahezu alle Medien liefern regelmäßig mehr oder weniger fundierte Beiträge zu dem Thema. So ist der Begriff Burnout inzwischen in aller Munde und hat bereits inflationären Charakter. Der saloppe Umgang mit dem Begriff macht ihn zur Massenware. Dies erschwert die seriöse Abgrenzung zwischen lockerer Modefloskel und ernster Diagnose.

Vielerorts wird der Begriff auch für kurzfristige Phasen von Überarbeitung oder Leistungsschwäche verwendet. Fast jeder kennt Schlafstörungen, einen Durchhänger, kleine Denkaussetzer, schlechte Stimmung und Reizbarkeit aus dem normalen Leben. Das gehört zum Berufsalltag eines modernen Menschen einfach dazu. Die individuellen Grenzen sind hier sehr unterschiedlich und machen die Einschätzung einer Gefährdung schwierig. Die Unterschiedlichkeit und die Überschneidung der Symptome mit denen einer Depression erschweren die Anerkennung von Burnout als Erkrankung. So sind – ähnlich wie bei einer Depression – Antriebslosigkeit, Leistungseinbußen, Gereiztheit, Weinerlichkeit und der Verlust von Selbstvertrauen typische Begleitsymptome einer Erschöpfung. Noch immer also ist ein Burnout keine anerkannte medizinische Diagnose und läuft unter dem Begriff „depressive Episode".

#### 4.3.1.2 Burnout als Ritterkreuz?

Ist die Diskussion um den Begriff Burnout oder Depression nur Haarspalterei? In der Praxis zeigt sich: Der Begriff Burnout lässt sich leichter verkaufen – man kann damit unter Umständen sogar Lorbeeren ernten. Der Begriff Burnout ist mittlerweile mit einem gewissen Heldenstatus verknüpft. Depression dagegen wird mit psychischer Labilität und Schwäche verbunden – Merkmale, die sich kein Beschäftigter im Unternehmen auf die Fahne schreiben will. Die Angst vor Stigmatisierung und vor dem freien Fall im Unternehmen ist zu groß. Deswegen wird vorrangig von Burnout gesprochen, obwohl der Unterschied zur Depression gerade in der Endphase eines Burnouts unerheblich ist. Burnout ist gewissermaßen eine Veredelung des Begriffs Depression. Der Begriff suggeriert, dass die betroffene Person vorher für das Unternehmen gebrannt, sich extrem verausgabt und geopfert hat. Überspitzt formuliert: Wer extrem „geschuftet" hat, verdient das Ritterkreuz und nicht den Titel „depressiv".

Dabei beschränkt sich das Burnout-Syndrom nicht mehr nur auf Personen, die im Beruf „gebrannt" haben. Auch Berufstätige, die ihren Job gleichbleibend gut machen, ohne gleich

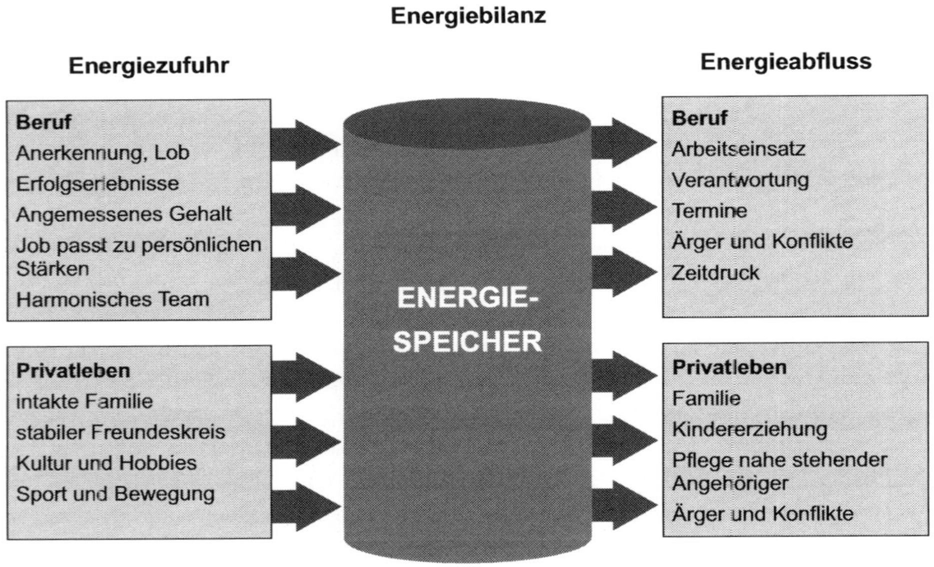


**Abb. 4.3** Energiebilanz. Wo Energie abfließt, muss auch wieder Energie zufließen. Der Energiespeicher muss regelmäßig aufgefüllt werden

zu „brennen", scheitern zunehmend an den täglichen Belastungen. Der Leiter des Burnout-Institutes Hamburg, Matthias Burisch, unterscheidet zwischen „aktiven" und „passiven" Ausbrennern (vgl. Burisch 2005). Während erstere aufgrund hoher innerer Ansprüche und Leistungsorientierung sich selbst ausbrennen, sehen sich „passive" Ausbrenner mit neuen beruflichen Anforderungen konfrontiert, denen sie sich nicht gewachsen fühlen. Auch sind sie laut Burisch nicht selbstbewusst genug, um eigene Ziele zu definieren oder nach Alternativen Ausschau zu halten.

### 4.3.2 Burnout – gestörte Energiebilanz

Alle Systeme in der Natur funktionieren am besten, wenn sie ausbalanciert sind (Abb. 4.3). Dies ist ein Naturprinzip, das auch für den menschlichen Organismus Gültigkeit hat: Auch hier muss die Energiebilanz dauerhaft ausgewogen sein: Wenn Energie aus dem Energietank abgegeben wird, muss auch genügend Energie wieder zurückfließen. Sei es in Form von Erfolgserlebnissen, Wertschätzung und Anerkennung, durch ein harmonisches Privatleben, Hobbies oder sportliche Betätigung, wie Abb. 4.3 verdeutlicht. Jeder Mensch muss mit seiner Energie haushalten.

Regelmäßige Erholungspausen sind eine wichtige Quelle für die Energiezufuhr. Je mehr Energie wieder zugeführt wird, umso mehr Energie kann der Mensch wieder abgeben. Mit der eigenen Energie gut haushalten zu können, ist Voraussetzung für dauerhafte Leistungsfähigkeit und Erfolg. Menschen, die von einem Burnout betroffen sind, haben über lange Zeit hinweg mehr Energie abgegeben, als wieder in ihren Energiespeicher zurückgeflossen ist. Sie haben durchgearbeitet, auf Pausen verzichtet, familiäre Spannungen ausgetragen, Freunde und Hobbies vernachlässigt. Kurzum: Sie haben sich „leer gepowert" – bis an ihre letzten Reserven.

Wenn natürliche Gesetzmäßigkeiten dauerhaft missachtet werden, führt das irgendwann zum Schaden des Systems. Auf den menschlichen Organismus übertragen, heißt das: Wenn die Energieabgabe dauerhaft höher als die Energiezufuhr ist, kommt es zu einem Energiedefizit im Organismus – der Mensch nimmt Schaden.

Bis zu einer gewissen Grenze kann der Organismus Energiedefizite ausgleichen. Unterhalb dieser Grenze kann es dann kritisch werden. Es gibt allerdings keine exakte Linie dafür. Das macht die Bestimmung eines Burnout-Syndroms auch so schwierig. Unterschreitet ein Mensch dauerhaft die für ihn persönlich kritische Grenze, kann er irgendwann nicht mehr von selbst regenerieren: Er kann den leeren Energiespeicher nicht mehr selbst füllen, sondern benötigt Hilfe von außen.

Nicht immer fällt es leicht, ein Burnout von einer kurzfristigen Überlastungsphase abzugrenzen. Die Symptome gehen oftmals ineinander über. Ein echtes Burnout-Syndrom ist aber viel mehr als nur ein Durchhänger oder ein vorübergehendes Leistungstief. Im Gegensatz zur normalen Müdigkeit nach einer größeren Anstrengung kann sich der Organismus unter einem Burnout-Syndrom nicht mehr auf natürliche Weise regenerieren. Selbst ein mehrwöchiger Urlaub reicht nicht aus, um den leeren Akku aufzuladen. Das unterscheidet ein Burnout-Syndrom auch von einer vorübergehenden Stressphase.

Im Endzustand eines Burnouts ist professionelle Hilfe nötig. Nur sehr wenige schaffen es, diesen Zustand ohne fremde Hilfe zu überwinden. Sie verfügen nicht über die nötige innere Distanz, die Gründe ihres Burnouts zu analysieren und diese abzustellen. Unterstützung erfolgt ambulant oder stationär. Die erste Anlaufstelle ist der Hausarzt. Leider sind viele Hausärzte mit der Symptomatik des Patienten überfordert, da sich in der Regel keine organische Ursache finden lässt.

### 4.3.3 Die Erschöpfungsspirale

Ein Burnout bahnt sich langsam und schleichend an. In den meisten Fällen geht eine lange, stressintensive Phase voraus. Da die Symptome sehr individuell und unterschiedlich sind, gibt es keine eindeutige Beschreibung für den Verlauf eines Burnouts. Dennoch gibt es typische Signale, die den Betroffenen selbst oder sein Umfeld aufhorchen lassen sollten, wie Abb. 4.4 zeigt. Sie können selbst überprüfen, ob bei Ihnen eine Burnout-Gefährdung vorliegt.

**Auswertung/Bewertung:** Je länger und je intensiver einzelne Anzeichen in der Checkliste auf Sie zutreffen, umso deutlicher zeigen sie, dass Sie bereits massiv aus dem Gleichgewicht gekommen sind. Nehmen Sie das nicht auf die leichte Schulter. Ist Ihnen die Arbeit

| Checkliste „Burnout-Gefährdung“ | |
|---|---|
| ☐ | Ich habe immer öfter das Gefühl, „das alles nicht mehr zu schaffen“. |
| ☐ | Ich habe kein Interesse mehr an Personen und Dingen, die mir früher viel bedeutet haben. |
| ☐ | Privatleben, Hobbies, Sport und Kultur sind komplett in den Hintergrund getreten. |
| ☐ | Ich kann schwer einschlafen oder wache mitten in der Nacht auf und fange an, über Unerledigtes zu grübeln. |
| ☐ | Morgens fühle ich mich oft wie gerädert, erschöpft und antriebslos. Mir graut dann vor dem Alltag. |
| ☐ | Meine Leistungsfähigkeit lässt zu wünschen übrig, die Arbeit geht mir immer schwerer von der Hand. |
| ☐ | Ich muss mich täglich für die Arbeit motivieren. Auch scheinbar leichte Aufgaben kosten mich neuerdings viel Überwindung. |
| ☐ | Tagsüber fühle ich mich müde und gleichzeitig innerlich aufgekratzt. |
| ☐ | Ich bin unkonzentriert und oft wie benommen. |
| ☐ | Ich weiß immer öfter nicht mehr, was ich gerade machen wollte - mein Gedächtnis scheint mich im Stich zu lassen. |
| ☐ | Ich starre immer öfter einfach vor mich hin und fühle mich leer. |
| ☐ | Meine Gedanken kreisen nur noch um die Arbeit, ich kann nicht mehr abschalten. |
| ☐ | Ich bekämpfe innere Spannungen und Leere mit exzessivem Sport, Alkohol, Nikotin oder Medikamenten. |
| ☐ | Persönliche Kontakte im Beruf und im Privatleben versuche ich zu vermeiden – sie strengen mich zu sehr an. |
| ☐ | Mir graut davor vor allem. |
| ☐ | Mir ist ständig schwindlig, man Herz rast, und ich schwitze oft. |
| ☐ | Ich habe kein Selbstvertrauen mehr. |
| ☐ | Ich bin nervlich angeschlagen, reizbar ungeduldig, zynisch und ungerecht. |
| ☐ | Ich schreie Kollegen, Mitarbeiter, Kinder oder den Partner manchmal grundlos an. |
| ☐ | Ich nehme Dinge neuerdings sehr persönlich und grübele tagelang darüber – alles geht mir nahe. |
| ☐ | Ich verzichte auf Pausen und einen geregelten Feierabend. Auch an Wochenenden und im Urlaub arbeite ich durch. Oder ich verzichte ganz auf den Urlaub. |
| ☐ | Es gibt immer häufiger Konflikte im Privatleben. Familie oder Freunde machen sich Sorgen um mich oder wenden sich ab. |
| ☐ | Entscheidungen zu treffen, fällt mir immer schwerer. Ich zögere sie hinaus. |
| ☐ | Ich weiß nicht, worauf ich mich noch freuen soll, fühle mich oft niedergeschlagen, bedrückt und traurig – die wenige Freizeit verbringe ich oft vegetierend auf dem Sofa. |
| ☐ | Ich frage mich immer öfter, wozu ich das alles mache. Mir kommt mein Leben so sinnlos vor. |

**Abb. 4.4** Checkliste „Burnout-Gefährdung“. Es gibt typische Signale, die auf ein Burnout-Syndrom hindeuten – vor allem, wenn sie über einen längeren Zeitraum bestehen

über den Kopf gewachsen? Liegen Ihnen der Job oder die Aufgaben nicht? Gibt es im Arbeitsumfeld oder Privatleben erhebliche Spannungen oder Konflikte? Haben Sie existentielle Sorgen? Lastet zu viel Verantwortung auf Ihnen? Haben Sie über lange Zeit pausenlos durchgearbeitet? Je mehr sie den Aussagen in der Checkliste zustimmen, umso erschöpfter sind Sie bereits und benötigen Hilfe. Wenden Sie sich möglichst schnell an Ihren Hausarzt und berichten offen über persönlichen Stress und Ihre Symptome.

#### 4.3.3.1 Stufen des Burnout-Syndroms

Die Symptome von krankhafter Erschöpfung reichen von körperlichen bis zu psychischen Symptomen. Blutdruck- und Pulserhöhungen, Atem- und Herzbeschwerden, Übelkeit, Kopf- und Rückenschmerzen, Verdauungsbeschwerden finden sich ebenso wie Konzentrations- und Gedächtnisstörungen, aggressives Verhalten und depressive Verstimmung. Es gibt eine Reihe von typischen Symptomen und Phasen auf dem Weg in ein Burnout-Syndrom, wie Abb. 4.5 zeigt. Eine einheitliche Beschreibung lässt sich in der Literatur nicht finden. Die Psychiaterin Dagmar Ruhwandl grenzt drei Stufen voneinander ab, die den typischen Verlauf eines Burnouts näher beschreiben, wobei die Übergänge oft fließend sind (vgl. Ruhwandl 2010, S. 28 ff.). Abbildung 4.5 beschreibt drei Stufen der Erschöpfungsspirale.

#### 4.3.3.2 Burnout-Behandlung

Was tun, wenn man merkt, dass man bereits von Erschöpfungssymptomen betroffen ist? Grundsätzlich gilt: Rechtzeitig behandelt hat ein Burnout die besten Heilungschancen. Je früher die Behandlung einsetzt, umso schneller können Betroffene regenerieren und an ihren Arbeitsplatz zurückkehren. Sie ersparen sich damit einen Arbeitsplatzwechsel und zusätzlichen Stress. Nur 10 % der Betroffenen wechseln nach einer erfolgreichen Burnout-Behandlung ihren Job. Basis für die erfolgreiche Behandlung ist eine kompetente Diagnostik durch den Facharzt, in der Regel ein Nervenarzt oder Psychiater. Hausärzte sind angesichts der beschriebenen Symptome oftmals ratlos und leiten immer noch häufig nicht die richtigen Maßnahmen ein. Da hinter einem Burnout-Syndrom auch eine Schilddrüsenerkrankung oder eine Depression stecken kann, die einer medikamentösen Behandlung bedarf, ist fachärztliche Abklärung stets der erste Schritt in der Burnout-Behandlung.

**Behandlungsmethoden** Besonders bewährt haben sich die Verhaltenstherapie und die tiefenpsychologisch fundierte Psychotherapie. Beide Therapiemethoden haben nachweislich gute Erfolgsquoten und werden von den Krankenkassen bezahlt. In den Anfangsphasen des Erschöpfungsprozesses kann ein Coaching sinnvoll sein. Insbesondere, wenn der Grund der Erschöpfung beruflichen Ursprungs ist, kann eine gemeinsame Klärung der Situation mit einem kompetenten Coach sehr hilfreich sein. Es geht in erster Linie darum, einen Schritt zurückzutreten, die Ursachen der Erschöpfung zu ermitteln und Handlungsspielräume für die Praxis des beruflichen und privaten Alltags auszuloten. Letztere werden meist von den Betroffenen selbst nicht mehr wahrgenommen (siehe auch Kap. 5.2).

**Stufen der Erschöpfungsspirale**

<table>
<tr><th>Stufe 1: Erste Anzeichen emotionaler Erschöpfung</th><td rowspan="6">Mögliche begleitende Symptome in allen Phasen können sein:<br><br>Körperliche Symptome<br>- Kopf- und Rückenschmerzen<br>- Muskuläre Verspannungen<br>- Ohrgeräusche<br>- Schwindel<br>- Magenschmerzen<br>- Verdauungsstörungen<br>- Appetitverlust und Gewichtsabnahme<br>- Panikattacken<br>- Herzklopfen und Herz-Rhythmusstörungen<br>- Häufige Infekte<br><br>Denkstörungen<br>- Denkaussetzer<br>- Zerstreutheit<br>- Vergesslichkeit<br>- Konzentrationsstörungen</td></tr>
<tr><td>- Überaktivität und hohes Engagement, Durcharbeiten<br>- Übergehen von Pausen<br>- Vernachlässigung eigener Bedürfnisse<br>- Immer weniger Zeit für Kollegen, Familie und Freunde<br>- Abschalten fällt zunehmend schwer<br>- Schlafstörungen<br>- Mangelnde Regenerationsfähigkeit, Wochenende reicht nicht mehr für Erholung aus<br>- Erster Schwung für die Arbeit lässt nach<br>- Griff zu Entspannungsmitteln wie Alkohol, Kaffee, Nikotin oder Drogen</td></tr>
<tr><th>Stufe 2: Persönlichkeits- und Wesensveränderung</th></tr>
<tr><td>- Reizbarkeit und zunehmende Gleichgültigkeit, verändertes Wesen<br>- Kränkbarkeit und Weinerlichkeit<br>- Reduzierte Kommunikation: Nur noch das Nötigste<br>- Vermeidung von persönlichen Kontakten<br>- Rückzug und Entfremdung von Kollegen<br>- Resignation</td></tr>
<tr><th>Stufe 3: Leistungseinbruch</th></tr>
<tr><td>- Verlust von Selbstvertrauen<br>- Bagatellisieren von Erfolgen, Selbstabwertungen<br>- Gefühl, nicht mehr effektiv zu arbeiten<br>- Versagensgefühle<br>- Selbstzweifel</td></tr>
</table>

**Abb. 4.5** Stufen der Erschöpfungsspirale. Nach Ruhwandl (2010). Erschöpfung läuft in drei Stufen ab, die sich unscharf voneinander abgrenzen lassen

Mit Hilfe eines kompetenten Coachs gelingt es dem Betroffenen, die Opferrolle zu verlassen und die Kontrolle über die Situation wiederzugewinnen. Er wird damit zum Gestalter seines Schicksals, das er selbst beeinflussen kann. Auch, wenn die Arbeitsbedingungen selbst nicht veränderbar sind, gilt es einen optimalen Umgang mit der stressigen Situation zu finden. Ein Coaching ersetzt allerdings nicht den Gang zum Arzt. Es kann begleitend dazu erfolgen.

### 4.3.3.3 Wer ist betroffen?

#### Der Kreis hat sich erweitert

War bisher der Begriff Burnout für Beschäftigte in sozialen Berufen, Führungskräfte und prominente Personen in der Öffentlichkeit reserviert, hat sich der Kreis inzwischen erweitert. Nicht nur überaus engagierte, erfolgswillige und motivierte Führungskräfte sind davon betroffen: Grundsätzlich kann es jede Branche und jede Ebene treffen. Die Zahl der Beschäftigten, die vor der Last des Arbeitspensums oder vor veränderten Arbeitsanforderungen kapitulieren, hat zugenommen. Ob Schichtarbeiter, Leiharbeiter, Sekretärinnen,

Angestellte in öffentlichen Behörden und in der Verwaltung oder Beschäftigte im Handel: das Burnout-Syndrom macht vor keiner Branche und Ebene mehr Halt.

Wer sich permanent den Anforderungen des beruflichen und/oder privaten Alltags nicht mehr gewachsen fühlt, läuft besonders Gefahr auszubrennen. Ist dieses Gefühl mit der Angst vor Arbeits- und Existenzverlust gekoppelt, ist die Gefahr noch höher. Durch konjunkturelle Schwankungen und häufige Umstrukturierungen steigen die Verunsicherung und Leistungsanforderungen. Bei den ersten Überlastungssignalen wie Schlaflosigkeit und Vergesslichkeit setzen dann oft Versagensängste ein: „Oh Gott, nicht noch das, ich bin doch ohnehin schon am Anschlag." Dadurch verschärft sich der Druck für Betroffene noch mehr und verleitet sie zu extra langen Arbeitsschichten, damit die Defizite für die Außenwelt nicht sichtbar werden.

### Leistungseinsatz ohne Würdigung

Sich einer Aufgabe nicht mehr gewachsen zu fühlen, kann verschiedene Ursachen haben. Fehlende Fach- oder Sozialkompetenz, wechselnde Teams und Kollegen, Konflikte am Arbeitsplatz, mangelnde Rückendeckung durch Chef und Kollegen können ebenso zum Ausbrennen führen wie das permanente Unterlaufen eigener Überzeugungen und Werte. Auch die Anzahl der Arbeitsstunden spielt eine große Rolle. Wer durcharbeitet, dem fehlt die nötige Zeit für Regeneration. Er kann auch nicht mehr abschalten. Dadurch gerät der Organismus in ein Energiedefizit, das er irgendwann nicht mehr selbst ausgleichen kann.

Mehrere Studien verdeutlichen, dass die Anzahl an Arbeitsstunden mit dem Risiko an einer Depression zu erkranken korreliert. Ausbleibende Erfolgserlebnisse, mangelnde Wertschätzung und Konflikte im Team verschärfen die Stressbelastung. Wenn Mitarbeiter alles geben und ihre Grenzen dauerhaft überschreiten, erwarten sie insgeheim gebührende Wertschätzung für ihren Arbeitseinsatz: Sei es in Form von Lob, Anerkennung, Beförderung oder auch einer Prämie – wobei sich die zuerst genannten Arten der Wertschätzung oft als wertvollere Prämie erweisen.

**Beispiel**

Annette Z., in einer Unternehmensberatung tätig, neigt dazu, Dinge zu perfekt zu machen und kommt dadurch in Zeitnöte. Grundsätzlich ist sie diejenige, an die sich Mitarbeiter vertrauensvoll mit Fragen wenden, und die als Letzte am Abend das Bürolicht ausknipst. Oft nimmt sie zudem Arbeit mit nach Hause. Doch anstatt ihre Leistung und ihren Einsatz zu würdigen, bittet der Chef sie zum Gespräch und kritisiert ihr Arbeitsverhalten, vor allem die vielen Überstunden, und wirft ihr schlechtes Zeitmanagement vor. Annette Z. ist getroffen und fühlt sich zu Unrecht „getadelt". Am nächsten Tag erleidet sie beim Überarbeiten ihres Zeitplans einen Weinkrampf.

Für Annette Z. bricht eine wichtige Quelle der Energiezufuhr weg: Die Würdigung und Wertschätzung ihrer Arbeit durch den Chef. Das schwächt ihr Selbstvertrauen. Wenn dazu noch andere Energiequellen versagen, kann sie in ein kritisches Energiedefizit geraten und zunehmend erschöpfen.

### Mitarbeiter mit hohem Selbstanspruch

Wer mit einem hohen eigenen Anspruch auf ungünstige Rahmenbedingungen im Berufsalltag trifft, läuft besonders Gefahr, auszubrennen. Ein typisches Beispiel sind Führungskräfte, die ihren Aufstieg ihrer hohen Fachkompetenz verdanken. Sie sind im Führungsalltag oft mit Anforderungen konfrontiert, für die sie keine Lösung haben. Ob Konflikte lösen, Mitarbeiter motivieren, Entscheidungen treffen, delegieren, informieren oder sich mit der Konkurrenz messen: Viele angehende Führungskräfte haben sich den Führungsalltag anders vorgestellt und fühlen sich überfordert. Sie verfügen nicht über die nötigen „soft skills", die sozial-kommunikativen Fähigkeiten. Oder der Schatten des Vorgängers verfolgt sie und belastet die Beziehung zu den Mitarbeitern. Derart überfordert, geraten sie an ihre Grenzen und entwickeln das Gefühl, den Anforderungen des Führungsalltags nicht gewachsen zu sein. Für manche ist das bereits der Beginn der Erschöpfungsspirale.

### 4.3.3.4 Burnout ist ein Zusammenspiel von äußeren und inneren Faktoren

Grundsätzlich gilt: Ein Burnout lässt sich nie auf eine Ursache allein zurückführen. Schwierige Arbeitsbedingungen allein reichen nicht aus, um auszubrennen. Sonst müssten alle Mitarbeiter einer Firma davon betroffen sein. Die Praxis zeigt, dass ein Teil der Mitarbeiter gegen das Burnout-Syndrom immun zu sein scheint. Mit Rücksicht auf Betroffene gilt allerdings: Ungünstige Rahmenbedingungen im Unternehmen wie permanente Umstrukturierungen, hohe Arbeitsdichte, knappes Personal und Konkurrenzkampf begünstigen das Ausbrennen. Als wesentlicher Auslöser gilt dabei eine hohe Arbeitsintensität in Kombination mit geringer Wertschätzung (vgl. Berndt 2008).

### Äußere Ursachen

- Hohe Arbeitsbelastung
- Wenig Anerkennung
- Hohe Zielvorgaben
- Widersprüchliche Anforderungen
- Wenig Entscheidungs- und Handlungsspielraum
- Ungerechte Beurteilungssysteme
- Mangelnde Fairness im Unternehmen
- Rivalität und Konkurrenz
- Konflikte mit Vorgesetzten oder Mitarbeitern
- Mangelnde soziale Unterstützung
- Geringer Verdienst im Verhältnis zum Aufwand (Arbeit ist nichts wert)
- Permanente Umstrukturierungen
- Dünne Personaldecke

| Antreiber und Burnout-Risiko | |
|---|---|
| **Sei perfekt!** | Es ist nie gut genug. Braucht zu lange, findet immer wieder „Fehler". Will fehlerfreie und überdurchschnittliche Ergebnisse erzielen. Arbeit als Rennen ohne Ziellinie. Vollkommenheitsanspruch und Kontrollbedürfnis führen zu chronischer Überarbeitung. |
| **Sei stark!** | Will alles selber machen, kann nicht um Unterstützung bitten. Will keine Schwäche zeigen. Hat kein Vertrauen in die Kompetenz der anderen. Gibt nicht zu, wenn ihm die Dinge über den Kopf wachsen. Gefahr sich zu übernehmen |
| **Mach es allen recht!** | Hohe Selbstverausgabung. Grenzt sich zu wenig ab. Lässt sich häufig unterbrechen, kann Bitten vom Chef, Kollegen oder Kunden nicht abschlagen. Will die Beziehung nicht gefährden. Macht oft die Arbeit anderer mit. Wird dadurch mit der eigenen Arbeit nicht fertig. |
| **Sei schnell!** | Selbstausbrenner, lebt in Dauerhektik. Kommt nicht zur Ruhe. Hohes Erregungsniveau. Braucht ständig einen neuen Stressor. Kann bei nichts verweilen und hat ständig Angst, etwas zu verpassen. |
| **Streng dich an!** | Wenig Ertrag im Verhältnis zum Energieaufwand. Beharrt auf dem eingeschlagenen Weg, auch wenn die Situation einen Kurswechsel erfordert. Macht es sich schwerer als nötig. In der Arbeitsweise oft auch umständlich, was zu Lasten des Zeitkontos geht. Kann Fristen nicht einhalten und gerät dadurch ständig unter Druck. |

**Abb. 4.6** Antreiber und Burnout-Risiko. Alle Antreiber können im Extremfall zum Burnout führen

### Innere Ursachen

- Antreiber und Glaubenssätze
- Mangelndes Abgrenzungsvermögen
- Angst vor Kritik, Ablehnung oder Gesichtsverlust
- Angst vor Arbeitsplatzverlust, Existenzängste
- Versagensängste und Katastrophendenken
- Kritik und Niederlagen persönlich nehmen
- Hohes Verantwortungsgefühl
- Überdurchschnittlicher Ehrgeiz und Erfolgswille

**Antreiber und Glaubenssätze** Die Arbeitsbedingungen allein verursachen also noch kein Burnout-Syndrom. Auch die innere Dynamik der Person muss passen. Oft sind Personen betroffen, die gerne powern und an ihre Grenzen gehen. Sie sind sehr ehrgeizig und möchten etwas bewegen. Dabei scheuen sie sich nicht vor Verantwortung. Auch sind sie bereit, über das normale Maß hinaus Leistung zu bringen. Bei genauerer Betrachtung trifft man auch auf die inneren Antreiber, die im Extremfall in Erschöpfung und Burnout münden können. Abbildung 4.6 verdeutlicht diesen Zusammenhang.

Um Selbstüberforderung und Ausbrennen zu vermeiden, sollten Beschäftigte sich mit den eigenen Antreibern und Glaubenssätzen befassen (Abb. 4.6). So lassen sich ungünstige und energiezehrende Verhaltensweisen am besten korrigieren. Besonders in Phasen von hohen Anforderungen und Überlastung verlieren Betroffene leicht den Blick für sich selbst und geraten dadurch unbemerkt Schritt für Schritt in die Erschöpfung – starke Antreiber begünstigen diesen Prozess (vgl. Spiegel 2011).

**Der Typus: Sei perfekt! – Ich muss alles zu 150 % machen** Dieser Typus scheitert häufig an seinem eigenen Perfektionsdrang. Er ist detailverliebt und arbeitet übergenau – auch dort, wo es nicht nötig oder sogar kontraproduktiv ist. Bei einem Wechsel in eine Führungsposition mündet dies oft zu Gefühlen von Überforderung und Versagensängsten. Führungskräfte mit diesem Antreiber wirken auf ihre Mitarbeiter distanziert, manchmal sogar arrogant und unmenschlich. In der Folge kommt es zu mangelnder gegenseitiger Akzeptanz. Am Ende verliert die Führungskraft, weil sie die eigene Mannschaft nicht hinter sich hat.

**Beispiel**

Kirsten G. wird Chefin der Controlling-Abteilung und ist nun Vorgesetzte ihrer ehemaligen Teamkollegen. Sie sticht durch ihren Ehrgeiz, ihre Zuverlässigkeit und perfekte Arbeitsweise heraus. Wann immer Arbeit ansteht, ist sie sich für nichts zu schade und führt die Anforderungen bestmöglich aus. Kirsten G. ist kinderlos und arbeitet bis spät in die Nacht hinein. In keiner Weise kann sie nachvollziehen, dass ihre Mitarbeiterinnen pünktlich nach Hause gehen wollen, weil sie ihre Kinder abholen müssen. So kommt es immer öfter zu Diskussionen, das kollegiale Miteinander leidet erheblich. Auch die Nachbarabteilungen tuscheln schon über die Spannungen zwischen Kirsten G. und ihrem Team. Zahlreiche Überstunden durch Nachbessern delegierter Aufgaben überfordern Kirsten G. ebenso wie die mangelnde Akzeptanz ihres Führungsstils bei ihren Mitarbeitern. Wo immer möglich, versuchen sie, ihre Vorschläge zu boykottieren. So begegnet sie einer Mitarbeiterin aus ihrem Team im Zimmer ihres direkten Vorgesetzten – beide schweigen betreten, als sie hereinkommt. Kirsten G. hat immer mehr das Gefühl, die Kontrolle über die Abteilung zu verlieren. Das macht ihr richtig Angst. Ein Jahr später erhält Kirsten G. die Diagnose Depression und fällt für mehrere Monate aus.

**Der Typus: Sei stark! – Ich muss das alleine schaffen** Dieser Typus lässt sich ungern unterstützen. Führungskräfte mit diesem Antreiber können nicht gut delegieren. Sie ertrinken in Arbeit, weil sie alles selbst machen wollen. Dabei vergessen sie, dass sinnvolles Delegieren, das sich am Potenzial des Mitarbeiters orientiert, große Wertschätzung und einen Motivationsschub für diesen bedeuten kann und ihnen selbst Freiräume für die eigentlichen Führungsaufgaben öffnet.

**Beispiel**

Reinhold T. ist Leiter der Abteilung Schadensabwicklung in einem Versicherungsunternehmen. Aufgrund von Umstrukturierungen kommt es zu Mehrarbeit und großem

Zeitdruck. Reinhold T. weiß nicht mehr, wie er das schaffen soll, doch Jammern ist nicht sein Ding. Als sein Chef ihn besorgt auf seine dunklen Augenringe anspricht, wiegelt er ab und versichert, dass er alles im Griff habe. Obwohl dringend nötig, wagt er es nicht, um Unterstützung zu bitten. Mangels Vertrauen in andere schafft er es nicht, anstehende Aufgaben an seine Mitarbeiter zu delegieren. Dabei könnte er sie damit sogar motivieren. Stattdessen nimmt er immer öfter Arbeiten mit nach Hause und loggt sich auch am Wochenende in den Firmenrechner ein. Doch die Arbeit will nicht enden. Monate später fängt er plötzlich an zu zittern, ihm wird schwindlig und er muss sich übergeben. Der Arzt diagnostiziert Erschöpfung und nimmt ihn aus dem Rennen.

**Der Typus: Sei schnell! – Ich darf nichts verpassen** Dieser Typus hat es immer eilig. Er verhält sich so, als ob die Zeit ständig davonrennen würde. Muße ist deshalb ein Fremdwort für ihn: Schließlich könnte er etwas verpassen. Personen mit diesem Antreiber „eilen sich krank". Sie laufen ständig auf Hochtouren und kommen nicht in die Entspannungsphase. Häufig überrennen sie andere, übersehen wichtige Details, arbeiten zu oberflächlich und machen Fehler. Diese müssen dann wieder ausgebügelt werden. Das hohe Tempo führt auf Dauer zum Selbstausbrennen.

**Beispiel**

Konrad L. ist Vertriebsspezialist in einem großen Unternehmen. Er ist sehr schnell, „zieht die Dinge durch" und ist stets in viele Projekte gleichzeitig involviert. Neben der Betreuung der Verkäufer ist er für die Ausarbeitung eines Konzepts zur Neukundengewinnung zuständig. Seit der Einführung des neuen Produkts steht er zudem Kunden bei schwierigen Fragen beratend zur Seite. Dazwischen springt er von Meeting zu Meeting. Über die genannten beruflichen Aktivitäten hinaus organisiert und koordiniert er in seinem Heimatort die Veranstaltungen für den Sportverein. Die Familie sieht er selten. Abschalten ist für ihn ein Fremdwort. Nur mit Hilfe von Schlaftabletten findet er noch zur Ruhe. Als Renovierungsarbeiten am Haus anstehen, ist er mit deren Organisation überfordert: Konrad L. weiß nicht, wie er das regeln soll – er hat einen minutenlangen Blackout und wendet sich verängstigt an seinen Arzt. Dieser diagnostiziert ein Erschöpfungssyndrom.

**Typus: Mach es allen recht! – Ich bin für alle und alles verantwortlich** Dieser Typus ist permanent an den Bedürfnissen anderer orientiert und vergisst dabei sich selbst. Zudem führt ein hohes Harmoniebedürfnis zu dem Gefühl, für alle und alles verantwortlich zu sein. Die eigene Beliebtheit wird zum Maßstab für Wohlbefinden und Anerkennung.

**Beispiel**

Leonie Z., Mutter zweier kleiner Kinder, arbeitet in der Buchhaltung. Ihr Job sichert zusätzlich das Einkommen der Familie und fließt in die Finanzierung des Hauskaufs ein. Die Abteilung Buchhaltung ist chaotisch, der Chef unberechenbar. Auch die Teammitglieder sind gegeneinander gestimmt. Frau Z. ist sehr harmoniebedürftig und fühlt sich für alle verantwortlich: Für das Wohl des Chefs, der Kollegen, der Empfangsdame. Stets will sie es allen recht machen. Leonie Z. gerät zunehmend in die Erschöpfung. Ihr Privatleben hat sich längst zur zweiten Arbeitsstelle entwickelt. Aufopfernd kümmert sich Frau Z. nicht nur um ihre eigene Familie, sondern auch um den dementen Schwiegervater, der regelmäßig nachts um Hilfe ruft. Nur ihre eigenen Bedürfnisse bleiben außen vor. Sie fühlt sich zunehmend müde und ausgelaugt. Jeden Morgen muss sie sich von neuem motivieren und Anlauf für den Tag nehmen. Das kannte sie bisher nicht. Selbst der Urlaub hat nicht die gewünschte Erholung gebracht. Im Gegenteil, dort wurde es noch schlimmer. Als dieser vorbei ist, graut Leonie Z. vor der Mühle, die auf sie wartet. Am ersten Arbeitstag nach ihrem Urlaub bricht sie in Tränen aus und „bekommt nichts mehr auf die Reihe". Diagnose: Depression.

**Typus: Streng dich an! – Arbeit muss anstrengend sein** Dieser Typus kann Aufgaben nicht locker angehen. Egal, ob die Aufgabe es erfordert oder nicht, die Devise lautet stets „Streng dich an!" Eine Person mit diesem Antreiber benötigt viel Kraft für die Ausführung ihrer Aufgaben. Was dagegen leicht von der Hand geht, wirkt suspekt und nicht der Rede wert. Steigender Anforderungsdruck führt zu immer noch mehr Anstrengung, die Person kann diesem nicht standhalten und ist irgendwann kraftlos und erschöpft. Dabei wäre manchmal eine andere Strategie hilfreicher.

**Beispiel**

Timo K. ist seit sechs Monaten als Mathematiklehrer an einem Gymnasium tätig. Er ist sehr strebsam und war schon als Schüler bei den Guten. Von Kindesbeinen an war Mathematik seine Leidenschaft – bis er vor einem halben Jahr eine neunte Klasse zugeteilt bekam. Wie sehr er sich auch anstrengt und bemüht, er schafft es nicht, die Klasse zur Kooperation im Unterricht zu bewegen. Die grölenden Jugendlichen scheinen ihn nicht ernst zu nehmen, sie spielen im Unterricht sogar mit ihren Smartphones. Für Timo K. ist das wie eine fremde Welt. Für ihn ist Schule keine Spaßveranstaltung. Wenigstens ein paar Schüler haben das begriffen. Immer mehr hat Timo K. das Gefühl, dass ihm der Unterricht über den Kopf wächst. Neulich baute er auf dem Weg zur Schule sogar einen Unfall. Ihm graut immer mehr vor der Klasse und er findet keinen Lösungsweg. Als er mit der Kritik von Eltern und auch vom Schulleiter konfrontiert wird, wird er immer unsicherer. Zitternd und mit schwacher Stimme steht er vor der Klasse, die Situation wird immer schlimmer. Ein Jahr später ist Leo K. wegen eines Burnouts vorübergehend arbeitsunfähig. Ob er den Beruf des Lehrers, der ihm fachlich wie auf den Leib geschneidert schien, bis zum Rentenalter durchhalten wird?

Egal welcher Antreiber: Betroffene sind oft so verstrickt mit ihm, dass sie die Fähigkeit verlieren, Situationen aus einem gesunden Abstand heraus objektiv und rational zu analysieren und wirklich passende Lösungen zu finden. Timo K. hätte sich zum Beispiel überlegen können, mit welchen Maßnahmen er die Jugendlichen für seinen Unterricht eher hätte gewinnen können. Schließlich ist er als Lehrer auf deren Kooperation angewiesen. Er hätte z. B. auch erfahrene Kollegen um Rat fragen können. Immer mehr Schulen bieten inzwischen die Kollegiale Beratung an, in der Lehrer sich im geschützten Rahmen über Lösungsmöglichkeiten für schwierige Situationen austauschen. Vielleicht ist er auch nicht geeignet für den Lehrerberuf, dann wäre es an der Zeit, sich umzuorientieren.

**Paradoxes Verhalten** In den Anfangsphasen von Erschöpfung nehmen Betroffene Symptome oft nicht wahr oder spielen sie herunter. Erste Hinweise für Erschöpfung wie Müdigkeit, Schlafstörungen und Schwächegefühle werden paradoxerweise nicht mit Auszeit und Erholung beantwortet. So könnten Betroffene wieder zu Kräften kommen. Ganz im Gegenteil: Die Betroffenen versuchen durch verstärkten Einsatz und Verausgabung, durch ein noch höheres Arbeitspensum die bereits gefühlte Schwäche auszugleichen.

Damit beschleunigen sie unbewusst den Erschöpfungsprozess. Aber nicht nur die ersten gesundheitlichen Probleme belasten. Auch das Privatleben wird zunehmend zur Stressquelle. Immer häufiger konfrontieren Familienmitglieder die scheinbar arbeitsbesessene Person mit Vorwürfen wie: „Du bist nur noch für die Arbeit da – für uns interessierst Du dich überhaupt nicht mehr“. Dies belastet den Betroffenen zusätzlich.

**Selbstschädigende Abwehrstrategien** Da das Abschalten unter Dauerstress immer schwerer gelingt, greifen Betroffene gerne zu ungünstigen und ungesunden Strategien. Abbildung 4.7 beschreibt, zu welchen Bewältigungsstrategien Dauergestresste greifen.

Die genannten Strategien beschleunigen den Abwärtstrend. Sie schwächen den Organismus zusätzlich und scheinen stärker zu sein als der gesunde Menschenverstand.

Dennoch haben Betroffene gute Gründe für ihr Verhalten: Sie kämpfen um Sicherheit, Anerkennung und Zugehörigkeit (vgl. Abb. 4.3). Dafür setzen sie unbewusst ihre Gesundheit aufs Spiel. Nach Dr. Gunther Schmidt, Psychotherapeut und Leiter der Systelios Klinik, können Loyalitätsprozesse mit der Ursprungsfamilie eine Erschöpfung begünstigen und verstärken. Betroffene möchten „es“ endlich schaffen, sie möchten gut genug sein und die Anerkennung bekommen, die ihnen in der Kindheit verwehrt wurde (vgl. Schmidt et al. 2010). Diese Prozesse laufen unterschwellig ab und sind dem Betroffenen meist nicht bewusst. Eine von Leistungsorientierung geprägte Kindheit scheint zu begünstigen, dass Menschen im späteren Leben rücksichtslos gegen sich selbst vorgehen. Betroffene wollen es überdurchschnittlich gut machen und stürzen von einer Aufgabe zur nächsten. An Leistung geknüpfte Zuwendung in der Kindheit führt häufig zu mangelndem Selbstwertgefühl und gesundheitsschädlichen Ausgleichsstrategien im späteren Leben. Dazu gehört Arbeitssucht ebenso wie Perfektionismus und das Gefühl, es stets allen recht machen zu müssen.

**Abhängigkeit vom Urteil anderer** Burnout-Prozesse haben ihren Ursprung stets an der Schnittstelle von Mensch zu Mensch. Der Ausfall eines Computers führt noch lange

**Abb. 4.7** Ungesunde Verhaltensweisen bei Dauerstress. Durch ungesunde Bewältigungsstrategien verstärken Betroffene den Stress

nicht zum Burnout, auch wenn EDV-Probleme häufige Stressauslöser sind. Viel gravierender sind Ärger und Enttäuschungen, die man erlebt mit dem Chef, mit Kollegen, mit Kunden, mit der Familie und Freunden. Sie treffen den Menschen in seinem Selbstwertgefühl. Menschen mit einem hohen Anerkennungs- und Leistungsmotiv (siehe Abb. 6.2) sind besonders gefährdet, da sie sich zu sehr vom Urteil anderer abhängig machen. Ein starkes Selbstwertgefühl, eine gewisse Unabhängigkeit vom Urteil anderer, eigene Standfestigkeit und ein stabiles persönliches Wertesystem sind wirksame Puffer gegen ein Burnout-Syndrom.

**Angst vor dem Abstieg** Eine Welt, die Menschen suggeriert, dass jeder seines eigenen Glückes Schmied ist, spornt einige Berufstätige dazu an, sich auf dem Weg zu diesem vermeintlichen Glück bis zum Umfallen zu verausgaben. Sie verordnen sich selbst lange Arbeitszeiten, machen wenig Pausen, sind immer und überall zu erreichen. Die Angst vor dem Abstieg findet man auf allen Hierarchieebenen in allen Betrieben. Auch Selbstständige sind davon betroffen. Die Berufswelt ist unberechenbarer geworden. Bereits erworbene Positionen sind nicht mehr selbstverständlich für das weitere Arbeitsleben garantiert, sie müssen ständig neu verteidigt werden.

**Abspalten von Gefühlen** Für Burnout-gefährdete Menschen ist es oftmals typisch, dass sie ihre Gefühle abspalten und dort Ja sagen, wo sie innerlich eigentlich Nein sagen möchten. Sie vertreten ihren inneren Standpunkt zu wenig nach außen. Das kann bereits bei der Berufswahl beginnen, wenn diese auf die Wünsche der Eltern ausgerichtet ist und eigenen Vorlieben und Interessen zuwider läuft. Der permanente Widerspruch zwischen Gefühl und gefordertem Verhalten schwächt die Gesundheit besonders. Anforderungen im Berufsleben stehen nicht selten im Widerspruch zu eigenen Werten und Überzeugungen. Wenn die Diskrepanz zu groß ist, hat das oft Folgen.

**Beispiel**

Der Geschäftsführer Willi S. berichtet über den Grund seines Burnouts: „Ich konnte nicht mehr in den Spiegel schauen, nachdem ich einen Teil meiner Mitarbeiter entlassen musste. Das bin nicht ich. Ich hatte nie beabsichtigt, meinen Mitarbeitern das anzutun. Insbesondere das Entlassungsgespräch, bei dem mir ein Sportkamerad gegenübersaß, werde ich mir nie verzeihen können. Es verfolgt mich gedanklich überall hin. Ich schäme mich sogar dafür".

Wer im Job massiv gegen eigene Gefühle und Werte verstoßen muss, hat ein höheres Burnout-Risiko. Die Entlassung von Mitarbeitern lässt sich nicht einfach abhaken wie das Tagesgeschäft. Es ist mehr als eine Routineangelegenheit. Entlassungen sind mit Schicksalen und Emotionen verknüpft, die unterschwellig nachwirken. Gefühlsbetonte Menschen wie Willi S. leiden besonders darunter.

#### 4.3.3.5 Zwickmühlen als Burnout-Fallen

Zwischen allen von einem Burnout Betroffenen gibt es eine gemeinsame Schnittstelle: Sie fühlen sich gefangen in einer Falle oder Zwickmühle, aus der sie gerne fliehen möchten. Doch sie wissen nicht wie. Ein Ausstieg oder Neubeginn scheint unmöglich oder unbezahlbar hoch. Oftmals bestehen finanzielle Abhängigkeiten und Verpflichtungen – oder man möchte den Aufstieg nicht verpassen. Auch Loyalitäten gegenüber dem Chef oder Teamkollegen können eine Rolle spielen. Deswegen verharren Betroffene in der Zwickmühle, auch wenn sie darunter sehr leiden (vgl. Schmidt et al. 2010).

Dauern Hilflosigkeitsgefühle über einen langen Zeitraum an, ist die Gefahr des Ausbrennens besonders hoch. Zudem ist es typisch für Dauergestresste, dass sie keine Kraft mehr haben, wichtige Entscheidungen zu treffen. Dafür müssten sie einen Schritt zurücktreten, innehalten und ihre Situation in Ruhe reflektieren. Aber auch diejenigen, die sich überlegen, was sie verändern können, kommen häufig zu dem Schluss, dass aufgrund finanzieller Verpflichtungen oder altersbedingt der Weg der Kündigung ausscheidet. Sie fühlen sich der Situation ohnmächtig ausgeliefert und beginnen zu resignieren. So geraten sie immer mehr in die Opferrolle.

Die Coaching-Praxis zeigt: Es gibt typische Situationen, die im Berufsalltag zu Zwickmühlen führen und Betroffene viel Energie kosten (Abb. 4.8). Vom Burnout Betroffene

| Zwickmühlenklassiker |
| --- |
| Ein Mitarbeiter übernimmt nach der Umstrukturierung ein neues Aufgabengebiet, dem er sich nicht gewachsen fühlt. Sowohl Umfang als auch Art der Arbeit überfordern ihn. |
| Ein Abteilungsleiter soll die chaotische Abteilung des Vorgängers in Griff bekommen und weiß nicht, wie er das schaffen soll. |
| Eine Chefin im mittleren Management hat ein hohes Aufgabenpensum zu erfüllen und gleichzeitig wenig Entscheidungsspielraum. Trifft sie eigenständig Entscheidungen, fällt ihr der Chef stets in den Rücken. |
| Eine Führungskraft im mittleren Management muss unrealistische Zielvorgaben an ihre Mitarbeiter weiterreichen, obwohl sie diese weder selbst akzeptieren noch verantworten kann. Ihre Mitarbeiter sind bereits am Anschlag, sie fühlt mit ihnen mit. |
| Eine Führungskraft muss einen depressiven und/oder in der Leistungsfähigkeit eingeschränkten Mitarbeiter „mitschleppen", obwohl dieser das Team ausbremst. |
| Eine Mitarbeiterin im Verkauf/Kundenkontakt merkt, dass sie zu dünnhäutig und sensibel für diese Aufgabe ist. Nach Reklamationen und Konfliktgesprächen mit dem Kunden hat sie tagelang Albträume. |
| Ein Vertriebsmitarbeiter mit stark ausgeprägtem Perfektionismusmuster braucht ein Vielfaches an Zeit für seine Aufgaben und schafft seine Umsatzziele nicht. Der Job passt nicht zu ihm. |
| Einer Führungskraft fehlt Gefühl und Sozialkompetenz für die Führungsaufgabe. Die Mitarbeiter reagieren mit Motivationsverlust und „Dienst nach Vorschrift". Er findet kein Rezept dagegen. |
| Eine Mitarbeiterin erhält während der Umstrukturierung die Kündigung, obwohl sie sich über alle Maßen eingesetzt und verausgabt hat. |
| Eine Personalmanagerin muss Mitarbeiter entlassen. Dies kollidiert massiv mit ihren inneren Werten.Ihre Emotionen unterdrückt sie. |
| Eine Krankenschwester möchte sich intensiv ihren Patienten widmen. Nach der Privatisierung der Klinik und Stellenstreichungen muss sie um ein Vielfaches mehr leisten und hat keine Zeit mehr für ihre Patienten. |
| Ein Bankmitarbeiter muss Produkte an seine Kunden verkaufen, die er selbst nie kaufen würde. Sie sind risikobehaftet. Zielvorgaben von oben zwingen ihn zum Verkauf dieser Produkte. |

**Abb. 4.8** Zwickmühlenklassiker. Die Zwickmühlenklassiker beschreiben typische Situationen aus der Berufspraxis, die ein Ausbrennen begünstigen

berichten immer wieder von Situationen, die sich vom Wesen her ähneln. Abbildung 4.8 beschreibt Zwickmühlenklassiker.

Egal, in welcher Konstellation: Zwickmühlen sind energiezehrend, da sie ein Ausbalancieren widersprüchlicher Erwartungen erfordern.

Wie sollen Betroffene nun aber mit einer Zwickmühle umgehen, ohne gesundheitlichen Schaden davon zu tragen? Zunächst gilt es die Situation genau zu analysieren und nach möglichen Spiel- und Freiräumen zu forschen. Häufig sind diese Betroffenen nicht bewusst. In vielen Fällen hilft ein vorwurfs- und angriffsfrei formuliertes Feedback an den Chef, um erste kleine Änderungen zu bewirken. In der Praxis finden Feedback-Gespräche nach oben leider viel zu selten statt. Andererseits berichten Chefs in Führungstraining immer wieder, dass sie sich mehr Eigeninitiative ihrer Mitarbeiter wünschen und für Feedbacks dankbar sind. Wenn möglich, sollte man also das Gespräch mit seinem Vorgesetzten suchen. Dabei kommt es vor allem auf das „Wie" an.

Da die Beziehung Chef-Mitarbeiter eine besondere Beziehung ist, sollten solche Gespräche im Vorfeld gut vorbereitet und mehrmals im Kopf durchgespielt werden. Auf keinen Fall sollten diese mit erhitztem Gemüt geführt werden. Eine Nacht darüber zu schlafen und den nötigen Abstand zu gewinnen, verhindert im akuten Konfliktfall, dass man seine Worte im Nachhinein bereut. Wer mit klarem Kopf, gut durchdachten Ideen und eigenen Lösungsvorschlägen beim Chef anklopft und diese respektvoll und klar formulieren kann, hat stets die besten Karten. Die Coaching-Praxis zeigt, dass hier viel Übungsbedarf besteht.

#### 4.3.3.6 Sandwichposition als Dauerausbrenner

Die meisten Chefs haben selbst wieder einen Chef über sich und werden von diesem beurteilt und befördert. Druck von oben beeinflusst den Umgang mit den eigenen Mitarbeitern. Viele Führungskräfte in der Sandwichposition geben diesen Druck ungefiltert an die Mitarbeiter weiter, selbst wenn sie Sinn und Realisierbarkeit der Vorgaben anzweifeln. Dabei stoßen sie nicht selten auf Ablehnung – wie im Eingangsbeispiel von Ludwig S., dessen Verkäufer rebellieren und innerlich kündigen.

Führungskräfte in der Sandwichposition handeln keineswegs aus böser Absicht. Vielmehr möchten sie die Vorgaben von oben perfekt erfüllen und ihren Job gut machen. Schließlich sind sie in erster Linie Ergebnisverantwortliche. Andererseits müssen und möchten sie häufig auch ihren Mitarbeitern gerecht werden. Dabei geraten sie nicht selten in ein Dilemma. Wer als mittlerer Manager erfolgreich sein will, ist auf eine fachlich kompetente und motivierte Mannschaft angewiesen, die am selben Strang zieht.

Dort, wo Mitarbeiter innerlich rebellieren und Dienst nach Vorschrift machen, stoßen mittlere Manager oftmals an ihre Grenzen. Das Erreichen der vorgegebenen Ziele ist so in Gefahr. Wie kommt es aber nun zu Demotivation und Dienst- nach-Vorschrift-Mentalität? Aus Sicht der Mitarbeiter setzt sich der eigene Chef nicht genug für sie ein, übernimmt unkritisch unrealistische Zielvorgaben von oben und berücksichtigt zu wenig deren Belange. Oder sie verstehen Sinn und Zweck der Aufgaben nicht, weil zu wenig darüber kommuniziert wird. Oftmals fehlt die Zeit für regelmäßigen Austausch und Klärungsgespräche, das soziale Miteinander leidet. Rituale, die das Team und den Chef zusammenschweißen, kommen im Alltagsstress oft zu kurz und begünstigen Misstrauen und Motivationsverlust. Dabei wären sie für das Klima so wichtig.

Nicht selten beklagen sich unzufriedene Mitarbeiter nicht direkt beim eigenen Chef, sondern eine Ebene darüber und gefährden damit das Image des mittleren Managers. In vielen Fällen bekommen sie sogar Recht. In der Folge wird der eigene Chef von oben „getadelt" und zurechtgewiesen (Abb. 4.9) mit fataler Auswirkung. Dieser verliert damit Respekt und sein Gesicht – in Zukunft wird er nicht mehr ernst genommen. Das ist eine massive Kränkung, die nicht selten Anlass für das Aufsuchen eines Coachs ist.

Wer als Chef in der Sandwichposition derartige Situationen wiederholt erlebt, ist besonders gefährdet auszubrennen, da er sich im Stich gelassen und ausgeliefert fühlt. Ohnmachtsgefühle und die Einstellung „Ich kann sowieso nichts ausrichten" gewinnen

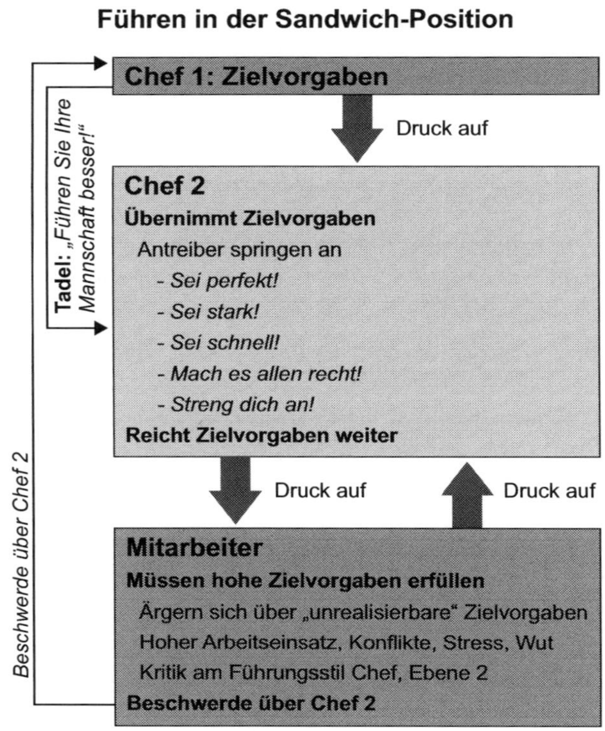


**Abb. 4.9** Führen in der Sandwichposition. Druck von oben und von unten kann zur Überforderung führen

die Oberhand. So wird der Stress zur unkontrollierbaren Belastung und schwächt die Gesundheit. Abbildung 4.9 verdeutlicht, in welchem Dilemma sich Führungskräfte in der Sandwichposition häufig befinden.

Es ist der Schutz, die Rückendeckung von oben, die im entscheidenden Moment oft ausbleibt und das Fass zum Überlaufen bringt. Meist geschieht dies nicht aus böser Absicht, sondern unreflektiert. Oft gerät der obere Chef dabei selbst in eine Zwickmühle und ergreift fälschlicherweise Partei. Nur durch regelmäßige Kommunikation, durch offenen Austausch nach oben und nach unten, durch klare und verbindliche Absprachen von Aufgaben, Kompetenzen und Verantwortlichkeiten, lässt sich Führung in der Sandwichposition gut bewältigen.

Insbesondere gilt es unrealisierbare Vorgaben in Zielvereinbarungsgesprächen mutig zu hinterfragen und die eigene Sichtweise mit überzeugenden Argumenten zu belegen. Welche Tatsachen sprechen gegen die Vorgabe? Unter welchen Umständen nur wäre sie zu erreichen? Welche Ressourcen werden benötigt? Was bleibt auf der Strecke? Was ist der Preis? Der mittlere Manager kann hier einen wichtigen Denkanstoß nach oben liefern. In vielen Fällen gelingt es, hier Korrekturen vorzunehmen und damit sich selbst und das eigene Team zu schützen. Häufig sind obere Führungskräfte nicht genug im Bild über die

Situation auf den unteren Ebenen. Zudem stehen sie selbst unter großem Druck. Umso wichtiger ist die Kommunikation zwischen mittlerem Manager und oberer Führungskraft.

#### 4.3.3.7 Der Chef in der Schlüsselposition

Stressbedingte Erkrankungen bis hin zum Burnout-Syndrom werden in Zukunft noch zunehmen. Dabei stehen Führungskräfte besonders in der Verantwortung. Sie sitzen an einem wichtigen Schalthebel: Sowohl bei der der Prävention stressbedingter Erkrankungen als auch beim Erkennen der Symptome. Studien belegen: In einer Führungskultur, die von Wertschätzung und Respekt gekennzeichnet ist, gibt es deutlich weniger Fälle krankhafter Erschöpfung. Führungsverhalten und Führungsstil beeinflussen wesentlich die körperliche und seelische Gesundheit der Mitarbeiter. Menschen sind soziale Wesen und beziehen ihren Selbstwert aus dem Kontakt zu anderen Menschen. Ist dieser Kontakt gestört, leidet das Selbstwertgefühl.

Die Beziehung zum Chef ist für Mitarbeiter stets eine besondere Beziehung. Schließlich sitzt dieser am längeren Hebel. Er beurteilt und bewertet den Mitarbeiter, beeinflusst dessen Karriere. Das Verhalten des Chefs kann weitreichende Folgen für die Zukunft des Mitarbeiters haben. Dies macht die Beziehung Chef-Mitarbeiter so sensibel. So wird der Chef zum zentralen Faktor für Gesundheit, Motivation und Leistungsfähigkeit seiner Mitarbeiter (siehe auch Kap. 6.3).

Für Führungskräfte ist eine Aufklärung über Stress und dessen Folgen in dreifacher Hinsicht wichtig. Erstens, um sich selbst vor Stress und Überforderung zu schützen. Zweitens, um durch einen angemessenen Führungsstil Stress gering zu halten. Und drittens, um Stresssignale bei den Mitarbeitern rechtzeitig zu erkennen und zügig eingreifen zu können. Dies gilt vor allem dann, wenn der Mitarbeiter sich ständig selbst überfordert und gefährdet. Das rechtzeitige Eingreifen ist Teil der Führungsverantwortung und gehört zur Fürsorgepflicht des Chefs.

Ein guter Chef erkennt, wann er zum Schutze des Mitarbeiters und dessen Kollegen handeln muss. Die Erfahrung zeigt, dass Führungskräfte oftmals zu spät eingreifen. Nicht aus Desinteresse, sondern weil im Arbeitsalltag oft der direkte Kontakt zu den eigenen Mitarbeitern fehlt und/oder Überlastungssignale nicht rechtzeitig bemerkt werden. Oft macht erst ein Kollegenhinweis auf die Situation aufmerksam. In einigen Fällen können von Überlastung Betroffene die eigene Schwäche sehr gut kaschieren. Dies kann so weit gehen, dass das Umfeld völlig überrascht ist, wenn Betroffene plötzlich ausfallen.

In den meisten Fällen aber sind Vorgesetzte selbst unsicher und stehen vor ungelösten Fragen. Hat der Mitarbeiter vielleicht nur ein vorübergehendes Leistungstief? Sind die Gefühlsschwankungen des Mitarbeiters noch normal oder schon Ausdruck einer psychischen Erkrankung? Wie finde ich die richtigen Worte, um den Mitarbeiter nicht vor den Kopf zu stoßen? Besteht hier nicht die Gefahr, eine Lawine los zu treten und Schuld auf sich zu ziehen, wenn Schlimmeres passiert? Wie reagiere ich, wenn der Mitarbeiter das wahrgenommene Verhalten abstreitet? Wie weit soll die Hilfe für den Mitarbeiter gehen? Diese oder ähnliche Fragen beschäftigen Chefs, wenn sie mit dem Thema „auffälliger Mit-

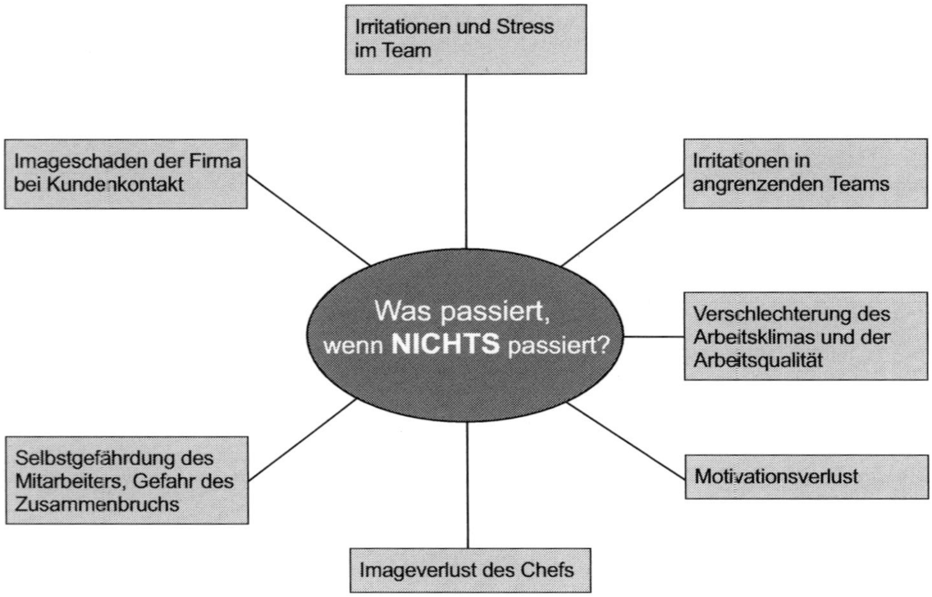


**Abb. 4.10** Was passiert, wenn Nichts passiert? Wenn der Chef nicht eingreift: Folgen für Unternehmen, Chef, Team und Einzelnen

arbeiter" konfrontiert sind. Viele warten zu lange und belasten damit unwissentlich auch das Team.

Nichts ist nervenaufreibender für ein Team als die psychische Erkrankung eines Mitarbeiters. Grundsätzlich gilt: Je später eingegriffen wird, umso gravierender sind die Folgen und Auswirkungen auf andere Bereiche. Abbildung 4.10 beschreibt mögliche Folgen, wenn Vorgesetzte ihre Führungsverantwortung nicht rechtzeitig wahrnehmen.

Chefs haben nicht nur Verantwortung für den gefährdeten Mitarbeiter selbst, sondern auch für Kollegen und die Nachbarteams. Wie erkennt ein Chef nun, ob ein Mitarbeiter gefährdet ist?

**Beispiel**

Was ist nur mit Kai F. los? Der sonst so lustige und um keine Antwort verlegene Kundenberater wirkt in letzter Zeit wie umgedreht. In Meetings sitzt er neuerdings scheinbar gleichgültig und teilnahmslos da. Das ist untypisch für ihn. Auch zeigt er deutlich weniger Engagement dem Kunden gegenüber. So sind auch seine Umsatzzahlen deutlich zurückgegangen. Die Kollegen im Team machen sich große Sorgen um ihn, da er auch stark abgemagert ist. Ein gemeinsames Mittagessen lehnt der sonst so gesellige Kundenberater in letzter Zeit kategorisch ab. Auf die Frage, ob es ihm nicht gut gehe, reagiert er ungewohnt aggressiv. Das Team wendet sich hilfesuchend an den Chef, der bereits selbst die Verhaltensänderungen seines Mitarbeiters registriert hat.

Erhält der Chef eine derartige Rückmeldung vom Team oder blickt er selbst sorgenvoll auf die Entwicklung des Mitarbeiters, sollte er nicht lange zögern und mit dem Mitarbeiter sprechen. Insbesondere die Vorgeschichte des Mitarbeiters spielt eine große Rolle, der Vorgesetzte sollte darüber im Bilde sein. Damit das Gespräch in einem geschützten Rahmen ablaufen kann, sollte ein störungsfreier Raum zur Verfügung stehen.

Nachdem der Vorgesetzte den Mitarbeiter freundlich begrüßt und ihm Diskretion zugesichert hat, kann das Gespräch folgendermaßen ablaufen:

**Beispiel**

„Herr F., ich mache mir seit einigen Wochen ernsthafte Sorgen um Sie. Auf mich wirken Sie in letzter Zeit verändert. Ich kenne Sie als engagierten und auch humorvollen Mitarbeiter. Seit einiger Zeit allerdings entsteht bei mir der Eindruck, dass Sie sich immer mehr zurückziehen. Auch Ihre Umsatzzahlen haben nachgelassen. Besonders im letzten Meeting hatte ich das Gefühl, dass Sie gedanklich abwesend und innerlich mit etwas anderem beschäftigt waren. Dieses Verhalten überrascht mich, da ich Sie so nicht kenne. Bevor ich jetzt falsche Schlüsse ziehe und Ihnen vielleicht Unrecht tue, möchte ich die Gelegenheit nutzen und über mögliche Gründe Ihres Verhaltens mit Ihnen sprechen. In erster Linie, um zu erfahren, wie ich Sie unterstützen kann. Am besten erzählen Sie mal selbst . . .“

Im gemeinsamen Gespräch mit dem Mitarbeiter erfährt der Chef die Gründe für dessen Verhalten und zeigt, dass er sich Sorgen macht. Zudem bietet er seine Unterstützung an und fragt auch den Mitarbeiter nach seinen Ideen. Er gibt dem Mitarbeiter die nötige Rückendeckung. Möchte der Mitarbeiter allerdings nicht über die Hintergründe sprechen oder spielt er die Situation sogar herunter, sollte man nicht gleich aufgeben. Manchmal braucht der Mitarbeiter etwas Zeit, um sich zu öffnen. Führungskräfte sollten deshalb auf ausreichend lange Gesprächspausen achten. Falls der Mitarbeiter sich weiterhin zurückhält, kann es sinnvoll sein, einen neuen Gesprächstermin zu vereinbaren. So hat der Mitarbeiter etwas Zeit und Abstand, die Rückmeldung des Vorgesetzten zu überdenken.

Auch wenn der Mitarbeiter sich weiterhin nicht öffnet oder dementiert, waren die Gespräch wertvoll. Der Mitarbeiter weiß nun, dass der Vorgesetzte aufmerksam und im Notfall für ihn da ist. Allein das kann schon viel bewegen.

Woran erkennen Chefs oder auch Kollegen nun, dass mit einem Mitarbeiter etwas nicht stimmt? Aufgrund der Vielfältigkeit und Unterschiedlichkeit der Symptome ist die Einschätzung nicht immer leicht. Zur Orientierung dient die Übersicht „Stufen der Erschöpfungsspirale“ (vgl. Abb. 4.5). Wenn ein Mitarbeiter sich deutlich anders als bisher gewohnt verhält, sollte man stets aufhorchen: Ein aktiver Mitarbeiter wirkt neuerdings lustlos und deutlich weniger engagiert. Oder ein von Natur aus ruhiger Mitarbeiter zieht sich noch mehr zurück. Auch auffällig viele Überstunden und nachlassende Arbeitsqualität können erste Hinweise auf Erschöpfung sein. Oder ein Mitarbeiter bricht scheinbar grundlos in Tränen aus. Manchmal wird der Vorgesetzte erst durch Kollegen des Betroffenen auf die Überforderung des Mitarbeiters aufmerksam.

#### 4.3.3.8 Surfen auf der Erschöpfungsspirale – eine Sportart der Moderne

Jeder, der arbeitet und/oder eine Familie managt, war schon einmal Phasen hoher Beanspruchung ausgesetzt und kennt Überlastungssymptome aus eigener Erfahrung. Viele Symptome gehören zum Alltag eines Berufstätigen dazu. Die Symptome an sich sind noch nicht gefährlich. Ist die Belastung überschaubar und zeitlich begrenzt, verschwinden sie oft wieder von selbst. Immer mehr Menschen surfen allerdings inzwischen auf der ersten Stufe der Erschöpfungsspirale, da sich schwierige Situationen nicht abstellen lassen oder häufen.

Dennoch gilt: Treten kurzfristige und unvorhersehbare Ereignisse ein, kann es schnell weiter abwärts in der Erschöpfungsspirale gehen. Der Energietank ist bereits angezapft und bietet nicht unendliche Reserven. Dies wird häufig unterschätzt.

Auch wenn Schlafstörungen, wiederholte Kopf- und Rückenschmerzen, ständige Erkältungen, Nervosität und Müdigkeit noch keine gravierenden Erkrankungen sind, so können sie doch der Beginn einer Erschöpfung sein. Diese Signale zu ignorieren oder medikamentös zu unterdrücken, ist kein zielführender Ansatz. Um ein tieferes Hineinrutschen in die Erschöpfungsspirale zu verhindern, gilt es, Frühwarnsysteme ernst zu nehmen und rechtzeitig Gegenmaßnahmen einzuleiten (vgl. Unger und Kleischmidt 2007).

## Literatur

### Bücher:

Berndt FH (2008) Burnout. Gabal, Offenbach
Burisch M (2005) Burnout-Syndrom. Springer, Heidelberg
Kaluza G (2011) Stressbewältigung. Springer, Berlin
Ruhwandl D (2010) Top im Job – ohne Burnout durchs Arbeitsleben. Klett-Cotta, Stuttgart
Schmidt G, Dollinger A, Müller-Kalthoff B (2010) Gut beraten in der Krise. managerSeminare, Bonn
Unger HP, Kleinschmidt C (2007) Bevor der Job krank macht. Kösel, München

### Zeitschriften:

Der Spiegel Wissen (2011) Das überforderte Ich, 1
Stern – Gesund leben (2008) Volkskrankheit Stress, 1

# 5 Gut aufgestellt bei Gegenwind – Wie Sie Ihren eigenen Weg zu gesunder Leistungsfähigkeit finden

**Zusammenfassung**

Erfolgreiche und leistungsstarke Beschäftigte auf allen Ebenen stechen nicht nur durch Fachwissen, sondern durch hohe persönliche Stabilität hervor. Diese gründet auf drei Erfolgssäulen: 1) Kompetenzen, 2) Erfolgreiche Denkstrategien und 3) Erholung und Entspannung. Ein Gleichgewicht zwischen diesen drei Säulen ist eine stabile Basis, um auch höchste Anforderungen im Berufsalltag professionell zu managen. Insbesondere Reflexionsfähigkeit und ein klarer eigener Standpunkt gewinnen im Dickicht täglicher Aufgaben und Anforderungen zunehmend an Bedeutung: Sie ermöglichen einen neuen Blick auf schwierige und manchmal festgefahrene Situationen. Angemessene Lösungen rücken dadurch in den Mittelpunkt und lassen Hindernisse überwinden. Entscheidende Denkanstöße von einem erfahrenen und kompetenten Coach können helfen, in eigener Sache besser voranzukommen und die eigene Sozialkompetenz auszubauen.

## 5.1 Die 3 Erfolgssäulen persönlicher Stabilität

Um den Arbeitsalltag auch bei höchsten Anforderungen erfolgreich meistern zu können, reichen fundierte Fachkenntnisse heute nicht mehr aus. Vielmehr erfordert ein souveräner Umgang mit beruflichen Anforderungen über Fachwissen hinaus weitere Fähigkeiten: Zeitmanagement, Sozial- und Medienkompetenz, Urteilsfähigkeit, positive Denkansätze sowie die „richtige" Erholung und Entspannung. Für den Erwerb dieser Fähigkeiten ist die einzelne Person in hohem Maße selbst verantwortlich. Die Investition lohnt sich in jedem Fall: Sie erhöht die persönliche Flexibilität und Stabilität im Berufsalltag. In Zeiten von Globalisierung und Individualisierung ist das die Grundvoraussetzung, um den hohen Anforderungen dauerhaft gelassen und souverän begegnen zu können. Abbildung 5.1 beschreibt die drei Erfolgssäulen persönlicher Stabilität. Das Modell basiert auf Gert Kaluzas „3 × 4 der Stresskompetenz" (vgl. Kaluza 2011, S. 260).

M. Mainka-Riedel, *Stressmanagement – Stabil trotz Gegenwind*,
DOI 10.1007/978-3-658-00931-1_5, © Springer Fachmedien Wiesbaden 2013

**Abb. 5.1** Die 3 Erfolgssäulen persönlicher Stabilität. Wer auf diese 3 Säulen baut, ist ausgeglichen und leistungsstark

### 5.1.1 Auf- und Ausbau von Kompetenzen

> Die Säge schärfen
> Ein Wanderer trifft in einem Wald auf einen Waldarbeiter, der gerade fieberhaft versucht, einen Baum zu fällen. Der Waldarbeiter sieht erschöpft aus. Der Wanderer indes geht weiter. Als er am Abend wieder zurückkehrt, ist der Waldarbeiter immer noch mit dem Umsägen des Baumes beschäftigt. Als er ihn fragt, warum er denn keine Pause mache und die Säge schärfe, antwortet dieser: „Keine Zeit, ich bin mit Sägen beschäftigt". (Covey 2005)

Der Waldarbeiter steht unter dem Einfluss der Antreiber „Sei schnell!" und „Streng dich an!" (vgl. Abb. 3.10). Diese dominieren sein Arbeitsverhalten und verzögern das erfolgreiche Fällen des Baumes. Im Bann seiner Antreiber setzt er am falschen Hebel an. Hätte er zunächst seine Säge geschärft, hätte er zwar Zeit investieren müssen. Diese scheinbar verschwendete Zeit hätte er jedoch hinterher mehrfach wieder wettgemacht. Er hätte dadurch sogar Zeit gewonnen (vgl. Augspurger 2009).

Wer den hohen Anforderungen des Berufs- und Privatlebens gewachsen sein will, benötigt eine Bandbreite von Fähigkeiten, die ein flexibles Reagieren auf die unterschiedlichen Anforderungen ermöglichen. Dafür muss er seine Säge schärfen und die richtigen Kompetenzen auf- bzw. ausbauen.

Wer über eine geschärfte Säge verfügt, ist leistungsstark und stressrobust. Zudem hat er mehr Zeit übrig, die er für Erholung und Entspannung nutzen kann. Umfassende Kompetenz fördert zudem das Gefühl, Situationen beeinflussen und kontrollieren zu können. Über Fachwissen hinaus entscheiden heute andere Kompetenzen über Erfolg oder Misserfolg. Neue Führungskräfte merken oft schnell, dass sie fachlich an ihre Grenzen stoßen, wenn ein Mitarbeiter nicht die gewünschte Leistung bringt oder das Team mit einem handfesten Konflikt an den Chef herantritt. Viele spüren intuitiv, dass sie ein anderes Wissen benötigen.

Andererseits werden die erforderlichen „soft skills" (sozial-kommunikativen Fähigkeiten) weder in der Schule noch im Studium unterrichtet – obwohl sie maßgeblich an Erfolg und Misserfolg beteiligt sind. So treffen Berufsanfänger heute oft auf eine Unternehmenswelt, die sie in ihrer Dynamik und Gesetzmäßigkeit unterschätzt haben und die sie schnell überfordern kann. Die an Schulen oder Universitäten erlernten Kompetenzen reichen bei weitem nicht aus, um schwierige Situationen im Berufsalltag in den Griff zu bekommen.

Insbesondere für Führungskräfte ist der Ausbau der eigenen Führungskompetenz ein wesentlicher Meilenstein in der Karriereentwicklung. Wie kann ich als Chef meine Mitarbeiter motivieren? Wie spreche ich einen Konflikt am besten an? Wie reagiere ich auf einen Mitarbeiter, der nicht die gewünschte Leistung bringt? Diese und noch viele andere Fragen treten tagtäglich an Führungskräfte heran und erfordern angemessene Antworten. Antworten, die Führungskräfte oftmals nicht parat haben. Das kann der Beginn einer Kettenreaktion sein, die die Führungskraft unter Dauerstress setzt und ihr Image beschädigt.

Immer wieder sind Mitarbeiter mit Führungsambitionen auch über scheinbar undurchsichtige Karrieremechanismen im Unternehmen erstaunt. Insbesondere, wenn Personen mit weniger Fachkompetenz an ihnen vorbeiziehen. Dabei übersehen sie oft: Diese verfügen über eine Reihe anderer Fähigkeiten, die ihren Aufstieg begünstigen: Zeitmanagement, Abgrenzungskompetenz, ein Gespür für die richtigen und wichtigen Kontakte, sozialkommunikative Kompetenz, insbesondere Argumentations- und Verhandlungsgeschick. Damit gewinnen sie eine außergewöhnliche Situationssicherheit und Flexibilität, um die sie viele beneiden. Sie sparen sich Kraft und Energie und kommen damit schneller zum Zug als fachlich kompetentere Mitarbeiter.

Egal in welcher Position: Fachwissen allein genügt heute nicht mehr, um erfolgreich zu sein. Auch für Mitarbeiter ohne Führungsverantwortung zählt, wie gut sie ihre Vorschläge und Ideen verkaufen, wie geschickt sie ihr Anliegen beim Chef platzieren, wie souverän sie auf nörgelnde Kunden reagieren – und wie gut sie Kontakt mit Kollegen pflegen können. Wer über Fachwissen hinaus die „soft skills" beherrscht, ist anderen heute um Nasenlängen voraus. Er fühlt sich jeder Situation gewachsen und lässt sich nicht so leicht aus dem Konzept bringen.

Was hat das nun mit Stressbewältigung zu tun? Es gibt keinen besseren Schutz für die eigene Gesundheit und psychische Stabilität, als auf einen Pool an Kompetenzen zurückgreifen zu können, der jede Situation beherrschbar macht. Darauf vertrauen zu können, dass es immer Lösungen gibt, macht Menschen unerschütterlich im Kern und stressstabil –

auch in Zeiten harten Gegenwinds. Einige Beschäftigte verfügen bereits über diese Kompetenzen, andere müssen sie erst erwerben.

Auch Menschen, die auf viele Berufsjahre blicken können, müssen sich den veränderten Anforderungen stellen. Altbewährte und vertraute Strategien haben sich überholt und fordern ein Umdenken bzw. das Erlernen neuer Strategien. Wer offen für Neues ist, hat gute Chancen. Wer sich dem verschließt, läuft Gefahr, in die Opferrolle zu geraten und zu resignieren – und vielleicht dabei die eigene Gesundheit zu ruinieren (siehe auch Abb. 6.1). Um die eigene Säge zu schärfen, muss man zunächst Zeit investieren, was im Berufsalltag mit engem Zeitplan und Termindruck nicht immer leicht ist. Dennoch: Diese Investition rechnet sich langfristig: Kompetenz, Situationssicherheit und Selbstvertrauen sind von nun an dauerhafte Begleiter, machen flexibel, unabhängig, leistungsfähig und erfolgreich.

#### 5.1.1.1 Zeitmanagement

##### Zeitdiebe

Ständiger Zeitdruck und das Gefühl, „das alles nicht mehr zu schaffen", ist ein weit verbreiteter Stressor in der modernen Arbeitswelt. Jeder dritte Beschäftigte fühlt sich durch Zeitdruck gestresst. Zudem verhindert ein Dauergefühl des Zeitmangels, dass Betroffene sich ausreichend entspannen und erholen können. Unter dem Diktat des Zeitdrucks hetzen sie von einem Termin zum nächsten und rennen der Zeit ständig hinterher. Sie können deshalb oft nicht mehr abschalten. Die Gründe für die grassierende Zeitnot können sehr unterschiedlich sein, wie Abb. 5.2 verdeutlicht (vgl. Kaluza 2007).

Viele Zeitdiebe lassen sich relativ leicht abstellen, insbesondere, wenn sie im eigenen Einflussbereich liegen. Meist ist dem Einzelnen nicht bewusst, wodurch er wichtige Zeit vergeudet. Eine Analyse der eigenen Zeitdiebe hilft, die eigene Zeit besser zu steuern.

► Entdecken Sie ihre persönlichen Zeitdiebe. Notieren Sie diese und priorisieren Sie. Welche blockieren Sie am meisten bei der Zielerreichung? Welche können Sie ab sofort abstellen? Wie nutzen Sie die gewonnene Zeit?

##### Prioritäten setzen

Eine professionelle Zeitplanung ist das A und O für Stressvermeidung und Stressbewältigung. Den Überblick und die Kontrolle über die eigene Zeit zu haben entspannt und beruhigt. Eines der wichtigen Instrumente für einen kompetenten Umgang mit der Zeit ist die Priorisierung. Hier hat sich besonders die Unterscheidung zwischen „dringend" und „wichtig" bewährt. Erfahrungsgemäß verknüpfen viele Berufstätige diese beiden Kategorien. Eine klare Trennung verhilft hier zu einem souveränen Umgang mit der Zeit. Viele Beschäftigte im Betriebsalltag handeln allerdings nach dem Prinzip: Was zuerst kommt, wird als erstes bearbeitet – sie arbeiten einfach darauf los.

**Wichtigkeit** Die Wichtigkeit einer Aufgabe leitet sich daraus ab, wie bedeutend sie für das angestrebte Ziel ist. Der Mitarbeiter selbst definiert die Wichtigkeit im Rahmen seiner persönlichen Zielvorgaben. Wenn er z. B. regelmäßig mit Kunden oder Mandanten

**Die wichtigsten Zeitdiebe**

**Äußere Faktoren**

- Ständige Unterbrechungen
- E-Mail-Flut
- Besprechungen ohne klare Agenda
- Mangelnde Auftragsklärung, Missverständnisse
- Informationslücken
- Unerwarteter Änderungsbedarf
- Bürokratischer Aufwand
- Mangelnde Termintreue durch Mitarbeiter und Kollegen
- Unpünktliche Kunden
- Mangelnde Vorbereitung

**„Innere" Faktoren: Antreiber und Verhaltensweisen**

- **Sei perfekt!-Antreiber:** Perfektionismus, wiederholtes Nachbessern
- **Mach es allen recht!-Antreiber:** Mangelnde Abgrenzungskompetenz, für andere mitarbeiten
- **Sei schnell!-Antreiber:** Fehler durch Hektik und Oberflächlichkeit
- **Sei stark!-Antreiber:** Ablehnung kompetenter Unterstützung, alles selbst machen
- **Streng dich an!-Antreiber:** Blick aufs Wesentliche fehlt, sich verzetteln

**Fehler bei der Zeiteinteilung**

- „Darauf los arbeiten" ohne klare Prioritätensetzung
- Anfang hinauszögern
- Arbeit nicht zu Ende machen, zwischen Aufgaben hin und her wechseln
- Hektisches Arbeiten und Fehlerhäufung
- Unangenehme Aufgaben vor sich herschieben
- Unterlaufen von Pausen
- Zu wenig Puffer zwischen Terminen
- Biorhythmus missachten
- Fehleinschätzung des Arbeitsaufwands für einzelne Aufgaben

**Abb. 5.2** Die wichtigsten Zeitdiebe. Sowohl äußere als auch innere Faktoren können zu Zeitdieben werden

verhandeln muss, benötigt er professionelles Verhandlungsgeschick. Dieses kann er sich im Rahmen einer Weiterbildungsmaßnahme aneignen. Dafür muss er sich einen Termin setzen, der wichtig, aber nicht dringend ist. Dennoch sollte der Ausbau des eigenen Verhandlungsgeschicks nicht auf die lange Bank geschoben werden. Denn: Wer gut verhandeln kann, spart Zeit und steigert sein Ansehen.

**Dringlichkeit** Die Dringlichkeit einer Aufgabe ergibt sich aus der Zeitspanne, in der sie erledigt werden muss. Häufig ist diese Zeitspanne von außen vorgegeben. Der Kunde wartet dringend auf das Angebot, der Chef auf die fristgerechte Fertigstellung der Präsentation oder der Kollege auf die Zahlen für eine Kalkulation. Der Stempel Dringlichkeit wird oft von anderen gesetzt, für die diese Aufgabe wichtig ist. Das betrifft das kurzfristig anberaumte Meeting ebenso wie die spontane Störungsmeldung eines Kunden, der sofortige Hilfe erwartet.

**Abb. 5.3** Das Eisenhower-Prinzip. Nach Dwight D. Eisenhower. Aufgaben werden in „dringend" und „wichtig" aufgeteilt

Von außen diktierte Dringlichkeiten durchkreuzen oft den eigenen Arbeitsplan und führen zu Stress. Für die Unterscheidung von Wichtigkeit und Dringlichkeit gilt: Was wichtig ist, muss nicht gleichzeitig dringend sein. Der Termin für eine Fortbildungsmaßnahme hat mehr Zeit als das fristgerechte Fertigstellen der Präsentation.

In der Praxis zeigt sich: Scheinbar dringlich wirkende Anforderungen müssen nicht immer sofort beantwortet werden. Um hier unterscheiden zu können, ist Nachfragen wichtig. Oft stellt sich dann heraus, dass die Anforderung doch nicht so eilig ist wie angenommen. Wer nicht nachfragt, lässt sich die Herrschaft über die eigene Zeit von anderen abnehmen. Viele scheinbar dringliche Tätigkeiten führen zu unnötigen Arbeitsunterbrechungen, obwohl sie auf einen sinnvolleren Zeitpunkt verlagert werden könnten. Abbildung 5.3 zeigt vier Quadranten, die die unterschiedliche Dringlichkeit und Wichtigkeit von Aufgaben beschreiben. Diese Einteilung geht auf Dwight D. Eisenhower zurück, ehemaliger Präsident der Vereinigten Staaten. Er lehrte dieses Prinzip und setzte es auch selbst im Arbeitsalltag um.

Das Eisenhower-Prinzip hilft, zwischen Wichtigkeit und Dringlichkeit von Aufgaben zu unterscheiden und so die eigene Zeit sinnvoll zu strukturieren. Menschen, die unter Stress stehen, verlieren oft den Überblick und haben das Gefühl, dass alle Aufgaben gleich dringend und wichtig sind. Dadurch kommen sie ständig in Zeitnot. Zeitmanagement ist also in erster Linie Prioritätenmanagement (siehe Abb. 5.3).

**A-Priorität** Höchste Priorität haben die Aufgaben im Bereich A. Diese sind dringend und wichtig zugleich. In der Praxis sind das plötzlich auftretende Probleme, wie z. B. der EDV-Ausfall. Für den IT-Beauftragten bedeutet das beispielsweise: Sofort handeln, da viele Arbeitsprozesse von einer funktionierenden EDV abhängen. Die Bearbeitung dieses Problems nach hinten zu schieben, würde viel Geld kosten. Auch Aufgaben mit bevorstehender Abgabefrist gehören zu den A-Prioritäten. Für Führungskräfte sollte auch das Eingreifen bei akuten Konflikten mit Mitarbeitern oder Teams Priorität A haben. Diese auszusitzen oder Gespräche auf die lange Bank zu schieben, geht zu Lasten von Betriebsklima und Produktivität und wird wiederum selbst zum Zeitdieb.

**B-Priorität** Zu den B-Prioritäten gehören alle wichtigen, aber noch nicht dringlichen Aufgaben. Dazu zählt die Planung neuer Projekte, Weiterbildungsmaßnahmen und Terminierungen. Da diese Aufgaben nicht dringend sind, werden sie gerne auf unbestimmte Zeit verschoben und geraten so in Vergessenheit. Für einen Mitarbeiter im Verkauf zum Beispiel gehören Kundenpflege, Wiedervorlage und Adressenpflege zu den Kernaufgaben, die die Kundenbindung fördern. Sie sind wichtig, aber nicht dringend. Dennoch: Eine regelmäßige Pflege sichert den nächsten Umsatz und damit den eigenen Erfolg und das Erreichen der gesteckten Ziele. Deshalb gehören diese Aufgaben in den Bereich B.

Für Führungskräfte zählen regelmäßige Mitarbeitergespräche ebenfalls zur B-Priorität. Diese gilt es rechtzeitig zu terminieren und in den eigenen Zeitplan einzubauen. Gerne geraten diese in der Alltagshektik ins Abseits oder fallen dann ganz unter den Tisch. Zur B-Priorität zählt auch die Einplanung von Pausen und regelmäßigen Erholungszeiten. Dabei gilt es, die gesetzten Termine auch einzuhalten und rechtzeitig die Firma zu verlassen: Für den Sport oder die kulturelle Aktivität am Abend.

**C-Priorität** Zur C-Priorität zählen die dringenden, aber nicht vordergründig wichtigen Dinge. Viele E-Mails, Unterbrechungen, Telefonate und die Beantwortung kurzfristiger Fragen diktieren den Tagesablauf und kosten viel Zeit. Zeit, die zu Lasten der B-Aufgaben geht und die eigene Zielerreichung beeinträchtigt. Viele Beschäftigte geraten in Stress, weil sie durch ständige Unterbrechungen nie in einen richtigen Arbeitsfluss kommen. Sie benötigen dadurch um ein Vielfaches mehr an Zeit für die Bearbeitung ihrer Aufgaben (vgl. Abb. 2.1).

Bestimmte Aufgaben lassen sich grundsätzlich nur in Ruhe und ohne Störung von außen bearbeiten, wie zum Beispiel das Verfassen eines Berichts oder das Erstellen einer Kostenkalkulation. Das ständige Springen von einer Aufgabe zur nächsten ist einer der größten Zeit- und Energiefresser und damit ein hoher Stressor der modernen Arbeitswelt.

Abgrenzungskompetenz in Form eines freundlichen, aber bestimmten Neins und ebenso das Einführen „stiller" Stunden (unterbrechungsfreier Zeiten) hilft Unterbrechungen in Grenzen zu halten. Immer mehr Firmen erkennen und unterstützen dies. Unterbrechungsarm arbeiten zu können, heißt effektiver zu arbeiten. Jeder Beschäftigte sollte nach Möglichkeit versuchen, unterbrechungsarme oder -freie Zeiten auszuhandeln.

**D-Priorität** Hierunter fallen Aufgaben, die weder dringend noch wichtig sind. Von diesen Aufgaben sollte man sich nach Möglichkeit verabschieden oder sie zumindest reduzieren. Ein Großteil der E-Mails, darunter viele E-Mails auf „cc", die serienweise verschickt werden, zählt zur D-Priorität. Aber nicht nur ein Teil der elektronischen Post fällt unter die D-Priorität. Insbesondere auch Kollegen, die die eigene Zeit regelmäßig stehlen, sollten klar und freundlich begrenzt werden.

Typische Zeitdiebe sind Gespräche oder Beschwerden über Dritte, die sich im Kreis drehen. Der freundliche Hinweis, das Problem mit der betreffenden Person direkt zu besprechen, hilft in den meisten Fällen. Auch die Frage „Was erwarten Sie von mir in dieser Angelegenheit?" unterbricht derartige Gespräche schnell und wirkungsvoll. Unwichtige Termine wie die Einladung zu zeitraubenden Meetings, bei denen man sich fehl am Platz fühlt, gilt es höflich abzusagen, sofern dies im Bereich der eigenen Entscheidungsbefugnis liegt. Chefs können diese möglicherweise an einen ihrer Mitarbeiter delegieren. Unnütze Werbepost darf zügig in den Papierkorb wandern. Auch der elektronische Papierkorb will regelmäßig geleert sein.

▶ Überlegen Sie, wie Sie D-Prioritäten aus ihrem Arbeitsalltag eliminieren und dadurch mehr Zeit gewinnen können. Notieren Sie sich Ihre Stichpunkte und legen Sie diese an einen markanten Platz, an dem Sie immer wieder daran erinnert werden (am besten nicht für andere einsehbar). Sie werden überrascht sein, wie viele Ansatzpunkte sich ergeben. Folgende Fragen können Ihnen dabei helfen.

- Was brauche ich nicht mehr?
- Was kostet mich mehr Energie, als es mir bringt?
- Was kann ich weglassen, ohne dass es nachteilig für mich ist?
- Worauf werde ich als erstes verzichten?

Um die eigene Zeit sinnvoll zu strukturieren, gilt es zunächst einen Schritt zurücktreten und den eigenen Umgang mit der Zeit zu reflektieren. Die Unterscheidung nach Prioritäten ergibt oft, dass sich viele Tätigkeiten gleichzeitig in der Priorität A finden. Dann ist eine weitere Priorisierung nötig. Dabei rücken die Konsequenzen der Verschiebung in den Mittelpunkt – dargestellt in Tab. 5.1.

Nun ist es wichtig, erneut eine Auswahl zu treffen und die Konsequenzen der Verschiebung zu priorisieren. Es ergibt sich A1, A2, A3. A1 steht dabei für die Konsequenz, die man am wenigsten akzeptieren kann. Sie hat höchste Priorität. A2 steht für die Konsequenz, die man am zweitwenigsten akzeptieren kann. Sie hat die zweithöchste Priorität. A3 steht für

**Tab. 5.1** Priorisieren von Arbeitsaufgaben

| Aufgabe aus A-Priorität | Konsequenzen der Verschiebung |
|---|---|
| Kollege wartet dringend auf Zahlen, die er für die Ausarbeitung einer Kalkulation benötigt. Die Geschäftsleitung wartet schon darauf | Kollege wird im Arbeitsfluss gebremst, kann Abgabefrist nicht einhalten. Geschäftsleitung ist verärgert |
| Kunde hat Notfall und benötigt dringend Hilfe | Mangelhaftes Produkt führt zu inakzeptablen Einschränkungen für den Kunden. Der Kunde ist verärgert und beschwert sich bei der Geschäftsleitung |
| Die Kollegin von nebenan benötigt kurzfristig Unterstützung bei der Bearbeitung einer Aufgabe | Kollegin kann ihre Aufgabe nicht fristgerecht fertigstellen. Sie ist beleidigt, wenn ich ihr nicht helfe |

**Tab. 5.2** Priorisieren der Konsequenzen

| Konsequenz der Verschiebung | Priorisierung |
|---|---|
| Kollege wird im Arbeitsfluss gebremst, kann Abgabefrist nicht einhalten. Geschäftsleitung ist verärgert | A2 |
| Mangelhaftes Produkt führt zu inakzeptablen Einschränkungen für den Kunden. Der Kunde ist verärgert und droht mit sofortigem Auftragsentzug und Beschwerde bei der Geschäftsleitung | A1 |
| Kollegin kann ihre Aufgabe nicht fristgerecht fertigstellen. Sie ist beleidigt, wenn ich ihr nicht helfe | A3 |

Konsequenz, die man am drittwenigsten akzeptieren kann. Durch erneutes Priorisieren also können scheinbar gleichrangig dringliche Prioritäten weiter unterschieden werden, wie Tab. 5.2 verdeutlicht.

Je nach Situation und persönlicher Bewertung der Konsequenzen ergibt sich ein neuer Prioritätenplan.

Oftmals stellt sich bei genauer Betrachtung heraus, dass manche Dinge nicht sofort erledigt werden müssen. Priorisieren heißt: Unterscheiden und entscheiden. Jedes Ja ist zugleich auch ein Nein in einem anderen Bereich. Deshalb gilt es, sich genau zu überlegen, wie man die Prioritäten setzt und sich die Fragen zu stellen:

a. Muss A jetzt sein?
b. Bin ich bereit, die Folgen der Verschiebung von A zu akzeptieren?

Wenn Ja, dann lässt sich A verschieben. Wenn Nein, dann gilt es, A sofort erledigen. Der momentane Zeitdruck ist besser zu ertragen als der Ärger nach dem verpassten Termin. Hinter dem Gefühl von Zeitnot steckt häufig die Angst, etwas Wesentliches zu verpassen. Grundsätzlich besteht auch die Wahlmöglichkeit, sich für mehrere Aufgaben gleichzeitig zu entscheiden. Dann nimmt man bewusst die Hetze in Kauf. Auch das ist eine Entscheidung.

**Warum Erholungszeiten zu den B-Prioritäten zählen** Gesundheit ist die zentrale Voraussetzung für die eigene Leistungsfähigkeit. Wer gesund ist, ist auch leistungsfähig. Dazu bedarf es auch Zeiten für regelmäßigen Sport und Ausgleich. Die Zeit für Sport ist keine verschwendete Zeit, denn Sport baut die Stressenergie ab, fördert Ausdauer und Gelassenheit. Sport schafft somit wichtige Voraussetzungen für effektives Arbeiten (siehe auch Abb. 5.13). Zeiten für Sport sollten regelmäßig in das Feld „B-Prioritäten" gesetzt werden. Wenn Beschäftigte den eingetragenen Sporttermin dennoch platzen lassen, liegen die Gründe meist im Bereich von A-Prioritäten: Unerwartete Dinge sind dazwischen gekommen und lassen sich scheinbar nicht vertagen. Auch hier sollten die Konsequenzen der Verschiebung geprüft werden, bevor erneut priorisiert wird.

**Beispiel**

Die Führungskraft Theo K. hat sich nach der Diagnose Bluthochdruck vorgenommen, zweimal in der Woche Sport zu treiben. Diese Termine hat Theo K. fest in seinem Wochenplan eingetragen. Als er kurz vor 18.00 Uhr die Firma verlassen will, kommt ein Mitarbeiter noch mit einem dringenden Anliegen zu ihm. Theo K. muss nun kurzfristig überlegen, welches Anliegen hier Priorität hat: Das des Mitarbeiters oder sein eigenes. Durch Nachfragen erfährt Theo K., dass sich dessen Anliegen auf den nächsten Tag verschieben lässt. Er beschließt, zum Sport zu gehen und fördert damit seine Gesundheit, eine gute und wichtige Investition. Gleichzeitig regt er den Mitarbeiter damit zur Nachahmung des gesundheitsorientierten Verhaltens an.

Für den Fall, dass das Anliegen des Mitarbeiters unmöglich hätte vertagt werden können, hätte Theo K. sich anders entscheiden müssen. So gilt es stets individuell und situationsbezogen zu entscheiden, welcher Aufgabe man Vorrang gibt. Beim konkreten Nachfragen zeigt sich in vielen Fällen, dass die Aufgabe zu einem späteren Zeitpunkt erledigt werden kann. Deswegen gilt es stets einen Schritt zurückzutreten und die Situation mit Abstand zu beurteilen.

Die Priorisierung der eigenen Aktivitäten ist eine wichtige Hilfe zur Zeitstrukturierung im Betriebsalltag. Dabei die Nutzung der Zeit selbst in die Hand zu nehmen und nicht den äußeren Umständen zu überlassen, stärkt das eigene Selbstwertgefühl und verschafft den nötigen Überblick. Zudem gibt sie das Gefühl, auf Situationen Einfluss nehmen und diese kontrollieren zu können.

**Auftragsklärung** Für Führungskräfte und Mitarbeiter gilt gleichermaßen: Um Aufgaben angemessen priorisieren zu können, muss der jeweilige Auftrag klar sein. Erst dann kann entschieden werden, wie die einzelnen Aufgaben zu priorisieren ist. Besonders unter Stress und in Hetze sind hier Missverständnisse an der Tagesordnung.

Um sicher zu gehen, dass ein Auftrag richtig verstanden wurde, ist es auf Empfängerseite sinnvoll, die Arbeitsanweisung stets in eigenen Worten zu wiederholen. Wer als Chef auf Nummer Sicher gehen will, bittet den Mitarbeiter darum, die Anweisung noch einmal in eigenen Worten wiederzugeben. Oft stellt sich dann heraus, dass ein wichtiger Aspekt untergegangen, ein neuer hinzugefügt oder ein Aspekt missverstanden wurde. Beides kann zu Verzögerungen oder Fehlern führen, die im Arbeitsalltag unnötige Nacharbeit und weitere Zeit kosten.

**Beispiel**

Der Ingenieur Konrad K. erhält vom Chef den Auftrag, einen Vorschlag zur Senkung der Energiekosten im Betrieb auszuarbeiten. Konrad K. schätzt den Auftrag als sehr dringend ein und setzt sich zügig daran. Dabei gerät er in Konflikt mit zwei anderen Projekten, deren Abgabefrist naht. Auf Rat seines Kollegen klärt er noch einmal mit dem Chef genau, was dieser von ihm erwartet und bis wann die Ausarbeitung des Plans zur Energiekostensenkung vorliegen muss. Zu seiner Überraschung erfährt er, dass die Ausarbeitung zwei Wochen Zeit hat und weniger detailliert sein soll, als zunächst vermutet. Gut, dass er nachgefragt hat.

Beschäftigte wissen oft nicht genau, ob der Auftrag wichtig oder dringend ist. Sie handeln sicherheitshalber sofort. Deshalb gilt es zunächst zu klären, bis wann die Aufgabe erledigt sein muss, um gegebenenfalls die nötigen Ressourcen, Freiräume und Unterstützung dafür auszuhandeln. Darüber hinaus sollten weitere Details erfragt werden. Abbildung 5.4 gibt einen Überblick über die wesentlichen Fragen der Auftragsklärung.

Die Erfahrung zeigt: Es gibt oft mehr Spielraum als zunächst vermutet. Und: Der Auftrag stellt sich bei genauerer Nachfrage und Betrachtung manchmal anders dar als vermutet. Der Mitarbeiter sollte hier das Heft in die Hand nehmen und selbst aktiv werden, indem er wichtige Fragen zum Auftrag vorher abklärt (Abb. 5.4). Als Chef wiederum gilt es, den Auftrag so konkret wie möglich zu beschreiben, um Missverständnisse zu vermeiden. Auch die Definition dessen, was nicht erwartet wird, ist hilfreich – insbesondere wenn man eine Aufgabe an einen Perfektionisten delegiert.

**Hilfsbereitschaft** Hilfsbereitschaft ist eine positive Eigenschaft, sie kann aber auch ausgenutzt werden. So klagen viele Beschäftigte, dass das Anhören von Sorgen, Nöten oder Beschwerden eines Kollegen oder Mitarbeiters oftmals wertvolle Zeit in Anspruch nimmt. Besonders Personen mit dem Antreiber „Mach es allen recht!" scheuen davor zurück, Kollegen oder Mitarbeiter mit Problemen freundlich abzuweisen. Stattdessen opfern sie wertvolle Arbeitszeit und kommen mit ihren eigenen Aufgaben in Zeitverzug. Am Ende geht dies zu Lasten von persönlicher Erholung und Entspannung. Insgeheim ärgern sich Betroffene über den unerbetenen Zeitdiebstahl.

Ehe man sich gegenüber Sorgen und Problemen anderer vorschnell abgrenzt, gilt es hier zu hinterfragen und zu unterscheiden, ob die Person nur ihrem Ärger Luft machen will oder wirklich Unterstützung benötigt. Besonders für Führungskräfte ist diese Unterscheidung unabdingbar. Aber auch unter Kollegen lohnt es, die Situation klarer einzugrenzen.

**Abb. 5.4** Grundfragen der Auftragsklärung. Eine saubere Auftragsklärung hilft, Missverständnisse zu vermeiden und ist ein wesentlicher Baustein kompetenter Zeitplanung

**Beispiel**

Thorsten M. ist Teamleiter in einem Dienstleistungsunternehmen und äußerst beliebt. Alle Teammitglieder sind aufgrund von Unterbesetzung überlastet. Thorsten M. hat nicht nur mit der hohen Arbeitsmenge zu kämpfen, sondern auch mit einer Kollegin, die sich täglich mehrmals bei ihm über eine andere Kollegin beschwert. Grund ist eine private Angelegenheit. Sie unterbricht Thorsten M. mit jedem ihrer Besuche bei der Arbeit. Thorsten M. ist Inhaber des Antreibers „Mach es allen recht!“ und weiß nicht, wie er das unterbinden soll. Er hört sich das tagtäglich an, ärgert sich aber im Nachhinein über die gestohlene Zeit – manchmal bis in die Nacht hinein. Nach einem Kommunikationstraining nimmt er sich vor, deutlicher die Grenzen zu zeigen. Als die Kollegin am nächsten Tag wie gewohnt sein Zimmer betritt, hebt er die Hand zur Abwehr und empfängt sie mit den Worten: „Lydia, nimm es bitte nicht persönlich, aber ich bin gerade mitten in der Ausarbeitung eines Berichts. Ich kann dir jetzt nicht zuhören. Wir drehen uns in deiner Angelegenheit auch ständig im Kreis. Kläre das am besten mit deiner Kollegin selbst.“ Gleichzeitig steht er auf und geht in Richtung Tür. Lydia ist verwundert und verlässt grummelnd das Zimmer.

Grundsätzlich sind bei jeder Form der Kommunikation über Dritte Abgrenzungsfragen angebracht, wie: „Haben Sie darüber mit Frau X schon selbst gesprochen?" „Was erwarten Sie jetzt von mir?" Meist klärt sich mit Hilfe dieser Fragen schnell, wie ernsthaft das Problem ist. Falls dringend Unterstützung nötig ist, gilt es die Zuständigkeit zu überprüfen. Als Chef gehören solche Situationen zum Bereich der Führungsverantwortung, als Kollege ist hier Vorsicht geboten. Schnell ist man in einen Konflikt hineingezogen und steht vor einem neuen Problem.

▶ Überlegen Sie, welche Kollegen oder Mitarbeiter im Berufsalltag Ihnen Zeit stehlen und Sie mit ihren persönlichen Geschichten immer wieder aus dem Arbeitsrhythmus bringen. Grenzen Sie sich mutig gegenüber solchen Gesprächen ab.

Im Berufsalltag greifen Menschen automatisch und meist unbewusst auf ihre inneren Antreiber und Glaubenssätze zurück (vgl. Abb. 3.10). Personen, die unter dem Diktat ihrer Antreiber stehen, arbeiten oft weniger effektiv und zielbezogen. Entweder wollen sie Aufgaben überperfekt ausführen (Sei perfekt!), lassen sich an der entscheidenden Stelle nicht helfen (Sei stark!), haken die Dinge oberflächlich ab (Sei schnell!), machen die Arbeiten von anderen mit (Mach es allen recht!) oder strengen sich um jeden Preis auch dort an, wo weniger Aufwand sinnvoll wäre (Streng dich an!). Sie brauchen länger, um die geforderten Aufgaben zu erledigen und geraten nicht selten in Zeitnot und Stress.

**Selbstanalyse – Masern-Test**

Der Masern-Test ist eine sehr effektive Arbeitstechnik, die sich in der Praxis bewährt hat. Hier geht es darum, die eigene Arbeitsweise zu analysieren und ineffektives Arbeiten zu identifizieren (vgl. Peseschkian 2009, S. 13).

▶ Markieren Sie zunächst alle schriftlichen Unterlagen, die zu bearbeiten sind, mit einem roten Punkt in der rechten oberen Ecke. Dann beginnen Sie zu arbeiten. Immer, wenn sie ein Dokument wieder in die Hand nehmen, kleben Sie einen weiteren Punkt in die rechte obere Ecke. Im Lauf des Arbeitstages ergibt sich dann je nach Anzahl der roten Punkte das Masern-Bild. Der Vorteil: Sie erkennen, wie oft sie die Unterlagen in die Hand nehmen, bevor sie erledigt sind. Die Übung folgt dem Prinzip, dass Unerledigtes im Unterbewusstsein arbeitet, Betroffene unterschwellig belastet und im Arbeitsfluss blockiert. Deshalb ist es besonders energiesparend, das Unangenehme zügig anzugehen und zu Ende zu bringen.

**Informationsflut eingrenzen**

Der tägliche Mahlstrom von Informationen überfordert immer mehr Berufstätige. Viele glauben zudem, auf jede E-Mail sofort antworten müssen. Dies führt zum „Staccato-Arbeiten". Ständig zwischen E-Mails und der Erledigung anstehender Aufgaben hin und herzuwechseln ist ineffektiv und anstrengend. Manche Mitarbeiter sind damit mehr beschäftigt als mit ihren eigenen Aufgaben. Deshalb sollten die E-Mails nach Möglichkeit immer zu bestimmten Zeiten und am Block gelesen werden. Dann kann man sich besser darauf konzentrieren und arbeitet effektiver. Immer mehr Unternehmen grenzen die Versendung der E-Mails auf „cc" ein, um ihre Mitarbeiter zu entlasten. Dabei gilt: Es kann auch eine bewusste Form der Wertschätzung sein, Mitarbeiter über möglichst viele Vorgänge zu informieren. Den einzelnen Mitarbeiter allerdings kann es überfordern, jede E-Mail erst zu lesen und gegebenenfalls zu beantworten. Dabei bleiben die eigentlichen Aufgaben oft auf der Strecke. In der Praxis hat es sich in vielen Fällen bewährt, einen eigenen E-Mail-Account für E-Mails auf „cc" einzurichten. So können E-Mails bereits vorselektiert werden.

### Pausen

Wer nicht nur kurzfristig, sondern dauerhaft Höchstleistungen bringen will, kommt an Pausen nicht vorbei. Besonders Führungskräfte leben oftmals nach der Devise „Geschwindigkeit ist alles". Im Hintergrund steht dabei der Antreiber „Sei schnell!". Diese Haltung lässt sich jedoch mit anspruchsvollen und kreativen Aufgaben nicht vereinbaren. Zahlreiche Studien belegen inzwischen: Wer nicht pausiert – verliert! Regelmäßige Kurzpausen während des Arbeitstages beleben den Geist und steigern die Konzentrationsfähigkeit. Arbeiten ohne Pausen dagegen macht anfällig für Fehler und auch langsamer. Körper und Geist benötigen regelmäßig Pausen, um sich zu erholen und die volle Leistung bringen zu können.

Pausen sind keine Zeitverschwendung, sondern wirken leistungssteigernd! Berufstätige sollten nach 90 min ca. 10 min Pause einlegen und diese auch sinnvoll nutzen. Grundsätzlich hilft: Aufstehen, den Raum verlassen, Fenster aufmachen und Luft holen, kurze Dehn- und Streckübungen, ein paar tiefe Atemzüge. Diese kurzen Auszeiten wirken wie ein Jungbrunnen und fördern das Abschalten. Danach ist man wieder leistungsfähiger. Weniger erholsam dagegen wirken Pausen, wenn sie für Aktivitäten in sozialen Netzwerken oder Checken von E-Mails genutzt werden. Der Erholungseffekt ist hier geringer, der Geist bleibt angestrengt. Mehrere Kurzpausen wirken intensiver als eine lange Pause.

Pausen sind also der Schlüssel für Wohlbefinden und dauerhafte Leistungsfähigkeit. Sie sind wesentlicher Bestandteil des menschlichen Biorhythmus. Diesen zu ignorieren und pausenlos durcharbeiten kann gefährlich werden. Der Zeitpunkt der Pause ist entscheidend: Wer erst eine Pause macht, wenn er bereits im Leistungstief ist, braucht um ein Vielfaches länger, um sich zu erholen. Deshalb gilt: Pausen einlegen, bevor das Leistungstief kommt. Nach der Pause ist man wieder energiegeladen und schneller, als wenn man durcharbeitet. Das Rennen gegen die eigene innere Uhr zahlt sich deshalb auf Dauer nicht aus (vgl. Abb. 3.15).

### Biorhythmus – persönliche Leistungskurve

Wer durchgehend gute Leistung bringen will und muss, sollte seinen eigenen Biorhythmus kennen. In vielen Fällen laufen die Non-Stopp-Anforderungen im Arbeitsleben dem

**Tab. 5.3** Biorhythmus – die unterschiedlichen Phasen

| | |
|---|---|
| Prime Time (Leistungsstarke Phase) | Aufgaben mit A- und B-Priorität, Aufgaben mit hohem Konzentrationsbedarf |
| Up-Phase (Weniger leistungsstarke Phase) | Aufgaben mit C-Priorität, Routineaufgaben |
| Down-Phase (Leistungsschwache Phase) | Pausen, Erholung, automatisierte Tätigkeiten, Tätigkeiten mit wenig Konzentrationsbedarf |

eigenen Biorhythmus zuwider, der Berufstätige kämpft permanent gegen seinen eigenen Biorhythmus an. Dennoch: Phasen von Leistung, Müdigkeit und Stimmung unterliegen bei allen Lebewesen natürlichen Schwankungen. Während des Tages gibt es unterschiedliche Phasen mit Hochs und Tiefs. Diese wechseln sich ab. Da unterschiedliche Aufgaben einen unterschiedlichen Grad an Konzentration erfordern, ist es sinnvoll, sich über einige Tage hinweg selbst zu beobachten und die leistungsstarken (Prime Time), die weniger leistungsstarken (Up-Phase) und leistungsschwachen (Down-Phase) Stunden festzuhalten. Wenn möglich, sollte die Ausführung der Aufgaben an diese Phasen angepasst werden, wie in Tab. 5.3 dargestellt ist.

In die leistungsstärkste Zeit (Prime Time) gehören Aufgaben mit A- und B-Priorität, da diese die höchste Konzentration erfordern. Aufgaben mit C-Priorität erledigt man am besten in der weniger leistungsstarken Phase (Up-Phase). Tätigkeiten ohne hohen Aufmerksamkeitsbedarf, Pausen und Erholung gehören in die Down-Phase. So wäre es ideal. Dass das prinzipiell nicht immer möglich ist, erklärt sich aus den vorgegebenen Strukturen im Betriebsalltag. Ein nörgelnder Kunde, eine unerwartet auftretende EDV-Störung muss sofort bearbeitet werden, auch wenn der Körper gerade Pause braucht.

Beschäftigte in der Arbeitswelt müssen flexibel bleiben. Dennoch sollte nach möglichen Spielräumen geforscht werden. In zahlreichen großen Unternehmen gibt es mit Rücksicht auf die Biorhythmen der Beschäftigten bereits Entspannungsinseln im Firmengebäude. Diese entspringen nicht reiner Nächstenliebe, vielmehr liegen hier auch wirtschaftliche Fakten zugrunde: Mitarbeiter, die während der Arbeit regelmäßig auftanken können, bringen deutlich mehr Leistung und machen weniger Fehler. Gleichzeitig sinkt das Risiko von Betriebsunfällen. In der Produktion spielt dieser Aspekt eine große Rolle.

### Zeitpuffer

Wer Zeitsouveränität anstrebt, kommt nicht daran vorbei, ausreichend Zeitpuffer einzuplanen. Oftmals sind es die unvorhergesehen Dinge, die den eigenen Zeitplan durchkreuzen und für Stress sorgen. Der planmäßige Einbau von Zeitpuffern schafft Spielraum und Flexibilität im Arbeitsalltag und hilft unnötigen Stress im Vorfeld zu vermeiden.

**Beispiel**

Der Außendienstmitarbeiter Stefan W. gerät in Schwierigkeiten, da er sich wiederholt bei Kundenterminen verspätet. Diese sind verärgert und reagieren mit Beschwerden bei seinem Chef. Stefan W. ist überarbeitet und kann deswegen nicht mehr so gut schlafen wie früher. Morgens kommt er nur schwer in die Gänge und braucht für alles etwas länger. Während des Tages erlebt er immer wieder Phasen von Müdigkeit und Leistungsschwäche. Zudem stresst ihn das hohe Verkehrsaufkommen. Aufgrund der vielen Baustellen kommt es zu nicht planbaren Staus und Verzögerungen auf den Straßen. Nach einem Zeitmanagementseminar beschließt Stefan W., den ersten Kundentermin eine halbe Stunde später zu legen. Dies kommt seinem Biorhythmus entgegen. Zwischen den einzelnen Kundenterminen baut er mehr Zeitpuffer ein und reduziert damit seinen Stress erheblich.

Gerade im Außendienst mit unvorhersehbaren Straßenverhältnissen sind angemessene Zeitpuffer unabdingbar. Sie helfen, Stress zu vermeiden und Kundentermine einzuhalten. Das ist wichtig für die Kundenbindung. Wer Zeiten nicht einhält, wirkt unzuverlässig und verspielt möglicherweise Vertrauen. Mitarbeiter im Außendienst verfügen meist über mehr Spielräume in der Zeitgestaltung als Mitarbeiter im Innendienst. Als Morgenmuffel macht es Sinn, den ersten Termin etwas später zu legen und dafür abends länger zu arbeiten – vorausgesetzt natürlich, dass das auch passend für den Kunden ist. Aber auch Führungskräfte erleben tagtäglich, dass dringliche Aufgaben dazwischen kommen und keinen Aufschub dulden. Ein zu enges Zeitkorsett lässt dafür keinen Spielraum und löst Stress aus.

### Fachwissen

Die Halbwertzeit von Wissen hat sich in den letzten Jahren deutlich verringert. Wer fachlich auf der Höhe bleiben und mithalten will, muss sich regelmäßig weiterbilden. Sich über wichtige Neuerungen regelmäßig zu informieren gehört ebenso dazu wie das Teilnehmen an fachlichen Fortbildungen. Im Rahmen von Projektmanagement kommt es über die inhaltliche Kompetenz hinaus vor allem darauf an, die mit den Projekten verbundenen Kommunikationsprozesse kompetent zu steuern. Hier gibt es oft Defizite, wodurch es zu Zeitverzögerungen und Stress im Team kommt.

Ein wichtiges Instrument für die Erweiterung des eigenen Fachwissens sind inzwischen auch die Sozialen Medien. Geschlossene Gruppen auf Facebook mit Fokus auf fachlich relevante Themen gewinnen ebenso an Bedeutung wie die Mitgliedschaft bei Xing oder Twitter.

Viele Firmen bieten zudem ein breites Spektrum an fachlichen Fortbildungen für ihre Beschäftigten. Beschäftigte sollten sich erkundigen, welche Möglichkeiten die Firma bietet und diese auch nutzen. Dabei muss nicht immer der Vorgesetzte zuerst aktiv werden. Auch der Mitarbeiter selbst kann einen gut begründeten Vorschlag beim Vorgesetzten einreichen.

**Medienkompetenz**
Elektronische Medien haben die Kommunikation in den letzten Jahren revolutioniert. Der Umgang mit diesen Medien erfolgt allerdings häufig zu unbedarft. Zwar informieren sich die meisten Smartphone Nutzer im Vorfeld eifrig über Markenwahl und Tarife, weitaus weniger kritisch gehen sie aber mit der Verbreitung persönlicher Daten im Internet um. Dabei hinterlässt jede Information Fußspuren und kann sich in einem späteren Zusammenhang nachteilig auswirken. Firmen forschen inzwischen nach solchen Fußspuren bei der Stellenbesetzung. So kann eine unbedacht geäußerte Bemerkung auf Facebook oder Xing zum Ausschlusskriterium bei der Stellenvergabe werden.

Das Internet und soziale Medien schaffen einerseits neue Freiheiten, da man sich unkompliziert mit einem breiten Publikum austauschen kann, andererseits bergen sie aber auch die Gefahr der totalen Kontrolle. Facebook und Google sammeln ständig Daten und können so das Nutzerverhalten analysieren. Viele Internet-Nutzer unterschätzen diesen Aspekt und gehen mit der Bekanntgabe eigener Daten zu leichtfertig um.

Aber auch das Schreiben einer E-Mail oder SMS sollte mit Bedacht geschehen. Missverständnisse sind an der Tagesordnung. Das geschriebene Wort wirkt auf den Empfänger oft anders als vom Sender beabsichtigt (vgl. Turkle 2012). Insbesondere emotional aufgeladene Themen sollten besser per Telefon oder in einem persönlichen Gespräch geklärt werden. Sonst wird eine Lawine los getreten, die so nicht beabsichtigt war. Was Schwarz auf Weiß steht, kann auch einfacher gegen die eigene Person verwendet werden.

Zur Medienkompetenz gehört es auch, der mit Laptop und Smartphone neu gewonnenen Freiheit Grenzen zu setzen und den Ausschaltknopf zu bedienen. Das gilt sowohl für das Berufs- als auch für das Privatleben.

### 5.1.1.2 Sozialkompetenz
Wer über eine hohe Sozialkompetenz verfügt, ist heute in vielen Berufen gefragt. Das gilt sowohl für Führungskräfte als auch für Beschäftigte ohne Führungsposition. Die Veränderungen der Arbeitswelt bringen neue Prioritäten mit sich. So sind im Zuge des Ausbaus der Dienstleistungsgesellschaft immer mehr Menschen gefordert, im Umgang mit anderen professionelles Verhalten an den Tag zu legen.

Nicht jeder beherrscht diese Fähigkeit gleich gut, manche machen sich sogar das Leben unnötig schwer. Ob im Umgang mit dem Chef, Mitarbeitern, Kollegen oder auch im Kundenkontakt: Nichts wiegt so schwer wie eine misslungene Kommunikation, bei der es Gewinner und Verlierer gibt. Fehler an der Schnittstelle Mensch zu Mensch können weitreichende Folgen haben. Sie wirken lang nach und können die eigene Karriere und auch Kunden kosten. Wer lässt sich schon gerne von anderen Menschen schlecht behandeln oder kränken?

Menschen mit Neigung zur stillen Kommunikation leiden häufig darunter, nicht als Kandidaten mit Potenzial erkannt zu werden. Sehr kompetente Mitarbeiter mit bescheidenem Auftreten erleben, dass andere an ihnen vorbeiziehen, weil sie sich besser ins rechte Licht rücken können (vgl. Kap. 2.2.8). Letzteres stößt in der Berufswelt auf mehr Anerkennung und Belohnung als Zurückhaltung und Bescheidenheit. Die gute Nachricht:

Sozialkompetenz kann man fördern und entwickeln. Zwar gibt es geborene Redetalente und begabte Kontakter, dennoch lässt sich Sozialkompetenz bis zu einem gewissen Grad auch nachträglich erwerben. Wer in der Berufswelt von heute mithalten und die Nase vorn haben will, kommt um eine gute Sozialkompetenz nicht herum.

Zeitdruck und zahlreiche Aufgaben fordern viele Mitarbeiter jeden Tag aufs Neue. Um den Überblick zu behalten und Herr der Situation zu bleiben, ist eine gute Abgrenzungskompetenz wichtiger denn je. Nur so können Beschäftigte die Non-Stopp-Anforderungen des Arbeitsalltags bewältigen und Stress reduzieren.

### Selbstbehauptung und Abgrenzung: „Nein" sagen

**Spielarten des „Nein"-Sagens** Um sich heute im Arbeitsleben behaupten zu können, muss man auch die Spielarten des Neins beherrschen. Sich angemessen abzugrenzen und dabei die verschiedenen Varianten des „Nein"-Sagens zu beherrschen, gehört in den Kompetenzkoffer jeder berufstätigen Person. Ansonsten stapelt sich die Arbeit der anderen zusätzlich auf dem eigenen Schreibtisch und man arbeitet länger. Ein „Nein" setzt jedoch voraus, dass man sich so sicher und kompetent fühlt, dass man sich dieses auch leisten kann.

Eine realistische Einschätzung der Situation ist Voraussetzung dafür, ein „Nein" angemessen zu platzieren. Zweimal „Nein" an der falschen Stelle kann sogar den Job kosten. Wer sich seiner selbst sicher ist, greift leichter zum „Nein" als ein unsicherer Mensch. Deshalb ist der Ausbau eigener Kompetenzen ein zentraler Schlüssel, um sich angemessen abgrenzen zu können. Insbesondere bei Menschen mit dem Antreiber „Mach es allen recht!" (hohes Anerkennungsmotiv) kann allein die Vorstellung, ein „Nein" auszusprechen, zu inneren Spannungen und Ängsten führen. Schließlich geht ihnen es darum, von allen gemocht zu werden und nicht rücksichtslos zu wirken. Nur die Rücksicht auf sich selbst darf auf der Strecke bleiben.

Ständiges Ringen nach Anerkennung führt manchmal zu seltsamen Verhaltensweisen. Betroffene leisten unbezahlte Überstunden, schleppen sich auch krank zur Arbeit und arbeiten für andere mit. Hinter der oft übertriebenen Hilfsbereitschaft lauert die Angst, andere zu enttäuschen oder Ärger auf sich zu ziehen. Deshalb bearbeiten Betroffene oft die Arbeitsaufträge anderer mit. Sie wollen es gut für andere machen, auch wenn der Preis dafür die eigene Gesundheit ist.

Wie wirkt ein derartiges Engagement auf Chefs und Kollegen? Für das berufliche Umfeld sind diese Personen zunächst wertvolle Mitarbeiter. Sie scheuen keine Mühen, engagieren sich überdurchschnittlich und lehnen keine Bitte ab. Als Kollege wendet man sich bevorzugt an sie. Mit ihrer Hilfe kann man immer rechnen. Aber der Verzicht auf das „Nein" wirkt sich auch ungünstig aus: Man wird nicht richtig ernst genommen und erfährt wenig Respekt. Und auf Dauer überfordert die Person mit dem Antreiber „Mach es allen recht!" sich selbst. Bleibt die gebührende Anerkennung für den überdurchschnittlichen Einsatz für andere aus, sind Stress erkrankungen vorprogrammiert.

Um das „Nein" kreist ein eigenwilliger Mythos. Ein „Nein" ist mehr als nur ein Wort und kann unliebsame Nebenwirkungen und Nachteile mit sich bringen. Es kann eine

Beziehung auf den Prüfstand stellen, beim Chef unbeliebt machen, den Ausschluss aus dem Team bedeuten, selbst den Job kosten. Kurzum: Es kann Beziehungen oder sogar die eigene Existenz zerstören.

Manche Menschen fürchten diese möglichen Begleiterscheinungen mehr als die Überlastung selbst. Dennoch: Ein freundliches und bestimmtes „Nein" sich selbst und anderen gegenüber ist ein wirksamer Schutz vor Überforderung – und im richtigen Moment ausgesprochen – mindestens so gut wie das beste Ablagesystem. Wer unter Dauerstress steht, ist oft nicht mehr in der Lage, „Nein" zu sagen und sitzt damit in einer Falle. Er hat Angst vor den Begleiterscheinungen. Dabei kann ein „Nein" bereits im Vorfeld Stress verhindern oder bestehenden Stress abmildern.

- Überlegen Sie, in welchen Situationen Sie durch ein freundliches und bestimmtes „Nein" persönlichen Stress reduzieren können. Denken Sie dabei an die Auswirkungen. Wenn Sie die Auswirkungen akzeptieren können, ist es an der Zeit, ein klares „Nein" auszusprechen.

Die Praxis zeigt: Unterbesetzungen in Teams lassen das „Nein" häufig ins Abseits geraten. In Rücksicht auf Kollegen und auf den Chef investiert man oft mehr Energie, als einem persönlich auf Dauer gut tut. Man möchte das eigene Team nicht im Stich lassen und zeigt sich solidarisch. Oder man möchte sich nicht unbeliebt machen oder ausgeschlossen werden. Der Arbeitsalltag zeigt: Ein „Nein" will wohl überlegt sein und erfordert auch Mut.

**Beziehungsfreundliche „Nein"-Formulierungen** Nein-Sagen gibt es in vielen Varianten, die sehr unterschiedlich wirken. Ein schroff und knapp ausgesprochenes „Nein" wirkt anders als ein „Nein" mit nachvollziehbarer Begründung und auch anders als ein „Nein" mit Kompromiss. Abbildung 5.5 beschreibt beziehungsverträgliche Formulierungen für ein „Nein". Diese helfen, den Alltag stressfreier zu gestalten und ermöglichen neue Freiräume für sich selbst.

Wer auch immer im Berufsalltag das „Nein" zücken möchte, sollte sich am besten vorher ein paar geeignete Formulierungen zurechtlegen. In komplexeren Situationen des Betriebsalltags kommt es insbesondere auf die richtige Begründung dafür an.

**Beispiel**

Kai T., Führungskraft in der Sandwichposition, bekommt im Zielvereinbarungsgespräch von seinem Vorgesetzten die Vorgabe, den Umsatz im nächsten Quartal um 10 % zu steigern. Aufgrund der knappen Personaldecke scheint ihm diese Vorgabe nicht realistisch. Alle Teammitglieder arbeiten derzeit an der Grenze ihrer Leistungsfähigkeit. Er weiß, dass sein Chef auf kurze und klare Ansagen steht und kann das „Nein" folgendermaßen verpacken.

Variante A: „Herr Schmidt, wir können das nur schaffen, wenn wir im Gegenzug mehr Personal bekommen. Alle Mitarbeiter sind derzeit am Anschlag. Wenn ich Ihnen

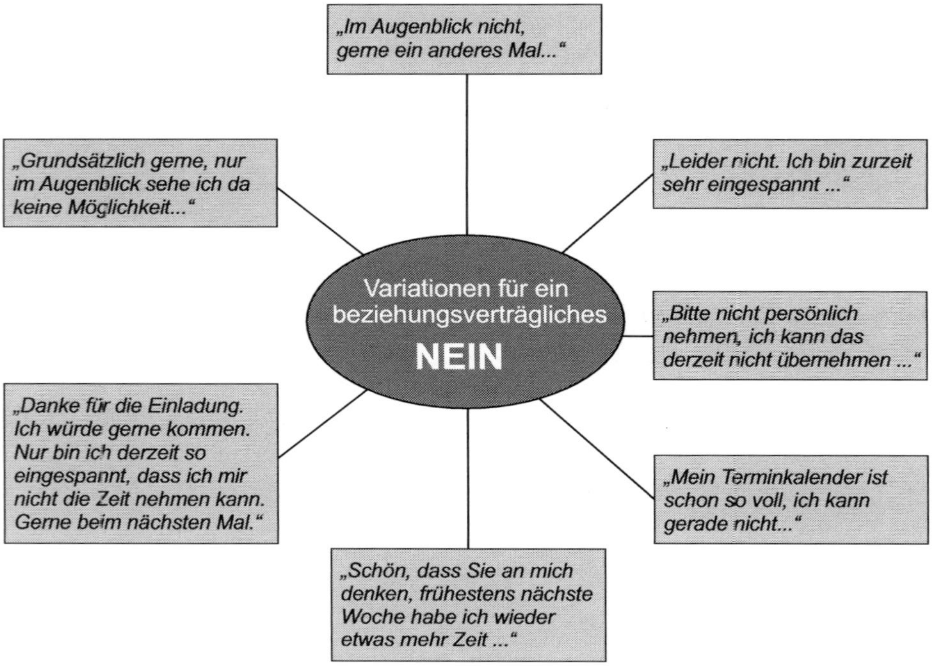


**Abb. 5.5** Variationen für ein beziehungsverträgliches NEIN. Ein freundliches „Nein danke" ist besser als jedes Ablagesystem

die 10 % mehr Umsatz zusage, haben wir im Gegenzug ein ausgebranntes Team und einen hohen Krankenstand. Ich möchte, dass Sie darüber informiert sind und hoffe, dass Sie mir und dem Team entgegenkommen."

Variante B: „Mit der Anzahl der Mitarbeiter ist dieses Ziel im Augenblick nicht umsetzbar. Das geht auf Kosten unserer Gesundheit. Ich sage Ihnen das, damit Sie im Bilde über unsere Situation sind. Ich kann mir nicht vorstellen, dass ein ausgebranntes Team im Sinne der Firma ist. Ich weiß wirklich nicht, wie wir diese Vorgaben erfüllen können. Was würde denn passieren, wenn wir unter dem Ziel bleiben? Gibt es die Möglichkeit, das Ziel niedriger zu setzen?"

Es setzt viel Selbstbewusstsein und Klarheit voraus, sich kompetent abzugrenzen. Wer nicht wagt, gewinnt nicht. Erfahrungsgemäß halten sich die meisten Mitarbeiter hier zu sehr zurück oder sind zu angriffslustig. Damit ein „Nein" auf Akzeptanz beim Gegenüber stößt, kommt es nicht nur auf das Wie der Formulierung an, sondern auch auf die Begründung. Ein gut begründetes „Nein" lässt sich weniger leicht abschmettern als ein patzig ausgesprochenes „Nein" ohne weitere Erklärung. Deswegen gilt: Hintergrund erklären, eigene Position darstellen, feste Stimme und eindeutige Formulierungen (vgl. Patrzek 2008).

**Beispiel**

Die Kollegin von nebenan bittet Sie, ihr sofort beim Erstellen einer Kalkulationstabelle zu helfen. Nun können Sie folgendermaßen reagieren:

> Frau Meier, ich bin gerade selbst sehr eingespannt und muss einige Kundenanfragen kurzfristig bearbeiten. Eine Verzögerung würden die Kunden nicht akzeptieren. Bitte haben Sie Verständnis. Fragen Sie am besten bei Herrn Müller nach. Er kennt sich damit auch besser aus als ich. Gerne helfe ich Ihnen ein anderes Mal. Ab nächster Woche habe ich wieder mehr Luft.

Entscheidend in dieser Situation ist stark zu bleiben. Besonders unter dem Antreiber „Mach es allen recht!" fällt es schwer, beim Nachbohren des Bittstellers nicht einzuknicken. Ein souveränes „Nein" ist immer an eine feste Stimme, einen festen Blick und eine gerade Körperhaltung geknüpft. Nur so wirkt es glaubwürdig und souverän.

- Nehmen Sie sich konkret eine Situation vor, in der Sie zukünftig „Nein" sagen möchten. Arbeiten Sie mit Hilfe der in Abb. 5.5 dargestellten Vorschläge schriftlich Ihre individuellen Formulierungen aus. Sprechen Sie diese mehrmals laut aus. Das macht Sie selbstsicher und ist ein gutes Training, um in der konkreten Situation Ihr „Nein" auch angemessen und klar zu vertreten. Vermeiden Sie vor allem Konjunktive.

Anfangs ist es hilfreich, das „Nein"-Sagen in Situationen zu trainieren, in denen nicht viel auf dem Spiel steht. So kann man Schritt für Schritt in die Abgrenzungskompetenz hineinwachsen und wird dadurch zunehmend selbstsicher.

#### Nachfragen

Jeder vierte Beschäftigte sieht in unklaren Anweisungen einen wichtigen Stressauslöser im Betriebsalltag. Wie bereits beim Thema Auftragsklärung beschrieben, ist Nachfragen ein wichtiges Instrument der Stressvermeidung (vgl. Abb. 5.4). Oftmals streiten sich Betroffene bei Missverständnissen darüber, wer nun schuld daran ist. Ist der Überbringer der Nachricht dafür verantwortlich, da er sich nicht klar genug ausgedrückt hat oder ist es die Anweisung empfangende Person, weil sie nicht genug nachgefragt hat?

Die Antwort liegt in der Regel dazwischen: Beide. Die anweisende Person trägt dafür Verantwortung, dass sie die Nachricht eindeutig und unmissverständlich formuliert. Langatmige Anweisungen überfordern das Gegenüber und erhöhen die Gefahr von Missverständnissen und Fehlern. Für den Empfänger von Anweisungen gilt, stets nachzufragen und die Anweisung mit eigenen Worten zu wiederholen. Erst dann ist sichergestellt, dass beide das Gleiche meinen. Wer über das Instrument einer professionellen Fragetechnik verfügt, kann sich unnötigen Zeitverlust und auch viel Stress im Berufsalltag ersparen.

In der Alltagshektik und unter Stress neigen Menschen dazu, nicht genau zuzuhören und Sachverhalte durch die eigene Brille zu interpretieren, nicht selten falsch. Viele

Beschäftigte sind gedanklich zumindest teilweise schon wieder woanders und schnell abgelenkt. Das erhöht die Gefahr von Missverständnissen und Fehlern. Eine sprudelnde Quelle für überflüssige Mehrarbeit, da Fehler berichtigt werden müssen, wobei kostbare Zeit verloren geht. Im Endeffekt leiden sowohl Sender als auch Empfänger. Im schlimmsten Fall kommt es zu schwerwiegenden Verzögerungen und/oder der Kunde springt ab, wenn sich durch Missverständnisse Deadlines verzögern oder das Produkt nicht rechtzeitig ausgeliefert werden kann.

Viel unnötiger Stress lässt sich durch richtiges Nachfragen vermeiden. Eine professionelle Fragetechnik ist ein wirksamer Selbstschutz gegen Fehler und Unstimmigkeiten. Fragen führen aber nicht nur zu einem besseren Verständnis, vielmehr schaffen sie Vertrauen und zeigen Interesse am Gegenüber. Damit fördern Sie das Gesprächsklima und reduzieren die Gefahr von Konflikten. Alles in allem: Es lohnt sich, mehr Fragen zu stellen.

### Argumentieren – eigenes Anliegen treffend formulieren

Wie man in den Wald hineinruft, so schallt es heraus. Diese Aussage bewahrheitet sich auch im Berufsalltag. Leider wird dieser Aspekt oft unterschätzt. Die Fähigkeit, Dinge vorteilhaft zu formulieren, ist erfolgversprechend und stressmindernd zugleich.

**Beispiel**

Ein orientalischer König träumte, dass ihm ein Zahn nach dem anderen ausfiel. Beängstigt befahl er seinen Traumdeuter zu sich. Dieser hörte sich den Traum an und eröffnete dem König: „So wie Deine Zähne wirst du bald auch einen Angehörigen nach dem anderen verlieren.“ Der König war sehr zornig darüber, ließ den Traumdeuter in den Kerker werfen und bestellte einen anderen Traumdeuter. Auch dieser hörte sich den Traum an und antwortete: „Ich darf Dir eine freudige Mitteilung überbringen: Du wirst älter werden als alle Deine Angehörigen, Du wirst sie alle überleben.“ Der König freute sich über die Nachricht und belohnte den zweiten Traumdeuter reich. Die Höflinge wunderten sich und fragten ihn: „Wie kommt es, dass du belohnt wirst, obwohl du eigentlich nichts anderes gesagt hast als dein Vorgänger, der so hart bestraft wurde?“ Daraufhin erwiderte der Traumdeuter: „Wir haben zwar den gleichen Traum gedeutet. Aber es kommt nicht nur darauf an, was man sagt, sondern auch, wie man es sagt“ (vgl. Peseschkian 2009, S. 42).

Wer gut argumentieren kann, erregt Interesse und Aufmerksamkeit, wirkt überzeugend und kommt schneller zum Zug. Die Belohnung lässt in der Regel nicht lange auf sich warten: Anerkennung, Erfolg, Karriere. Zudem erhöht ein gutes Argumentationsgeschick Selbstvertrauen und Selbstsicherheit. Was hat das mit Stress zu tun? Sehr viel, denn die richtige Argumentationsstrategie spart Zeit und Nerven, verhindert Widerstände, steigert Ansehen und Akzeptanz – und verschafft Erfolgserlebnisse.

Ob gegenüber dem Chef, in Projektteams, beim Kunden oder Mandanten: Punktgenau argumentieren zu können verschafft Gehör, Bewunderung und Erfolg. Richtiges Argumentieren ist kein Hexenwerk, man kann es erlernen. Insbesondere Argumentationstrainings, eine Kombination aus theoretischen Inputs und praktischen Übungen, steigern die Fähigkeit, sich besser im Berufsalltag durchzusetzen (vgl. Patrzek 2008). Wer es schafft, sein Anliegen zum Anliegen der anderen zu machen, hat viele Vorteile. Wer sich dagegen in Nebensächlichkeiten verzettelt oder seine Argumente ungünstig formuliert, verliert schnell an Ansehen und Aufmerksamkeit.

**Beispiel**

Jonas R., sehr fachkompetenter Ingenieur im Projektteam, das für die Entwicklung einer neuen Produktlinie verantwortlich ist, meint es zu gut. Immer wenn er das Wort ergreift, holt er weitläufig aus und möchte möglichst umfassend und im Fachjargon die Hintergründe seiner Ideen erklären. Bereits nach 30 s fangen die ersten Teammitglieder an zu gähnen oder nehmen ihm das Wort ab. Besonders sein Kollege Harald B. funkt mit seiner brillanten Rhetorik regelmäßig dazwischen und zieht die Aufmerksamkeit auf sich. Besonders ärgerlich dabei ist: Er setzt sich damit schneller durch und stößt auf breite Akzeptanz – auch wenn er Jonas R. fachlich deutlich unterlegen ist. Jonas R. ist deswegen frustriert. Insgeheim beneidet er Harald B. Auch fühlt er sich von ihm in den Schatten gestellt. Deshalb beschließt Jonas R., seine Rhetorik zu verbessern und holt sich Tipps bei einem Coach. Zu seiner Überraschung merkt er, dass Argumentieren weniger schwer zu erlernen ist, als zunächst vermutet. Nachdem er die Grundprinzipien erkannt hat, macht er gute Fortschritte und wendet das Gelernte immer öfter an. Der Erfolg lässt nicht lange auf sich warten: In Meetings kommt er besser zum Zug, wirkt überzeugender und kann auch seinem Kollegen Harald B. Paroli bieten. Jonas R. hat nun deutlich weniger Stress – und sogar Spaß bei Meetings.

Wie Jonas R. geht es vielen Beschäftigten. Insbesondere Beschäftigte mit technischem Hintergrund und Mitarbeiter mit einer Fachkarriere neigen dazu, fachlich auszuschweifen und damit ihre Zuhörer zu überfordern. Kollegen oder auch Kunden wenden sich schnell ab und anderen zu, die sich besser verkaufen können. Oft merken die Betroffenen selbst nicht, wie ermüdend sie auf andere wirken. Die genervten Zuhörer geben in der Regel kein ehrliches Feedback und lassen den ausschweifenden Redner im Unklaren mit seiner rhetorischen Schwäche.

**Knapp und eindeutig formulieren** Aufgrund von Arbeitsdruck, Zeitknappheit und zunehmender Überreizung des Gehirns gilt: So wenig wie möglich und nur so viel wie nötig mitteilen. Wer in der Lage ist, das Wesentliche auf den Punkt zu bringen, steigert Aufmerksamkeit und Interesse. Insbesondere in Meetings gilt: Im Mittelpunkt sollte stets der gemeinsame Nutzen der eigenen Absicht stehen. Dabei geht es nicht darum, Floskeln zu dreschen oder den anderen in Grund und Boden zu reden. Argumentationsgeschick ist kein Ersatz für Fachkompetenz. Es ist das Transportmittel für wichtige fachliche Informationen und hilft, dieses besser zu verkaufen. Wer geschickt argumentieren, Sachverhalte und Vorschläge kurz und knapp fassen kann, schlägt gleich mehrere Fliegen mit einer Klappe.

- Der Sachverhalt dringt schneller beim anderen durch.
- Die Gefahr von Missverständnissen reduziert sich.
- Die Person wirkt entschlossen und überzeugend.
- Die Person hat mit weniger Widerständen zu kämpfen.
- Die Person steigert Ansehen und Akzeptanz.

Wer kurz und knapp formuliert, vermittelt, dass er Sachverhalte im Kern erfasst hat und sie auf das Wesentliche reduzieren kann. Er befürchtet nicht, „eventuell wichtige Details für irgendeine Person" übersehen zu haben und dafür Kritik zu ernten. Vielmehr vermittelt er durch den knappen Formulierungsstil Sicherheit und Eindeutigkeit. Dadurch wirkt er auf andere klar und geradlinig, sicher und entschlossen, kurzum: als starke Persönlichkeit. Dies hat zur Folge, dass das Gegenüber die eigene Sichtweise seltener hinterfragt und sich schneller gewinnen lässt.

Um sich selbst behaupten und die eigenen Interessen angemessen durchsetzen zu können, ist eindeutiges und klares Formulieren unabdingbar. Ob im Kundenkontakt, im Gespräch mit dem Mitarbeiter oder dem Chef: Die kurze, knappe und begründete Formulierung der eigenen Sichtweise hilft Mitarbeitern in allen Positionen Zeit und Nerven sparen. Stets gilt dabei das Grundprinzip von Respekt und Höflichkeit. Erst vor dem Hintergrund dieses Grundprinzips können kurze und eindeutige Formulierungen ihre positive Wirkung entfalten.

Ein Beispiel: Was glauben Sie, wer von den beiden folgenden Mitarbeitern mit seinem Anliegen den Chef schneller überzeugen kann? Es geht um das Abwenden einer neuen Aufgabe bzw. um das Einfordern von Unterstützung.

**Beispiel**

A: (Im Jammerton und mit gesenktem Blick): „Ich weiß nicht, wie ich das schaffen soll, weil ich ohnehin schon so viel zu tun und das Gefühl habe, nicht fertig zu werden. Und jetzt soll ich noch Ihren Bericht überarbeiten, und das in so kurzer Zeit. Und dann gibt es wieder tausend Änderungen, und ich werde wieder nicht fertig".

B: (mit klarer, fester Stimme und festem Blick) „Herr Krause, ich bin jetzt in einer Zwickmühle: Einerseits soll ich die bestehenden Projekte ordnungsgemäß und fristgerecht fertigstellen. Andererseits übergeben Sie mir jetzt eine neue Aufgabe, die ebenso eilig ist. Das kann ich nicht alles gleichzeitig unter einen Hut bringen. Sonst leidet die Qualität darunter. Wäre es möglich, eine Aufgabe zu verschieben?"

Bestimmt haben Sie sich für Mitarbeiter B entschieden. Während Mitarbeiter A eher Mitleid erregt und nicht ernst genommen wird, verschafft sich Mitarbeiter B durch sein entschlossenes und klares Auftreten viel mehr Gehör. Dabei beschreibt er sachlich, höflich und nachvollziehbar die gegenwärtige Situation und sein persönliches Dilemma. Die Chance auf eine konstruktive Lösung steigt.

Und noch ein Beispiel: Was glauben Sie, wer von beiden Chefs entschlossener wirkt?

**Beispiel**

A: „Frau Müller, können Sie bitte die Tabelle in den kommenden Tagen überarbeiten und innerhalb von drei bis vier Tagen an Herrn Klaus in die Filiale nach Frankfurt mailen. Und im Übrigen, könnten sie bei der Gelegenheit auch noch so freundlich sein und die neuen Richtlinien für die Dienstwagenverfügung dranhängen und Herrn Klaus noch an das Meeting übernächste Woche erinnern? Und Frau Müller, was ich jetzt fast vergessen hätte. Wenn der Kunde Bachmann anruft, sagen Sie ihm bitte, dass sich die Auslieferung des Produkts noch um eine Woche verzögert."

B: „Frau Müller, bitte überarbeiten Sie die Tabelle bis Freitag und mailen Sie diese an Herrn Klaus in Frankfurt. Fügen Sie bitte auch auf die neuen Richtlinien für die Dienstwagenverteilung hinzu und erinnern Sie ihn an das Meeting übernächste Woche. Und noch eine Information für den Kunden Bachmann: Die Auslieferung des Produkts erfolgt am ..."

Wer kompetent und überzeugend wirken will, sollte sich auf das Wesentliche konzentrieren und das knapp und eindeutig formulieren können. Er macht es sich selbst und seinem Gegenüber leichter.

### Fehler zugeben

Fehler in einem Unternehmen passieren meist unabsichtlich und sind eine Folge von Dauerdruck, Stress und mangelnder Abstimmung. Ist ein Fehler passiert, so führt das oftmals zu tagelangen Grübeleien bei Betroffenen. Auch wenn sich der Fehler vertuschen lässt, bleibt unterschwellig das Gefühl, doch noch erwischt zu werden. Dies kann Ängste auslösen und die Person schwächen. In vielen Fällen ist es besser, den Fehler zuzugeben und zu betonen, dass dieser nicht aus böser Absicht heraus geschah. Häufig wirkt das sehr befreiend und entlastend – Betroffene haben ein Problem weniger. Zu einem Fehler stehen und diesen zugeben zu können – am besten in Verbindung mit einer Wiedergutmachungsgeste – ist ein Zeichen von Souveränität und Selbstsicherheit. Einen Fehler zuzugeben, kann in vielen Fällen Stress deutlich mindern. Im Einzelfall ist immer abzuwägen, was kräfteschonender und weniger folgenreich ist: Den Fehler zu vertuschen oder ihn zuzugeben.

Insbesondere Führungskräfte können damit punkten, sich zu einem Fehler zu bekennen und bei einem Mitarbeiter dafür zu entschuldigen. Das mindert keineswegs ihre Kompetenz. Ganz im Gegenteil: Die Führungskraft zeigt sich hier als Mensch und wirkt vertrauenserweckend. Dies kann den Druck in einem Team abmildern.

### Selbstreflexion: Entscheidung mit System

Wer beruflich und privat erfolgreich werden will, ohne die eigene Gesundheit aufs Spiel zu setzen, benötigt einen klaren inneren Standpunkt. Nur so gelingt es, sich gegenüber der

Flut an Anforderungen und Angeboten angemessen abzugrenzen und einen guten Weg für sich zu finden. Dabei geht es vor allem um eigene Werte. Nur wer weiß, wofür er Dinge macht und welche Werte ihn leiten, kann angemessen entscheiden und unterscheiden. Oftmals werden unliebsame Entscheidungen zu lange hinausgezögert und belasten die Gesundheit. Betroffene sind von der Angst beherrscht, durch die falsche Entscheidung Folgen in Kauf zu nehmen, die schlimmer sind als die derzeitige Situation. Deshalb schieben sie Entscheidungen hinaus.

Grundsätzlich gilt: Jede Entscheidung beinhaltet zugleich Risiko und Chance. Soll ich nun die Abteilung oder die Firma wechseln oder nicht? Werde ich das hinterher nicht bereuen? Schaffe ich es woanders wieder, mir gute Netzwerke aufzubauen? Allen Entscheidungen gemeinsam ist: Sie kosten Energie. In vielen Fällen hängen nicht nur die persönlichen Bedürfnisse des Betroffenen, sondern auch die der Familie daran. Das macht das Aussteigen aus einer energiezehrenden Situation oftmals so schwer und lässt Betroffene darin verharren. Zudem fürchten viele die Unwägbarkeiten einer Entscheidung mehr als die augenblickliche Belastung.

Es ist diese Unsicherheit, die Angst vor dem Neuen und Unbekannten, die Betroffene davon abhält, unter eine energiezehrende Situation endlich den Schlussstrich zu ziehen. Sie haben nicht das nötige Vertrauen in das, was danach kommt. Zudem haben sie Angst vor Nachteilen, die die Entscheidung mit sich bringt: Finanzielle Nachteile, verpasste Aufstiegschancen, Zugehörigkeits- und Statusverlust.

Der Widerspruch zwischen Verstand und Gefühl erzeugt oft großen inneren Stress. Die Entscheidung wird häufig erst dann gefällt, wenn zwingende Ereignisse von außen diese unumgänglich machen. Dennoch sollte man nicht auf solche Ereignisse warten, sondern das Ruder selbst in die Hand nehmen. Wer dabei seine eigenen Werte und Lebensmotive im Blickfeld hat (siehe Abb. 6.2), kann sich besser orientieren. Um diese herauszufinden, helfen Selbstreflexionsfragen (Abb. 5.6). Egal, ob in Einzelarbeit oder gemeinsam mit einem Freund oder dem eigenen Lebenspartner: Die Beantwortung der Selbstreflexionsfragen hilft in vielen Fällen weiter und bringt Licht ins Dunkel. Abbildung. 5.6 gibt einen Überblick über Fragen, die bei wichtigen Entscheidungen weiter helfen können.

Antworten auf Selbstreflexionsfragen ermöglichen ein stabiles Entscheidungsfundament. Im Berufsleben gibt es oftmals Situationen, die die „richtige" Entscheidung fordern. Oft sind das Situationen mit großer Tragweite. Immer, wenn es um Beförderungen, Aufstieg, Team- oder Abteilungswechsel geht, gilt es sorgfältig deren Auswirkungen auf die verschiedenen Lebensbereiche ins Visier zu nehmen. Dafür lohnt es, sich für kurze Zeit zurückzuziehen, um klarer zu sehen. Inmitten des Alltagstrubels ist das Risiko groß, eine Fehlentscheidung zu treffen.

| Selbstreflexionsfragen |
|---|
| - Wo will ich hin? Wozu mache ich das? |
| - Wofür strenge ich mich an? |
| - Was ist mir wirklich wichtig? |
| - Angenommen, ich mache weiter wie bisher, welche Auswirkungen und Konsequenzen hat das? Will ich und kann ich mit diesen Konsequenzen leben? |
| - Wie viel Energie fließt in die einzelnen Lebensbereiche? |
| - Welche Lebensbereiche erfordern besondere Aufmerksamkeit? |
| - Worauf will und kann ich verzichten? |
| - Ab wann wird es wirklich unerträglich für mich? Welche Alternativen gibt es? |

**Abb. 5.6** Selbstreflexionsfragen. Diese Fragen helfen, sich in Entscheidungssituationen klar zu positionieren

**Beispiel**

Die sehr kompetente und überdurchschnittlich engagierte Softwarespezialistin Miriam K. erhält von ihrem Chef das Angebot, die Leitung der Abteilung Systemadministration zu übernehmen. Zunächst erfreut über das Vertrauen ihres Chefs, plagen sie zunehmend Zweifel. Sie weiß nicht, ob sie dieses Angebot annehmen soll oder nicht. Grundsätzlich macht sie den jetzigen Job gerne und vermisst nichts. Gleichzeitig fühlt sie sich geehrt und möchte ihren Chef auch nicht enttäuschen. Da die Entscheidung von großer Tragweite für sie ist, will sie diese reiflich und systematisch überlegen. Dafür kann sie ihren Lebenspartner, eine Freundin oder einen Coach zu Rate ziehen, denn vier Augen sehen mehr. Gemeinsam mit ihrem Gegenüber überlegt sie, was auf dem Spiel steht. Dabei stehen vor allem die Auswirkungen ihrer Entscheidung im Mittelpunkt (Tab. 5.4). Diese bilden die Entscheidungsgrundlage für Miriam K.

Miriam K. hatte in der Vergangenheit bereits einen Hörsturz, den sie in Verbindung mit ihrem beruflichen Ehrgeiz brachte. Davon hat sie sich inzwischen erholt. Da ihr Körper bereits in der Vergangenheit deutliche Grenzen aufgezeigt hat, fließt diese Erfahrung in ihre Überlegungen mit ein. So kommt sie bei gründlichem Nachdenken über die Auswirkungen eines möglichen Aufstiegs zu dem Schluss, auf die Führungsposition zu verzichten. Ihre Gesundheit ist ihr wichtiger. So schwer ihr diese Entscheidung auch fällt: Sie trifft diese überlegt, bewusst und hadert nicht damit.

Je nach persönlicher Situation wird die Bewertung der Konsequenzen, die eine Entscheidung mit sich bringt, zu unterschiedlichen Ergebnissen führen. Eine andere Person wird sich im oben aufgezeigten Beispiel für den Aufstieg entscheiden, weil sie von anderen Werten geleitet ist. Die Liste der Auswirkungen kann beliebig ergänzt werden. Dabei gilt:

**Tab. 5.4** Entscheidungsgrundlage „Auswirkungen“

| Auswirkungen: Wenn ich die Führungsposition annehme, dann … | Will ich das wirklich? |
|---|---|
| Gewinne ich an Status und Ansehen | Neutral |
| Übernehme ich mehr Verantwortung | Ja |
| Kann ich mich persönlich weiterentwickeln | Ja |
| Kann ich Macht und Einfluss ausüben | Nein |
| Muss ich mich weiterqualifizieren | Ja |
| Bekomme ich mehr Gehalt | Ja |
| Steht mir ein größerer Dienstwagen zu | Neutral |
| Kommen neue und unbekannte Aufgaben auf mich zu | Nein |
| Muss ich länger arbeiten | Nein |
| Habe ich mehr Stress | Nein |
| Geht das zu Lasten meines Privatlebens und der Familie | Nein |
| Habe ich noch weniger Zeit für Freizeitaktivitäten wie Sport und Kultur | Nein |

Wer im Vorfeld mögliche Auswirkungen einer Entscheidung kritisch prüft, kann sicherer entscheiden und bereut seine Entscheidung seltener.

▶ Wenn Sie gerade vor einer wichtigen Entscheidung stehen, wägen Sie mögliche Auswirkungen dieser Entscheidung gegeneinander ab. Erstellen Sie sich eine Liste wie in Tab. 5.4 und bedenken Sie systematisch die Auswirkungen der Entscheidung. Überlegen Sie dabei: Welche Werte haben Vorrang? Worauf können sie am ehesten verzichten? Gehen Sie Schritt für Schritt die Auswirkungen einzeln durch und bewerten Sie diese. Am besten Sie besprechen das mit einer Person Ihres Vertrauens. Sie werden schon bald merken, in welche Richtung Sie tendieren. Ihre Entscheidung steht damit auf einem stabilen Fundament.

### Stabile Beziehungen als Stresspuffer

Soziale Unterstützung ist ein sehr wirksames Anti-Stress-Mittel. Ob bei der Arbeit, in der Familie, bei Freunden oder im einer anderen Gemeinschaft: Wer sich emotional gut aufgehoben fühlt, kann Druck besser abfedern. Dazu gehört auch die Fähigkeit, um Hilfe und Unterstützung zu bitten. Man muss nicht alles alleine machen. Gerade in Zeiten, in denen Einzelkämpfer und Egoismus an Fahrt gewinnen, kommt dieser Aspekt oft zu kurz.

Dabei ist der Mensch von Natur aus darauf ausgelegt, anderen Menschen zu helfen. Er ist auf die Gemeinschaft geeicht und bezieht wichtige Lebensenergie daraus. Wenn Geben und Nehmen stimmen, befindet sich der Mensch im Gleichgewicht. Ein unterstützendes, stabiles Netzwerk am Arbeitsplatz und im Privatleben bildet ein Bollwerk gegen Belastungen und Stress. In der Firma auf die Unterstützung der Kollegen bauen zu können, federt manchen Stress ab. Ein Experiment mit Affen bestätigt, wie beruhigend soziale Unterstützung wirken kann.

**Beispiel**

In dem Experiment wurde ein neues Präparat gegen Angst und Stress getestet. Dazu wurde ein Affe in einen Käfig gesetzt. Dann ließ man einen Hund knurrend und bellend um den Käfig laufen. Anschließend wurden die Stresshormone gemessen. Wie erwartet, schnellten die Stresshormone des Affen nach oben. Die Angst hatte ihn fest im Griff. Dann verabreichte man einem anderen Affen das Testpräparat und setzte ihn zum Affen in den Käfig, der kein Beruhigungsmittel erhalten hatte. Wieder ließ man den Hund knurrend um den Käfig laufen. Der Affe, der das Testpräparat erhalten hatte, zeigte keinerlei Reaktion. Völlig entspannt schien er die Aufregung des Hundes zu betrachten. Die Stressforscher schlossen daraus, dass das Testpräparat erfolgreich wirkte. Völlig verdutzt waren sie dann allerdings, als bei dem Affen ohne Beruhigungsmittel auch kein erhöhter Stresshormonspiegel messbar war. Daraufhin wurde das Experiment wiederholt. Wieder saß der erste Affe allein im Käfig. Wieder lief der Hund knurrend um den Käfig. Wieder schnellten die Stresshormone in die Höhe. Die Forscher ließen ein paar Tage verstreichen und machten noch einen Testdurchlauf. Diesmal bekam auch der zweite Affe keine Beruhigungspille. Beide Affen blieben angesichts des knurrenden Hundes entspannt. Saß einer der beiden allein im Käfig, stiegen die Stresshormone deutlich an. Saßen beide zusammen im Käfig, ließ sie der knurrende Hund kalt. Bedingung allerdings war, dass beide Affen aus der gleichen Kolonie stammten und sich vertraut waren (vgl. Hüther 2009, S. 52 f.).

Auf den Menschen übertragen, ist der soziale Rückhalt in Form einer vertrauten Person ein wirkungsvoller Schutz gegen Stress. Die Forscher waren darüber verblüfft, wie sehr die Anwesenheit eines vertrauten „Kollegen" die Affen vor Angst und Stress schützte.

Auch für den Berufstätigen gilt: Auf die Unterstützung durch einen vertrauten Kollegen, einen guten Freund oder durch eine stabile Beziehung zählen zu können, ist eines der wichtigsten Anti-Stress-Mittel. Manchmal genügt es, nur jemanden zu haben, der einem zuhört. Geteiltes Leid ist eben halbes Leid. Im Falle von Mobbing tritt die fatale Situation ein, dass die betroffene Person einen einsamen und verzweifelten Kampf mit sich alleine austrägt, weil es diese vertraute Person nicht gibt.

Um auf einen guten Freund zurückgreifen zu können, muss man Freundschaften regelmäßig pflegen. Wer permanent Einladungen aus Zeitgründen ablehnt oder Kontakte ausschließlich über Facebook pflegt, steht in schwierigen Situationen oft alleine da und hat dann doppeltes Leid zu ertragen. Soziale Bindungen bilden wichtige Schutzfaktoren vor seelischen Erkrankungen.

Auch andere Quellen, wie z. B. Haustiere, Hobbies oder die Lieblingsmusik, wirken ebenfalls stressmindernd. Sie bilden ein gutes Gegengewicht zur Arbeit. Oft merken Betroffene das Fehlen dieses Gegengewichts erst dann, wenn der private Bereich bereits verkümmert ist. Insbesondere Topmanager mit 80-Stunden-Wochen ruinieren Privatleben und Gesundheit mit ihrem exzessiven Lebensstil. Wer auf den einzelnen Flughäfen der Welt mehr zuhause ist als bei seiner eigenen Familie braucht sich nicht zu wundern, wenn der Ehe- oder Lebenspartner eines Tages den Schlussstrich zieht. Falls der Job 70 und 80 Arbeitsstunden in der Woche erforderlich macht, muss diese Entscheidung von beiden Partnern akzeptiert und getragen werden. Nur durch viel Kommunikation und gegenseitigen Respekt lässt sich eine derartige Situation meistern. Insbesondere sollte Betroffenen klar sein: Wofür mache ich das? Wozu dient das? Welche persönlichen Motive befriedige ich damit?

Für den Auf- und Ausbau des privaten Freundesnetzes gilt: Kontakte zu Menschen, die einem gut tun, verdienen Vorrang. Auch hier lohnen Fragen: Auf welche Kontakte kann ich verzichten? Auf welche möchte ich verstärkt setzen? Geben und Nehmen in einer Beziehung sollten im Gleichgewicht sein. Soziale Netzwerke im Internet alleine bilden grundsätzlich keinen Ersatz für persönliche Kontakte. Dennoch sind sie nicht mehr aus der modernen Welt wegzudenken und bringen auch Vorteile. Wer unter Zeitnot leidet, kann eben ohne großen Aufwand eine elektronische Nachricht versenden und bleibt am Ball. Auch hier geht es nicht um Ja oder Nein, sondern um das Wie der Nutzung. Das liegt in der Eigenverantwortung des Einzelnen.

▶ Überlegen Sie, zu welchen Personen Sie wieder Kontakt aufnehmen oder diesen vertiefen möchten. Welche Kontakte geben Ihnen gute Energie? Auf welche Kontakte können Sie gut und gerne verzichten?

Selbstverständlich gehört es zu einer Freundschaft dazu, dass mal der eine, mal der andere mehr gibt. Im Großen und Ganzen sollte die Beziehung ausgeglichen sein. Wer im Kundenkontakt tagsüber konzentriert und aufmerksam sein muss, ist überfordert, wenn er abends noch stundenlang Probleme anderer wälzen muss. Statt in der Freizeit Energie zu tanken, wird der Energietank noch leerer. Das kann auf Dauer überfordern.

**Netzwerke in Unternehmen** Der Aufbau stabiler Netzwerke in Unternehmen zahlt sich in mehrfacher Weise aus: Vorrangig steht die emotionale Unterstützung im Mittelpunkt: Geteiltes Leid ist halbes Leid. Verlässliche und vertrauensvolle Beziehungen bilden einen wirksamen Stresspuffer auch im Berufsleben. Emotionale Unterstützung durch vertraute Kollegen ist in belastenden Situationen Gold wert. Da vertraute Beziehungen im Unternehmen nicht vom Himmel fallen, sondern ihre Zeit brauchen, ist es besonders bitter, wenn im Rahmen von Umstrukturierungen vertraute Kontakte wegbrechen. Für viele Beschäftigte ist es mühsam, sich diese Kontakte wieder neu aufzubauen. Vertrauen entsteht eben nicht auf Knopfdruck. Hierfür braucht man Zeit – und wer garantiert, dass bis dahin nicht schon wieder die nächste Umstrukturierung stattgefunden hat?

Mit jeder Umstrukturierung sinken auch Vertrauen, Identifikation und Bindung ans Unternehmen. Kurzum: Die Seele des Unternehmens bleibt auf der Strecke. Für manche Mitarbeiter gleicht das einer Katastrophe. Auch hier gilt: Wie sehr eine Person unter dem Verlust einer ihr vertrauten Person leidet, ist von Mensch zu Mensch verschieden.

Während sich der eine Mensch schnell an neue Situationen und Menschen anpasst und darin eine Chance sieht, droht ein anderer daran zu zerbrechen.

Grundsätzlich gilt: Netzwerke im Job sind sehr wichtig. Insbesondere neue Führungskräfte sollten sich nicht nur auf inhaltliche Aufgaben konzentrieren, sondern systematisch wichtige Netzwerke und Beziehungen aufbauen. Das betrifft sowohl die Beziehung zu den eigenen Mitarbeitern als auch die Beziehung zu Kollegen, die für den eigenen Erfolg wichtig sind. Aber nicht nur unter dem Effizienzaspekt sind Beziehungen im Unternehmen wichtig: Gemeinsam mit Kollegen in die Mittagspause gehen, miteinander Dinge besprechen, um Rat fragen, miteinander lachen – all das sind wirkungsvolle Anti-Stress-Mittel im hektischen Berufsalltag. Wer auf Unterstützung durch den Chef oder Teamkollegen bauen kann, ist weniger gestresst und ängstlich, als wenn er allein auf sich selbst gestellt ist. Es ist erwiesen, dass gute soziale Kontakte die Widerstandsfähigkeit des Menschen stärken. Das Gefühl geschätzt zu werden, ist elementar für die Balance von Körper und Seele.

Stabile Netzwerke bilden grundsätzlich auch ein wirkungsvolles Unterstützungssystem in fachlichen Angelegenheiten. Einen vertrauten Kollegen fachlich um Rat oder Unterstützung bitten zu können, macht flexibler und sicherer. Grundsätzlich sind die richtigen Kontakte im Unternehmen Gold wert. Eine systematische Netzwerkanalyse hilft diejenigen Kontakte herauszufiltern, die besonders bedeutsam für die eigene Weiterentwicklung sind. Welche Personen kommen als Förderer für die eigene Karriere in Frage? Wie kann man diese Beförderer auf den Plan rufen? Mit welchen Personen gibt es fachliche Berührungspunkte und Schnittmengen? Jeder Beschäftigte mit Karriereambitionen sollte sich darüber systematisch Gedanken machen.

▶ Überlegen Sie, welche Beziehungen Sie in Ihrem Berufsumfeld aktivieren können, um sich zu entlasten oder beruflich voranzukommen. Wer kann mich fachlich unterstützen? Wer außer meinem Chef persönlich könnte meine Karriere fördern? Welche Netzwerke gilt es zu aktivieren? Wie kann ich mich im Unternehmen intern bekannter und sichtbarer machen? Mit wem sollte ich mich stärker vernetzen?

#### 5.1.1.3 Kollegiale Beratung

Eine sehr wirksame und entlastende Form der gegenseitigen Hilfe ist die kollegiale Beratung. Diese gewinnt zunehmend an Bedeutung in Unternehmen. Ihr Ziel ist Hilfe zur Selbsthilfe. Sie läuft nach einem fest gelegten Rhythmus im Kreise Gleichrangiger ab. Im Gegensatz zum Austausch zwischen Tür und Angel geht es bei der kollegialen Beratung darum, schwierige Praxissituationen wechselseitig zu reflektieren und mit Hilfe Gleichgesinnter passende Lösungen zu sammeln. Aufgrund verschiedener Blickwinkel ergibt sich eine große Bandbreite von Lösungsstrategien, aus denen die betreffende Person die für sie passende herausgreifen kann. Kollegiale Beratungen machen Sinn für isolierte Berufspositionen wie Lehrer oder für Führungskräfte in der Wirtschaft. Vorteil der kollegialen Beratung ist, dass Wissen gebündelt einer Expertengruppe zur Verfügung steht. Sie fördert

Arbeitsqualität und Arbeitsergebnisse. Zudem macht sie sicher und gelassener. Betroffene fühlen sich emotional entlastet, fachlich gestärkt und stressrobust.

### 5.1.2 Erfolgreiche Denkstrategien

Eine der eindrucksvollsten Erkenntnisse der Neurobiologie ist die Tatsache, dass das menschliche Gehirn wandelbar ist (Neuroplastizität). Lange Zeit war man davon ausgegangen, dass dieses starr und in seiner Struktur unveränderbar ist. Diese Erkenntnisse sind von großem Nutzen im Umgang mit Druck und Stress: Menschen können nicht nur äußere Faktoren in ihrer Umgebung ändern, sondern auch an ihren Denkweisen und Haltungen arbeiten und diese sogar korrigieren. Sie können lernen, neu und anders zu denken. Damit beeinflussen sie selbst ihre Gehirnstruktur. Denn, je öfter sie eine neue Denkweise oder Haltung ausprobieren, umso tiefere Spuren hinterlässt sie im Gehirn (neuronale Verschaltungen). Grund ist, dass jede Erfahrung zu neuen Verknüpfungen zwischen den Nervenzellen führt, die sich im Gehirn einprägen und zukünftig abrufbar sind.

Dieser Mechanismus gilt nicht nur für das Erlernen einer neuen Sprache oder eines Berufs, sondern auch für das Erlernen neuer Denkweisen, Einstellungen und Haltungen. Zugegeben, den eigenen Denkstil und Haltungen zu verändern, ist nicht leicht. Schließlich sind sie im Gehirn bereits gespurt. Es bedarf einiges an Übung und Geduld. Gleichzeitig ist dies eine große Freiheit und Chance, die nur dem Menschen vorbehalten ist. Im Übrigen ist das Einüben neuer Denkweisen und Haltungen auch Bestandteil vieler Angsttherapien.

▶ Überlegen Sie sich, welche Ihrer Denkweisen und Haltungen Sie erfolgreich und zufrieden machen und mit welchen Sie sich selbst blockieren. Bitten Sie eine vertraute Person aus Ihrem nahen Umfeld, Ihnen eine ehrliche Rückmeldung darüber zu geben, welche Denkweisen und Haltungen Sie korrigieren sollten. Fragen Sie nach konkreten Situationen und Beobachtungen und schreiben Sie diese in ein Notizbuch. Denken Sie über das Feedback nach und versuchen Sie, die Erkenntnisse umzusetzen. Notieren Sie Ihre Erfolgserlebnisse und führen Sie sich diese immer wieder vor Augen.

#### 5.1.2.1 Gedankenkontrolle – Gefühlskontrolle

**Beispiel**

*Die Geschichte mit dem Hammer*

Ein Mann will ein Bild aufhängen. Er hat den Nagel, aber nicht den Hammer dazu. Aber der Nachbar hat einen Hammer. Also beschließt der Mann, zu ihm zu gehen und ihn auszuleihen. Doch da kommen ihm plötzlich Zweifel: Was, wenn der Nachbar ihm den Hammer nicht leihen will? Hatte er nicht gestern nur flüchtig gegrüßt? Vielleicht hatte er es eilig. Oder aber die Eile war nur vorgetäuscht und er hat etwas gegen ihn?

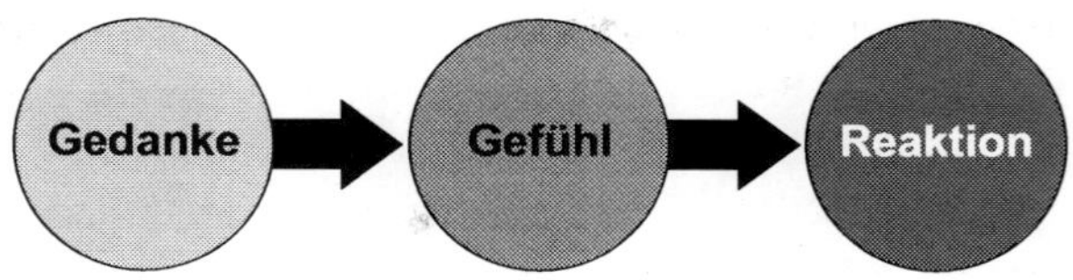


**Abb. 5.7** Gedanke-Gefühl-Reaktion. Gedanken erzeugen Gefühle. Gefühle erzeugen Reaktionen

Was sollte er gegen ihn haben, er hat ihm doch nichts Böses getan? Vielleicht bildet sich der Nachbar da etwas ein. Wenn jemand von ihm ein Werkzeug borgen möchte, würde er es ihm sofort geben. Und warum sein Nachbar nicht? Wie kann er nur so gemein sein? Leute wie dieser Kerl vergiften einem das Leben. Bestimmt bildet sich der Nachbar noch ein, er sei auf ihn angewiesen. Bloß, weil er einen Hammer besitzt. Jetzt reicht es aber wirklich. Und so stürmt er hinüber und läutet an der Tür des Nachbarn. Dieser öffnet, doch noch bevor er „Guten Morgen" sagen kann, schreit ihn der Mann an: „Sie können Ihren Hammer behalten, Sie Rüpel!" (Paul Watzlawick 2009).

Die Gedanken sind frei. Sie können beflügeln oder auch belasten. Stress ist Kopfkino, wie die Geschichte mit dem Hammer zeigt. Im beruflichen Alltag gehen Beschäftigten tagtäglich viele Gedanken durch den Kopf: Schaffe ich die Abgabefrist noch? Warum hat der Chef mich heute in der Kantine so flüchtig gegrüßt? Habe ich die Aufgabe auch gut genug gemacht? Haben die Kollegen nicht gerade über mich getuschelt? Was bedeutet das Kribbeln in den Fingern, das Ziehen in der Nierengegend? Die Vielzahl von Gedanken und Vorstellungen, die ständig um Negatives oder um drohende Ereignisse in der Zukunft kreisen, erregen den Organismus genauso stark wie konkrete Bedrohungen.

Menschen verfügen über viel Phantasie und brauchen sich Ereignisse nur vorzustellen, um eine Stressreaktion auszulösen. Abbildung. 5.7 zeigt den Zusammenhang zwischen Gedanken, Gefühl und Reaktion. Dabei kann letztere von körperlichen bis hin zu psychischen Reaktionen reichen. Konkret: Wer denkt, dass der Kollege ihm absichtlich eine Information vorenthalten hat (Gedanke), ärgert sich (Gefühl) und spannt sich in der Folge an (Reaktion). Oder im Eingangsbeispiel von Ludwig S. (vgl. Kap. 1): Ludwig S. denkt, dass der Chef etwas gegen ihn hat (Gedanke). Das ängstigt ihn (Gefühl). Er reagiert mit Schweißausbrüchen und Selbstabwertungen (Reaktion).

Sich Situationen im Vorfeld ausmalen zu können, ist Fluch und Segen zugleich. Fluch, weil ständige Sorgen vor vermeintlichen zukünftigen Ereignissen Kraft, Lebensfreude und auch die Gesundheit kosten können. Menschen sorgen sich gewissermaßen krank. Segen, denn Vorstellung und Phantasie können helfen, zukünftige Situationen planmäßig vorzubereiten und durchzuspielen. Die mentale Vorbereitung auf den Wettkampf ist aus dem Leistungssport nicht mehr wegzudenken und gibt Sportlern Sicherheit und Selbstvertrauen. Zudem hilft die gezielte gedankliche Vorbereitung auf Situationen, Ängste zu mindern und zu kontrollieren. Sich Situationen ausmalen zu können, unterscheidet den Menschen vom Tier, bei dem die akute Stressreaktion nur angesichts einer tatsächlichen Bedrohung ausgelöst wird.

Negative Gedanken durch positive und förderliche Denkweisen zu ersetzen, ist ein wesentlicher Bestandteil der Stressbewältigung. Wer seine Gedanken und Einstellungen steuern und kontrollieren kann, kann Stress erheblich reduzieren. Gedankensteuerung geschieht nicht auf Knopfdruck, sondern muss regelmäßig trainiert werden – sie erfordert Geduld. Erfolgreiches Stressmanagement setzt bei der Steuerung der Gedanken und Gefühle an und wirkt langfristig wie eine Immunisierung gegen Stress. Kenntnisse über die Wechselwirkung von Gedanken und Gefühlen sollten jedem Beschäftigten bekannt sein, um sich selbst besser steuern zu können.

Insbesondere für Führungskräfte ist ein hohes Maß an Selbststeuerungsfähigkeit im Berufsalltag elementar. Sie sind besonders häufig mit Emotionen konfrontiert, die sie nach außen nicht zeigen dürfen. Einer Stressreaktion gehen grundsätzlich immer Gedanken voraus, die gleichzeitig Gefühle auslösen. Stress im Berufsleben entsteht, wenn eine Anforderung negative Gedanken und in der Folge negative Gefühle erzeugt. Dann kommt es zu körperlichen Reaktionen. Konkret: Wenn Betroffene denken, dass sie die an sie gerichtete Anforderung nicht bewältigen können, löst das Angst aus und führt zu Stress. Sie beginnen hektisch und planlos zu werden und stecken damit ihr Umfeld an. Zunehmender Druck im Berufsalltag, gekoppelt mit Zukunfts- und Existenzängsten, erzeugt Katastrophenphantasien und Dauererregung. Solche Dauerängste münden nicht selten in eine ernsthafte psychische Erkrankung (vgl. Abb. 4.2). Ein systematisches Überdenken der eigenen Situation ist hilfreich, um Abstand zum Gedankenkarussell zu bekommen und Emotionen wie Angst, Ärger und Wut kontrollieren zu können. Wer sich dabei auf die eigenen Fähigkeiten besinnt, vermindert wesentlich die eigene Stressreaktion.

#### 5.1.2.2 Distanz durch Neubewertung

Die Fähigkeit, sich von Situationen und Ereignissen innerlich distanzieren zu können, spielt bei der Vermeidung stressbedingter Erkrankungen und Burnout eine entscheidende Rolle.

Unter intensivem Stress verengt sich der Blickwinkel. Alles erscheint im negativen Licht, wodurch der Weg auf Positives und der Situation Förderliches versperrt wird. Dauerstress führt zu Abbauprozessen im Gehirn mit negativen Folgen: Bereiche des Gehirns, die für systematisches Planen und Denken zuständig sind, schrumpfen. Das Gefühlshirn gewinnt die Oberhand und steuert den Menschen – nicht immer zu dessen Vorteil (vgl. Abb. 3.13). Unangemessene Bewertungen von Situationen und die Fehleinschätzung eigener Bewältigungskompetenzen sind die Folge: Entweder man überschätzt oder man unterschätzt sich.

Die Erfahrung im Coaching zeigt, dass Betroffene eigene Bewältigungsmöglichkeiten bei intensivem Stress meist unterschätzen. Damit geraten sie leicht in die Opferrolle und in die Ich-kann-nicht-Haltung. Sie erleben sich nicht mehr als Gestalter ihres Schicksals, sondern fühlen sich der Situation ausgeliefert. Das schränkt die Leistungsfähigkeit ein, macht handlungsunfähig und gefährdet die Gesundheit (siehe auch Abb. 6.1). Der Katastrophenfilm läuft immer wieder von neuem ab und stoppt oft an der entscheidenden Stelle, nämlich dort, wo die Suche nach Lösungen beginnen müsste. So kommt es zur Dauererregung des Organismus, wie beim Eingangsbeispiel von Ludwig S. (vgl. Kap. 1). Das ständige Grübeln und Gedankenkreisen um mögliche Folgen der Aussage seines Chefs, „Das werde Folgen für ihn haben", heizt seine Panik an und verstärkt den Stress. Die Aussage des Chefs wird überwertet und liefert immer wieder von neuem die Vorlage für den Katastrophenfilm.

Dass der Chef ihn am nächsten Tag schon wieder um Rat in einer wichtigen Angelegenheit gebeten hat, blendet er völlig aus. Anstatt mit seinem Verkäuferteam gemeinsam nach Ideen zu forschen, wie der augenblicklichen Situation am besten beizukommen ist, schlägt er um sich. Er übt Druck auf seine Mannschaft aus, beleidigt seinen besten Verkäufer und erzeugt ein neues Problem: Er löst damit einen Solidarisierungseffekt unter den Verkäufern aus. Diese richten ihre Wut nun geschlossen gegen ihn und reagieren mit Symptomen. Sie sind demotiviert. Und Demotivation ist im Verkauf bekanntlich der Garant für sinkenden Umsatz.

Ludwig S. greift also zur einer der schlechtesten Strategien und handelt sich damit noch mehr Probleme ein: Die Zahlen rutschen weiter in den Keller. Ihm fehlt die nötige Distanz, die Situation realistisch einzuschätzen und anzugehen. Jeder, der mit einer schwierigen Situation konfrontiert ist, kann sich selbst helfen, indem er seine Situation in Ruhe reflektiert und mit der nötigen Distanz bewertet, wie Abb. 5.8 zeigt. Unter Stress neigen Menschen dazu, die negativen Aspekte der Situation zu überbetonen. Dabei gilt gerade unter Stress, die positiven Aspekte ins Blickfeld zu rücken. Das hat zusätzlich den Effekt, die eigene Erregung abzubauen und klar zu sehen. Abbildung 5.8 beschreibt mögliche Sichtweisen und Bewertungen angesichts einer herausfordernden Situation.

### Akzeptanz des Unabänderlichen

„Was ist, das ist" – diese Haltung steht konträr zu der Haltung „Das kann doch nicht sein". Gemeint sind Situationen, die unabänderlich sind, wie z. B. akute oder chronische Erkrankungen, Umstrukturierungen, Personalabbau, Enttäuschungen oder Tiefschläge. Betroffene verschärfen mit einer „Das kann doch nicht sein"-Haltung solche Situationen und erregen sich damit unnötig selbst. Zudem ändert diese Haltung nichts an dem Tatbestand der Situation. Ganz im Gegenteil: Sie verstärkt persönlichen Stress und verhindert den Blick auf förderliche Lösungsmöglichkeiten. Im Gegensatz dazu steht die Haltung des Annehmens der Situation, was nicht gleich bedeutend ist mit passivem Erdulden und Resignieren. Situationen, die man nicht aus eigener Kraft verändern kann, akzeptiert man am besten. Eine nicht veränderbare Situation als solche zu akzeptieren, ist der erste Schritt in eine positive Zukunft.

**Beispiel**

Carola S., Produktmanagerin in einem mittelständischen Unternehmen, erhält wie ihr Kollege Richard L. die Kündigung. Während ihr Kollege mit der Situation hadert und an Herz-Rhythmus-Störungen leidet, geht sie erstaunlich gelassen damit um. Nach dem Todesfall einer nahe stehenden Person in der Vergangenheit hatte sie sich therapeutisch begleiten lassen. Dabei lernte sie, Unabänderliches zu akzeptieren und nicht zu hadern. Deshalb akzeptiert sie nun auch die Entscheidung der Geschäftsleitung, zumal diese

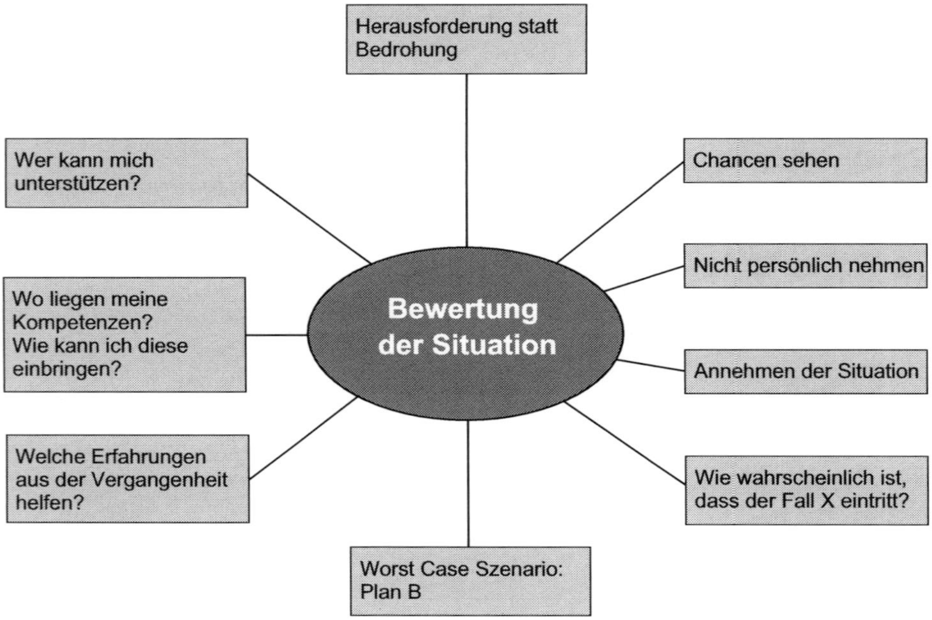


**Abb. 5.8** Bewertung der Situation. Es gibt stets mehrere Sichtweisen. Positive Sichtweisen reduzieren persönlichen Stress

unumstößlich und unabänderlich ist. Sie entschließt sich, die Abfindung für eine längere Auszeit zu verwenden, um sich dann in Ruhe und mit Abstand neu zu orientieren. Sie hat mit der gleichen Situation weniger Stress als ihr Kollege Richard L.

Eine Studie mit Mitarbeitern des Telefonkonzerns AT&T während umfassender Umstrukturierungsmaßnahmen ergab: Diejenigen, die die Umstrukturierung als unabänderliche Situation akzeptieren konnten, litten deutlich weniger an körperlichen und seelischen Beschwerden als Mitarbeiter, die mit einer „Das-gibt-es-doch-nicht-Haltung" innerlich dagegen ankämpften (vgl. Siegrist und Luitjens 2012, S. 26).

### Herausforderung und Chance

Ob und wie stark eine Stressreaktion ausfällt, hängt entscheidend davon ab, wie bedrohlich eine Situation eingeschätzt wird. Wer Situationen als Herausforderung und Chance sehen kann, hat mehr Kontrolle über seine Gefühle als eine Person, die Anforderungen als bedrohlich einstuft. Richtet sich der Blick auf die mögliche Chance, beeinflusst das die Bewältigung der Situation positiv. Hilfreiche Fragen sind:

- Wo liegt die Chance?
- Welchen Sinn hat das?
- Was kann ich hier unter Beweis stellen?

- Was kann ich dazu gewinnen?
- Welche Aufgabe habe ich in dieser Situation?
- Was kann ich in der Situation lernen?
- Wie wirkt sich eine erfolgreiche Bewältigung aus?
- Wie kann ich die erworbene Fähigkeit für andere Aufgaben nutzen?

**Beispiel**

Der sehr fachkompetente Mario S. erhält das Angebot, für seine Firma ins Ausland zu gehen. Mario S. ist sich unsicher. Nachts wacht er wiederholt schweißgebadet auf. In diesen Momenten packen ihn innere Unruhe und Zweifel. Wird er das mit 45 Jahren noch schaffen oder übernimmt er sich damit? Derart verunsichert, wendet er sich an einen Coach, mit dem er über seine Situation spricht. Bald darauf wird ihm klar, welche Chancen sich ihm dadurch bieten. Er wägt alle damit verbundenen Konsequenzen sorgfältig ab und trifft die Entscheidung überlegt und klar. Schließlich kommt er zu dem Schluss, dass er das Angebot annimmt. Immer mehr reizt ihn die anstehende Aufgabe, und er kann auch wieder besser schlafen.

Ein anderer Mitarbeiter wiederum kommt bei Prüfen aller Konsequenzen zu dem Schluss, dass ihm die Familie oder der Freundeskreis wichtiger ist und setzt die Prioritäten anders. Wie auch immer – die Entscheidung sollte auf durchdachten Kriterien beruhen und die individuelle familiäre Situation des Betroffenen berücksichtigen.

### Perspektivenwechsel

Wer Stressgefühle reduzieren will, tut gut daran, sich auf die Seite des Gegenübers zu stellen und das Geschehen von dort aus zu betrachten, genannt Perspektivenwechsel. Die Welt aus der Sicht des anderen zu sehen, macht dessen Haltung nachvollziehbar und verstehbar. Das schafft Distanz, macht Situationen weniger bedrohlich und führt zu einem neuen Blick auf die Situation. Besonders kritiksensible Personen profitieren vom Perspektivenwechsel: Sie beziehen die Kritik weniger auf die eigene Person, sondern sehen sie als Ausdruck der Befindlichkeit des anderen. Durch den Perspektivenwechsel können sie dessen Beweggründe nun nachvollziehen und entwickeln Verständnis.

**Beispiel**

Die sehr souveräne Sekretärin Cornelia K. erlebte gestern einen cholerischen Anfall ihres Chefs. Sie hatte vergessen, das Besprechungszimmer zu reservieren, woraufhin der Chef ihr im groben Ton Unzuverlässigkeit und Schlampigkeit vorwarf. Cornelia K. nimmt sich das nicht zu Herzen. Sie weiß, unter welchem Druck ihr Chef gerade beruflich und privat steht. Gestern hatte er sogar versehentlich seine Beruhigungstabletten auf dem Besprechungstisch in seinem Zimmer liegen lassen. Cornelia K. versucht sich in seine Lage hineinzuversetzen. Sie erkennt seine innere Not und kann sich von dem Ausbruch distanzieren. Auch die regelmäßigen Entspannungsübungen sowie der Sport helfen ihr, denn diese machen sie stressrobust. Der regelmäßige Austausch mit ihrer Freundin tut ihr ebenfalls gut. Das ist befreiend und bringt in vielen Fällen einen neuen Blickwinkel auf Situationen, über die sich Cornelia K. geärgert hat.

Cornelia K. erlebt, was viele Sekretärinnen tagtäglich erleben: Cholerische Ausbrüche, Abwertungen und Kränkungen durch den Chef. Sie lässt sich davon nicht unterkriegen. Insgeheim ist sie froh, nicht in seiner Lage zu stecken. Um kein Geld in der Welt möchte sie mit ihm tauschen. Cornelia K. kann sich erfolgreich von dieser Szene distanzieren, da sie durch regelmäßige Entspannungsübungen und Sport eine Grundgelassenheit entwickelt hat, die sie nicht so leicht aus der Bahn wirft. Auch ihre Freundin, mit der sie vieles bespricht, ist ihr eine große Hilfe. Auch Ludwig S. (vgl. Kap. 1) hätte sich selbst von dem Vorfall besser distanzieren können, wenn er die Perspektive gewechselt hätte. Ein Perspektivenwechsel verändert den eigenen Blickwinkel auf die stressauslösende Situation und kann die Erregung deutlich senken.

▶ **Konfliktlösung-ABC** Falls Sie gerade in einem Konflikt stecken, bearbeiten Sie diesen einmal auf eine etwas andere Art und Weise. Markieren Sie im Raum drei Positionen mit A, B und C. A steht für Ihre eigene Position, B für die Position Ihres Gegenübers und C für die Position des Beobachters. Nun stellen Sie sich zunächst auf die Position A. Sprechen Sie laut über Ihre Sichtweise und Haltung zum Konflikt: „Ich bin der Meinung dass ...“, „ich fühle mich ...“, „meine Motive sind ...“. Dann wechseln Sie zu Position B und sprechen aus der Sicht Ihres Gegenübers ebenfalls laut: „Ich bin der Meinung, dass ...“, „ich fühle mich ...“, meine Motive sind ...“. Zuletzt wechseln sie zu Position C. Nun sprechen Sie aus der Sicht des Beobachters (Metaposition): „Ich als Beobachter nehme A und B folgendermaßen wahr ...“, „als Lösung schlage ich vor ...“. Der Perspektivenwechsel fördert einen neuen Blick auf festgefahrene Situationen. Zudem steigen Verständnis für und Toleranz gegenüber der anderen Position. Die eigenen Emotionen können dadurch abkühlen und der Konflikt mit dem gesunden Menschenverstand bearbeitet werden.

### Emotionskontrolle durch „richtiges“ Bewerten

Situationen können stets unterschiedlich bewertet werden. Die betroffene Person selbst entscheidet, wie sie eine schwierige Situation bewertet. Ihre Bewertung beeinflusst maßgeblich den Grad der persönlichen Erregung. Im günstigsten Fall schafft es die Person, durch stressmindernde Bewertungen Druck aus der Situation zu nehmen. Abbildung 5.9 zeigt am Beispiel von Ludwig S. (vgl. Kap. 1), wie unterschiedlich sich Bewertungen auf das persönliche Stresserleben auswirken.

Vor dem Hintergrund schwieriger beruflicher Situationen spielt stets die Beurteilung des eigenen Marktwerts eine große Rolle. Wer gut qualifiziert ist und sich kompetent fühlt, kann schwierigen Situationen gelassener begegnen. Die Coaching-Praxis zeigt, dass

| Emotionskontrolle durch „richtiges" Bewerten | | | |
|---|---|---|---|
| **Bewertung der Situation** | | **stressverstärkend** | **stressmindernd** |
| A | Der Geschäftsführer reagiert aus Verzweiflung. | | X |
| B | Der Geschäftsführer mag mich nicht. | X | |
| C | Der Geschäftsführer droht schon immer, bisher hat er seine Drohungen noch nie umgesetzt. | | X |
| D | Der Geschäftsführer will mich bald entlassen. | X | |
| E | Der Geschäftsführer hat überreagiert. | | X |
| F | Der Geschäftsführer hat ein persönliches Verhältnis zu mir, da ist auch so ein Satz mal drin. | | X |
| G | Der Geschäftsführer ist ein hinterhältiger Typ. | X | |
| H | Der Geschäftsführer ist launisch, eine Stunde später ist er wieder nett zu mir. | | X |
| I | Ich möchte nicht mit ihm tauschen. Diesen Druck könnte ich persönlich nicht ertragen. | | X |
| **Selbstbewertung - Marktwert** | | | |
| A | Wenn es in dieser Firma nicht weiter gehen sollte, dann habe ich folgende Alternativen ... | | X |
| B | Ich bin von diesem Job abhängig. | X | |
| C | In der Vergangenheit habe ich schon viele Klippen überwunden, ich werde auch diese überwinden. | | X |
| D | Ich habe sehr viel historisches Wissen in der Firma. Mich zu kündigen, kann sich die Firma gar nicht leisten. | | X |
| E | Jeder ist heute austauschbar. Vor der Tür warten schon andere auf meinen Job. | X | |
| F | Ich bin sehr gut ausgebildet und kann auf meine Kompetenzen vertrauen. | | X |

**Abb. 5.9** Emotionskontrolle durch „richtiges" Bewerten. Bewertungen können stressverstärkend oder stressmindernd wirken

Berufstätige ihren eigenen Marktwert häufig unterschätzen. Unter Stress gewinnen Selbstabwertungen die Oberhand. Betroffene haben kein Gefühl mehr für die eigenen Stärken und werten sich permanent selbst ab. Oft befinden sie sich schon mitten in der Erschöpfungsspirale, sind von Angst beherrscht und haben keinen Abstand mehr zu den äußeren Umständen. Dies ist der ideale Nährboden für negative Selbstbewertungen.

▶ Denken Sie über eine aktuelle oder vergangene Situation in den letzten vier Wochen nach, die Sie besonders geärgert hat. Erstellen Sie sich eine Liste mit verschiedenen Bewertungsmöglichkeiten. Welche Annahmen wirken stressverstärkend, welche stressmindernd? Achten Sie in Zukunft auf stressmindernde

Bewertungen in schwierigen Situationen. Damit können Sie Ihre Gedanken positiv beeinflussen und dem Stress den Wind aus den Segeln nehmen. So werden Sie stressstabil.

**Innere Distanz bei Kritik – den sachlichen Aspekt sehen**
Viele kennen die Situation: Nach der Kritik durch den Chef oder einen Kollegen rutscht das Herz in die Hosentasche. Die Kritik hat ins Mark getroffen und erschüttert das Selbstwertgefühl. Es geht auch anders. Statt Kritik persönlich zu nehmen und sich unnötig darüber zu ärgern, gilt es, den sachlichen Anteil der Kritik zu sehen und sich auf diesen zu konzentrieren. Sehr bewährt hat sich dabei, Kritik als konstruktiven Hinweis und Chance für die eigene Weiterentwicklung zu sehen.

**Beispiel**

In einem Kritikgespräch bemängelt der Chef bei Alexander H., dass dessen Präsentationen zu ausschweifend sind und an manchen Stellen langatmig wirken. Der Chef bittet ihn, das in Zukunft zu ändern. Alexander H. ist zunächst irritiert, ja sogar frustriert. Als er mit seiner Kollegin darüber spricht, meint diese, er solle das Feedback als wertvollen Hinweis für seine persönliche Weiterentwicklung sehen. Auch sieht sie dahinter ein Interesse des Chefs an seiner Person. Alexander H. schläft eine Nacht darüber – beflügelt von den Gedanken seiner Kollegin. Schon am nächsten Tag bittet er um die Teilnahme an einem Präsentationstraining. Dort erwirbt er umfassende Kenntnisse, übt das neue Verhalten ein und verbessert schon bald die Qualität seiner Präsentationen.

Im Rahmen von Kritik spielt immer die persönliche Beziehung der Beteiligten zueinander eine Rolle. In einem vertrauten Rahmen wirkt Kritik anders, als wenn der Haussegen mit dem Chef bereits schief hängt. Dennoch: Es gibt sensible Menschen, die fast hinter jeder Aussage einen persönlichen Angriff vermuten. Gerade für kritiksensible Personen ist es hilfreich, sich von Aussagen innerlich zu distanzieren und den Blick auf den sachlichen Gehalt der Aussage zu lenken. So können sie durch ein Umbewerten der Situation eigenen Stress erheblich reduzieren. Wenn sie den sachlichen Aspekt der Kritik in den Mittelpunkt rücken, sparen sie Energie und schützen sich vor kräftezehrenden Grübeleien.

Das „richtige" Bewerten bedarf zunächst einiger Übung – es erfordert ein ähnliches Training wie ein Muskelaufbau. Durch konsequente Anwendung wird es dann automatisiert und hilft, Stresssituationen zukünftig souveräner zu begegnen. Für Führungskräfte ist es ein Muss, da sie permanent Situationen meistern müssen, in denen Emotionskontrolle eine große Rolle spielt. Da Führungskräfte stets ein Vorbild für ihre Mitarbeiter sind, ist gelassenes Auftreten im Berufsalltag ein wesentliches Element kompetenter Führung.

### Vertrauen in die eigene Kompetenz – Erfolgsjournal

Nur wer Vertrauen in sich selbst und seine Kompetenzen hat, steht neuen Anforderungen positiv und zuversichtlich gegenüber. Jeder Mensch hat im Laufe seines Lebens ureigene Erfahrungen im Umgang mit Problemen und Schwierigkeiten gemacht, die ihn lebenslänglich prägen. Welche bedrohlichen Situationen oder Ereignisse ihm bisher begegnet sind und wie er diese bewältigen konnte, beeinflussen sein Selbstvertrauen und die Einschätzung seiner Kompetenzen. Stress entsteht vor allem dann, wenn man sich die erfolgreiche Bewältigung einer Anforderung nicht zutraut. Es fehlt das Vertrauen in die eigene Kompetenz, die Anforderung wird im Kopf zum scheinbar unüberwindlichen Hindernis. Jeder, der aus dem Kreislauf von mangelndem Selbstvertrauen und Zweifel an der eigenen Kompetenz ausbrechen möchte, sollte sein persönliches Erfolgsjournal schreiben. Folgende Fragen dienen dabei als Leitfaden:

- Welche schwierigen Situationen habe ich in meinem Leben schon gemeistert?
- Wie ist mir dies gelungen, wie habe ich das konkret geschafft?
- Was war dabei besonders hilfreich?
- Worauf bin ich besonders stolz?
- Worauf kann ich mich bei mir selbst verlassen?
- Welche Fähigkeit ist besonders hilfreich für die Bewältigung der aktuellen Herausforderung?

**Beispiel**

Die fachliche Vorgesetzte Laura B. ist wütend, enttäuscht und frustriert. Ihr unkollegialer Kollege bekam den Zuschlag für die neue Führungsposition, obwohl der Chef ursprünglich sie vorgesehen hatte. All ihre Zeit hatte sie in den bevorstehenden Aufstieg investiert: Abende, Wochenenden und auch ihren Urlaub. Im Nachhinein kommt ihr das nun alles sinnlos vor. Nach dem ersten Schock trägt sie sich nun mit dem Gedanken zu wechseln. Dennoch ist sie unsicher. Erst, als sie ihr persönliches Erfolgsjournal entwickelt, wird ihr bewusst, wie viel sie kann. Das motiviert sie und gibt ihr Selbstvertrauen. Im persönlichen Erfolgsjournal, für das sie sich einen ganzen Nachmittag Zeit genommen hat, steht zusammengefasst:

- Wechsel in eine andere Stadt problemlos bewältigt
- Im Job sich schnell in das Aufgabengebiet eingearbeitet. Statt der vorgesehenen sechs Monate nur vier Monate benötigt
- Wiederholt Sonderprämien erhalten
- Erfolgreich drei große Kunden akquiriert
- Dankesschreiben von Kunden
- Exzellente Kommunikationsfähigkeit – kann sich kurz fassen und eindeutig formulieren
- Hohe Akzeptanz im Team – Vertrauensperson

- Gute Präsentationsfähigkeiten
- Belastbar
- Kollegial

Durch schriftliches Ausarbeiten des persönlichen Erfolgsjournals entsteht ein umfassendes Bild über die eigenen Stärken und Fähigkeiten. Dies wirkt sehr ermutigend – nicht nur in schwierigen Situationen. Das persönliche Erfolgsjournal macht Laura B. sicher und unangreifbar. Sie fasst Vertrauen in sich selbst und schafft es, sich neu zu orientieren. Indem sie aktiv handelt, verlässt sie die Opferrolle und wird so zur Gestalterin ihrer Zukunft (siehe auch Abb. 6.1). Das macht sie immun gegen die erlebten Ungerechtigkeiten. Ein Jahr später ist sie froh, die Firma verlassen zu haben. Jeder Berufstätige sollte sich in regelmäßigen Abstand auf die eigenen Stärken und Fähigkeiten besinnen. Dies wirkt wie eine Selbstimmunisierung gegen Stress von außen.

▶ Nehmen Sie sich die Zeit und verfassen Sie Ihr eigenes Erfolgsjournal. Zählen Sie dabei alle Situationen auf, in denen Sie sich bisher bewährt haben. Personen mit dem Antreiber „Sei perfekt!" sollen dabei rücksichtsvoll mit sich umgehen. Nicht nur überdurchschnittliche Leistungen verdienen hier erwähnt zu werden. Blicken Sie regelmäßig in Ihr persönliches Erfolgsjournal. Sie bestärken sich damit positiv und machen sich weniger angreifbar.

### Unterstützungsquellen

Wer weiß, an wen er sich in der jeweiligen Situation wenden kann, ist einen bedeutenden Schritt weiter. Sich zu helfen wissen und auf externe Unterstützungsquellen zurückzugreifen, ist kein Zeichen von Schwäche. Ganz im Gegenteil: Es ist ein Zeichen von Kompetenz. Unterstützung von außen entlastet, gibt Sicherheit und schafft Freiräume. Voraussetzung dafür ist eine regelmäßige Pflege der beruflichen und privaten Netzwerke. Mögliche Fragen an sich selbst sind:

- Wer kann mich unterstützen?
- Wer ist Experte zu dem Thema?
- Wer hat ähnliche Interessen und kann mich verstehen?
- Wer hat eine ähnliche Situation erfolgreich gemeistert?
- Wer kann mir Arbeit abnehmen? (beruflich und privat)
- Wie finde ich einen kompetenten Coach?
- Wer kann mir einen guten Coach empfehlen?
- Wo gibt es eine passende Selbsthilfegruppe?

### Entdramatisieren von Stresssymptomen

Angesichts einer drohenden Situation, der man sich nicht gewachsen fühlt, wird die Notfallreaktion im Organismus ausgelöst (vgl Abb. 3.3). In der Folge treten körperliche Reaktionen wie Schwitzen, Zittern, Kurzatmigkeit etc. auf. Obwohl ein natürlicher biologischer Prozess und zunächst keineswegs bedrohlich, löst das bei Betroffenen Angst und Panik aus, weil sie die Körperreaktionen nicht einordnen können. Vielmehr lassen sie sich dadurch verunsichern und beobachten sich nun fortan ängstlich selbst. Aufgrund der angespannten Selbstbeobachtung verstärken sich die Symptome und werden zum neuen Stressauslöser. Betroffene können so in den Teufelskreis von Angst geraten und die Symptome sich verschlimmern. Wer weiß, dass solche Symptome unter Stress normal sind und vom Arzt grünes Licht bekommt, ist um eine Angst ärmer. Das Bewerten dieser Symptome als ungefährlich und das Akzeptieren hilft, den Stress zu begrenzen.

### Entdramatisieren der Katastrophe

Statt sich immer weiter in die mögliche Katastrophe hineinzusteigern, gilt es, Katastrophenphantasien realistisch zu überprüfen. Dafür benötigt man einen gewissen Abstand. Sehr hilfreich dabei ist auch eine neutrale Person. Folgende Fragen unterstützen die Selbstreflexion:

- Ist meine Angst hier wirklich angebracht?
- Wie hoch ist die Wahrscheinlichkeit, dass die Katastrophe tatsächlich eintritt?
- Wie würde ein guter Freund die Situation beurteilen?
- Wie beurteilen andere die Situation?
- Wie beurteile ich die Situation in ein, zwei oder drei Jahren?
- Welche Möglichkeiten gibt es, die Situation aus eigener Kraft zu verhindern?
- Was wäre, wenn die Situation tatsächlich eintreten würde? Welche Handlungsmöglichkeiten habe ich für diesen Fall? Wer könnte mich unterstützen?

**Plan B: Für den Fall der Fälle** „Wenn es hier nicht mehr weiter geht, habe ich folgende Alternativen ...“ – diesen Satz zu Ende zu denken, ist eine äußerst hilfreiche Denkstrategie in schwierigen Situationen. Ludwig S. im Eingangsbeispiel dagegen kommt nie an diesen Punkt. Seine Gedanken drehen sich immer wieder um das Eintreten der befürchteten Katastrophe. Dies ist ein typisches und sehr ungesundes Verhalten bei intensivem Stress. Wiederholte Grübeleien um dasselbe sind von Natur aus nicht zielführend. Dauergrübeln ist wenig konstruktiv. Ganz im Gegenteil: Die Person kreist immer wieder um dieselben Gedanken und steigert sich immer weiter hinein. Wer im Kopf tragfähige Alternativen entwickelt, befreit sich aus der Umklammerung von Angst und Schrecken. Er bekommt die Situation gedanklich unter Kontrolle und befreit sich von Ohnmachtsgefühlen und Resignation. Dies wirkt stressmindernd. Mögliche Fragen in dem Zusammenhang sind:

- Wenn es hier nicht mehr weiter geht, dann habe ich folgende Alternativen ...
- Gibt es innerhalb des Unternehmens eine passende Stelle?
- In welchem Bereich sind meine Kompetenzen gefragt?
- Welche Firmen kommen alternativ in Frage?
- Welche Kontakte kann ich jetzt schon dafür aktivieren?
- Kommt eine selbstständige Tätigkeit in Frage?

- Wie kann mein Partner mich unterstützen?
- Wo finde ich einen kompetenten Karrierecoach?

**Beispiel**

Die Personalmanagerin Ulrike R. ist mit ihrem Job sehr unzufrieden. Die ständigen Umstrukturierungen und Entlassungsgespräche haben ihr Nervenkostüm in letzter Zeit sehr strapaziert. Sie kommt zu dem Schluss, dass sie so nicht weiter machen kann. Ihre Ohrgeräusche und den Schwindel sieht sie als Geschenk und Hinweis ihres Körpers, ihr Berufsleben zu überdenken. Ulrike hat ein gutes Gespür für sich und ihre Bedürfnisse. Gleichzeitig möchte sie auf kompetenten Rat und eine Perspektive von außen nicht verzichten. Deshalb wendet sie sich an einen Coach, zu dem sie schnell Vertrauen entwickelt. Während des Coachings wird Ulrike R. ziemlich schnell klar, dass sie sich selbstständig machen möchte. Ein Test öffnet ihr den Blick auf ihre Stärken und macht ihr Mut. Sie weiß nun, in welche Richtung sie zukünftig investieren will und erarbeitet gemeinsam mit dem Coach einen individuellen Plan für Ihre berufliche Zukunft. Ulrike R. ist nun einen großen Schritt weiter.

Sich permanent zu ärgern, kostet unnötige Kraft und Energie. Manchmal führt kein Weg an der Entscheidung vorbei, aus der Situation herauszugehen. Dies sollte im Einzelfall kein Tabu sein, wenn die Situation unerträglich wird. Grundsätzlich kann es hilfreich sein, hier auf externe Unterstützung wie Coaching zurückzugreifen. Ein guter Coach stellt die richtigen Fragen, forscht nach Fähigkeiten und Stärken und ermöglicht einen neuen Blick auf die Situation (siehe auch Abb. 6.2). Die gecoachte Person gewinnt zunehmend an Sicherheit und Selbstvertrauen. Sie kommt damit in eine gute Ausgangslage, aus der heraus sie die richtige Entscheidung fällen kann. Bei Entscheidungen mit großer Tragweite ist das eine gute Investition.

### Erfolgsfilm drehen

Das Gehirn lauscht, wie man mit ihm spricht, und der Körper folgt dem Kommando des Gehirns, das die Selbstgespräche je nach Inhalt unterschiedlich bewertet. Angesichts einer schwierigen Situation ist es wichtig, positiv zu sich selbst zu sprechen. Damit versetzt man sich selbst in einen positiven Zustand. Wer dagegen negativ mit sich spricht, bringt sich in einen negativen Zustand. Der innere Dialog ist ein wichtiges Werkzeug, um die eigenen Gedanken zu steuern und schwierige Situationen beherrschbar zu machen. Wer Herr seiner Gedanken ist, geht schwierige Situationen zuversichtlich und gelassen an. Positiv zu denken, hat nichts mit Esoterik zu tun, sondern ist neurobiologisch gut belegt. Positive Gedanken führen zu neuen Nervenzellverbindungen im Gehirn und bilden eine gute Grundlage für neue Erfahrungen, die die Person als positiv erlebt. Sie wird dadurch angefeuert, und die neuen Erfahrungen werden zu einem zuverlässigen Partner auch in der Zukunft. Die Person traut sich mehr zu und geht mit der nächsten Herausforderung gelassener um. Kurzum – die Person gewinnt dadurch zunehmend an Selbstvertrauen und

Selbstsicherheit. Ein besonders hilfreiches Instrument der Gedankensteuerung angesichts einer Herausforderung ist das Drehen des eigenen Erfolgsfilms.

**Erfolg beginnt im Kopf – Drehen des eigenen Erfolgsfilms**

- Denken Sie an eine bevorstehende Situation, die für Sie eine Herausforderung darstellt (Präsentation, schwieriges Gespräch mit dem Chef, einem Kollegen oder Kunden etc.).
- Stellen sie sich vor Ihrem inneren Auge vor, wie Sie Schritt für Schritt diese Situation erfolgreich bewältigen. Lassen Sie die erfolgreiche Bewältigung dieser Situation wie einen Film abspielen – mit allen damit verbundenen positiven Bildern, Gefühlen, Geräuschen, Gerüchen. Malen Sie sich die Filmsequenzen richtig intensiv aus. Wie sehen die einzelnen Filmsequenzen genau aus? Was tun Sie genau in dem Film? Wie schaffen Sie es, die Situation so gut zu bewältigen? Was macht Sie so erfolgreich? Wie geht es Ihnen, wenn Sie Ihr Ziel erreicht haben? Wiederholen Sie das Abspielen des Films mehrmals, am besten abends vor dem Schlafen gehen.
- Prägen Sie sich diesen Film und die damit verbundenen Gefühle möglichst tief ein. So oft, bis Sie Bilder und Gefühle der erfolgreichen Bewältigung zuverlässig abrufen können.
- Sie haben für sich selbst im Voraus nun einen Erfolgsfilm gedreht, der Sie in der Live-Situation zuverlässig leiten und unterstützen wird. Wer möchte, bittet eine nahestehende Person, ihn dabei zu unterstützen.

Durch das Drehen des eigenen Erfolgsfilms können Stress und Aufregung im Vorfeld deutlich reduziert werden. Die Person geht zuversichtlich und gelassen in die Situation – wie wenn sie die Situation bereits schon einmal erlebt und erfolgreich bewältigt hätte. Sie kommt damit in den Genuss, auf eine bereits bewährte Erfahrung zurückgreifen zu können. Auch in einem Experiment konnte dies eindrücklich belegt werden: Eine Personengruppe wurde gebeten, den Arm hoch zu heben, während die andere sich diese Bewegung nur im Geiste vorstellte. Beide Anweisungen führten zum gleichen Ergebnis: Im Gehirn feuerten die gleichen Nervenzellen und bildeten dieselben Netzwerke. Daraus schlossen Wissenschaftlicher, dass innere Bilder genauso mächtig sind wie das konkrete Ausführen einer Handlung. Sich einen Ablauf gedanklich vorzustellen und auf diese inneren Bilder zurückzugreifen, ist ein fester Bestandteil des mentalen Trainings im Spitzensport und aus diesem nicht mehr wegzudenken. Gedanklich Probedurchläufe gehören untrennbar zum Erfolg.

### Gedankenstopp

Fast jeder Mensch kennt Phasen, in denen er nahezu pausenlos von den gleichen Gedanken beherrscht wird und diese einfach nicht loswerden kann. Dauergrübeln über Unerledigtes oder unüberwindliche Hindernisse beherrscht den modernen Beschäftigten häufig nicht nur bei der Arbeit, sondern auch mitten in der Nacht. Wenn der Körper eigentlich Ruhe benötigt, gewinnen lästige Gedanken häufig die Oberhand. Darunter leidet nicht nur die Nachtruhe, sondern auch die Konzentration bei Tag. Grübeln kostet Energie, denn die Inhalte des Grübelns beziehen sich fast ausschließlich auf negative Inhalte. Das macht Grübeln so anstrengend. Man kann sich sogar „krank grübeln". Grund ist, dass das Gehirn keinen Unterschied zwischen Realität und Vorstellung macht – eine der spannendsten Entdeckungen der Gehirnforschung. Dauergrübeln bewirkt, dass permanent die Notfallreaktion ausgelöst wird (vgl. Abb. 3.3). Die negativen Gedanken führen zu nichts, außer dass sie angespannt, nervös und ängstlich machen.

Ist man dem Zwang zu grübeln nun hilflos ausgeliefert? Keineswegs, denn es gibt die Technik des Gedankenstopps. Diese stammt aus der Verhaltenstherapie, einer Therapierichtung, die bevorzugt bei Angststörungen Anwendung findet. Vorweg: Es ist nicht ganz leicht, aus dem Sorgenkarussell auszusteigen. Man muss das regelmäßig trainieren. Die gute Nachricht: Richtig eingeübt, funktioniert der Gedankenstopp sehr gut, solange die Gedanken noch nicht zwanghaft sind. Er ist eine gute Ergänzung zu anderen, stressmindernden Maßnahmen. Ist man bereits vom Zwang zu Grübeln so beherrscht, dass man überhaupt nicht mehr abschalten kann, ist externe Hilfe angezeigt.

▶ **Gedankenstopp** Wann immer Sie sich bei lästigen oder bedrohlichen Gedanken ertappen, rufen Sie in Gedanken oder am besten laut Stopp. Oder sprechen sie mehrmals und schnell hintereinander das Wort Stopp. Damit unterbrechen Sie zunächst den negativen Gedankenfluss. Damit Sie diese Gedanken wirklich abschütteln können, lenken Sie sich ab und richten Ihre Aufmerksamkeit bewusst auf etwas Positives. Entweder auf ein Bild im Raum oder auf positive Erlebnisse in der Vergangenheit (Urlaub, Landschaftsbilder, etc.). Diese Technik wirkt anfangs etwas befremdlich, zeigt aber bei regelmäßiger Anwendung gute Wirkung.

### Coaching

Wenn eine Person merkt, dass sie mit den bisherigen Strategien im Berufsalltag nicht mehr weiter kommt und die Situation sich immer mehr zuspitzt, sucht sie nach neuen Wegen. Diesen Weg aus eigener Kraft zu finden, liegt nicht jedem. Manche schaffen es. Immer mehr Menschen allerdings greifen in solchen Situationen auf die Unterstützung anderer Menschen zurück: Sei es im Freundeskreis oder durch einen professionellen Coach. Dieser hört zu, zeigt Verständnis, ermutigt und unterstützt (siehe Kap. 5.2). Gleichzeitig zeigt Coaching neue Perspektiven und tragfähige Wege der Situationsbewältigung auf. Darin liegt der Sinn von Coaching. Im Unterschied zu einem Gespräch mit dem guten Bekannten oder Freund folgt der Coach einer bestimmten Systematik, die alle wesentlichen Aspekte der Situation beleuchtet. Da bereits ein einziger, vernachlässigter Aspekt sich später als entscheidende Hürde herausstellen kann, ist eine umfassende Situationsanalyse die wesentliche Voraussetzung für eine tragfähige Entscheidung.

### Qualifikation ausbauen

Über- aber auch Unterqualifikation sind Stressoren in der heutigen Arbeitswelt. Talent-orientierter Einsatz ist ein wichtiger Schutz gegen Burnout (vgl. Kaltenbach 2008). Wenn die Anforderungen des Arbeitsplatzes fast wie auf den Leib geschneidert sind, benötigen Beschäftigte weniger Energie und Zeit für die Erledigung der Aufgaben. Sie müssen nicht ständig gegen innere Widerstände ankämpfen. Vielmehr geht die Arbeit gut von der Hand, macht Spaß und die Beteiligten zufrieden. Wer dagegen dauerhaft das Gefühl hat, seinen Job nicht zu beherrschen oder seine Fähigkeiten zu wenig einbringen kann, verliert Motivation und kann gesundheitlich Schaden nehmen. Im Rahmen von Umstrukturierungen treffen Mitarbeiter häufig auf neue Aufgabengebiete, für die sie nicht genug ausgebildet sind. Aufgrund von Stellenstreichungen fehlt zudem oftmals die Zeit, sich diese anzueignen. Dies ist ein starker Stressor für die Beteiligten und nicht selten der Einstieg in die Erschöpfungsspirale. Fragen in diesem Zusammenhang sind:

- Welche Fähigkeiten benötige ich, um die Anforderung bewältigen zu können?
- Welche Fähigkeit muss ausgebaut werden?
- Wie und wo kann ich diese erwerben?
- Wer kann mir dabei helfen?
- Welche Fortbildungsangebote kommen in Frage?

## 5.1.2.3 Antreiber und Glaubenssätzen relativieren

Die innerlich einprogrammierten Antreiber und Glaubenssätze sind der Bewertung einer Situation stets einen Schritt voraus sind und hypnotisieren die Person im Arbeitsalltag. Deshalb gilt es, diese Programmierungen zu entschärfen, in ein neues Licht zu rücken und in förderliche Denkweisen umzuwandeln. Abbildung 5.10 beschreibt, wie alte Glaubenssätze korrigiert und neue entwickelt werden.

Zugegeben, das ist alles andere als leicht. Dennoch gilt: Jeder kann sich darin üben. Der erste Schritt ist die Selbsterkenntnis, der dann Taten folgen sollten. Schon kleine Veränderungen bewirken hier viel. Ziel ist, systematisch die eigene Haltung zu verändern und je nach Situation immer wieder von neuem zu prüfen, inwieweit hier ein Antreiber überaktiv ist und das Erreichen des Ziels behindert. So könnte ein Mitarbeiter mit dem Antreiber „Mach es allen recht!“ sich vornehmen, öfter ein freundliches und bestimmtes Nein auszusprechen und auf sich selbst besser zu hören. Oder eine Führungskraft mit dem Antreiber „Sei stark!“ könnte sich vornehmen, in Zukunft Arbeiten zu delegieren. Sie könnte damit gleich zwei Fliegen mit einer Klappe schlagen: Einerseits sich selbst entlasten und andererseits dem Mitarbeiter signalisieren, dass man ihm etwas zutraut und ihm auch vertraut. Das wirkt für den Mitarbeiter motivierend und trägt zur Mitarbeiterbindung bei.

**Alte Glaubenssätze korrigieren - Neue Glaubenssätze entwickeln**

| Antreiber | Alter Glaubensatz | Neuer Glaubenssatz |
|---|---|---|
| **Sei perfekt!** | Es muss alles 150%ig sein. | 80 Prozent ist genug. Aus Fehlern lernt man. Auch der zweite Platz ist gut genug. |
| **Sei stark!** | Ich darf keine Schwäche zeigen. | Schwäche zu zeigen, macht sympathisch und menschlich. Wenn ich um Unterstützung bitte, freuen sich andere, mir einen Gefallen erweisen zu dürfen. Ich darf mich anderen anvertrauen. |
| **Mach es allen recht!** | Ich muss es allen recht machen. | Wenn ich mich abgrenze, respektieren mich andere mehr. Ich muss nicht jeden glücklich machen. Ich darf meine Interessen vertreten. |
| **Sei schnell!** | Ich darf nichts verpassen. | Im Augenblick zu verweilen, ist kostbare Zeit. Ich lasse mir diese Zeit nicht nehmen. Beziehungen profitieren davon. |
| **Streng dich an!** | Arbeit muss anstrengend sein. | Arbeit darf leicht von der Hand gehen und Spaß machen. Sie verdient dennoch gebührende Anerkennung. |

**Abb. 5.10** Alte Glaubenssätze korrigieren – neue Glaubenssätze entwickeln

## 5.1.3 Erholung und Entspannung

### 5.1.3.1 Bedeutung von Pausen und Erholung

Wer dauerhaft Leistung bringen will, kommt nicht umhin, sich regelmäßig zu erholen und zu entspannen. Auch wenn es zunächst verlockend und beflügelnd ist: Pausenloses Durcharbeiten rechnet sich nicht, da der Organismus ein um vielfach Längeres braucht, um sich wieder zu erholen. So wirken regelmäßige Kurzpausen im Arbeitstag nachweislich leistungssteigernd. Ohne regelmäßige Pausen summiert sich das Minus auf dem Erholungskonto immer mehr, der menschliche Organismus gerät in eine Schieflage. Er kann ein derart hohes Aktivitätsniveau auf Dauer nicht verkraften. Im schlimmsten Fall endet das permanente Übergehen notwendiger Ruhepausen im Burnout-Syndrom (vgl. Abb. 3.15).

Wie sieht aber nun die ideale Erholung und Entspannung aus? Gibt es hier allgemeingültige Regeln, die auf jede Person gleichermaßen passen? Grundsätzlich gilt: Was für den einen Erholung ist, kann für den anderen Stress bedeuten. Dennoch gibt es typische Erholungsquellen, die sich bei vielen Menschen bewährt haben und auch wissenschaftlich abgesichert sind. Dazu gehört insbesondere körperliche Bewegung. Diese lässt sich auch gut mit dem Aufenthalt in der Natur verbinden und wirkt dadurch noch intensiver. Besonders effektiv ist körperliche Bewegung auch in Kombination mit einer Entspannungsmethode. Darüber hinaus sind Hobbies wie Malen oder ein Handwerk, der Besuch eines Konzerts oder eines Theaters ebenfalls ein guter Ausgleich für einen kopflastigen Berufsalltag. Abbildung 5.11 beschreibt unterschiedliche Erholungsquellen.

**„Richtig“ erholen und entspannen – Erholungsquellen**

| Sport und Bewegung | Entspannungsmethoden | Hobbies und Kultur |
|---|---|---|
| - Gehen<br>- Laufen<br>- Radfahren<br>- Schwimmen<br>- Bergwandern<br>- Rudern<br>- Fitnessstudio<br>- Kickboxen<br>- Fußball<br>- Volleyball<br>... | - Autogenes Training<br>- Progressive Muskel-entspannung (PMR)<br>- Yoga<br>- Achtsamkeitsbasierte Meditation (MBSR)<br>- Tai Chi<br>- Qi Gong<br>- Floaten<br>- Sauna<br>... | - Handwerk<br>- Malen<br>- Singen<br>- Musikinstrument<br>- Konzerte<br>- Ausstellungen<br>- Theater<br>- Kabarett<br>... |

**Abb. 5.11** „Richtig“ erholen und entspannen – Erholungsquellen

Ziel aller Erholungsquellen ist es, regelmäßig abzuschalten und Distanz zum Arbeitsalltag zu gewinnen. Vor dem Hintergrund wachsender Ansprüche im Berufsalltag sind Erholungsquellen ein wichtiger und unverzichtbarer Ausgleich für jeden berufstätigen Menschen.

Immer weniger Menschen schaffen es, sich in ihrer Freizeit genügend zu erholen und zu entspannen. Das beginnt bereits mit der Gestaltung des Feierabends und setzt sich fort mit der Wochenend- bis hin zur Urlaubsgestaltung. Viele Beschäftigte haben inzwischen das Gefühl für ein gesundes Freizeitverhalten verloren und fühlen sich nicht mehr erholt. Wie kommt es zu diesem Phänomen?

**Freizeit auf Stand-by** In den Abendstunden online und auf Stand-by, nächtliche Aktivitäten in sozialen Netzwerken: Immer mehr Menschen verbringen auch ihre Freizeit im Internet. Ob vom Chef verordnet oder selbst auferlegt: Der ständige Blick in den Laptop oder auf das Smartphone führt zu einer inneren Hab-Acht-Stellung, die den ursprünglichen Sinn von Freizeit untergräbt. Das Gefühl, keine Nachricht verpassen zu dürfen, strengt auf Dauer an.

Freizeit soll Freizeit sein. Was ist damit gemeint? Die Digitalisierung der Lebenswelt, Laptops, Blackberrys und Smartphone ermöglichen die permanente Verfügbarkeit an jeder Ecke. Zwei Drittel der Berufstätigen sind inzwischen auch im Urlaub erreichbar. Für viele gibt es keinen Ort der Ruhe mehr. Immer mehr Menschen verbringen zudem ihre Freizeit in sozialen Netzwerken, auch bis spät in die Nacht hinein. Meist wird unterschätzt, wie sehr die vielen Stunden vor dem Bildschirm am Nervenkostüm nagen und überfordern.

Wer auch die Freizeit überwiegend online verbringt, kann sich weniger erholen und entspannen. Sich Non-Stopp zu vernetzen und zu informieren, kann im Extremfall sogar zum „Seeleninfarkt“ führen: Der Mensch wird psychisch krank davon. Wirkliche Freizeit bedeutet: Pausen einlegen, komplett abschalten, Zeitinseln schaffen, in denen nichts passiert. Einfach mal wieder nichts machen, die Muße wieder neu entdecken. Immer weniger

**Abb. 5.12** Folgen von Reizüberflutung. Ständige Reizüberflutung geht an die Nerven und erhöht persönlichen Stress

Menschen scheinen das zu können und wundern sich darüber, dass sie ständig müde und erschöpft sind.

Dabei ist ein Abschalten und Regenerieren in doppelter Hinsicht wichtig: Für den Abbau der Stressenergie, die täglich neu erzeugt wird. Aber auch, um Distanz zu den Inhalten des Tagesgeschehens zu gewinnen. Ohne diese Distanz leidet in vielen Fällen die Arbeitsqualität. Das betrifft besonders anspruchsvolle Aufgaben. Bleiben die Sinne dagegen auch nach Dienstschluss geschärft, führt das zur Überreizung des Nervensystems und kann sich zum Teufelskreis aufschaukeln, wie Abb. 5.12 verdeutlicht.

Demgegenüber gilt: Regelmäßige Erholung jenseits von Bildschirmaktivitäten hält das Nervenkostüm stabil und fördert die Konzentrationsfähigkeit (vgl. Abb. 5.11). So lässt sich der Berufsalltag leichter bewältigen.

Wer im Kern stabil bleiben will, muss verantwortungsbewusst mit modernen Kommunikationsmitteln umgehen. Das bedeutet, sie vor allem dort zu nutzen, wo sie für Entlastung sorgen. Aber sie auch dort öfter abzustellen, wo sie Erholung und Entspannung verhindern – und das ist in der Freizeit. Jeder sollte für sich selbst klare Spielregeln aufstellen und hier für Ordnung und Begrenzung sorgen. Ansonsten bringt die neue Kommunikationstechnik mehr Schaden als Nutzen.

Der ursprüngliche Sinn und Zweck der digitalen Medien ist, das tägliche Leben zu vereinfachen. Als solche sind sie eine wichtige Errungenschaft der modernen Welt. Um von den digitalen Medien wirklich profitieren zu können, muss der Mensch selbst entscheiden, wie er diese nutzt: Er darf sich auf keine Fall von ihnen versklaven lassen. Dies ist ein Lernprozess. Forscher sind sich inzwischen einig: Es muss auch Zeiten geben, die online-frei sind. Nur so kann der Mensch richtig regenerieren.

Phasen der Unerreichbarkeit werden so zum neuen Luxus im 21. Jahrhundert. Dennoch gilt auch hier: Es gibt keine allgemeingültigen Regeln. Jeder muss auf Basis der individuellen Lebenssituation hier einen persönlichen Weg für sich finden und immer wieder Nutzen und Schaden abwägen. Menschen in verantwortlichen Positionen können oft nicht über längere Phasen offline sein. Hier sind die Spielräume aufgrund der eigenen Position oft enger gesetzt. Dennoch müssen auch sie regelmäßig entspannen und immer wieder nach Freiräumen forschen, um sich zu regenerieren.

**Beispiel**

Der Single Jürgen L. hat es inzwischen erkannt und seinen Lebensstil geändert. Bis vor kurzem arbeitete er als Rechtsanwalt nonstop 12 h täglich. Auch die Wochenenden fielen der Arbeit zum Opfer. Grund waren neue Mandate, die sich nicht verschieben ließen. Aus Zeitgründen verzichtete er weitestgehend auf Pausen. Die knapp bemessene Freizeit am Abend verbrachte er stets in sozialen Netzwerken. So hatte er wenigstens noch das Gefühl, in Kontakt mit seinen Bekannten zu sein. Parallel zu seinen Internetaktivitäten ließ er jeden Abend den Fernseher laufen. Meist schlief er beim Fernsehen auf dem Sofa ein und wachte nach 90 min wieder auf. Auf diese Art und Weise konnte Jürgen L. scheinbar gut abschalten. Dennoch verliefen die Nächte immer unruhiger. Tagsüber fühlte sich Jürgen L. innerlich aufgekratzt und unkonzentriert. Was er nicht wusste: Die abendlichen Stunden am Computer, die Bilder und Geräusche des Fernsehers belasteten sein Nervensystem in überdurchschnittlichem Maß. Jürgen L. hat aufgrund eines Hörsturzes seinen Lebensstil überdacht und geändert. Neuerdings macht er tagsüber konsequent Kurzpausen. Zudem geht er zweimal pro Woche direkt nach der Arbeit ins Fitnessstudio. Jedes zweite Wochenende verbringt er mit seiner Clique beim Wandern. Dort entdeckt er wieder die wohltuende und befreiende Wirkung der Natur. Er ist überrascht, wie schnell er in der Natur abschalten kann. Zudem hat er seine Lieblingsmusik wieder entdeckt und erklärt diese zum abendlichen Einschlafritual. Den Fernseher schaltet er nun immer seltener ein. Stattdessen nimmt er ein Buch in die Hand oder hört Musik. Auch telefoniert er öfter wieder mit Freunden, anstatt ihnen über Facebook zu schreiben. Und: Statt sich morgens mit dem Auto durch den Stau zu quälen, nimmt er bevorzugt öffentliche Verkehrsmittel oder geht sogar eine Arbeitsstrecke zu Fuß. So kann er sein Bedürfnis nach Bewegung in den Alltag einbauen. Jürgen L. fühlt sich schon nach kurzer Zeit wieder ruhiger und gelassener.

Wie Jürgen L. geht es vielen Beschäftigten. Er hat zwar keine Familie, die ihn am Abend mit zusätzlichen Aufgaben fordert. Dennoch ist für ihn das Abschalten vom Job alles andere als leicht. Durch Online-Aktivitäten und die Geräuschkulisse des Fernsehers will er dem Geschehen des Alltags entfliehen und endlich Abstand zum Job gewinnen – nur allzu verständlich. Abend für Abend schläft er vor dem Fernseher ein und wacht 90 min später wieder auf. Auch die Nacht läuft nach vorgegebenen körperlichen 90-Minuten-Rhythmen ab. Immer wieder wechseln sich unterschiedliche Schlafphasen ab.

Jürgen L. greift aus Unwissenheit heraus zu einer sehr ungünstigen Abschalt-Strategie: Er bombardiert sich selbst am Abend mit weiteren Reizen. Demgegenüber gilt: Wirkliche Erholung und Entspannung braucht andere Mittel als Geräuschkulissen oder weitere Aktivitäten am Bildschirm. Menschen benötigen immer wieder reizfreie Phasen. Online-Aktivitäten bis spät in den Abend hinein bewirken genau das Gegenteil. Sie drehen den Organismus noch mehr auf und verhindern ein angemessenes Herunterfahren – die Voraussetzung für eine erholsame Nachtruhe. So kommt es, dass Betroffene sich – innerlich aufgepeitscht – nachts stundenlang wälzen und morgens mit dem Gefühl aufwachen, als hätte die Nacht gerade erst begonnen.

▶ Machen Sie während der Arbeitswoche abends öfter eine digitale Diät und verbringen Sie Ihren Feierabend medienfrei. Schalten Sie auch am Wochenende öfter Computer und Smartphone ab und gönnen Sie sich eine digitale Auszeit. Bewegen Sie sich offline in der Natur oder treffen sich mit guten Freunden. Drosseln Sie auch ihren Fernsehkonsum. Sie reduzieren damit Stress, schlafen wieder besser und fühlen sich am Morgen richtig erholt. Bereits nach kurzer Zeit spüren Sie eine deutliche Verbesserung Ihres persönlichen Wohlbefindens und finden zu früherer Leistungsstärke zurück.

#### 5.1.3.2 Regelmäßige Kurzpausen im Arbeitsalltag

Der menschliche Organismus unterliegt zahlreichen typischen, immer wiederkehrenden Rhythmen. Ob Schlaf-Wach-Rhythmus, Herzrhythmus, Atemrhythmus: Alle Rhythmen laufen nach demselben Prinzip. Ähnlich verhält es sich mit dem Rhythmus von Anspannen und Entspannen. Grundsätzlich ist der menschliche Organismus auf einen rhythmischen Wechsel von Anspannen und Entspannen ausgelegt. Nur, wer regelmäßig regeneriert, bleibt dauerhaft gesund und leistungsfähig. Der gesunde Wechsel von Anspannung und Entspannung sollte der Taktgeber des Menschen sein (vgl. Abb. 3.4). Im Berufsalltag ist dies allerdings nicht immer so leicht umsetzbar. Oftmals zwingen die Arbeitsbedingungen Beschäftigten einen anderen Rhythmus auf.

Auch wenn Deadlines und Projekte phasenweise den pausenlosen Einsatz aller Beteiligter fordern, gilt: Auf Dauer kommt der Mensch nicht daran vorbei, sich regelmäßig zu regenerieren – nicht nur nach einem sportlichen Wettkampf, sondern auch nach einem Arbeitsmarathon. Und: Wer tagelang bis zum Anschlag gearbeitet hat, braucht länger, um sich zu erholen, als jemand, der bereits in den Arbeitsmarathon regelmäßig Kurzpausen eingebaut hat. Dabei ist der Zeitpunkt der Pause entscheidend: Beschäftigte müssen persönliche Antennen dafür entwickeln, wann eine Pause angezeigt ist, und sich diese dann auch nehmen. Kurzpausen wirken besonders effektiv, wenn sie noch vor dem Leistungsknick erfolgen. Dabei hat sich die 90-Minuten-Regel bewährt: Nach ca. 90 min benötigt der Organismus eine Kurzpause von 10 bis 20 min, am besten mit kleinen Bewegungseinheiten oder Dehnübungen. Die Psychiaterin Dagmar Ruhwandl gibt in ihrem Buch „Top im Job – ohne Burnout durchs Arbeitsleben" (vgl. Ruhwandl 2010) noch mehr gute Tipps für erholsame Kurzpausen. Diese wirken nachweislich leistungssteigernd.

Im Arbeitsalltag werden Pausen aber häufig übergangen. Hoher Arbeitsdruck und das Gefühl, eine Pause erst verdient zu haben, wenn die Aufgabe abgeschlossen ist, verhindern, dass Beschäftigte sich die notwendigen Kurz-Auszeiten gönnen. Firmenkulturen, die Durcharbeiten und viele Überstunden belohnen, verstärken das Unterlassen regelmäßiger Kurzpausen noch. Manche Mitarbeiter ängstigen sich regelrecht davor, beim kurzen Nichtstun „erwischt" zu werden. Sie befürchten abfällige Bemerkungen der Kollegen oder Nachteile für die eigene Karriere. Derartige Kulturen gefährden nicht nur die Gesundheit der Mitarbeiter, sondern torpedieren auch die Produktivität und Wettbewerbsfähigkeit der jeweiligen Unternehmen. Mitarbeiter, die permanent durcharbeiten, arbeiten sich langfristig krank. Nicht selten fallen sie dann für längere Zeit aus – und dann beginnen die Probleme erst richtig: für Mitarbeiter, Teams und das Unternehmen. Die Rechnung ist für alle Beteiligten hoch.

#### 5.1.3.3 „Richtig" Abschalten

Wer pausenlos durcharbeitet und dauerverfügbar ist, ist innerlich ständig auf Stand-by und kann sich nicht ausreichend regenerieren. So können Laptops und Smartphones zur Fußfessel der Moderne werden. Immer mehr Firmen erkennen die negativen Auswirkungen der Nonstop-Erreichbarkeit und führen wieder den klaren Dienstschluss ein, damit die Mitarbeiter ausreichend regenerieren und abends richtig abschalten können.

Nicht jede Berufsgruppe kann sich allerdings leisten, über eine lange Zeitspanne offline zu sein. Viele Führungskräfte und Selbstständige müssen auch abends oder am Wochenende erreichbar sein. Dennoch gilt auch hier das Prinzip der Selbstbegrenzung und des Maß-Haltens. Bei näherer Betrachtung und Analyse der Situation gibt es meist mehr Spielräume als zunächst angenommen.

Wohl gemerkt: Arbeiten ohne Phasen, in denen der Organismus abschalten und sich wieder erholen kann, rechnet sich auf Dauer für niemanden. Irgendwann erhält man die Quittung für den Dauerverschleiß, und die Rechnung fällt in der Regel hoch aus (vgl. Abb. 3.15). Nur, wer regelmäßig für Ausgleich und Entspannung sorgt, schützt sich vor den Folgen von chronischem Stress und kann ein Burnout-Syndrom verhindern. Dazu gehören eine sinnvolle Freizeitgestaltung am Abend ebenso wie Entspannung am Wochenende und im Urlaub.

Aber wie sieht eine erholsame Freizeitgestaltung aus? Es gibt keine allgemeingültige Antwort, die für alle gleich gut passt. Ob sportliche Betätigung, gemeinsames Kochen mit Freunden, Hobbies wie Singen oder ein Kinobesuch – Freizeit soll nicht zur neuen

Stressquelle werden, sondern den Ausgleich zur beruflichen Tätigkeit schaffen. Mit den folgenden Fragen können Sie herausfinden, wie Sie Ihre Freizeit erholsam gestalten können:

- Wie konnte ich mich früher gut entspannen? Worin bin ich aufgegangen?
- Zu welchen Aktivitäten fühle ich mich hingezogen?
- Was hilft mir besonders gut dabei, den Kopf frei zu bekommen?
- Welche Art von Sport und Bewegung sagt mir zu?
- Mache ich Sport lieber alleine oder in der Gemeinschaft?
- Welche Hobbies machen mir Spaß?
- Welche privaten Kontakte tun mir besonders gut? Welche strengen mich eher an?
- Mit wem kann ich lachen und heiter sein?
- Welche Entspannungsverfahren kann ich mir aneignen?

Der Kurztrip nach New York, der Segelschein im Urlaub: Immer öfter übertragen Menschen den Leistungsgedanken auch auf ihre Freizeit und erzeugen neuen Stress. Der Zwang, mit dem Freizeitniveau der Kollegen oder Bekannten mithalten zu müssen, kann dabei die eigenen Ansprüche ungesund hochschrauben. Für die Wochenenden gilt: Jeder Berufstätige sollte individuell abschätzen, welche Art der Freizeitbeschäftigung für ihn besonders erholsam ist. Viele Beschäftigte stressen sich durch anstrengende Freizeitaktionen auch am Wochenende. Nur, weil der Kollege Marathon läuft, muss man das nicht gleich nachahmen. Der Gedanke, überall mithalten zu müssen, macht auf Dauer unfrei und produziert neuen Stress. Wichtig ist, den Kopf frei zu bekommen und wieder zu sich selbst finden. Hier ist Selbstbegrenzung angebracht. Jeder ist selbst dafür verantwortlich, wie er seine Freizeit gestaltet.

Manche Beschäftigte sind innerlich allerdings so aufgepeitscht, dass sie nicht mehr zur Ruhe finden und auch in der Freizeit Stress und Hektik benötigen. Auch sind häufig die inneren Antreiber unterschwellig aktiv. Vielleicht muss die Freizeit perfekt durchorganisiert sein, die Aktivitäten schnell abgehakt, die Freizeit selbst schweißtreibend und anstrengend sein. Oder man setzt sich auch privat für die Bedürfnisse anderer mehr ein als für die eigenen. Häufig stehen die persönlichen Antreiber einer angemessenen Erholung und Entspannung im Wege (vgl. Abb. 3.10).

Die Freizeitgestaltung sollte sich an der individuellen Situation des Berufstätigen ausrichten. Ein körperlich anstrengender Beruf erfordert eine andere Freizeitgestaltung als ein sitzender Beruf. Wer sich bereits im Beruf körperlich verausgabt, sollte in seiner Freizeit einer Beschäftigung nachzugehen, die ihn weniger körperlich fordert. Für den überwiegend sitzenden Beschäftigten dagegen ist Sport und Bewegung eine wichtige Ausgleichsstrategie.

Alle Freizeitaktivitäten haben zum Ziel, dass die Person aus dem Gedankenkarussell des Berufsalltags heraustreten kann. Nicht jede Entspannungsmethode wirkt bei jedem Menschen gleich gut. Manche können gut abschalten, wenn sie sich wie bei der Meditation auf den eigenen Atem konzentrieren. Manche benötigen Bewegung, um wieder zur inneren Ruhe zu finden – manche eine Kombination aus Bewegung und Meditation. Hier sollte jede Person individuell für sich herausfinden, welche Entspannungsquelle für sie am besten ist.

#### 5.1.3.4 Sport und Bewegung

**Sport und Bewegung bauen Stressenergie ab**

Welche Formen der Freizeitaktivität helfen nun besonders gut, sich regelmäßig zu regenerieren? Regenerieren heißt: Die aufgestaute Stressenergie abzubauen, Distanz zum Berufsalltag zu gewinnen und wieder zu sich zu kommen. An oberster Stelle stehen dabei Sport und Bewegung. Aber auch gemeinsame Aktivitäten mit der Familie, das Treffen mit guten Freunden oder persönliche Hobbies und Gemeinschaftsaktivitäten senken das Stressniveau merklich. Ideal ist eine Kombination verschiedener Aktivitäten.

Da der menschliche Organismus von Natur aus auf Bewegung ausgelegt ist, kommen Sport und Bewegung besondere Bedeutung bei der Stressbewältigung zu. Auch unter dem Aspekt der Stressprävention spielt Bewegung eine besonders wichtige Rolle. Während die Urahnen diesem Prinzip aufgrund ihrer Lebensbedingungen zwangsläufig folgten, ist dieses in der heutigen Welt vielerorts in den Hintergrund getreten. Die meisten Menschen bewegen sich zu wenig. Tagtäglich baut sich von neuem Druck und Ärger auf, der nicht mit Kämpfen oder Fliehen beantwortet werden kann. Ganz im Gegenteil: Beschäftigte müssen ihren Ärger hinunterschlucken und bleiben auf ihrer Spannung sitzen.

Viele Berufstätige von heute sind dauergestresst und permanent angespannt. Entweder ist die Beanspruchung zu hoch oder zu lange – oder eine Anforderung löst die nächste ab. Dabei kommt die Erholung zu kurz. Umso wichtiger ist der zeitnahe Stressabbau. Dabei hat sich regelmäßige Bewegung besonders bewährt. Wer sich regelmäßig bewegt, kann aufgebauten Druck und Spannungen zügig wieder abbauen und schützt damit seine Gesundheit. Bewegung ist eine der effektivsten Formen der Entspannung, da sie der ursprünglichen Kampf- und Fluchtreaktion am meisten ähnelt. Bewegung baut Stresshormone besonders schnell und direkt ab (vgl. Abb. 3.15). Bewegung bringt den Körper wieder in Balance. So kann der Mensch der nächsten Herausforderung gelassener entgegensehen.

Es gibt zahlreiche Möglichkeiten sich zu bewegen: Fitnessstudios, Vereine, Volkshochschulen, Betriebssport. Oder man treibt für sich alleine oder gemeinsam mit Bekannten oder Freunden in der Natur Sport. Je nach Typ liegen hier die Bedürfnisse anders. Es gibt unterschiedliche Möglichkeiten sich zu bewegen: Laufen, Fahrradfahren, Schwimmen, Tanzen, Rudern, Kraftsport. Egal, in welcher Form Sport stattfindet: Jeder, der sich regelmäßig sportlich betätigt, kennt das positive Gefühl, das sich nach dem Sport einstellt. Man fühlt sich körperlich entspannt und unbeschwert. Auch die belastenden Gedanken sind vorübergehend in weite Ferne gerückt. Den Kopf frei zu bekommen, ist ein wichtiger Effekt, der sich mit regelmäßiger Bewegung erzielen lässt. Während der sportlichen Tätigkeit ist der Geist auf die Bewegungsabläufe konzentriert und hat keine Zeit, über Unerledigtes nachzugrübeln. Das kann sehr befreiend wirken. So können Personen, die sich regelmäßig sportlich betätigen, deutlich besser mit Stress umgehen.

Um von den Vorteilen einer sportlichen Betätigung zu profitieren, reicht es bereits, sich regelmäßig moderat zu bewegen. Regelmäßig und moderat Sport zu betreiben, bringt deutlich mehr als kurzfristige Hauruckaktionen. Schon 30 min bringen viel. Freizeit soll nicht zum Zwang und zur weiteren Leistungsanforderung werden. Sich als Ausgleich zu den beruflichen Belastungen sich stundenlang voll Ehrgeiz im Fitnessstudio abzurackern, ist einseitig und auch schon wieder ungesund. Zudem geht es zu Lasten von sozialen Kontakten. Man hat dann noch weniger Zeit für die Familie und für Freundschaften. Auch schwächt exzessiver Sport das Immunsystem. Oftmals ist ein extremes Freizeitverhalten bereits ein Hinweis darauf, dass die betroffene Person schon mitten in der Erschöpfungsspirale steckt. Wer nur noch durch exzessiven Sport von der Arbeit abschalten kann, hat häufig bereits das Gefühl für sich selbst und seinen Körper verloren. Er läuft wie eine Maschine auch in der Freizeit weiter.

### Eigenverantwortung für die eigene Gesundheit

Wieso spielt regelmäßige Bewegung für die Gesundheit eine so maßgebliche Rolle? Wie kommen Ärzte zu dem Ergebnis, dass sich viele Zivilisationskrankheiten durch regelmäßige Bewegung verhindern lassen? Wieso sieht die Weltgesundheitsorganisation (WHO) im Bewegungsmangel eine der großen Herausforderungen des 21. Jahrhunderts, wenn es um Gesundheit und die Prävention von Krankheiten geht?

Wie kommt es gleichzeitig, dass im Gegenzug immer noch viele Menschen ihren Einfluss auf die eigene Gesundheit unterschätzen, obwohl sie am liebsten frei von Krankheiten sind? So glaubt laut DKV-Befragung (Deutsche Krankenversicherung) nahezu jeder zweite Versicherte, Krankheit nicht beeinflussen zu können (vgl. Hornig 2011, S. 34). Gesundheit wird zu sehr in die Hände anderer gelegt. Viele Menschen glauben, dass Gesundheit hauptsächlich vom Alter und von den Genen abhängt. Unwissenheit über die Zusammenhänge von Bewegung und Gesundheit – aber auch der innere Schweinehund – führen zu dieser Annahme.

Sich regelmäßig zu bewegen, kostet anfangs Überwindung und durchkreuzt Gewohnheiten. Gewohnheiten, die sich über viele Jahre eingespielt haben und die sich bekanntlich nicht so leicht ändern lassen. So dauert es ungefähr acht bis zehn Wochen, bis eine neue Gewohnheit so in Fleisch und Blut übergegangen ist, dass sie automatisch wird. Es sind diese zehn Wochen, die am meisten Überwindung kosten. Allerdings machen sich die ersten spürbare Effekte der sportlichen Betätigung schon nach kurzer Zeit bemerkbar. Entgegen der Meinung „Ich kann bezüglich meiner Gesundheit ohnehin nicht viel ausrichten" gilt es, die eigene Gesundheit selbst in die Hand zu nehmen. Nur 20 % der Deutschen schafft es, sich pro Woche insgesamt mindestens 2 bis 3 Stunden zu bewegen. 80 % der Deutschen bleiben Studien zufolge hinter dieser Anforderung zurück. Sie unterschätzen den Zusammenhang von Bewegung, Gesundheit und Stressstabilität, wie er in Abb. 5.13 dargestellt ist.

Sport und Bewegung wirken sich also nachweislich positiv aus. Die Vorteile reichen von körperlichen bis hin zu psychischen Effekten. Insbesondere hervorzuheben sind:

- Abbau der Stresshormone Adrenalin und Kortisol
- Abschalten, Distanz zu belastenden Gedanken
- Körperliche Fitness und Kraft
- Gelassenheit und Stressresistenz

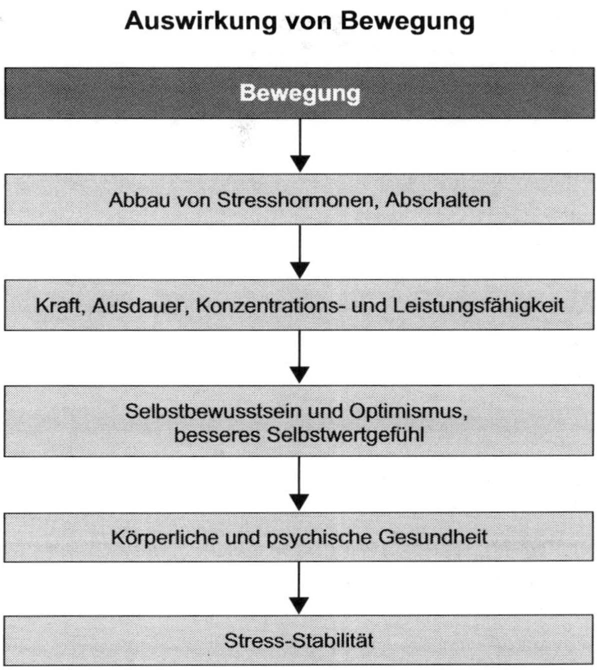


**Abb. 5.13** Auswirkung von Bewegung. Bewegung fördert die persönliche Stressstabilität

- Vermeidung von Übergewicht und Zivilisationserkrankungen
- Fitness bis ins hohe Alter
- Stärkung des Immunsystems und der Psyche
- Verbesserung der Gedächtnisfunktionen
- Ausschüttung von Glückshormonen bei längeren sportlichen Aktivitäten
- Jugendliches Aussehen
- Naturerlebnisse in der Gemeinschaft mit Gleichgesinnten oder Freunden

### Bewegung ist Dünger fürs Gehirn

Wie bereits beschrieben, führt chronischer Stress zu Abbauprozessen im Hippocampus, jenem Teil des Gehirns, der für Gedächtnisfähigkeit und Erinnerungsvermögen zuständig ist. Betroffene nehmen die Veränderung des Gehirns als Denkaussetzer, Erinnerungslücken oder auch Denkblockaden wahr und leiden häufig darunter (vgl. Abb. 3.18). Gerade in einer Welt, die hohe Anforderungen an die geistigen Fähigkeiten des Beschäftigten stellt, wirken Einschränkungen des Denkapparats besonders bedrohlich. Sie gefährden die Bewältigung des täglichen Arbeitspensums und bauen neuen Druck und Stress auf.

Um den beschriebenen Abbauprozessen im Gehirn entgegenzuwirken, sollte jeder Beschäftigte wirkungsvolle Gegenstrategien aufbauen. Insbesondere Sport, Yoga und Meditation fördern die Balance der Gehirnchemie.

Der Mensch ist den Einwirkungen von Stress auf das Gehirn also nicht hilflos ausgeliefert. Er kann diese mit gezielten Maßnahmen reduzieren. Will er auf Dauer in der Arbeitswelt mithalten, muss er hier eigenverantwortlich handeln. Die meisten Beschäftigten sind heute im Arbeitsalltag körperlich unterfordert und können die aufgebaute Stressenergie nicht mehr direkt durch Muskelarbeit im Job abbauen. Um gesundheitlichen Schaden zu vermeiden, muss jeder beruflich angestrengte Mensch deshalb in seiner Freizeit die aufgebaute Stressenergie zügig wieder abbauen. Das steigert auch die geistige Fitness.

Unter Medizinern herrscht zudem kein Zweifel, dass Bewegung eines der besten Mittel ist, um chronischen Zivilisationskrankheiten wie Diabetes und Bluthochdruck vorzubeugen. Berufstätige, die gesund sind und bleiben, haben weniger Stress als Menschen mit einer chronischen Erkrankung. Jede Erkrankung bringt neuen Stress und Extra-Beanspruchung in das Leben der Betroffenen.

Forschungsergebnisse aus den letzten fünf Jahren belegen: Körperliches Training steigert wesentlich die Gehirnleistung. Durch Bewegung der Muskeln wird vermehrt der Botenstoff BDNF (brained-derived neurotrophic factor) frei gesetzt. Dieser wirkt wie Dünger im Gehirn, lässt Gehirnzellen reifen und diese besser miteinander vernetzen. Die verbesserte Kommunikationsfähigkeit zwischen den Gehirnzellen steigert die geistige Fitness und die Fähigkeit, Probleme zu lösen (Der Spiegel 2011b/48, S. 155).

Wer einen klaren Kopf hat und gut denken kann, arbeitet konzentrierter und effektiver. Kurzum: Wer sich regelmäßig bewegt, macht sein Gehirn fit und ist den Anforderungen des Berufslebens besser gewachsen. Regelmäßiges und moderates Ausdauertraining ist also eine gute Investition, um bis ins hohe Alter körperlich und geistig fit zu bleiben. Dieser Effekt ist im Hinblick auf die verlängerten Arbeitszeiten bis zum Renteneintritt nicht zu unterschätzen. Zudem steigert das die Lebensqualität im Alter.

### Glückshormone

Glückshormone sind schmerzhemmende Substanzen, die der Körper selbst herstellt. Diese werden bei extremer körperlicher Betätigung freigesetzt und lösen positive Gefühle aus. Das erklärt, warum Sport süchtig machen kann.

Wer 30 min lang schwimmt, walkt oder Rad fährt, erlebt zwar keine Ausschüttung von Glückshormonen, fördert aber damit seine Gesundheit und fühlt sich wohler. Glückshormone werden erst freigesetzt, wenn man lange und intensiv Sport treibt und sich bis an die Schmerzgrenze belastet. Wer einen Berg besteigt oder mindestens zwanzig Kilometer am Stück läuft, kommt in diesen Genuss. Viele Sportler möchten darauf nicht mehr verzichten – auch Sport kann im Extremfall süchtig machen. Zahlreiche Topmanager trainieren in ihrer Freizeit für Marathonläufe oder üben andere extreme Sportarten aus. Sie fühlen sich dadurch belastbarer und halten auch höchsten beruflichen Anforderungen stand. Nach dem Prinzip: Wer sich beim Sport überwindet und bis an die Schmerzgrenze geht, trainiert damit gleichzeitig Durchhaltevermögen und die Überwindung schwieriger Aufgaben im Berufsalltag.

### Verringertes Risiko von Herzerkrankungen und Diabetes

Koronare Herzerkrankungen sind die führende Todesursache in Europa. Viele Herzinfarkte sind vermeidbar. Wer sich z. B. regelmäßig bewegt, kann das Herzinfarktrisiko deutlich senken (Der Spiegel 2011a/21, S. 113). Besonders regelmäßiges Laufen fördert die Herzgesundheit. Dabei ist ein mittleres Lauftempo ausreichend, um die Ausdauer zu trainieren.

Auch bei der Prävention von Diabetes Typ 2, die in den letzten Jahren stark angestiegen ist, spielt Sport eine wichtige Rolle. Ein Grund für die Häufung von Erkrankungen vom Typ Diabetes 2 sind Ernährungsgewohnheiten und mangelnde Bewegung durch sitzende Tätigkeit. Für alle Berufsgruppen mit überwiegend sitzender Tätigkeit gilt: Regelmäßige Bewegung in der Freizeit oder in Arbeitspausen sollten zum Pflichtprogramm werden. Untersuchungen belegen, dass körperlich aktive Personen im Vergleich zu inaktiven Personen ein deutlich niedrigeres Risiko haben, Diabetes vom Typ 2 zu entwickeln.

### Psychisches Wohlbefinden

Körperliche Aktivität reduziert nicht nur das Risiko für bestimmte Erkrankungen, sondern wirkt sich auch positiv auf die psychische Gesundheit aus. Regelmäßige körperliche Aktivität bringt die Stresshormone am besten wieder in Balance und verbessert Stimmung, Gefühle, Selbstwahrnehmung und Selbstwertgefühl (vgl. Abb. 5.13). Da Beschäftigte von heute psychisch und mental stark gefordert sind, ist eine starke Psyche die Grundvoraussetzung, um den psychosozialen Anforderungen im Beruf gerecht werden zu können. In diesem Zusammenhang leistet körperliche Bewegung einen wichtigen Beitrag. Sie stärkt Psyche und Selbstvertrauen, macht insgesamt also belastbarer. Sport macht selbstbewusst und optimistisch. Sowohl intensives Training als auch leichtere Aktivitäten verbessern zudem die Qualität des Schlafs – eine der wichtigsten Regenerationsquellen des Menschen. Der amerikanische Nervenarzt Tarique Perera verordnet seinen Patienten als erste und wichtigste Medizin immer Bewegung (Der Spiegel 2011b/48, S. 155).

### Auf die Dosis kommt es an

Nicht jeder kann und muss ein Spitzensportler werden. Auch hier gilt: Die Dosis bestimmt, wie förderlich Sport für die eigene Gesundheit ist. Übertriebene Aktionen erhöhen die Verletzungsgefahr und bringen mehr Schaden als Nutzen. Für Ungeübte gilt: Langsam beginnen und die sportliche Aktivität Schritt für Schritt steigern. Sich 4 bis 5 Mal die Woche 20 bis 30 min am Stück zu bewegen, zeigt bereits positive Effekte. Achtung: Man kann nicht auf Vorrat trainieren – die Regelmäßigkeit ist entscheidend. Insbesondere regelmäßiges Walken, Joggen, Schwimmen, Radfahren und flotte Spaziergänge sorgen langfristig für Gesundheit, Wohlbefinden und fördern einen guten Schlaf. Auch mehr Bewegung im täglichen Leben (Laufen statt Autofahren, Treppensteigen statt Aufzugfahren, Spaziergang in der Mittagspause, Gartenarbeit, etc.) hilft, Spannungen und Stresshormone abzubauen.

**10.000 Schritte**

Zahlreiche Studien belegen, dass rund 10.000 Schritte pro Tag einen großen gesundheitlichen Nutzen bringen. Das sind ca. sechs Kilometer. Egal ob schnell oder langsam, die Anzahl der Schritte über den Tag verteilt ist entscheidend. Man kann spazieren gehen, laufen, rennen. Durchschnittlich schaffen die Deutschen allerdings nur zwei- bis dreitausend Schritte pro Tag. Auch wenn 10.000 Schritte zunächst unerreichbar scheinen und nicht täglich machbar sind, gilt: „Jeder Schritt zählt!" Professor Dr. Froböse, Sportwissenschaftler und Leiter des Zentrums für Gesundheit der Deutschen Sporthochschule Köln, konnte zusammen mit der Bewegungstherapeutin Dr. Birgit Wallmann in einer Studie nachweisen, dass bereits 3.000 Schritte mehr pro Tag gesundheitsförderlich sind (Deutsche Zeitschrift für Sportmedizin 2011/3).

Schon eine geringe Erhöhung der Alltagsaktivität wirkt also positiv auf die Gesundheit. Jeder, wirklich jeder einzelne Schritt fördert Gesundheit und Wohlbefinden. Bewegung ist damit eine der wichtigsten Ressourcen für die Gesundheit und gehört in den Alltag jedes Menschen. Verschiedene Berufsgruppen bringen es täglich auf unterschiedlich viele Schritte. So kommen Mitarbeiter in der telefonischen Kundenbetreuung auf ca.1.200 Schritte, Büroangestellte auf ca. 3.000 Schritte, Mitarbeiter im Verkauf auf ca. 5.000 und Postboten auf ca.15.000 Schritte (Hornig 2011, S. 38).

Auch immer mehr Firmen erkennen den Nutzen von Sport und Bewegung. Sie bieten dafür spezielle Bewegungsprogramme für ihre Beschäftigten an. Da die meisten Menschen sich zu sportlicher Tätigkeit überwinden müssen, hat sich Bewegung in der Gruppe als besonders förderlich herausgestellt. Gemeinsam geht es eben leichter. Unabhängig von Betriebssportangeboten sollte aber jeder Einzelne für sich herausfinden, wie er mehr Bewegung in seinen eigenen Alltag einbauen kann. Für den einen kann Tennisspielen, Joggen, Schwimmen oder sogar Kickboxen, für den anderen Laufen in der Gruppe die richtige Form der Bewegung sein. Durch Bewegung in der Gemeinschaft lassen sich gleichzeitig Sozialkontakte pflegen. Wer kein Mannschafts- oder Gemeinschaftstyp ist, macht Sport lieber alleine.

Egal in welcher Form: Regelmäßige Bewegung macht konzentrierter, geistig fitter und steigert das Durchhaltevermögen. Dabei gilt: Wer sich trotz schlechtem Wetter zum Joggen überwindet, überwindet auch Durststrecken im betrieblichen Alltag besser. Erfolg beginnt immer im Kopf. So muss auch der Entschluss, mehr Bewegung in den Alltag zu bringen, im Kopf stattfinden. Wer vom Nutzen regelmäßiger körperlicher Bewegung überzeugt ist, bringt die nötige Eigenmotivation und Selbstdisziplin eher auf als jemand, der am Nutzen von Bewegung zweifelt.

Bewegung ist eine der besten Investitionen, die man in sein Leben bringen kann. Wer sich regelmäßig bewegt und Sport treibt, baut nicht nur Muskeln, sondern auch sein Gehirn auf. Zudem ist er ausgeglichener und schützt sich selbst vor Zivilisationserkrankungen. Grund genug, das Thema aktiv anzugehen.

▶ Kaufen Sie sich einen Schrittzähler und kontrollieren Sie täglich, wie viele Schritte Sie zurückgelegt haben. Sie werden schnell bemerken, wie sehr der

Schrittzähler sie anspornt und Sie ihre Schrittzahl steigern. Es müssen auch nicht immer 10.000 Schritte sein. 3.000 Schritte über die normale Aktivität hinaus genügen. Jeder Schritt mehr ist wertvoll für Ihre Gesundheit.

**Bewegung im Alltag**

Nicht nur gezielte regelmäßige und sportliche Aktivitäten zählen. Auch der Einbau von Bewegung in den Alltag beeinflusst die Gesundheit positiv. Zu diesem Schluss kommen Dr. Ingo Froböse und die Bewegungstherapeutin Birgit Wallmann in ihrer Studie (Froböse und Wallmann2012/3). Jeder Schritt mehr oder Fahrrad- statt Autofahren nützen der Gesundheit. Möglichkeiten für mehr Bewegung im Alltag sind:

- Zu Fuß oder mit dem Rad zur Arbeit oder wenigstens zwei Haltestellen vorher aussteigen
- Treppe statt Aufzug benutzen
- Regelmäßige Kurzpausen bei der Arbeit mit Bewegung ausfüllen
- Spaziergang in der Mittagspause oder am Abend
- Zu Fuß oder mit dem Rad einkaufen etc.

Wer ca. 40 Stockwerke in der Woche zu Fuß geht, tut viel für seine Gesundheit. Nahezu jeder Beschäftigte kann regelmäßige Bewegungseinheiten in den Alltag integrieren. Ob der Fußweg zur Arbeit, die Bewegung in der Kurzpause oder der flotte Spaziergang in der Mittagspause: Jede Bewegungseinheit stärkt Körper und Psyche. Auch kurze Sprints zwischendurch beflügeln den Geist. Insbesondere, wenn man gedanklich über einer schwierigen Aufgabe brütet und nicht weiter weiß.

Man kann also bereits mit wenig Aufwand viel erreichen, auch, wenn die Zeit im knapp ist. Bewegung, egal in welcher Form, sollte zum Bestandteil des Tages werden. Sich zum mittäglichen Spaziergang mit Arbeitskollegen zu treffen, schlägt gleich mehrere Fliegen mit einer Klappe. Das befriedigt das Bedürfnis nach Kontakt und Geselligkeit, fördert das soziale Miteinander im Betrieb und baut gleichzeitig Spannungen ab.

► Überlegen Sie, wie Sie ab sofort mehr Bewegung in ihren Arbeitsalltag integrieren können. Wie können Sie z. B. mehr Bewegung in die Kurzpausen bringen? Wie können Sie mehr Bewegung in die Mittagspause integrieren? Denken Sie auch daran, öfter Treppen statt Aufzug oder Rolltreppen zu nutzen. Wie Sie wissen: „Jeder Schritt zählt".

#### 5.1.3.5 Entspannungsverfahren

Aktive Entspannungsmethoden wie Sport wirken als Ausgleich zu den Belastungen des Berufsalltags besonders gut, wenn sie mit einem Entspannungsverfahren kombiniert werden. Hierzu eignen sich vor allem die Progressive Muskelentspannung nach Jacobson (PMR) und das Autogene Training. Beide Entspannungsverfahren sind wissenschaftlich belegt. Auch die Wirkung des Achtsamkeitstrainings (MBSR nach Professor Jon Kabat-Zinn) ist ausreichend gut erprobt (vgl. Abb. 5.11). Alle genannten Entspannungsverfahren können Stress erheblich mindern und wirken auch vorbeugend als Schutz gegen Stress im Berufsalltag.

### Auswirkungen und Nutzen

Entspannungsverfahren nutzen in mehrerlei Hinsicht. Neben Erholung, Selbstberuhigung, Leistungssteigerung, Gedanken- und Gefühlskontrolle reduzieren sie auch Schmerzen. Für Menschen mit chronischen Schmerzen sind Entspannungsverfahren meist nicht mehr aus dem täglichen Leben wegzudenken. Ein Vorteil der Entspannungsverfahren ist, dass sie an jedem Ort durchgeführt und somit auch zwischendurch in den Berufsalltag integriert werden können.

Im Gegensatz zu Sport und Bewegung zeigen passive Entspannungsverfahren allerdings erst nach mehrwöchigem Training einen deutlichen Effekt. Ihr Nutzen entfaltet sich erst richtig, wenn sie regelmäßig durchgeführt werden. Alle genannten Entspannungsverfahren weisen eine Menge positiver Effekte auf: Körper und Psyche kommen zur Ruhe und können sich erholen. Der Organismus findet wieder zu seinem Rhythmus zurück und kann die Auswirkungen von Dauerstress und Belastungen besser abfedern.

Dauergestresste, die regelmäßig Entspannungsverfahren anwenden, können ihre Gedanken und Gefühle besser steuern. Aggressionen und Ängste treten dadurch immer mehr in den Hintergrund. Im Gegenzug gewinnen Konzentrationsfähigkeit, Gedächtnisleistung und die Fähigkeit, Probleme zu lösen, wieder die Oberhand. Kurzum: Wer regelmäßig ein Entspannungsverfahren praktiziert, ist im beruflichen und privaten Alltag belastbarer.

Im Sport ist beispielsweise das Autogene Training ein zentrales Element, um bessere Leistungen zu erzielen. Mittels Imaginationen werden Bewegungsabläufe vortrainiert. Der Sportler kann seine Gedanken damit positiv beeinflussen und sieht dem Wettkampf gelassen entgegen. Grundsätzlich kann jeder Mensch von derartigen Entspannungstechniken profitieren. Denn mit ihrer Hilfe lassen sich körperliche und seelische Vorgänge positiv beeinflussen und wird der Teufelskreis von Symptom, Angst und Verstärkung des Symptoms unterbrochen.

Den Stresssymptomen nicht hilflos ausgeliefert zu sein, kann sehr ermutigend sein. Betroffene gewinnen wieder Vertrauen in und Kontrolle über ihren Körper. Dadurch werden sie selbstbewusster, sicherer und optimistischer. Entspannungsmaßnahmen dienen sowohl der Stressprävention, können aber im Fall einer Erkrankung ein Teil der Therapie sein. Für viele Menschen in verantwortlichen Positionen ist das regelmäßige Anwenden eines Entspannungsverfahrens ein wesentlicher Bestandteil ihrer Erfolgsstrategie.

### Autogenes Training

Der Berliner Nervenarzt Johannes H. Schultz entwickelte die in Deutschland wohl bekannteste Entspannungstechnik „Autogenes Training“. Mit Hilfe des Autogenen Trainings lassen sich Atmung, Herz- und Pulsschlag willentlich beeinflussen. Wer regelmäßig Autogenes Training praktiziert, kann sich selbst in eine tiefe Entspannung versetzen. Die Ausübenden stellen sich z. B. vor, wie einzelne Körperteile schwer oder warm werden, wie ihr Atem gleichmäßig fließt und wie ihr Herz ruhig und gleichmäßig schlägt. Die Kosten werden von zahlreichen gesetzlichen Krankenkassen übernommen. Man unterscheidet beim Autogenen Training zwischen Grund- und Oberstufe. Im Zentrum der Grundstufe stehen folgende Körperbereiche:

- Schwereübung („Arme und Beine sind schwer")
- Wärmeübung („Arme und Beine sind warm")
- Atemübung („Atmung ruhig und regelmäßig")
- Herzübung („Puls ruhig und regelmäßig")
- Sonnengeflecht-Übung („Sonnengeflecht strömend warm")
- Stirnkühlübung („Stirn angenehm kühl")

Jede einzelne Übung zielt darauf ab, den jeweiligen Körperbereich zu entspannen. Dies beginnt mit der Schwereübung, bei der man sich vorstellt, Arme und Beine wären schwer. Bei genügend guter Vorstellungskraft führt dies tatsächlich zu einem Schweregefühl in Armen und Beinen – die gewünschte Entspannung stellt sich ein. So werden nacheinander alle sechs Teile der Grundstufe geübt, bis sie in Fleisch und Blut übergegangen sind. Anschließend kann man in die Oberstufe übergehen. Hier üben Praktizierende formelhafte Leitzsätze, mit deren Hilfe sie konkrete Probleme bearbeiten und lösen.

Autogenes Training ist am effektivsten, wenn man es regelmäßig praktiziert – am besten täglich. So wird es zum festen Tagesritual. Langfristig wirkt Autogenes Training stressmindernd. Es entspannt das vegetative Nervensystem, macht gelassener und fördert persönliches Wohlbefinden. Am besten erlernt man Autogenes Training in einem Kurs, z. B. bei Volkshochschulen. Aufgrund der unbestrittenen positiven Effekte des Autogenen Trainings bieten viele gesetzlichen Krankenkassen Kurse kostenlos oder gegen einen geringen Beitrag an. Informationen hierzu gibt es bei den Krankenkassen. Wer regelmäßig Autogenes Training praktiziert, profitiert in mehrfacher Weise davon. Die Vorteile sind:

- Steuerung und Kontrolle eigener Gedanken und Gefühle
- Weniger Stress
- Psychische Stabilität
- Schmerzkontrolle
- Gelassenheit und Wohlbefinden
- Bessere Konzentrationsfähigkeit
- Besseres Denk- und Urteilsvermögen

### Progressive Muskelentspannung nach Jacobsen

Die progressive Muskelentspannung (PMR) nach Edmund Jacobson basiert auf der Erkenntnis, dass sich die Körpermuskulatur gezielt entspannen lässt, wenn man Muskelgruppe für Muskelgruppe mehrmals an- und wieder entspannt: Hände, Unter- und Oberarme, Nacken, Schulter etc. 16 verschiedene Muskelgruppen werden so nacheinander gezielt angespannt und wieder gelockert. Jede Spannungsphase dauert ca. 10 s, die Lockerungsphase ca. 30 s. Der Wechsel zwischen Anspannung und Entspannung rückt die unterschiedlichen Empfindungen in den Mittelpunkt, die beim Anspannen und Lösen der Muskeln entstehen. Mit der Zeit lernen Übende, die Muskeln zu entspannen, wann immer sie dies möchten. Gleichzeitig senkt eine entspannte Muskulatur auch körperliche Unruhe und Erregung. Mit Hilfe der PMR lassen sich Herzklopfen, Schwitzen, Zittern und Schmerzzustände verringern. Auch dieses Entspannungsverfahren wird von den gesetzlichen Krankenkassen unterstützt und bezuschusst. Diese bieten Ihnen auch weitere Informationen. Vorteil der Progressiven Muskelentspannung ist, dass positive Effekte schneller und direkter spürbar sind als beim Autogenen Training. Für ungeduldige Menschen eignet es sich in der Regel besser.

### Meditation

Viele Beschäftigte fühlen sich im Arbeitsleben und in der Freizeit getrieben und gehetzt. Die Gedanken permanent auf Unerledigtes ausgerichtet, verlieren sie die Fähigkeit, den gegenwärtigen Augenblick zu genießen und leiden immer mehr. Hier setzen die unterschiedlichen Formen der Meditation an. Im Zentrum steht dabei stets der eigene Atem (vgl. Kabat-Zinn 2008).

Meditation gilt heute als eine der wirkungsvollsten und am besten untersuchten Maßnahmen gegen Stress. Insbesondere die positiven Auswirkungen von Mediation auf die Gehirnfunktion haben in den letzten Jahren für einige Überraschung und Anerkennung gesorgt. So zeigt schon ein einziger Meditationskurs über mehrere Wochen hinweg schon positive Veränderungen im Gehirn. Immer mehr Führungskräfte haben die Meditation für sich entdeckt und bleiben dadurch auch bei höchsten Anforderungen gelassen und konzentriert.

Zahlreiche Studien belegen, dass regelmäßiges Meditieren die Aufmerksamkeit und Konzentrationsfähigkeit deutlich verbessert: Meditierende können schneller Inhalte wahrnehmen, besser priorisieren, Aufgaben organisieren und Entscheidungen treffen. Kurzum: Meditation fördert genau diejenigen Fähigkeiten, die Beschäftigte bei anspruchsvollen Aufgaben im Berufsalltag benötigen. Grund ist, dass sich durch regelmäßige Meditation eine dickere Hirnrinde in bestimmten Bereichen des Gehirns entwickelt. Dies sind vor allem die Bereiche, die mit Gedächtnis und Steuerung der Emotionen zu tun haben. Auch Ungeübte profitieren bereits nach kurzer Zeit der Meditationspraxis von deren Vorteilen. Der amerikanische Wissenschaftler und Pionier der Meditationsforschung Richard Davidson ist davon überzeugt, dass Meditation die menschliche Persönlichkeit positiv beeinflussen kann (Gesund leben 2009/3, S. 94).

### Achtsamkeitsbasierte Stressreduktion (MBSR nach Jon-Kabat-Zinn)

In den letzten Jahren gewinnt die MBSR (Mindfulness Based Stress Reduction) oder achtsamkeitsbasierte Stressreduktion nach Professor Jon Kabat-Zinn zunehmend an Bedeutung. Professor Jon Kabat-Zinn ist Professor für Medizin an der Universität von Massachusetts und wendet MBSR seit vielen Jahren erfolgreich in seiner Stressklinik an. MBSR beschreibt eine Haltung der nach innen gerichteten Aufmerksamkeit. Durch Konzentrationslenkung auf den eigenen Atem wird der Mensch zum Selbstbeobachter und lernt Schritt für Schritt, sich von eigenen Gedanken und Gefühlen zu distanzieren – eine wichtige Fähigkeit in der modernen Arbeitswelt.

MBSR ist eine Variante der Meditation und nicht an eine Glaubensrichtung gebunden. Das macht sie für eine breite Allgemeinheit zugänglich. Manche Menschen finden es befremdlich, in ein Kloster oder in ein buddhistisches Zentrum zu gehen, um Meditation zu erlernen. Die Vorteile von MBSR auf einen Blick sind:

- Distanz zu eigenen Gedanken und Gefühlen
- Bessere Selbststeuerung
- Stimmungskontrolle: Weniger Angst, Wut und Ärger
- Schmerzkontrolle
- Klarheit und Entscheidungsfähigkeit
- Gelassenheit und Lebensfreude
- Souveränität in allen Lebenslagen

MBSR-Praktizierende schulen ihre Fähigkeit, die Aufmerksamkeit bewusst auf Körperbereiche und Empfindungen zu lenken, ohne diese zu bewerten: Der Rückenschmerz, das Ziehen in der Herzgegend, die Sorge um den Projektabschluss, die Angst vor Versetzung.

Achtsamkeitsbasierte Stressreduktion befreit von Grübeleien, negativen Bewertungen und Fehlurteilen. Sie beruhigt das Nervensystem und macht gelassen. Zudem hilft sie, unkontrolliertes Verhalten wie z. B. Gefühlsausbrüche zu reduzieren. Man lernt, innezuhalten und zu überprüfen: Was löst die Situation bei mir aus? Welche Gedanken, Gefühle, Körperreaktionen nehme ich wahr? Auch Stresssignale werden schneller bemerkt.

Wie kann man Achtsamkeit erlernen? Dazu gibt es die Möglichkeit, einen Kurs zu besuchen. Dieser enthält verschiedene Übungselemente, wie z. B. Sitzmeditation, Yoga oder den Body-Scan. Die Kursteilnehmer treffen sich in der Regel einmal pro Woche zu einer zweistündigen Gruppensitzung. Zwischen den Sitzungen üben sie täglich 45 min. Eine andere Möglichkeit, sich mit MBSR vertraut zu machen, sind Übungs-CDs zum Selbstlernen. Zugegeben, das Erlernen von MBSR setzt ein gewisses Maß an Eigeninitiative und Disziplin voraus. Doch diese Mühe lohnt.

Auch ohne Kurs oder Selbstlernprogramm kann man mehr Achtsamkeit in den Alltag integrieren. Dies gelingt, indem man Tätigkeiten bewusst auszuführt und sich ausschließlich darauf konzentriert. Die meisten Menschen sind mit ihrer Aufmerksamkeit nicht im gegenwärtigen Moment, sondern in der Vergangenheit oder in der Zukunft. Sie lassen sich auch schnell ablenken.

Stattdessen gilt es die Aufmerksamkeit auf die Gegenwart zu lenken und diese bewusst zu erleben. Kein leichtes Unterfangen in einer Zeit, in der Multitasking als erstrebenswerte Fähigkeit angepriesen wird (vgl. Kabat-Zinn 2010).

▶ Überlegen Sie, wie Sie mehr Achtsamkeit in Ihren Alltag integrieren können. Notieren Sie Ihre Ideen und beginnen Sie gleich mit der Umsetzung. Konzentrieren Sie sich immer öfter bewusst auf das, was Sie gerade machen. Lassen Sie sich weniger ablenken als bisher. Besuchen Sie nach Möglichkeit einen MBSR-Kurs oder kaufen Sie sich Übungs-CDs zum Selbstlernen. Im Anhang finden Sie Informationen dazu.

*Zur Erinnerung*: Die mit gestressten Personen durchgeführte neurowissenschaftliche Studie des deutsch-amerikanischen Forscherteams (vgl. Kap. 3.4) ergab, dass MBSR bereits nach acht Wochen Übungspraxis zu einer Zunahme von Nervenzellen in bestimmten Regionen des Gehirns führt. Die getesteten Personen berichteten über bessere Gedächtnisleistung, weniger Ängste, mehr Gelassenheit und Wohlbefinden.

**Yoga**

Yoga hat nachweislich positive Effekte sowohl auf die körperliche als auch auf die psychische Gesundheit. Es gibt verschiedene Richtungen, die Yoga auf unterschiedliche Weise ausüben. Allen Richtungen gemeinsam sind Körperhaltungen und Atemübungen. Yoga trainiert Kraft, Muskelausdauer und Gleichgewichtssinn. Es fördert die Durchblutung und kräftigt die Rückenmuskulatur. Dies führt zu einer verbesserten Körperhaltung. Das Erlernen von Yoga gehört in die Hände eines qualifizierten Yogalehrers, da falsch ausgeführte Übungen schaden können. Einmal erlernt, lässt es sich auch gut zu Hause praktizieren. Yoga ist inzwischen als Entspannungsmethode sehr etabliert. So gibt es in zahlreichen Firmen regelmäßig Yogastunden, die von den Beschäftigten rege genutzt werden. Auf viele Menschen hat Yoga eine beruhigende und ausgleichende Wirkung. Durch die Kombination von muskulärem Training und unterstützenden Atemübungen kommt es zu einer merklichen Absenkung des Stressniveaus. Auch Yoga wird von einigen gesetzlichen Krankenkassen bezuschusst. Manche Krankenkassen erstatten die Kosten komplett.

Der Neurowissenschaftler Bruce McEwen beispielsweise betrachtet Yoga, Meditation und ein erfüllendes Hobby als Hauptansatzpunkte für einen erfolgreichen Umgang mit chronischem Stress (Der Spiegel 2011b/48, S. 152).

### 5.1.4 Die drei Erfolgssäulen in Balance

Die drei Erfolgssäulen persönlicher Stabilität bilden eine ideale Ausgangsbasis, um auch höchsten beruflichen Anforderungen gerecht werden zu können. Die meisten Menschen verfügen bereits über eine Bandbreite hilfreicher Strategien, die sie bei Stress abrufen können. Meist ist eine Säule dabei besonders betont und die Ausrichtung in manchen Fällen zu einseitig. Wer z. B. im Beruf ständig mit Konflikten zu tun hat, die ihn stressen, sollte die soziale Kompetenz in den Blickpunkt rücken und die Erfolgssäule „Kompetenzen" ausbauen. Wer Kritik stets persönlich nimmt und sich damit selbst stresst, sollte die Säule „Erfolgreiche Denkstrategien" ins Visier nehmen und ausbauen. Und wer schwer abschalten kann, sollte über die richtigen Entspannungsmöglichkeiten nachdenken und die Säule „Erholen und Entspannen" ausbauen. Welche Säule besonders betont ist, ist von Mensch zu Mensch verschieden. In vielen Fällen ist es hilfreich, den Blick auf die Säule zu richten, die bisher zu kurz kommt. Hier gilt es mehr Energie zu investieren. Grundsätzlich gilt: Je ausgewogener die drei Säulen im Verhältnis zueinander sind, umso sicherer und erfolgreicher kann die Person hohe Anforderungen und schwierige Situationen bewältigen. Die drei Erfolgssäulen wirken dann wie ein stabiles und unerschütterliches Fundament. Abbildung 5.14 ermöglicht eine individuelle Einschätzung der persönlichen Ausprägungen innerhalb der drei Erfolgssäulen und hilft, einen persönlichen Aktivitätsplan zu erstellen.

▶ Nehmen Sie sich etwas Zeit und bearbeiten sie den individuellen Maßnahmenplan (siehe Abb. 5.14). Tragen Sie im ersten Schritt in jede einzelne Säule Ihren derzeitigen Stand in Prozentzahlen ein. Sie erkennen dadurch, welche Säule bereits besonders stark ausgeprägt ist. Im zweiten Schritt tragen Sie in jede Säule Ihren Wunschwert ein. Dieser muss nicht bei 100 % liegen. Häufig reichen auch schon 10 % mehr als bisher, um eine spürbare Veränderung zu erreichen. Im dritten Schritt überlegen Sie bitte genau, welche Maßnahmen Sie in Bezug auf jede einzelne Säule ergreifen werden, um Ihren Wunschwert zu erreichen. Halten Sie Ihre geplanten Maßnahmen schriftlich in den dafür vorgesehenen Zeilen „Maßnahmen/Wege zur Zielerreichung" fest. Priorisieren Sie Ihre Maßnahmen und beginnen Sie mit der Maßnahme, die für ihre augenblickliche Situation den größten Nutzen bringt.

Alternativ können Sie den Maßnahmenplan auch kopieren und vergrößern. Oder Sie zeichnen sich den Maßnahmenplan auf ein großes Blatt Papier und hängen ihn gut sichtbar auf. Wer möchte, kann sich mit Punkten belohnen. Markieren Sie dafür ihre aktuellen Stände und Wunschzielmarken mit einer dicken Linie. Immer wenn Sie eine geplante Maßnahme umgesetzt haben (z. B. Kritik nicht persönlich genommen haben), kleben oder malen Sie einen Punkt in die zuordenbare Säule – zwischen aktuellem Stand und Wunschzielmarke. So können Sie sich laufend vom Aufwärtstrend in den einzelnen Säulen überzeugen.

### 5.1.5 Soforthilfen und nachhaltige Strategien gegen Stress

Wann immer unerwartete Ereignisse auftreten, helfen kurzfristige Anti-Stress-Strategien, die Lage zu beherrschen und die Situation in den Griff zu bekommen. Hierzu gibt es unterschiedliche Möglichkeiten. Aus Platzgründen werden im Folgenden diejenigen näher beschrieben, die sich in der Praxis bewährt haben und besonders effektiv sind. Auch hier gibt es keine allgemeingültige Regel. Jeder sollte selbst ausprobieren und entscheiden, welche ihm am meisten zusagen. Das kann von Mensch zu Mensch verschieden sein.

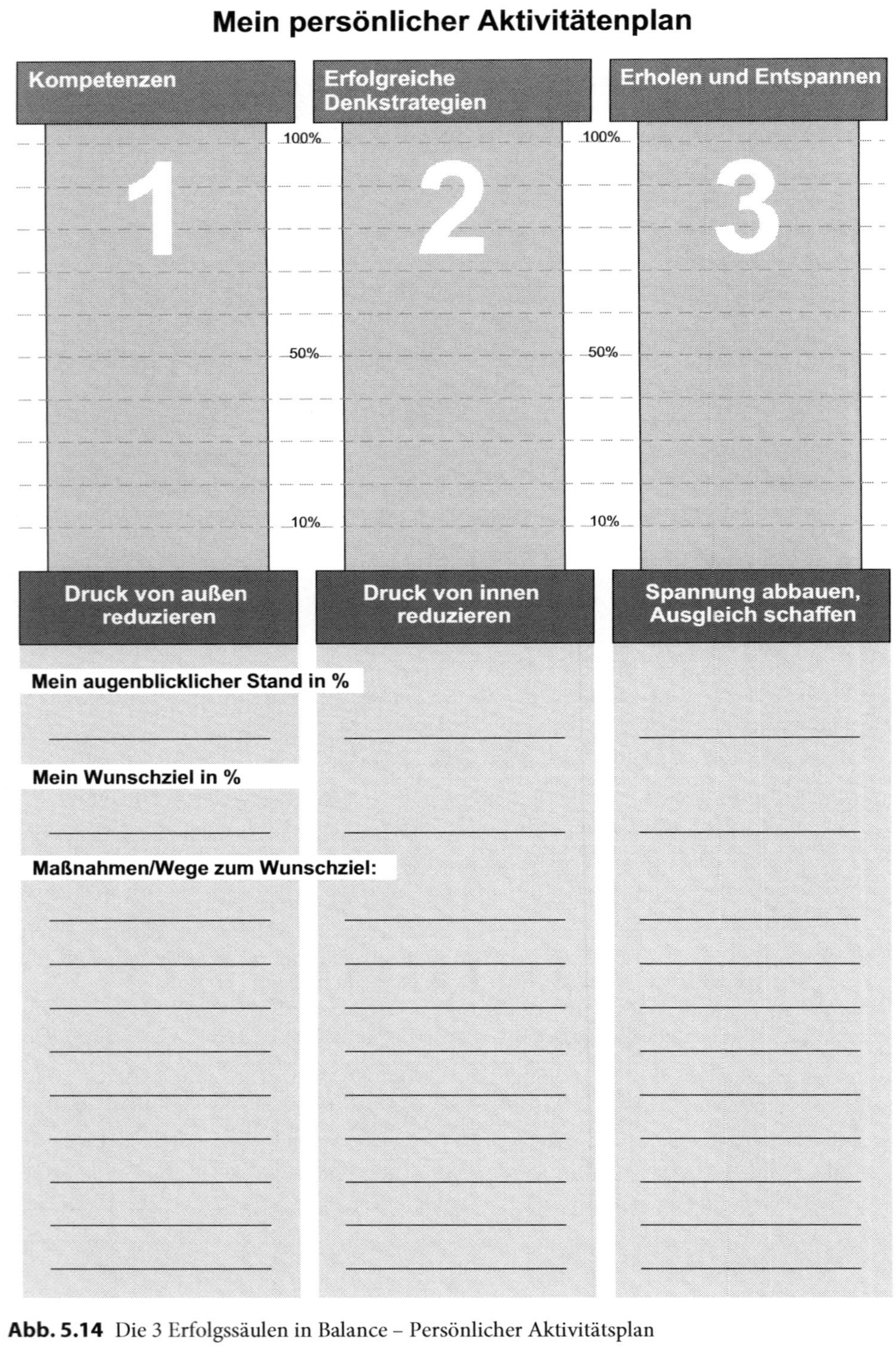


**Abb. 5.14** Die 3 Erfolgssäulen in Balance – Persönlicher Aktivitätsplan

#### 5.1.5.1 Fokus Atmung

Unter Stress wird die Atmung automatisch flacher und schneller. Schneller Atem wiederum beschleunigt den Herzschlag. Langsamer atmen verlangsamt den Herzschlag. Zudem neigen Menschen unter Stress, den Atem während des Einatmens anzuhalten. Durch falsche Atmung erregen sie sich selbst noch mehr und lösen die Notfallreaktion aus. Das lässt sich durch richtiges und bewusstes Atmen verhindern. Insbesondere langes Ausatmen senkt die nervliche Erregung und wirkt stressmindernd.

▶ **Selbstberuhigung über Atmung** Versuchen Sie bei Aufregung oder Stress, bewusst lange und intensiv auszuatmen. Konzentrieren Sie sich auf die Ausatmung, das Einatmen erfolgt von selbst. Vermeiden Sie dabei, die Luft nach dem Einatmen anzuhalten. Machen Sie es stattdessen umgekehrt: Halten Sie die Luft nach dem Ausatmen kurz an. Schon nach wenigen Minuten werden Sie merken, wie Sie ruhiger und gelassener werden.

Der Vorteil dieser Übung liegt auf der Hand: Man kann sie ungesehen überall anwenden. Sie bringt Entspannung in den Arbeitsalltag. Ob beim Warten in der Schlange in der Kantine, an der Supermarktkasse, am Bahnhof oder am Flughafen: Die Konzentration auf den eigenen Atem wirkt beruhigend und entspannend. Sie ist eine gute Übung für Zwischendurch.

#### 5.1.5.2 So tun, als ob

Eine sehr effektive, anfangs vielleicht befremdlich wirkende Übung ist „So tun als ob". Diese Übung basiert auf dem Grundprinzip, dass Gefühle untrennbar mit körperlichen Reaktionen verbunden sind. Der Umkehrschluss daraus lautet: Werden körperliche Reaktionen bewusst geändert, beeinflusst man damit auch gleichzeitig Stimmungen und Gefühle (vgl. Schmidt et al. 2010). Und in der Tat: Wer 10 min lang lächelt, ist hinterher besser gelaunt. Das Gehirn schlussfolgert aufgrund des körperlichen Signals des Lächelns: „Es gibt Grund zu guter Laune".

▶ **Übung „Glücksspirale"** Gehen Sie 10 min herum und tun Sie so, als ob es ihnen richtig gut geht. Setzen Sie dafür die passende Mimik, Gestik und Körpersprache ein – wie Sie das automatisch machen, wenn es Ihnen richtig gut geht. Mit Einnehmen der passenden mimischen und körperlichen Begleitsignale beeinflussen Sie Ihr Denken und Ihre Stimmung positiv. Das Gehirn interpretiert Ihr Verhalten nicht wie ein „So tun, als ob", sondern wie eine konkrete Tatsache: „Die Person lächelt, also ist sie gut drauf".

#### 5.1.5.3 Sprechtempo reduzieren

Nicht nur der Atem, sondern auch die Stimme ist ein wichtiges Instrument, um sich selbst zu beruhigen. Selbstberuhigung über die eigene Stimme ist ein einfaches und wirkungsvolles Mittel bei akutem Stress. Ob im Konfliktgespräch mit dem Chef, dem Kunden oder Kollegen: Wer langsamer spricht, beruhigt sich selbst und auch sein Umfeld. Normalerweise neigen Menschen unter Stress automatisch dazu, schneller zu sprechen. Sie setzen sich und ihr Umfeld damit noch mehr unter Druck.

- Reduzieren Sie in einer akuten Stresssituation Ihr Sprechtempo. Dieser einfache und leicht umsetzbare Tipp beruhigt sowohl Sie selbst als auch Ihr Gegenüber. Eine ruhige Stimme signalisiert dem Gehirn und auch dem Umfeld: „Kein Grund zur Panik!" Besonders bei Präsentationen und in Verhandlungen wirkt eine ruhige Stimme stressmindernd. Darüber hinaus hinterlassen Sie bei Ihrem Gegenüber einen guten Eindruck: Sie wirken selbstsicher, souverän und überzeugend.

#### 5.1.5.4 Abkühlen

Wer aufgrund einer aktuellen Stresssituation emotional sehr aufgeladen ist, sollte versuchen, Wut und Ärger möglichst schnell abzubauen. Insbesondere gilt: Wichtige Gespräche niemals aus einem akuten emotionalen Zustand heraus führen. Die Gefahr, hier „unkontrolliert auszuteilen" und das hinterher zu bereuen, ist sehr hoch. Die Praxis zeigt: Einmal abgeschossene Pfeile lassen sich nicht mehr zurückholen und beeinträchtigen die Zusammenarbeit auch in der weiteren Zukunft. Der Kunde springt vielleicht ab, der Mitarbeiter verliert Vertrauen in den Chef oder umgekehrt: Der Chef verzeiht seinem Mitarbeiter die schonungslose Offenheit nie mehr und streicht ihn von der Beförderungsliste. Wichtige Gespräche gilt es sorgfältig vorzubereiten. Dazu gehört auch, die eigenen Emotionen unter Kontrolle zu bekommen.

- **Um den Block laufen** Vermeiden Sie grundsätzlich, akute Konfliktgespräche im emotional aufgeladenen Zustand zu führen. Laufen Sie zuvor um den Block oder steigen Sie mehrmals hintereinander Treppen, um das körperliche Erregungsniveau abzubauen. Das kühlt Ihren Geist und Ihre Gefühle herunter. Sie sparen sich dadurch unangenehme Nebenwirkungen. Nebenwirkungen, die Sie vielleicht hinterher bereuen – und die zum Vertrauensbruch führen. Aus der Distanz heraus sieht man klarer und handelt überlegter.

#### 5.1.5.5 Floaten

Tagtäglicher Stress und Druck führt oft zu Verspannungen, die sich nicht ohne weiteres wieder lösen. Als sehr wirksame und kurzfristig entspannende Möglichkeit, hat sich in den letzten Jahren Floaten bewährt. In Kombination mit Bewegung ist Floaten für viele Berufstätige eine sehr effektive Möglichkeit, um besser mit Druck und Stress umzugehen. Floaten bezeichnet das schwerelose Schweben in einem Salzwassertank. Die Effekte des Floatens sind ausreichend belegt. Floaten wirkt stressmindernd, löst Verspannungen und wirkt ähnlich erholsam wie einige Stunden Schlaf. Auch Denken und Gedächtnis verbessern sich durch das schwerelose Schweben. Floaten beruht auf dem Prinzip des vollständigen Reizentzugs, der in der heutigen Welt immer seltener möglich ist. In nahezu allen größeren Städten stehen inzwischen sogenannte Floating-Center zur Verfügung. In der Regel dauert eine Floating-Einheit mindestens 60 min. Informationen gibt es im Internet. Nicht geeignet ist Floaten für Menschen, die unter Platzangst leiden.

### 5.1.6 Ernährung

Menschen, die ständig unter Strom stehen, ernähren sich in der Regel ungesünder. Im Stress nehmen Menschen bevorzugt sehr kalorienreiche Nahrungsmittel zu sich: Sie greifen zu Fett und Kohlehydraten, da diese den subjektiv empfundenen Stresspegel mindern und die Stimmung heben. Was kurzfristig stressmindernd wirkt, führt allerdings in vielen Fällen zu neuem Stress: Übergewicht, Diabetes, Gelenkprobleme und Herzkreislauferkrankungen machen den Betroffenen in absehbarer Zeit zu schaffen.

Wer sich richtig ernährt, ist leistungsfähiger. Vielen Berufstätigen ist der Zusammenhang von Ernährung und Leistung allerdings nicht bewusst. Trotz Hektik im Berufsalltag sollten sich Beschäftigte Zeit für eine Mahlzeit nehmen. Zwischendurch am Arbeitsplatz zu essen, während man gleichzeitig E-Mails checkt, verleitet zu unkontrollierter Nahrungsaufnahme: Viele essen dann mehr und vor allem das Falsche. Üppige und unausgewogene Mahlzeiten wiederum führen zu Leistungsabfall und Müdigkeit. Demgegenüber gilt:

- Richtige Ernährung steigert die Leistungsfähigkeit des Hirns. Um gut funktionieren zu können, benötigt das Gehirn regelmäßig die richtige Energie. Wer regelmäßig und richtig isst, schafft den idealen Nährboden für ein leistungsfähiges Gehirn.
- Nicht nur regelmäßiges Essen, sondern auch regelmäßige Flüssigkeitszufuhr fördert das Denkvermögen und verhindert Leistungseinbrüche. Pro Stunde ein Glas Wasser fördert Konzentration und Denkvermögen.

## 5.2 Coaching – Gemeinsam zu neuen Lösungen

### 5.2.1 Professionelles Coaching durch einen externen Berater

Viele Berufstätige fühlen sich angesichts von Leistungsdruck, Vielschichtigkeit der Aufgaben und permanentem Wandel chronisch überlastet und suchen nach Lösungen. Das soziale und berufliche Umfeld kann hierfür ein wirksamer Stresspuffer sein, andererseits ist es gleichzeitig selbst der Ursprung vieler Konflikte. Diese verstärken den Druck und zehren an den Nerven – auf Kosten von Leistungsfähigkeit und Erfolg.

Auf der Suche nach einem neutralen Rat von außen stoßen Berufstätige heute an ihre Grenzen: Oft fehlen stabile private Kontakte. Freunde wollen sich privat nicht zusätzlich mit Problemen anderer auseinandersetzen. Die eigene Familie wiederum ist für einen neutralen Rat meist zu befangen, da sie zu sehr betroffen ist. Deshalb bleibt häufig nur der einsame innere Kampf mit dem Problem. So verstricken sich Betroffene immer mehr mit der Situation und geraten in die Erschöpfungsspirale (vgl. Abb. 4.5).

Damit es nicht so weit kommt, lohnt professioneller Rat von außen: Man wendet sich an einen kompetenten Coach. Dabei gilt: Sich externe Hilfe zu holen, ist kein Zeichen von Schwäche, sondern ein Zeichen von persönlicher Stärke und Kompetenz. Der Austausch mit einem Coach kann entlasten und ermöglicht eine neue Perspektive. Ein Coaching kann entscheidende Anstöße geben, um aus dem Teufelskreis lähmender Gedanken auszubrechen und neue Wege zu gehen. Ohne Unterstützung von außen fehlt oft die innere Distanz, das Problem planmäßig und systematisch anzugehen (vgl. Wehrle 2011).

Was unterscheidet nun einen Coach von einem Therapeuten? Im Vordergrund von Coaching stehen aktuelle, zeitlich begrenzte und überschaubare Themen – häufig aus dem beruflichen Umfeld: Entscheidungssituationen (Aufstieg, Wechsel), Störungen in der Zusammenarbeit mit dem Chef oder mit Kollegen, Umgang mit Zeitdruck und Aufgabenvielfalt, Ausbau von Führungs- und Sozialkompetenz, Umgang mit Stress. Aber auch private Themen können eine Rolle spielen.

Der Coachee (zu coachende Person) definiert zu Beginn des Coachings ein klares Ziel, dessen Erreichen in seinem eigenen Ermessensspielraum liegt. Ziele, für die die betroffene Person selbst nichts tun kann, sind zu relativieren bzw. zu korrigieren. Konkret: Den Chef oder einen Kollegen zu verändern, liegt außerhalb der eigenen Reichweite. Dennoch kann die Person durch Veränderung des eigenen Verhaltens hier oft Erstaunliches bewirken. Sie hat indirekt Einfluss auf das Geschehen. Auch die Umstrukturierung im Unternehmen zu verhindern, liegt nicht im Ermessensspielraum des Einzelnen. Gleichwohl kann der Einzelne aus dem Kreislauf negativer Gedanken ausbrechen und mit dem Coach gemeinsam einen neuen Blick auf die Situation werfen. Dies wirkt stressmindernd.

Am Anfang eines Coachings steht die Zielvereinbarung. Diese orientiert sich an der persönlichen Situation des Coachees. Im Rahmen des Coaching-Prozesses werden Zielvereinbarung und Zielerreichung immer wieder überprüft. Aufgabe des Coachs ist es, dem Coachee einen klaren Rahmen zu bieten, innerhalb dessen dieser sein Anliegen einbringen und bearbeiten kann. Die Vorgehensweise des Coachs folgt einer bestimmten Systematik.

In den letzten Jahren hat sich immer mehr das lösungsfokussierte Kurzcoaching durchgesetzt (vgl. Szabo und Kim Berg 2006). Im Vordergrund stehen hier nicht Ursachen, sondern die Stärken und Fähigkeiten der zu coachenden Person. Der lösungsfokussierte Ansatz beruht auf dem Prinzip, dass jeder Mensch über die nötigen Ressourcen verfügt, um Situationen aus eigener Kraft zu bewältigen. Betroffene erleben relativ zügig eine spürbare Verbesserung ihrer Kompetenz im Umgang mit für sie schwierigen Situationen. Sie erhalten wichtige Tipps bei Entscheidungsfragen oder können fortan mit Stresssituationen besser umgehen. Insbesondere auf Führungsebene wird der Austausch auf Augenhöhe als wertvoll und motivierend empfunden.

Im Unterschied zur Therapie erfolgt der Kontakt im Coaching auf Augenhöhe. Vielen fällt deswegen der Weg zum Coach leichter als der Gang zum Arzt oder Therapeuten. Dennoch gilt: Körperliche Symptome, die über eine längere Zeit bestehen, müssen medizinisch immer abgeklärt werden. Ein seriöser Coach weist darauf ausdrücklich hin. Liegen zudem ernsthafte psychische Probleme zugrunde, ist der Gang zum Arzt und/oder Therapeuten unverzichtbar. In einigen Fällen benötigt die Person medikamentöse Unterstützung zur Linderung ihrer Ängste oder zwanghaften Gedanken. Dies ist dann der erste Schritt und Schlüssel für die Stabilisierung.

Insbesondere Antidepressiva finden in diesem Zusammenhang Anwendung. Im Gegensatz zu Beruhigungsmitteln machen sie nicht abhängig. Bei Angststörungen und Depressionen sind sie häufig unverzichtbar und bringen eine große Entlastung für die Betroffenen. Diese können sich endlich von belastenden und zwanghaften Gedanken befreien und schöpfen neuen Lebensmut. Grundsätzlich können Antidepressiva also eine sinnvolle Ergänzung zu Therapie und/oder Coaching sein. Depressionen beruhen in vielen Fällen auf einer Stoffwechselstörung im Gehirn. Ähnlich wie der Diabetiker mit Hilfe von Insulin seinen Stoffwechsel reguliert, dienen Antidepressiva zu Regulation des Gehirnstoffwechsels. Mit ausgeglichener Gehirnchemie und klarem Kopf lassen sich dann leichter Lösungen finden. In vielen Fällen können Betroffene später wieder auf die Antidepressiva verzichten.

#### 5.2.1.1 Ablauf eines Coachings – dargestellt am Beispiel von Ludwig S.

Damit der Leser sich einen Eindruck von einem lösungsfokussierten Kurzzeit-Coaching machen kann, wird nachfolgend stichpunktartig der typische Ablauf eines lösungsfokussierten Coachings beschrieben – am Eingangsbeispiel von Ludwig S. (vgl. Kap. 1). Wie hätte Ludwig S. seinen Zusammenbruch verhindern können? Zu welchem Zeitpunkt hätte das Coaching spätestens erfolgen müssen? Welche Aspekte sind im Coaching vorrangig zu bearbeiten? Antworten auf diese Fragen werden im Folgenden näher erläutert.

**Coaching von Ludwig S.** *Zeitpunkt des Coachings*: Nach dem wiederholten Auftreten von Schlafstörungen und bei den ersten gesundheitlichen und psychischen Beschwerden (nach ärztlicher Abklärung!). Spätestens nach der erlebten Kränkung durch den Geschäftsführer ist externe Unterstützung für Ludwig S. wichtig. Diese löst bei Ludwig S. zwanghaften Grübeleien aus, aus denen er sich selbst nicht mehr befreien kann.

*Ablauf und Inhalte des Coachings*

- *Klärung von Anliegen und Ziel*
- *Analyse der Situation:* Wer ist betroffen? Welche Auswirkungen hat die Situation? Bisherige Lösungsversuche. Welche Lösungsversuche sind förderlich, welche weniger?
- *Relativieren der Situation:* Wie sehen andere das? Wie beurteilen Kollegen die Situation? Was würde der beste Freund sagen? Wie wird Ludwig S. in zwei oder fünf Jahren darüber denken?
- *Perspektivenwechsel:* Was bewegt den Geschäftsführer, derart ausfällig zu werden? Ludwig S. begibt sich für einige Minuten gedanklich in die Situation des Geschäftsleiters und entwickelt Verständnis für dessen Motive. Das nimmt Druck aus der Situation und verschafft Distanz zum Geschehen.
- *Ressourcenorientierung/Persönliches Erfolgsjournal:* Welche Fähigkeiten haben Ludwig S. bisher erfolgreich gemacht? Wie hat er Krisen in der Vergangenheit gemanagt? In welchem Punkt ist er unschlagbar? Persönliches Erfolgsjournal detailliert entwickeln und beschreiben lassen. Ludwig S. erkennt seinen Wert für die Firma, fühlt sich weniger austauschbar und reduziert damit erheblich Stress.

- *Eigener Anteil am Stressgeschehen:* Rückmeldung über sein typisches Lächeln, ein mimisches Signal mit folgenreicher Wirkung. Beim Coach entsteht der Eindruck, als ob Ludwig S. über allem steht und unberührbar ist. Das erzeugt möglicherweise Aggressionen beim Gegenüber und macht ihn angreifbar.
- *Neubewertung/Entdramatisieren der Situation:* Vorwurf des Geschäftsleiters nicht persönlich nehmen. Vorwurf ist Ausdruck dessen Verzweiflung. Die vermeintliche Drohung („das wird Folgen haben") nicht überbewerten. Drohungen gehören zum Handlungsmuster des Geschäftsleiters und waren bisher immer ohne Folgen geblieben. Ludwig S. hat viel anzubieten: Historisches Wissen, viel Erfahrung, er kennt den Job aus dem Effeff. So leicht kann er nicht ausgetauscht werden.
- *Handlungsplan erarbeiten:*
  - *In der Rolle des Mitarbeiters*: Gespräch mit Geschäftsführer. Ludwig S. spricht mit ihm unter vier Augen und beschreibt angriffsfrei, wie die Anschuldigung vor versammelter Menge auf ihn persönlich gewirkt hat. Er stellt die aktuelle Umsatzsituation aus seiner Sicht dar und wirbt um Verständnis. Gespräche dieser Art wirken in vielen Fällen positiv. Allerdings sind dabei Wortwahl und Körpersprache entscheidend. Das Gespräch wird vorher intensiv eingeübt (Kameraeinsatz), damit Ludwig S. probehandeln und dann sicher auftreten kann.
  - *In der Rolle als Führungskraft*: Wie kann er die Verkaufsmannschaft trotz Umsatzeinbruch motivieren? Welche Strategien sind hilfreich? Tipp: in einem gemeinsamen Workshop mit dem Verkäuferteam nach Lösungen suchen. Die Chefsache zur Sache aller Beteiligten machen. Alle Mitarbeiter ins Boot holen. Gemeinschaftsgeist und Zusammenhalt in der Krise fördern. Vertrauen in die Mannschaft aussprechen. Trauernden Mitarbeiter entlasten, ihm Unterstützung anbieten.
  - *In der Privatrolle*: Wie kann er selbst regenerieren? Regelmäßig für Erholung und Entspannung sorgen. Aktivierung seiner früheren Leidenschaft: Bergwandern. Gemeinsam mit der Familie und/oder Freunden. Dienstschluss spätestens um 19:30 Uhr. Danach möglichst kein Smartphone und kein Fernsehen. Insbesondere nicht beim Fernsehen einschlafen. Abendliches Ritual einführen: Musik, Spaziergang, Gespräche mit der Familie. Reizarmer Feierabend.
  - *Worst Case Szenario, Plan B*: Wenn es hier nicht weiter geht, dann geht es woanders weiter. Aufgrund seiner fundierten, fachlichen Kompetenz ist Ludwig S. auch in anderen Firmen gefragt. Das Gefühl, nicht auf Gedeih und Verderb dem jetzigen Unternehmen ausgeliefert zu sein, befreit Ludwig S. von Ängsten und macht ihn unabhängiger. Diese Unabhängigkeit macht ihn im Auftreten souveräner, woraufhin der Geschäftsführer anders mit ihm umgeht.

#### 5.2.1.2 Nutzen des Coachings für Ludwig S.

Welchen Nutzen zieht Ludwig S. nun aus dem Coaching? Gleich vorweg: Die Rahmenbedingungen lassen sich hier nicht verändern. Die Situation der Firma ist ungewiss – daran kann Ludwig S. nichts ändern. Dennoch kann er seine Einstellung zur Situation verändern. Ludwig S. verlässt die Opferrolle und die Haltung: „Ich kann sowieso nichts machen". Statt in Resignation zu verharren, nimmt er das Ruder in die Hand und besinnt sich auf seine Fähigkeiten.

Beim Erarbeiten des persönlichen Erfolgsjournals erkennt er wieder seinen Eigenwert. Dieser war angesichts von Leistungsdruck und Kränkung ins Abseits geraten – wie es typisch unter Stress ist. Ludwig S. gewinnt zunehmend an Selbstvertrauen und kommt in eine andere Ausgangslage: Er wirkt selbstsicher und souverän – mit dem Effekt, dass sein Umfeld nun anders auf ihn reagiert. Nicht, dass er ein anderer Mensch geworden wäre. Allein das Gefühl, die Situation aus eigener Kraft beeinflussen und kontrollieren zu können, gibt ihm Mut und Zuversicht: Er fühlt sich von seinem Chef und dem Unternehmen weniger abhängig als bisher. Und er hat erkannt: Um keinen Preis möchte er mit dem Geschäftsführer tauschen. Der Perspektivenwechsel hat ihn nachdenklich und versöhnlich gestimmt. Das ist für ihn eine große emotionale Entlastung.

Wichtig: Damit Coaching gelingen kann und den gewünschten Nutzen bringt, ist die Auswahl des Coachs von großer Bedeutung. Eine der wichtigsten Voraussetzung ist das Vertrauen in den Coach. Dafür muss die Chemie zwischen Coach und Coachee stimmen, was aber allein nicht ausreicht. Ein guter Coach beherrscht sein Handwerk. Er folgt einer bestimmten Systematik, die eine spezielle Fragetechnik und Instrumente des Aktiven Zuhörens beinhaltet. Erst in Kombination mit der persönlichen Grundhaltung des Coachs kann dieser sein Handwerk entfalten, geprägt von Wertschätzung und Empathie. Zusammengefasst gibt es bestimmte Merkmale, die einen guten Coach für berufliche Themen auszeichnen:

- Systemische Coaching-Ausbildung
- Mehrjährige Berufserfahrung in Unternehmen
- Mehrjährige Erfahrung als Coach
- Wertschätzende und empathische Grundhaltung
- Fachliche Kompetenz
- Diskretion

### 5.2.2 Selbstcoaching – Hilfe zur Selbsthilfe

Nicht jeder verfügt über die finanziellen Mittel oder über einen geeigneten Coach in seiner Nähe. Für diesen Fall gibt es auch die Möglichkeit, sich anhand bestimmter Leitfragen selbst zu coachen bzw. die Fragen gemeinsam mit einem guten Freund oder Bekannten durchzugehen (Abb. 5.15). Eine außenstehende Person kann zum Beispiel Frage für Frage stellen und die Antworten stichpunktartig mitschreiben. Alternativ können diese mit einem Diktiergerät aufgezeichnet und nach Belieben immer wieder abgespielt werden. Auch hier gilt: Das Beantworten der Fragen allein ändert häufig den Blick auf die festgefahrene Situation. Die Person kann so Selbstvertrauen und Sicherheit gewinnen. Abbildung 5.15 beschreibt Systematik und Fragen für ein Selbstcoaching .

| Selbstcoaching |
|---|
| **Situationscheck** |
| Wie ist die Situation? Wer ist betroffen? Welche Auswirkungen hat die Situation? Wie sehen andere Beteiligte die Situation? Wie würde ein guter Freund die Situation beurteilen? Kann ich die Situation aus eigener Kraft verändern? Wenn ja, wie? Wenn nein, dann Akzeptanz der Situation und neue Einstellung entwickeln |
| **Bisherige Lösungsversuche?** |
| Was wurde bereits unternommen? Welche Versuche waren förderlich, welche hinderlich? |
| **Größte Hürde/Befürchtung** |
| Welche Schwierigkeiten gilt es zu überwinden? Was ist die größte Hürde dabei? Welche Befürchtungen gibt es? Wie wahrscheinlich ist es, dass die Befürchtung eintritt? |
| **Perspektivenwechsel** |
| Bei Störungen in der Zusammenarbeit: Wie stellt sich die Situation aus der Sicht des Gegenübers dar? Welche Motive bzw. Interessen treiben das Gegenüber an? |
| **Ressourcenorientierung/Erfolgsjournal** |
| Wie wurden schwierige Situationen bisher gemeistert? Welche Stärken und Fähigkeiten waren besonders hilfreich? Worauf kann ich auch in dieser Situation zurückgreifen? Erarbeiten des persönlichen Erfolgsjournals: Welche Situationen habe ich in meinem Leben schon gemeistert. Wofür habe ich in der Vergangenheit Anerkennung bekommen? Was kann ich besonders gut? Worauf möchte mein Chef auf keinen Fall verzichten? |
| **Neubewertung der Situation** |
| Wo liegt die Chance? Welche Fähigkeiten kann ich hier unter Beweis stellen? Wie lautet die Herausforderung? |
| **Kompetenzausbau** |
| Welche Fähigkeiten gilt es derzeit auszubauen? Wie und wo können diese erworben werden? |
| **Netzwerke** |
| Wer kann mir helfen bzw. mich unterstützen? Wo gibt es Gleichgesinnte oder Menschen, die eine ähnliche Situation bereits erfolgreich gemeistert haben? Was war für diese Menschen hilfreich? Was könnte ich davon für meine Situation unternehmen? |
| **Worst-Case-Szenario, Plan B** |
| Wenn es hier nicht weitergeht, dann mache ich folgendes...? Welche Alternativen gibt es? Welche Kontakte gilt es zu aktivieren? |
| **Persönlicher Handlungsplan** |
| 1. Schritt ........................................<br>2. Schritt ........................................<br>3. Schritt ........................................<br>4. Schritt ........................................<br>5. Schritt ........................................<br>..................................................<br>..................................................<br>.................................................. |

**Abb. 5.15** Selbstcoaching. Fragen an sich selbst helfen, schwierige Situationen gedanklich zu strukturieren, Abstand zu gewinnen und Lösungen zu entwickeln

Selbstcoaching kann ein wichtiger Schritt sein, um aus Passivität und Lähmung auszubrechen. Auch hier gilt: Je früher gehandelt wird, umso größer sind die Aussichten auf Erfolg. Je tiefer eine Person bereits in die Erschöpfungsspirale gerutscht ist, umso weniger gelingt ihr das Ausbrechen ohne Hilfe von außen.

- Falls Sie eine schwierige Situation zu meistern haben, gehen Sie am besten anhand der Leitfragen von Abb. 5.15 vor. Stellen Sie sich die Fragen laut und zeichnen Sie Ihre Antworten mit Hilfe eines Diktiergeräts auf. Hören Sie sich Ihre Antworten immer wieder an. So bringen Sie sich selbst in einen guten Zustand und finden die passende Lösung für Ihre Situation.

### 5.2.3 EAP (Employee Assistance Program)

Viele Unternehmen verfügen inzwischen über einen externen Beratungsservice für Führungskräfte und Mitarbeiter. Egal, ob mit oder ohne Führungsposition: Mitarbeiter können sich bei Bedarf anonym, kurzfristig und kostenlos zu beruflichen, privaten oder auch gesundheitlichen Fragen von Fachspezialisten beraten lassen. Ziel von EAP ist der Erhalt von Gesundheit und Leistungsfähigkeit der Mitarbeiter. Ein belasteter Mitarbeiter hat den Kopf bei der Arbeit nicht frei, egal, ob die Sorgen ihren Ursprung im beruflichen, privaten oder gesundheitlichen Bereich haben. Mitarbeiter, denen die Sorgen über den Kopf wachsen, sind weniger konzentriert, ausgeglichen und leistungsfähig. Dies kann ein Team in seiner Gesamtleistung stark beeinträchtigen. Schließlich muss es den weniger leistungsfähigen Mitarbeiter „mitschleppen". Vor dem Hintergrund von hohen Zielvorgaben, Arbeitsverdichtung und Zeitdruck birgt das ein großes Konfliktpotenzial für die Beteiligten.

Da die EAP-Beratung anonym ist, ist die Hemmschwelle für Betroffene deutlich niedriger, sich in schwierigen Situationen Hilfe zu holen. EAP-Berater finden stets gemeinsam mit Betroffenen kompetente Lösungen für schwierige Situationen. Nicht nur für die Betroffenen selbst ist das ein Gewinn. Auch Führungskräfte und das Team profitieren, wenn Kollegen wieder konzentriert, ausgeglichen und leistungsfähig sind. EAP entbindet Vorgesetzte allerdings nicht von ihrer Führungsverantwortung. Vielmehr ist EAP eine sinnvolle Ergänzung zur Führungsarbeit. Viele Beschäftigte besprechen gerade gesundheitliche oder private Probleme lieber mit einem neutralen Berater, da sie sich hier auf sicherem Boden wähnen. Einige Themen sind dort besser aufgehoben als beim eigenen Vorgesetzten, zumal auch Expertenrat gefragt ist.

Ein führender EAP-Anbieter ist zum Beispiel das Fürstenberg-Institut (www.fuerstenberg-institut.de), das flächendeckend mit Niederlassungen im gesamten Bundesgebiet vertreten ist und sich durch eine hohe Beratungsqualität auszeichnet.

- Wenn Ihr Unternehmen über einen EAP-Service verfügt, zögern Sie bei Bedarf nicht, sich dort rechtzeitig Unterstützung zu holen. Dieser Beratungsservice ist anonym und kostenfrei. Je früher Sie gemeinsam mit einem EAP-Berater nach kompetenten Lösungen forschen, umso schneller finden Sie wieder in Ihr seelisches Gleichgewicht zurück.

## Literatur

Augspurger T (2009) Das Lotusblütenprinzip. Haufe, München
Covey S (2005) Die 7 Wege zur Effektivität. Gabal, Offenbach
Hornig M. (2011) Das Moving Workbook. Markus Hornig (Eigenverlag), Berlin
Hüther G (2009) Die Macht der inneren Bilder. Vandenhoeck & Ruprecht, Göttingen
Kabat-Zinn J (2008) Gesund durch Meditation. Fischer, Frankfurt a. M.
Kabat-Zinn J, Kierdorf T (2010) Im Alltag Ruhe finden: Meditationen für ein gelassenes Leben. Knaur, München
Kaltenbach HG (2008) Persönliches Karrieremanagement. Gabler, Wiesbaden
Kaluza G (2007) Gelassen und sicher im Stress. Springer, Heidelberg
Kaluza G (2011) Stressbewältigung. Springer, Berlin
Patrzek A (2008) Wer das Sagen hat, sollte reden können. Junfernmann, Paderborn
Peseschkian N (2009) Lebensfreude statt Stress. Trias, Stuttgart
Ruhwandl D (2010) Top im Job – ohne Burnout durchs Arbeitsleben. Klett-Cotta, Stuttgart
Schmidt G, Dollinger A, Müller-Kalthoff B (2010) Gut beraten in der Krise. managerSeminare, Bonn
Siegrist U, Luitjens M (2012) Resilienz. Gabal, Offenbach
Szabó P, Kim Berg I (2006) Kurz(zeit)coaching mit Langzeitwirkung. Borgmann Media, Basel
Turkle S (2012) Verloren unter 100 Freunden. Riemann, München
Watzlawick P (2009) Anleitung zum Unglücklichsein, 15. Aufl. Piper, München
Wehrle M (2011) Karriereberatung. Beltz, Weinheim

## Zeitschriftenartikel

Der Spiegel (2011a) Rennen für das Herz 21:113
Der Spiegel (2011b) Die Heilkraft der Mönche 48:144–156
Deutsche Zeitschrift für Sportmedizin 2011, 3
Froböse I, Wallmann B (2012) Vergleich der gesundheitlichen Auswirkungen von „3000 Schritte mehr am Tag“ vs. geführte Spaziergänge. Dtsch Zeitschrift für Sportmedizin, 63:1
Stern G (2009) Die Wellen der Versenkung, S 90–97

## Übungs-CDs

Kabat-Zinn J, Kesper-Grossmann U (1999) Audiobook Stressbewältigung durch die Praxis der Achtsamkeit (MBSR). Arbor, Freiburg
Wolf D, Merkle R Tiefenentspannung nach Jacobson CD. Stress abbauen mit der Progressiven Muskelentspannung. Pal, Mannheim

# Stressprävention – Wirksame Schutzfaktoren

6

**Zusammenfassung**

Im Rahmen von Stressprävention gewinnt Resilienz als persönliche Widerstandsfähigkeit des Menschen zunehmend Bedeutung für Beschäftigte und Unternehmen. Resiliente Mitarbeiter machen Unternehmen funktions- und wettbewerbsfähig. Beide stehen in der Verantwortung: Mitarbeiter und Unternehmen. Resilienz wiederum kann am besten in einer Unternehmenskultur gedeihen, an deren oberster Stelle Wertschätzung und Respekt stehen. Dabei nehmen Führungskräfte eine Schlüsselposition ein. Führungsstil und Mitarbeitergesundheit stehen in engem Zusammenhang. Führungskräfte können mit wenig Aufwand und der richtigen Haltung viel bewirken: Sie können ihre Mitarbeiter vor Stress und Überlastung schützen. Dabei spielt die Berücksichtigung individueller Bedürfnisse des einzelnen Mitarbeiters eine große Rolle, wie das Reiss-Profil verdeustlicht. „Richtige" Führung motiviert an der entscheidenden Stelle und trägt wesentlich zur Produktivität des Mitarbeiters bei. Kurzum: „Richtige" Führung ist Gold wert.

## 6.1 Schutz durch Resilienz

Wenn nun wiederholt von Stresserkrankungen, Burnout und Erschöpfungsspirale die Rede war, stellt sich die Frage, ob es umgekehrt auch typische Gesunderhalter gibt. Konkret: Welche Faktoren machen Menschen gesund und leistungsfähig? Welche Faktoren schützen dauerhaft vor Überlastung? Gibt es hier Gesetzmäßigkeiten und Zusammenhänge, von denen der Einzelne profitieren kann?

Die Resilienzforschung gibt eine Antwort auf diese Fragen. Sie liefert wichtige Erkenntnisse, die sowohl Beschäftigte als auch Unternehmen für sich gewinnbringend nutzen

M. Mainka-Riedel, *Stressmanagement – Stabil trotz Gegenwind*,
DOI 10.1007/978-3-658-00931-1_6, © Springer Fachmedien Wiesbaden 2013

können. In der Resilienzforschung steht das Thema „Widerstandsfähigkeit" des Menschen im Mittelpunkt. Konkret: Warum reagieren Menschen so unterschiedlich auf die gleichen Situationen? Wieso wachsen die einen an schwierigen Umständen, während die anderen daran verzweifeln? Gibt es hierfür typische Merkmale, die auf alle Menschen übertragbar sind?

**Beispiel**

Ferdinand S. und Ulrike K., beide Sachbearbeiter bei einem Finanzdienstleistungskonzern, verlieren nach der Fusion und der Schließung der Abteilung ihren Job. Beide erhalten eine Abfindung in gleicher Höhe. Auf beide wirkt sich dieser massive Einschnitt in der Berufskarriere unterschiedlich aus. Während Ferdinand S. mit Herzrhythmusstörungen reagiert, sieht Ulrike K. die Situation gelassen. Sie sieht die Situation als Chance, eine längere Verschnaufpause einzulegen und sich dann neu zu orientieren. Während Ihrer Auszeit entwickelt sie neue Ziele. Ein Jahr später steigt sie bei einem Bekannten in der Firma ein und betreut Nachwuchskräfte. Das hätte sie ohne den Anstoß von außen nicht gewagt.

Das Beispiel zeigt, wie unterschiedlich beide Mitarbeiter mit der gleichen Situation umgehen. Während Ferdinand S. eine Funktionsstörung (Herzrhythmusstörung) entwickelt, bleibt Ulrike K. gesund. Wie Mitarbeiter auf Veränderungen im Unternehmen reagieren, beeinflusst auch deren Leistungsfähigkeit. Ein Mitarbeiter, der angesichts eines neuen Aufgabengebiets verzweifelt, ist weniger produktiv als ein Mitarbeiter, der sich zu helfen weiß. Das bedeutet nicht, dass er immer sofort alles kann. Vielmehr weiß er, welchen Schalthebel er bedienen muss, um die Situation zu meistern. Ob das der Rückgriff auf das eigene Netzwerk oder eine Fortbildung ist: Stets setzt er am Hebel mit der größten Wirkung an und bekommt die Situation so in den Griff.

Es besteht kein Zweifel: Resilienz als soziale Fertigkeit gewinnt in der Berufswelt von heute immer mehr an Bedeutung. Resilienz bedeutet so viel wie Widerstandsfähigkeit und bezeichnet die innere Stärke eines Menschen, Konflikte, Misserfolge, Veränderungen und Lebenskrisen unbeschadet zu überstehen. Ein resilienter Mensch geht sogar gestärkt daraus hervor. Im Berufsalltag bedeutet dies, dass resiliente Mitarbeiter mit hohen psychischen Anforderungen wie Unsicherheit, Umbrüchen und Veränderungen konstruktiv umgehen. Sie sehen darin nicht vorrangig eine Bedrohung, sondern vielmehr eine Chance, die sie für sich positiv nutzen können. Im Gegensatz dazu verzweifeln nicht resiliente Menschen oftmals angesichts schwieriger Umstände.

Egal, ob Konflikte, Umstrukturierungen, Misserfolge oder sogar die Entlassung: Wer resilient ist, ist seelisch widerstandsfähig, im Kern unerschütterlich und unverwüstlich. Das heißt nicht, dass eine resiliente Person schwierige Situationen mit links meistert und unberührbar von äußeren Einflüssen ist. Vielmehr bedeutet Resilienz, dass die Person fähig ist, wie ein Stehaufmännchen aus jeder beliebigen Lage heraus wieder in ihren ursprünglichen Grundzustand zurückzukehren (vgl. Siegrist und Luitjens 2012, S. 40 f.).

**Resilienz-Merkmale**

| Resilient | Nicht resilient |
|---|---|
| Unveränderliches akzeptieren | Mit der Situation hadern: „Wieso muss das mir passieren? |
| Sinn und Chance erkennen | Die Situation nur negativ sehen |
| Sich an eigenen Fähigkeiten orientieren | Eigene Schwächen hervorkramen |
| Selbstvertrauen „Das schaffe ich" | Selbstzweifel: „Ich kann eh nichts ausrichten" |
| Auf Netzwerke zurückgreifen | Passivität und Hilflosigkeit |
| Proaktives Handeln | Resignieren |
| Eigenverantwortung | Schuld bei den anderen suchen |
| Gestalter der Situation | Opfer der Umstände |
| ⬇ | ⬇ |
| **Gesund und leistungsfähig** | **Erschöpft und leistungsschwach** |

**Abb. 6.1** Resilienz-Merkmale. Resiliente Personen unterscheiden sich in wesentlichen Merkmalen von nicht resilienten Personen

Es ist diese Widerstandsfähigkeit, die vielen Menschen im Berufsalltag fehlt, und die seelische Erkrankungen begünstigt. Wie das Immunsystem für den Körper, ist Resilienz das Immunsystem für die Psyche. Resilienz wird so zur wichtigen Überlebenstechnik für den modernen Menschen. In Zeiten von Schnelllebigkeit und permanentem Wandel müssen Beschäftigte sich zügig auf neue Situationen einstellen und mit diesen gut zurechtkommen. Wer resilient ist, ist belastbar.

Die Ergebnisse umfänglicher Studien zur Resilienzforschung verdeutlichen, dass äußere Umstände allein noch keine Auskunft darüber geben, wie stark diese sich bei Betroffenen auswirken. Eine Studie, die 450 Mitarbeiter des Telefonkonzerns AT&T während gravierender Umstrukturierungen beobachtete, ergab Erstaunliches: Während zwei Drittel der Beschäftigten mit körperlichen und seelischen Beschwerden reagierte, blieb ein Drittel gesund und leistungsfähig. Obwohl alle Mitarbeiter mit der gleichen Situation konfrontiert waren (vgl. Siegrist und Luitjens 2012, S. 26). Es scheint also gewisse Persönlichkeitsmerkmale zu geben, die psychisch robust und unerschütterlich machen.

Glaubte man zunächst, dass Resilienz unveränderbar angeboren ist, ist man sich inzwischen sicher: Resilienz ist nur teilweise angeboren. Jeder Mensch kann die eigene Resilienz gezielt fördern und entwickeln. Nicht nur für den Betroffenen selbst, sondern auch für das Unternehmen zahlt sich das aus. Resiliente Menschen sind flexibler und können mit hohen beruflichen und privaten Anforderungen besser umgehen als nicht resiliente Menschen. Letztere sehen sich eher als Opfer der Umstände und resignieren leicht. Demotivation, Leistungseinbruch und psychosomatische Erkrankungen sind oft die Folge. So wird Resilienz zu einem wichtigen Persönlichkeitsmerkmal im Berufsalltag der Moderne und ein zentraler Faktor für die Wettbewerbsfähigkeit von Unternehmen. Abbildung 6.1 beschreibt, wie sich resiliente von nicht-resilienten Personen unterscheiden.

Resiliente Menschen lassen sich im Gegensatz zu nicht resilienten Personen trotz äußerer Widrigkeiten nicht unterkriegen. Statt in Selbstmitleid zu versinken, blicken sie nach vorn und suchen nach angemessenen Bewältigungsstrategien. Sie können stets auf die drei Erfolgssäulen persönlicher Stabilität (vgl. Abb.5.1) zurückgreifen, die bei ihnen überdurchschnittlich gut ausgeprägt sind. Auch kennen sie ihre persönlichen Ressourcen, vertrauen auf sich selbst und wissen, an wen sie sich wenden können. So kann eine kritische Situation zur einmaligen Gelegenheit und zum Aufbruch in ein vielleicht sogar erfüllteres Leben werden.

Kann man nun Unerschütterlichkeit und Widerstandsfähigkeit trainieren? Grundsätzlich ist das möglich. Dabei gilt: Resilienz beginnt im Kopf, der Mensch folgt stets dem Kommando der eigenen Gedanken. Resiliente Personen richten ihre Gedanken auf Positives: Worin liegt die Chance der Situation? Wie wurden bisher Krisen erfolgreich gemeistert? Welche Fähigkeiten waren hierfür besonders hilfreich? Wie können diese Fähigkeiten auch für die derzeitige Situation und die Zukunft genutzt werden?

Allen resilienten Menschen gemeinsam ist: Sie sehen sich nicht als Opfer der Situation. Auch machen sie nicht andere für ihr Schicksal verantwortlich. Vielmehr nehmen sie dieses selbst in die Hand und orientieren sich an ihren Zielen. Konkret: Sie konzentrieren sich auf das, was in der Situation möglich und sinnvoll ist. Auf der Suche nach Lösungen orientieren sie sich an ihren eigenen Ressourcen und setzen diese für die Bewältigung der Situation ein. Keinesfalls sind resiliente Menschen naive Optimisten. Vielmehr versuchen sie, aus jeder Situation das Beste zu machen. Dabei orientieren sie sich an der Realität und lassen sich trotz Widrigkeiten nicht unterkriegen.

Wer resilient ist, erholt sich schneller von Misserfolgen oder Niederlagen und nimmt Kritik nicht persönlich. Die Grundhaltung einer Person mit hoher Resilienz lautet stets: „Egal, was auf mich zukommt, ich kann damit umgehen und werde eine Lösung finden. Ich kann selbst sehr viel tun, um die schwierige Situation zu meistern". Zudem verfügt eine resiliente Person stets über ein stabiles, unterstützendes Netzwerk und hat keine Scheu, darauf zurückzugreifen: Sie bittet um Unterstützung und lässt sich helfen.

Es gibt sehr viele Menschen, die äußerst belastende Situationen gut überstanden haben und daraus sogar gestärkt hervorgegangen sind. Sie machen Mut und zeigen, wie viel Kraft in einem Menschen wirklich steckt.

Hier noch ein besonders eindrucksvolles Beispiel für ein hohes Maß an Resilienz. Der österreichische Psychiatrieprofessor Viktor Frankl beschrieb nach seiner Gefangenschaft in deutschen Konzentrationslagern seine Erfahrungen in dem Buch „... trotzdem Ja zum Leben sagen. Ein Psychologe erlebt das Konzentrationslager" (vgl. Frankl 2009). Darin zeigt er Gründe auf, warum er selbst und einige seiner Mitgefangenen die zutiefst unmenschlichen Bedingungen in Konzentrationslagern überlebten. Neben Glück beschreibt er insbesondere die Fähigkeit, auf ein Ziel hin zu arbeiten. Er selbst hatte sich zum Ziel gesetzt, nach seiner Befreiung seinen Studenten von seinen Erlebnissen und Erfahrungen zu berichten. Immer wieder stellte er sich diese Situation vor, sie verlieh der menschenunwürdigen Situation im Lager einen Sinn. Frankl entdeckte auch die Fähigkeit, sich auf sein Inneres zurückzuziehen und dort die Liebe zu seiner Frau zu spüren. Dies gab ihm Kraft. Alle Gefangenen, die ein wenig Optimismus für sich bewahren konnten, hatten laut Frankl eine größere Überlebenschance (vgl. Mourlane 2012).

Die wohl eindrucksvollste Erfahrung für Frankl war allerdings, dass er auch in der wohl schwierigsten Situation seines Lebens einen Sinn entdecken konnte. Der Gedanke daran ließ ihn nicht mehr los und er entwickelte daraus die Logotherapie, eine sehr erfolgreiche Therapiemethode, in deren Mittelpunkt die Sinnhaftigkeit steht.

## 6.2 Bedeutung der Firmenkultur

Wie gut eine Firma funktioniert und wie wettbewerbsfähig sie ist, hängt in hohem Maß von der Gesundheit, Zufriedenheit und Leistungsfähigkeit ihrer Mitarbeiter ab. Auch im Kampf um die rar werdenden, hochqualifizierten Fachkräfte müssen Unternehmen immer mehr Anreize bieten, um in der Menge der Mitbewerber herauszustechen und die Mitarbeiter für sich zu gewinnen. Betriebliches Gesundheitsmanagement (BGM) ist ein ausgezeichnetes Instrument, um Mitarbeiter ans Unternehmen zu binden. Vorausgesetzt, die angekündigten Werte und Ideen werden in der Betriebspraxis auch sicht- und spürbar umgesetzt.

Maßnahmen wie Betriebssport, die Schale Obst, der rückenfreundliche Bürostuhl und eine gesunde Kantine sind ein guter Anfang, genügen aber bei weitem nicht. Erleben die Beschäftigten tagtäglich eine Firmenkultur, in der Willkür, ein schlechter Informationsfluss, ungenügende Führungskunst und Undurchsichtigkeit das Klima dominieren, so verpuffen die Maßnahmen des betrieblichen Gesundheitsmanagements schnell wieder. Die versprochenen Werte müssen täglich auf allen Ebenen spürbar sein und von den Führungskräften vorgelebt werden. Nur wenn auf Plakaten verzierte Werte wie Wertschätzung und Respekt durch alle Führungsebenen hindurchdringen und umgesetzt werden, wirkt das Unternehmen als Ganzes für die Mitarbeiter glaubwürdig.

Dabei ist der regelmäßige Austausch zwischen den Führungsebenen elementar. Für die oberen Manager gilt: Das mittlere Management ist die ideale Anlaufstelle, um die Bodenhaftung zu behalten und über die Bedürfnisse der „unteren" Ebenen im Bilde zu sein. Nur über den Weg des mittleren Managements können wichtige Informationen nach oben durchdringen. Damit dieses Wechselspiel funktionieren kann, ist eine Firmenkultur, die diesen Austausch zum Ziel hat, eine wesentliche Grundvoraussetzung. Dabei müssen klare und verbindliche Absprachen zwischen den oberen und den unteren Ebenen gelten. Konkret: Keine Ebene fällt der nächsten in den Rücken, sondern verhält sich stets solidarisch. Auf dieser Basis steigen Identifikation der Mitarbeiter mit dem Unternehmen und damit auch die Produktivität.

Arbeitsmediziner sind zu folgender Überzeugung gekommen: Menschen können am meisten Wertschöpfung bringen, wenn sie bezogen auf eine bestimmte Aufgabe gesund sind, Kompetenzen dafür haben, motiviert sind und konstruktiv wirkende Arbeitsbedingungen vorfinden (vgl. Health@work 2011b).

## 6.3 Gute Führung

Was braucht ein Mitarbeiter, um sich in einem Unternehmen wohl zu fühlen und Leistung zu bringen? Was bindet Mitarbeiter an ihr Unternehmen? Das Gallup-Institut fand in umfänglichen Studien heraus, dass es zwölf zentrale Faktoren hierfür gibt (vgl. Buckingham und Coffman 2012).

*Der Mitarbeiter...*

- weiß, was von ihm erwartet wird.
- hat Materialien und Arbeitsmittel ausreichend zur Verfügung.
- kann tun, was er am besten kann.
- erhält regelmäßig Anerkennung.
- wird als Mensch gesehen.
- erhält Unterstützung.
- weiß, dass seine Meinung zählt.
- kann sich mit Unternehmenszielen identifizieren.
- sieht, dass sich seine Kollegen für Qualität engagieren.
- hat einen guten Freund im Unternehmen.
- sieht einen Fortschritt.
- kann lernen und sich weiter entwickeln.

Wer, wenn nicht die Führungskraft, kann dafür sorgen, dass oben genannte Faktoren erfüllt werden? Führungskräfte beeinflussen maßgeblich die Motivation und das Wohlbefinden ihrer Mitarbeiter. Das Gallup Institut fand im Rahmen zahlreicher Studien über den Zusammenhang zwischen Mitarbeiterzufriedenheit und Unternehmensergebnis heraus: „People join companies and leave bosses" (Menschen schließen sich Unternehmen an und verlassen Chefs).

Nicht alle Mitarbeiter kündigen gleich, wenn sie mit ihrem Chef unzufrieden sind. Viele lassen in ihrer Arbeitsqualität nach, weisen einen hohen Krankenstand auf oder sind als Präsentisten (vgl. Kap. 2) am Werk. Deshalb verwundert es nicht, dass Führungskräfte beim Wechsel in andere Abteilungen ihren Krankenstand häufig mitnehmen.

Führungskräfte beeinflussen die Rahmenbedingungen der Arbeit. Aufgaben, Qualifikation, Zielvorgaben, Feedback, Einräumen von Kompetenzen, Unterstützung und Entwicklung der Mitarbeiter sowie das soziale Miteinander in einem Team – all das liegt im Einflussbereich des Chefs. Und all das ist verantwortlich für die Zufriedenheit und den wahrgenommenen Stress von Mitarbeitern und damit natürlich auch für Krankenstände und Fluktuationsraten.

Die meisten Chefs haben selbst wiederum einen Chef und agieren nicht im luftleeren Raum. Dabei ist jede Führungskraft stets Vorbild für ihre Mitarbeiter. Wenn nicht am Chef, an wem sonst sollen sich die Mitarbeiter orientieren? Führungskräfte sind ein richtungsweisender Maßstab für ihre Mitarbeiter und stehen ständig unter deren Beobachtung. Welche Verantwortung für eine Führungskraft! Wenn der Chef mit sich selbst rücksichtslos umgeht, sich keine Erholungspausen und regelmäßige Auszeiten gönnt, ahmen die Mitarbeiter dessen Verhalten nach.

Die jüngste Forschung verdeutlicht die zentrale Rolle des Chefs beim Stressgeschehen. Führungskräfte tragen mit ihrem Führungsstil erheblich dazu bei, ob ein Mitarbeiter sich gestresst fühlt oder nicht. Ein Chef, der regelmäßig im Dialog mit seinen Mitarbeitern und konfliktfähig ist, der „richtig" motiviert und informiert, realisierbare Ziele setzt und viel Rückmeldung gibt, hat gesündere und leistungsfähigere Mitarbeiter. Das Burnout-Risiko sinkt erheblich, wenn Gerechtigkeit und Fairness das Klima in der Abteilung prägen. Klare Spielregeln und Strukturen wirken ebenso gesundheitsfördernd und leistungssteigernd wie transparente Kriterien für Anerkennung und Beförderung. Insbesondere Wertschätzung ist ein wirksamer Schutz vor Stress. So fördert zeitnahes Lob der Führungskraft Zufriedenheit und das Gefühl von Sinnhaftigkeit bei der Arbeit.

Führungskräfte können also relativ leicht zur Mitarbeitergesundheit beitragen. Zufriedenheit, Gesundheit und Leistungsfähigkeit eines Mitarbeiters hängen entscheidend vom Führungsstil und Führungsverhalten ab. Eine Führungskraft, die diese Zusammenhänge kennt, kann verhindern, dass Mitarbeiter in die Erschöpfungsspirale geraten. Dabei ist der gesunde Umgang mit sich selbst die Grundvoraussetzung für eine gesunde Führung. Die eigenen blinden Flecken zu kennen, ist ebenso wichtig wie die Fähigkeit, eigene Gedanken und Gefühle zu steuern (vgl. Lohmert et al. 2012).

Nur ausgeglichene Führungskräfte sind ein starkes Vorbild für ihre Mitarbeiter und können diese positiv beeinflussen. Wer sich als Chef selbst regelmäßige Auszeiten und Erholung gönnt und dies auch offen kommuniziert, regt die Mitarbeiter zu ähnlichem Verhalten an. Dennoch: Oftmals sind Führungskräfte selbst hohen Belastungen und großem Druck ausgesetzt. Diesen geben sie unreflektiert weiter. Nur ein klares Wertesystem, ein inneres Leitbild macht Führungskräfte kraftvoll und souverän. Eine große Bandbreite an Führungswerkzeugen ergänzt diese Haltung. So lässt sich das eigene Stressniveau und auch das der Mitarbeiter merklich senken (vgl. Health@work 2011a).

## 6.4 Gesund leben und arbeiten mit dem REISS-Profil

Wer sein Leben und die Arbeit als anstrengend empfindet, fragt sich häufig: Ist es eigentlich das, was ich will? Oftmals verhindern Verpflichtungen und Zwänge, diese Frage ehrlich zu beantworten. Betroffene glauben, dass sie ohnehin nichts ändern können und verharren in unbefriedigenden Situationen. Manchmal wird man erst durch persönliche Krisen oder Veränderungen von außen gezwungen, sich dieser Frage doch zu stellen.

Wer über einen langen Zeitraum lebt und arbeitet, wie er es gar nicht will, fühlt sich blockiert und empfindet sein Leben als anstrengend und kräftezehrend. Viele Menschen tun Dinge, die sie als richtig und notwendig empfinden (Kopf), weil es ihnen so beigebracht wurde. In Wirklichkeit tun sie oft nicht das, was ihren ureigenen, inneren Motiven (Bauch) entspricht. Das geht zu Lasten von Energie und Lebensfreude. Ein derartiges Leben ist anstrengend und kann im ungünstigsten Fall zum Burnout führen.

Die Mischung macht es: Dort, wo sich vom Verstand als richtig bewertete Ziele mit den inneren Motiven verbinden, ist ein Mitarbeiter leistungsstark und energiegeladen. Der Unternehmersohn, der die alte Familientradition fortsetzen soll, aber die Motivkonstellation eines Künstlers hat, sollte darüber nachdenken, wie er seine Neigungen sinnvoll einbringen kann. Andernfalls besteht die Gefahr, dass er gestresst, unzufrieden und unglücklich wird. Der neue Typus Mitarbeiter besinnt sich inzwischen immer öfter auf seine ihm zur Verfügung stehenden Potenziale und möchte diese im Berufsleben einbringen. Dabei gilt: Das, was man am besten kann, schützt einen am meisten vor Burnout. Es macht sicher und psychisch robust.

Wie findet man nun am besten heraus, was man wirklich will? Prof. Dr. Steven Reiss, emeritierter Professor für Psychologie (Ohio State University), fand in seinen wissenschaftlichen Studien heraus, dass es 16 Lebensmotive gibt, die den Menschen als fundamentale Werte antreiben: Macht, Teamorientierung (Unabhängigkeit), Neugier, Anerkennung, Ordnung, Sammeln/Sparen, Ziel-/Zweckorientierung, Idealismus, Beziehungen, Familie, Status, Rache/Kampf, Schönheit, Essen, Körperliche Aktivität und Emotionale Ruhe (Abb. 6.2). Dabei ist die Ausprägung von Mensch zu Mensch stets unterschiedlich und individuell. Es gibt keine als gut oder schlecht zu bewertende Motivausprägung und -konstellation. Diese hängen vom Kontext ab, in dem sich ein Mensch befindet. Reiss hatte bei seiner Forschung einen ganzheitlichen Blick auf den Menschen, es ging ihm nicht nur um deren Arbeitssituation. Ob Beschäftigte ihren Beruf als anstrengend und kräftezehrend erleben, hängt wesentlich davon ab, wie gut sie ihre persönlichen Werte und Motive dabei verwirklichen können. Abb. 6.2 beschreibt die 16 Lebensmotive des Reiss-Profils (vgl. Reiss 2009).

Ein Mitarbeiter mit einem ausgeprägten Familienmotiv wird es als anstrengender empfinden, in seinem Beruf viele Reise- und Abwesenheitszeiten von Zuhause zu haben, als ein Mitarbeiter mit einem niedrigen Familienmotiv. Ein Mitarbeiter mit einem geringen Bedürfnis nach emotionaler Ruhe wird es spannend und befriedigend finden, ständig mit Veränderungen und Neuerungen konfrontiert zu sein. Für einen Mitarbeiter mit hohem Bedürfnis nach emotionaler Ruhe dagegen bedeuten Neuerungen und Veränderungen stets Stress. Ein Mitarbeiter mit einer niedrigen Ausprägung des Teamorientierungsmotivs arbeitet gerne für sich alleine, während ein Mitarbeiter mit einem hohen Teamorientierungsmotiv am liebsten im Team arbeitet. Die gleiche Situation wird so von Mitarbeitern unterschiedlich erlebt.

Wie können Beschäftigte dieses Wissen für ein gesundes Leben und Arbeiten nutzbar machen? Zunächst sollte jeder Mitarbeiter, ob mit oder ohne Führungsverantwortung, seine eigenen Motivausprägungen kennen. Am besten kann man dafür einen Online-Test machen und sein eigenes REISS-Profil mit einem lizenzierten REISS-Profile-Master kennen und verstehen lernen. Die Unternehmensberaterin Karin Burmeister (www.burmeisterundpartner.de) oder die Autorin selbst zum Beispiel bieten als lizenzierte REISS-Profile-Master eine individuelle REISS-Profil-Beratung an.

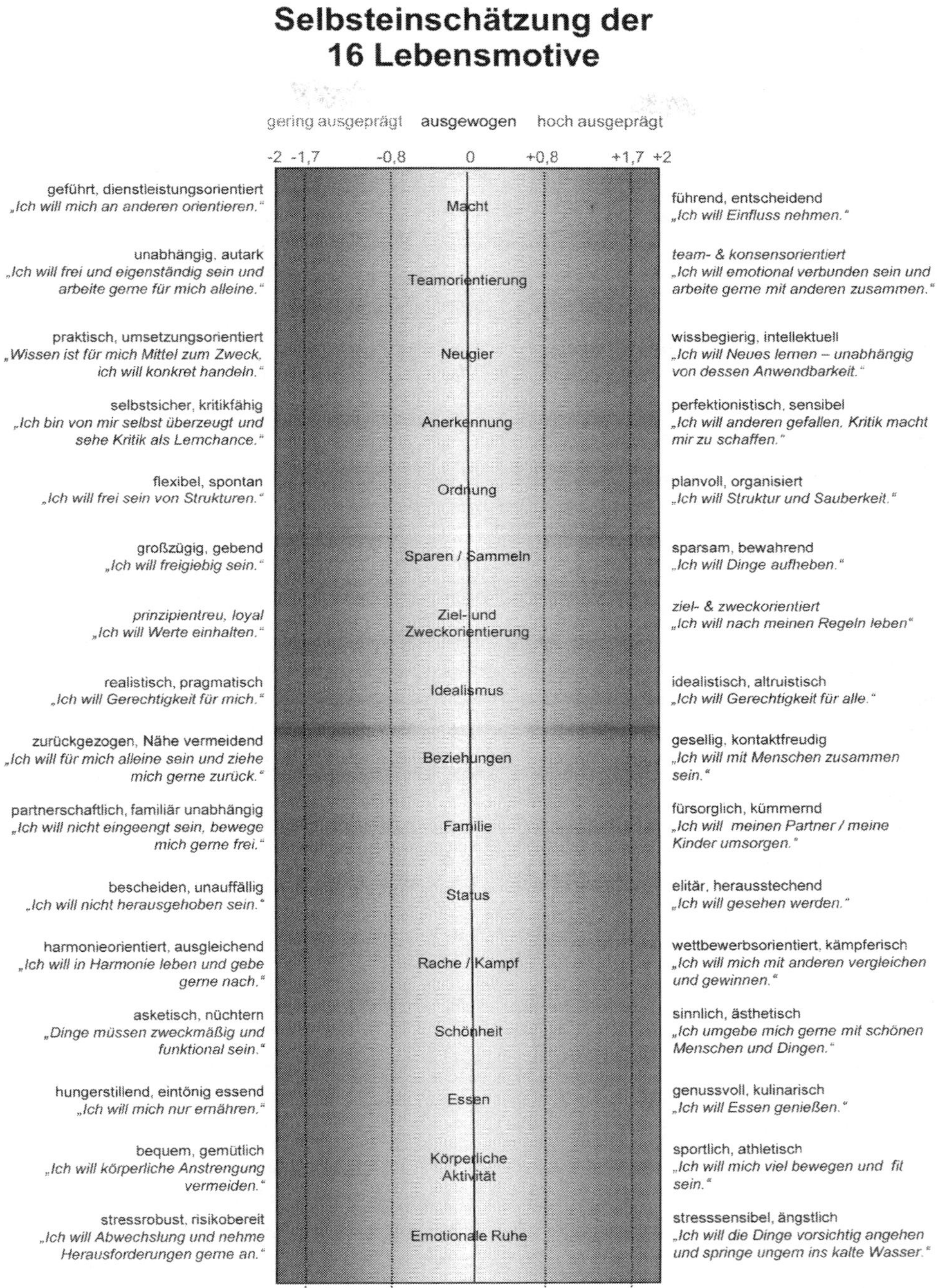


**Abb. 6.2** Nach Reiss-Profile. Wer seine persönlichen Lebensmotive verwirklichen kann, schützt sich vor Stress und ist leistungsstark

Oder man kann den Blick schärfen und sich selbst beobachten. Wie kommuniziere ich? Welche Tätigkeiten bevorzuge ich? Auch im Gespräch mit anderen ergeben sich oft wertvolle Hinweise. Der Chef kann die Vorlieben seiner Mitarbeiter durch Beobachtung oder Fragen im Mitarbeitergespräch herausfinden und sich Notizen dazu machen. So kann er Mitarbeiter gezielt motivieren oder mit einer für sie maßgeschneiderten Belohnung überraschen. Dies stärkt die Beziehung Chef-Mitarbeiter und macht sie unverwechselbar.

Wer in seinem Beruf aufgeht, weil er damit seine ureigenen Motive und Werte befriedigen kann, hat die beste Voraussetzung, es ohne Stress zu Höchstleistungen zu bringen. Wer dagegen eine Position besetzt, die seinen inneren Motiven widerstrebt, verschleißt sich unnötig. Auch wird sich der erhoffte Erfolg nicht einstellen. Berufliche Entscheidungen, die die eigene Motivationsstruktur nicht berücksichtigen, können eine ungeahnte Tragweite haben.

So kommt eine exzellente Fachkraft mit einem niedrigen Machtmotiv in der neuen Rolle als Führungskraft schnell an ihre Grenzen und gerät unter Druck. Demgegenüber gilt es im Vorfeld zu überlegen: Kann ich wirklich nur Karriere in der Führungsrolle machen, obwohl mich die Führung anderer durch mein niedriges Machtmotiv immer wieder stresst? Kann ich nicht auch eine fachliche Karriere machen und mit anderen Experten im Team an spannenden Aufgaben arbeiten?

Für Menschen mit einem hohen Motiv nach körperlicher Aktivität kann die Frage lauten: Wie kann ich mir die zeitlichen Freiräume schaffen, dass ich meinen Sport machen kann, der mir so viel Energie gibt? Die verbesserte Wahrnehmung der eigenen Bedürfnisse und Motive schärft auch den Blick auf die Motive anderer. Denn Menschen neigen dazu, die Welt durch ihre eigene Brille zu sehen und das positiv zu bewerten, was ihnen persönlich entspricht. Dagegen werten sie gerne ab, was anders ist. Zum Beispiel könnte eine Führungskraft mit hoher Ausprägung für Teamorientierung meinen, alle Mitarbeiter damit motivieren zu können, möglichst viel in Gruppen zu arbeiten – ein Graus für Mitarbeiter mit einer niedrigen Ausprägung für Teamorientierung.

Eine Führungskraft mit einer geringen Ausprägung des Anerkennungsmotivs meint vielleicht, dass Lob und Anerkennung grundsätzlich unwichtig sind und verzichtet bei ihren Mitarbeitern darauf. Die Mitarbeiter allerdings, die eine hohe Ausprägung des Anerkennungsmotivs haben, leiden besonders unter der fehlenden Anerkennung durch den Chef. Sie werden unzufrieden und unproduktiv.

Oder eine Führungskraft mit einem hohen Statusmotiv möchte einen guten Mitarbeiter mit einem auffälligeren Dienstwagen motivieren. Der Mitarbeiter kann sich darüber aber nicht richtig freuen, weil er ein niedriges Statusmotiv hat und unauffällig bleiben will. Ganz anders, wenn die Führungskraft einem Mitarbeiter einen Gutschein für ein Edelrestaurant schenkt, weil sie sehr aufmerksam war und bemerkt hat, dass dieser sehr viel Wert auf gutes Essen legt (hohe Ausprägung des Essensmotivs). Hier trifft die Führungskraft genau ins Schwarze. Der Mitarbeiter fühlt sich gesehen und nimmt die Belohnung freudig an.

Welche Möglichkeiten eröffnen sich durch diese Erkenntnis für Führungskräfte! Sie beeinflussen maßgeblich die Rahmenbedingungen, in denen ihre Mitarbeiter arbeiten. Wie kann eine Führungskraft diese so optimal gestalten, dass sich Mitarbeiter wohl fühlen und die geforderte Leistung bringen? Gesunde Führung verlangt von der Führungskraft, sich die mögliche Ausprägung der Lebensmotive ihrer Mitarbeiter zu erschließen. Es geht also nicht darum, andere so zu führen, wie man selber geführt werden möchte, sondern so, wie die Mitarbeiter geführt werden möchten. „Der Wurm muss dem Fisch schmecken und nicht dem Angler". Das schafft gute Voraussetzungen für motivorientierte, gesunde Führung.

Wer sich als Führungskraft an den unterschiedlichen Lebensmotivausprägungen seiner Mitarbeiter orientiert, kann die Mitarbeiter gesund zur gewünschten Leistung führen. Lebensmotivorientiertes Leben und Arbeiten kann jeder lernen. Es entlastet und lenkt die Energie dorthin, wo sie sich positiv entfalten kann (vgl. Ion und Brand 2009).

## Literatur

### Bücher:

Buckingham M, Coffman C (2012) Erfolgreiche Führung gegen alle Regeln. Campus, Frankfurt a. M.

Frankl VE (2009) ... trotzdem Ja zu Leben sagen. Ein Psychologe erlebt das Konzentrationslager. Kösel, München

Ion F, Brand M (2009) Motivorientiertes Führen. Gabal, Offenbach

Lohmer M, Sprenger B, von Wahlert J (2012) Gesundes Führen. Schattauer, Stuttgart

Mourlane D (2012) Resilienz. Die unentdeckte Fähigkeit der wirklich Erfolgreichen. BusinessVillage, Göttingen

Reiss S (2009) Das Reiss Profile: Die 16 Lebensmotive. Welche Werte und Bedürfnisse unserem Verhalten zugrunde liegen. Gabal, Offenbach

Siegrist U, Luitjens M (2012) Resilienz. Gabal, Offenbach

### Zeitschriften:

Health@work (2011a) Magazin für Betriebliches Gesundheitsmanagement, 4:6–11

Health@work (2011b) Magazin für Betriebliches Gesundheitsmanagement, 5

# Schlusswort

Gravierende Veränderungen in der beruflichen und privaten Welt bieten neue und verlockende Spielräume und Freiheiten. Gleichzeitig fordern sie von Beschäftigten immer mehr Eigenverantwortung, Flexibilität und Risikobereitschaft. Dies beansprucht die menschliche Psyche in hohem Maß. Doch Jammern hilft nichts. Vielmehr gilt es, das Ruder selbst in die Hand zu nehmen und geeignete Strategien im Umgang mit diesen Anforderungen zu entwickeln. Hier ist neben der Verantwortung der Unternehmen auch die Eigenverantwortung jedes Einzelnen gefragt.

Ein gesunder Umgang mit sich selbst und persönliche Stabilität werden zu einer der größten Herausforderungen für Berufstätige im 21. Jahrhundert werden – nicht zuletzt auch vor dem Hintergrund längerer Arbeitszeiten. Jeder Berufstätige hat selbst Einfluss auf seine Gesundheit und Stressstabilität. Wer „Stabil trotz Gegenwind" bleiben will, sollte rechtzeitig handeln und für sich selbst die richtigen Anti-Stress-Strategien finden. Nur dann kann er auch bei hohen Anforderungen dem Berufsalltag gelassen und souverän begegnen. Körperliche und seelische Gesundheit sind das wertvollste Grundkapital in der modernen Arbeitswelt – nicht nur für den Einzelnen selbst, sondern auch für die Unternehmen. Dafür kann der Einzelne selbst sehr viel tun.

Liebe Leser, beginnen Sie am besten gleich damit, einige der im Buch beschriebenen Tipps und Hinweise auszuprobieren. Finden Sie Ihren individuellen Weg für eine neue Gelassenheit im Umgang mit den beschriebenen Herausforderungen. Sie allein haben es in der Hand. Und: Seien Sie gnädig und geduldig mit sich selbst. Jede Änderung einer persönlichen Gewohnheit dauert ein bisschen. Auch wenn es zunächst einfach klingt, ist es manchmal doch nicht so leicht. Dies liegt in der Natur des Menschen. Mit der nötigen Geduld und Ausdauer stellt sich der Erfolg bald von selbst ein. Bleiben Sie dran. Viel Glück und Erfolg wünsche ich Ihnen!

M. Mainka-Riedel, *Stressmanagement – Stabil trotz Gegenwind*,
DOI 10.1007/978-3-658-00931-1, © Springer Fachmedien Wiesbaden 2013

# Glossar

**ACTH** Hormon aus der Hirnanhangdrüse, das bei Stress produziert wird.

**Adrenalin** Hormon des Nebennierenmarks, das unter Stress freigesetzt wird.

**Amygdala** Hirnregion im LimbischenSystem, die eine zentrale Rolle bei der Entstehung von Angst einnimmt. Sie ist maßgeblich an der Erkennung von Gefahren und der emotionalen Bewertung von Situationen beteiligt. Auch die Wiedererkennung von Situationen hat in der Amygdala ihren Ursprung. Insbesondere traumatische Erlebnisse werden hier abgespeichert und können lebenslänglich wieder abgerufen werden.

**Angststörung** Eine Angststörung ist eine psychische Störung, bei der entweder eine diffuse Angst oder aber konkrete Furcht vor einem Objekt bzw. einer Situation besteht. Von einer Angststörung Betroffene ängstigen sich im Übermaß vor Dingen oder Menschen, die für Menschen ohne Angststörung keinen Anlass zu Angst und Sorge bieten. Eine Sonderform der Angststörung ist die Panikstörung, die mit plötzlich auftretenden Panikattacken einhergeht.

**Antidepressiva** Antidepressiva sind Psychopharmaka, die vorrangig gegen Depressionen und Angststörungen eingesetzt werden. Im Gegensatz zu Tranquilizern machen Antidepressiva nicht abhängig. Allerdings tritt eine deutlich positive Wirkung meist erst nach zwei- bis dreiwöchiger Einnahme auf. Nicht jedes Präparat schlägt bei allen Betroffenen gleich gut an. In einigen Fällen dauert es eine gewisse Zeit, bis ein individuell gut wirksames und verträgliches Präparat gefunden ist. Die Zeit bis zum Eintreten der gewünschten Wirkung wird häufig mit Tranquilizern überbrückt.

**Autogenes Training** Das Autogene Training ist ein Entspannungsverfahren, das von dem Berliner Psychiater Johannes H. Schultz entwickelt

M. Mainka-Riedel, *Stressmanagement – Stabil trotz Gegenwind*,
DOI 10.1007/978-3-658-00931-1, © Springer Fachmedien Wiesbaden 2013

wurde. Praktizierende des Autogenen Trainings können sich selbst in eine tiefe Entspannung versetzen, indem sie sich vorstellen, wie einzelne Körperteile besonders schwer oder warm werden oder wie das Herz ruhig und gleichmäßig schlägt. Wissenschaftliche Untersuchungen belegen die Wirksamkeit des Autogenen Trainings.

**BDNF**
BDNF (Brain Derived Neurotropic Factor) ist ein Stoff im Blut und Gehirn der Menschen. Bei Muskelaktivität wird sowohl im Gehirn als auch in den Muskeln BDNF gebildet. BDNF regt den Aufbau neuer Nervenzellen und deren Vernetzung untereinander im Gehirn an. Ohne BDNF würde das Gehirn verkümmern. Bei Menschen mit Depressionen und Alzheimer wurde ein verringerter BDNF-Gehalt im Blut festgestellt.

**Betriebliches Gesundheitsmanagement (BGM)**
Betriebliches Gesundheitsmanagement (BGM) umfasst alle Aspekte der betrieblichen Gesundheitsförderung und deren Umsetzung im Betriebsalltag. Sowohl Beschäftigte als auch das Unternehmen selbst profitieren davon, denn gesunde Mitarbeiter sind zufriedener, leistungsfähiger und produktiver. Auch die Attraktivität des Unternehmens steigt durch ein professionell integriertes Betriebliches Gesundheitsmanagement.

**Burnout-Syndrom**
Ein Burnout-Syndrom ist ein Zustand massiver körperlicher, geistiger und emotionaler Erschöpfung mit stark eingeschränkter Leistungsfähigkeit. Meist wird es durch chronischen Stress aufgrund von Überbelastung ausgelöst, den Betroffene nicht mehr bewältigen können. Die Trennlinie eines Burnout-Syndroms zur Depression ist unscharf. Das Burnout-Syndrom ist international nicht als eigenständige Krankheit anerkannt, sondern gilt als Problem mit Bezug auf die Lebensbewältigung.

**Coaching**
Coaching ist die professionelle Begleitung und Unterstützung von Personen durch einen Experten. Zielsetzung des Coachings ist es, den Coachee (zu coachende Person) zu befähigen, selbst definierte Ziele mithilfe des Coachs umzusetzen. Im beruflichen Umfeld bezieht sich Coaching meist auf berufliche Themen wie Karriere, Führungsfragen, Ausbau von Sozialkompetenz und persönliche Weiterentwicklung. Im Unterschied zur Psychotherapie erfolgt Coaching auf Augenhöhe und in einem sachbezogenen Rahmen.

**Depression**
Die Depression ist eine psychische Störung und eine ernst zu nehmende Erkrankung. Im Gegensatz zu kurzfristiger Traurigkeit, zeichnet sich eine Depression durch anhaltende

Niedergeschlagenheit als Leitsymptom aus und ist behandlungsbedürftig. Behandlungsansätze sind reine Psychotherapie ohne Medikamentengabe und/oder medikamentöse Behandlung durch Antidepressiva. Depressionen werden je nach Schweregrad in leichte, mittelschwere oder schwere Depressionen eingeteilt. Der Einsatz von Medikamenten hängt vom Schweregrad und Verlauf der Depression ab. Inzwischen ist ausreichend belegt, dass lang anhaltender Stress und die damit verbundene veränderte Gehirnchemie Depressionen auslösen können.

**Distress** Die Unterscheidung zwischen Distress (negativem Stress) und Eustress (positivem Stress) geht auf Hans Selye, Vater der modernen Stressforschung zurück. Negativ wird Stress dann erlebt, wenn er als bedrohlich oder überfordernd gewertet wird. Langanhaltender Distress führt zu chronischer Anspannung des Organismus und auf Dauer zur Abnahme von Konzentrations- und Leistungsfähigkeit.

**Dopamin** Dopamin ist ein wichtiger Neurotransmitter (biochemischer Botenstoff). Es gilt im Volksmund als Glückshormon und wird bei positiven Erlebnissen freigesetzt.

**EAP** EAP (Employee Assistance Program) ist ein externer Beratungsservice für Führungskräfte und Mitarbeiter in Unternehmen. Das Unternehmen zahlt monatlich eine Pauschale pro Mitarbeiter, damit diese sich in schwierigen Situationen anonym, kurzfristig und kostenlos von qualifizierten externen Fachberatern Unterstützung holen können. Im Zentrum der EAP-Beratung können sowohl berufliche als auch private oder gesundheitliche Fragestellungen stehen. Ziel von EAP ist Festigung und Erhalt von Gesundheit und Leistungsfähigkeit der Mitarbeiter.

**Eustress** Als Eustress (positiver Stress) wird Stress bezeichnet, der den Organismus positiv beeinflusst. Ohne eine gewisse Dosis an Stress wäre der Mensch nicht überlebensfähig. Positiver Stress spornt zu Leistung und Hochleistung an. Er wirkt sich günstig auf den Organismus aus, wenn gleichzeitig regelmäßig Erholungspausen stattfinden. Permanenter Eustress ohne Pausen kann in Distress umschlagen und den Organismus langfristig schädigen.

**Funktionsstörungen** Funktionsstörungen, auch funktionelle Störungen genannt, sind Beschwerden oder Krankheitsbilder, die mit erheblichen körperlichen Beeinträchtigungen einhergehen, ohne dass dafür ein organischer Befund nachweisbar ist.

**Gallup-Institut** Das Gallup-Institut ist eines der führenden Markt- und Meinungsforschungsinstitute. Es führt u. a. regelmäßig Befragungen zur Mitarbeiterzufriedenheit durch. Auch die Auswirkungen von Mitarbeiterzufriedenheit auf das Engagement der Mitarbeiter im Unternehmen sind zentraler Bestandteil der Befragungen.

**Großhirnrinde** Die Großhirnrinde (Neocortex) oder auch „Denkhirn" genannt, ist der entwicklungsgeschichtlich jüngste Teil des menschlichen Gehirns. Sie steuert die bewusste Wahrnehmung und alle Denkprozesse.

**Hippocampus** Der Hippocampus ist ein Bestandteil des Gehirns und dem Limbischen System zugeordnet. Er ist bedeutsam für Lern- und Gedächtnisleistungen. Unter chronischem Stress kommt es zu Abbauprozessen im Hippocampus – in der Folge lassen Gedächtnisleistung und Lernfähigkeit nach.

**Hirnstamm** Der Hirnstamm ist der entwicklungsgeschichtlich älteste Teil des Gehirns. Da er dem Hirn der Reptilien ähnelt, nennt man ihn auch das „Reptilienhirn". Es regelt automatisiert ablaufende körperliche Grundfunktionen wie Herzschlag, Blutdruck, Atmung und Verdauung.

**Hypophyse** Die Hypophyse, auch Hirnanhangsdrüse genannt, ist eine hormonelle Schaltzentrale. Sie produziert mehrere lebenswichtige Hormone, die in die Blutbahn ausgeschüttet werden und in verschiedenen Organen ihre Wirkung entfalten (z. B. Schilddrüse, Nebenniere).

**Hypothalamus** Der Hypothalamus hat seinen Sitz im Limbischen System und ist für die Bildung verschiedener Hormone zuständig. Diese wiederum stimulieren die Hypophyse zur Bildung anderer Hormone, die direkt in den Zielorganen des Körpers ihre Wirkung entfalten.

**Kortisol** Hormon der Nebennierenrinde, das unter Stress freigesetzt wird. Es hat weitreichende Wirkungen auf Nerven- und Körperzellen. Hohe Kortisolspiegel durch Dauerstress können u. a. zu Depressionen führen.

**Limbisches System** Das limbische System, auch „Gefühlshirn" genannt, ist eine Gehirnregion, die sich um den Hirnstamm herumgruppiert. Es ist zentral für die Entstehung von Emotionen (Amygdala) und für Lern- und Gedächtnisleistungen (Hippocampus).

**Maslowsche Pyramide** Die Maslowsche Pyramide ist nach Abraham H. Maslow, US-amerikanischer Psychologe, benannt. Maslow entwickelte ein fünfstufiges Modell menschlicher Bedürfnisse und Motivation. Er unterscheidet zwischen fundamentalen Bedürfnissen, Sicherheitsbedürfnissen, Sozialbedürfnissen, Individualbedürfnissen und Selbstverwirklichung. Dabei sind die unterschiedlichen Bedürfnisse hierarchisch angelegt und bauen aufeinander auf.

**Mobbing**
Mobbing bedeutet, andere Menschen systematisch zu schikanieren, seelisch zu verletzen oder zu schädigen. Mobbing im Betrieb reicht von Verbreitung falscher Tatsachen, Informationsvorenthaltung und ständiger Kritik bis hin zur Zuweisung sinnloser Aufgaben und Ausschluss aus dem Team. Mobbing ist ein starker psychischer Stressor für die Betroffenen und begünstigt psychische Störungen.

**Nebennierenmark**
Im Nebennierenmark werden – veranlasst durch den Sympathikus – die Stresshormone Adrenalin und Noradrenalin gebildet. Die Hormone bewirken eine optimale Versorgung der Muskeln und des Gehirns unter Stress. Reaktionsvermögen und Leistungsfähigkeit nehmen dadurch deutlich zu.

**Nebennierenrinde**
Die Nebennierenrinde ist eine Hormondrüse der Säugetiere, die ihren Sitz auf den Nieren hat.

**Notfallreaktion**
Die Notfallreaktion, auch „akute Stressreaktion" genannt, ist ein uraltes Reaktionsmuster des menschlichen Organismus auf Bedrohungen im nahen Umfeld. Ursprünglich diente die Notfallreaktion zur Bewältigung konkreter Gefahren wie z. B. wilder Tiere (Kämpfen/Fliehen). Wie in Urzeiten wird angesichts einer Bedrohung dieses Reaktionsmuster auch heute noch ausgelöst. Im Unterschied zu früher allerdings sind die meisten Bedrohungen heute psychischer Natur und können nicht mehr mit Kämpfen oder Fliehen gelöst werden. Dauerstress bewirkt, dass die energiezehrende Notfallreaktion viele Male am Tage ausgelöst wird und den Menschen langfristig erschöpft.

**Neurotransmitter**
Neurotransmitter sind chemische Substanzen. Sie sind für die Signalübertragung zwischen den Nervenzellen zuständig. Diese Botenstoffe beeinflussen wesentlich Stimmung und Leistungsfähigkeit. Das Zusammenspiel der Neurotransmitter ist in hohem Maße für Gedächtnisleistungen, Konzentrationsfähigkeit und Durchhaltevermögen verantwortlich.

**Panikattacke**
Eine Panikattacke ist eine Form der Angststörung, die wie aus heiterem Himmel auftritt und mit heftigen körperlichen und psychischen Symptomen einhergeht. Sie ähnelt im Wesen der Notfallreaktion (Kampf/Flucht) und tritt oft ohne

konkreten äußeren Anlass auf. Betroffene erleben die Symptome einer Panikattacke als lebensbedrohlich. Dadurch wird die Panik weiter angeheizt. Selten bringen Betroffene die Panikattacke mit Angst in Verbindung. Vielmehr befürchten sie eine schlimme Erkrankung, wodurch sich ein Teufelskreis bilden kann.

**Parasympathikus** Der Parasympathikus ist neben dem Sympathikus ein Teil des vegetativen Nervensystems. Parasympathikus und Sympathikus sind Gegenspieler. Sie steuern in feiner Abstimmung aufeinander einen Großteil der Organfunktionen. Der Parasympathikus steht für Entspannung, der Sympathikus für Aktivität.

**Präsentismus** Als Präsentismus bezeichnen Arbeitsmediziner das Verhalten von Beschäftigten, trotz Krankheit zur Arbeit zu kommen. Insbesondere in konjunkturell unsicheren Zeiten wollen Arbeitnehmer nicht negativ auffallen und verordnen sich die Anwesenheit am Arbeitsplatz trotz Krankheit selbst.

**Progressive Muskelentspannung** Die progressive Muskelentspannung (PMR) nach Edmund Jacobson ist ein Entspannungsverfahren, bei dem durch willentliche An- und Entspannung unterschiedlicher Muskelgruppen ein Zustand der Entspannung hervorgerufen wird.

**Psychosomatische Erkrankung** Als psychosomatische Erkrankungen bezeichnet die Medizin Erkrankungen mit oder ohne organischem Befund, an deren Entstehung psychische Einflussfaktoren maßgeblich beteiligt sind. Erkrankungen ohne organische Schäden werden „Funktionsstörungen“ oder „funktionelle Störungen“ genannt. Diese können zu erheblichem Leidensdruck und Beeinträchtigungen führen. Funktionsstörungen sind weit verbreitet und sind häufig eine Folge chronischer Stressbelastungen.

**Qigong** Qigong ist eine der ältesten chinesischen Meditationsformen. Dabei werden im Stehen Übungen mit langsamen Bewegungen durchgeführt, die den gesunden Fluss von Lebensenergie anregen sollen. Im Zentrum der Aufmerksamkeit stehen die Atmung und bestimmte Körperbereiche. Der ruhige Ablauf der Bewegungen und die Konzentration auf die Atmung fördern innere Ruhe und Gelassenheit.

**REM-Phase** Die REM-Phase ist eine Schlafphase, die 20–25% des Schlafes einnimmt. Grundsätzlich wird der Schlaf in drei Phasen unterteilt. Der REM-Schlaf ist durch schnelle Augenbewegungen und Träume gekennzeichnet. Versuchspersonen mit Schlafentzug der REM-Phase haben Schwierigkeiten, neue oder komplexe Aufgaben zu bewältigen.

**Reiss-Profile**
Das Reiss-Profile ist ein Instrument zur Erfassung der menschlichen Persönlichkeit. Es wurde von Professor Dr. Steven Reiss in den 1990er Jahren entwickelt und basiert auf 16 Lebensmotiven, die von Mensch zu Mensch unterschiedlich ausgeprägt sind. Mithilfe eines Testverfahrens lässt sich die individuelle Ausprägung dieser Motive erfassen und ein individuelles Persönlichkeitsbild erstellen. Das Reiss-Profile kann Führungskräfte dabei unterstützen, Mitarbeiter individuell zu motivieren und zu fördern. Gleichzeitig kann es die Person vor Stress und Überlastung schützen: Wer seine Lebensmotive und ureigenen Interessen im Beruf verwirklichen kann, ist zufriedener und ausgeglichener.

**Resilienz**
Resilienz beschreibt die kraftvolle Widerstandsfähigkeit des Individuums in schwierigen Situationen. Resiliente Personen lassen sich nicht unterkriegen, sondern handeln proaktiv. Ging man ursprünglich davon aus, dass Resilienz angeboren ist, so hat sich inzwischen die Auffassung durchgesetzt, dass Resilienz erlernbar ist. Resilienz spielt vor dem Hintergrund von Wandel und Unsicherheit eine wesentliche Rolle für die Bewältigung des Berufsalltags.

**Sozialkompetenz**
Soziale Kompetenz (soft skills) umfasst alle Fertigkeiten, die in der Interaktion mit anderen Menschen hilfreich und nützlich sind. Auch Neigungen, Interessen und Persönlichkeitsmerkmale wie Belastbarkeit, Umgang mit Emotionen, etc. sind ein wesentlicher Bestandteil sozialer Kompetenz. Im Berufsalltag der Moderne gewinnt die soziale Kompetenz immer mehr an Bedeutung.

**Sandwich-Position**
Menschen in Sandwich-Positionen sitzen zwischen zwei Stühlen. Als Führungskräfte mit Personalverantwortung befinden sie sich zwischen dem Vorgesetzten und den Mitarbeitern und sind beiden Seiten gleichermaßen verpflichtet. Sie müssen einerseits ihrer Führungsrolle gerecht werden und Unternehmensziele umsetzen. Andererseits müssen sie auch die Interessen und die Belastbarkeit ihrer Mitarbeiter berücksichtigen. Dies stellt sich in der Praxis häufig als schwieriges Unterfangen dar.

**Stress** Der kanadische Forscher Hans Selye führte den Begriff in die Psychologie ein. Er beschrieb mit dem Wort Stress ursprünglich die Reaktion des Organismus auf Belastungen. Inzwischen wird der Begriff Stress allgemein für Belastungen unterschiedlicher Art verwendet.

**Stressor** Ein Stressor oder Stressfaktor ist ein innerer oder äußerer Reiz, an den sich der Organismus anpassen muss. Der Organismus bewertet die auf ihn einwirkenden Reize und ihre Auswirkungen entweder positiv oder negativ. Alles, was angenehm, nützlich und befriedigend bewertet wird, wirkt positiv. Dagegen wirkt alles, was als bedrohlich oder gefährlich eingestuft wird, negativ.

**Sympathikus** Der Sympathikus ist neben dem Parasympathikus ein Teil des vegetativen Nervensystems. Sympathikus und Parasympathikus sind Gegenspieler. Sie steuern in feiner Abstimmung aufeinander einen Großteil der Organe. Der Sympathikus steht für Aktivität, der Parasympathikus für Entspannung. Unter lang anhaltender Belastung geraten Sympathikus und Parasympathikus aus dem Gleichgewicht und begünstigen psychosomatische Erkrankungen.

**Tai-Chi** Tai-Chi, auch chinesisches Schattenboxen genannt, zeichnet sich durch sehr langsame und ineinanderfließende Körperbewegungen aus. Diese verkörpern den Kampf mit einem imaginären Gegner, dessen Energie aufgenommen und durch die eigene Bewegung abgeleitet wird. Die sehr ruhigen und langsamen Übungen wirken beruhigend und stimmungshebend.

**Tranquilizer** Als Tranquilizer werden Psychopharmaka bezeichnet, die angstlösend und entspannend wirken. Im Gegensatz zu Antidepressiva wirken sie unmittelbar, machen aber schon nach mehrwöchiger Einnahme abhängig. Sie sind für den Akut-Fall und nicht für längere Einnahme gedacht.

**Transaktionales Stressmodell nach Lazarus** Das Transaktionale Stressmodell geht auf den Psychologen Richard Lazarus zurück. Es wurde 1974 veröffentlicht. Das Modell beschreibt Stress als Wechselwirkung zwischen Anforderungen der Situation und der Bewertung durch die betroffene Person. Lazarus unterscheidet zwischen „primärer" (Grad der Bedrohlichkeit) und „sekundärer" Bewertung (Grad der Bewältigungsmöglichkeit). Je nach persönlicher Ausstattung und Bewertung kann ein- und dieselbe Situation unterschiedlich starken Stress bei Betroffenen auslösen.

**WHO** Die Weltgesundheitsorganisation (World Health Organization, WHO) ist eine Organisation der Vereinten Nationen.

Ihre Hauptaufgabe ist die Bekämpfung von Krankheiten und die Förderung der Gesundheit für alle Menschen auf der Welt.

**Yoga** Yoga ist eine indische philosophische Lehre, die eine Reihe geistiger und körperlicher Übungen umfasst. Während in asiatischen Ländern beim Yoga spirituelle Erfahrungen im Vordergrund stehen, konzentriert sich der Westen mehr auf die gesundheitlichen Aspekte des Yoga. Durch die Kombination von muskulärer Arbeit und Atemübungen führt Yoga nachweislich zu Gelassenheit und Entspannung. Es stärkt auch die körperlichen Kräfte.

# Sachverzeichnis



M. Mainka-Riedel, *Stressmanagement – Stabil trotz Gegenwind*,
DOI 10.1007/978-3-658-00931-1, © Springer Fachmedien Wiesbaden 2013

15408832R00145

Printed in Poland
by Amazon Fulfillment
Poland Sp. z o.o., Wrocław